JN199968

現代カリキュラム研究の動向と展望

日本カリキュラム学会 編

教育出版

現代カリキュラム研究の動

日本カ

まえがき

　1990年12月15日に設立された日本カリキュラム学会は，来る2020年に設立30周年を迎えます。その30周年記念出版事業として，このたび，本書『現代カリキュラム研究の動向と展望』を上梓することとなりました。

　学会あげての出版物の刊行は，10周年記念出版事業として『現代カリキュラム事典』（ぎょうせい，2001）を刊行して以来となります。編集委員代表でいらした故柴田義松先生は，その本の「まえがき」で次のように書かれていました。

> 　学校の教育課程を実際に編成するのは，学習指導要領にも明記されているようにほかでもないそれぞれの学校の教師である。しかし，日本の教師は，これまで学校の教育課程編成に関して自らどれだけの責任を感じ，関心を寄せてきただろう。教育課程は，本来，毎日の教育実践に直接にかかわる問題であり，つね日頃，研究の対象とされねばならないはずのものである。それなのに，これが話題となるのは学校現場だけでなく教育ジャーナリズムでも，ほぼ10年おきに文部省で学習指導要領の改訂作業が行われる前後の時期に限られてきたことに，我が国の教育課程問題の第1の特質がある。

　本書の企画・編集を行っていた時期は，ちょうど2017・2018年版学習指導要領の改訂作業の時期と重なっていました。今回の学習指導要領では，「カリキュラム・マネジメント」や「社会に開かれた教育課程」がキーワードとされています。まさに，日本の教師に，学校の教育課程編成に関心と責任をもつことが求められる時代になったのです。

　そうした教育課程行政には，本学会の会員諸氏の研究成果も少なからず反映されています。しかしながら，理論や実践の成果が政策化され，上から実施を求められるようになると，活力を失ってしまうことが往々にしてあります。そうならないためには，理論・実践・政策の間の往還とそれに携わる人々の間の対話が自由に行われることが不可欠です。

　カリキュラムはポリティクスのせめぎ合う場です。本学会の会員も，小学校から大学までの教育機関，あるいは省庁から自治体までの行政機関，教育産業等，さまざまの"現場"に身を置きながら，カリキュラムの研究と実践にかかわっておられます。また，学会の外にもカリキュラム研究・実践に携わってお

られる方々が多数存在します。大会やセミナー・研究集会等で，異質な考え方との出会いを演出し，多様性のもたらすダイナミズムによって，学会の議論をより活性化していきたい。私は代表理事としてそのように考えています。本書も，そのような対話と出会いの場を創り出す機会となるよう願っています。

　10周年記念本が，それまでのカリキュラム研究の知見を網羅した事典であったのに対し，本書は，「現代カリキュラム研究の動向を整理し，新たな展望を切り拓く」ことをめざした本です。「第Ⅰ部　カリキュラム理論の展望」では，カリキュラム理論の主要テーマについて論究し，「第Ⅱ部　カリキュラム実践の課題」では，カリキュラムが実践される多様な場（学校種や対象，国）に目を向けて課題を掘り下げ，「第Ⅲ部　カリキュラム研究の方法」では，学として成立する上で不可欠な研究方法を多角的に取り上げました。本書を手がかりに，今後のカリキュラム研究のあり方についての議論が巻き起こることを期待しています。

　本書の企画・編集は，前代表理事・長尾彰夫先生のリーダーシップの下で進められてきました。それとともに，本書の完成は，53名に及ぶ執筆者と編集委員各位のご協力の賜物です。また，教育出版株式会社，とりわけ企画編集部の阪口建吾さんには企画から刊行にいたるまで大変お世話になりました。心からお礼申し上げます。

　　2019年4月

日本カリキュラム学会代表理事
京都大学教授　　松 下 佳 代

執筆者一覧 (** … 編集代表, * … 編集委員 　所属は執筆時)

[第Ⅰ部]

第1章……安彦忠彦　神奈川大学
第2章……豊田 ひさき　朝日大学
第3章……佐藤 学　学習院大学
第4章……石井英真　京都大学
第5章……大野栄三　北海道大学
第6章……西野 真由美　国立教育政策研究所
第7章……村川雅弘　甲南女子大学
第8章……山口 満　元 筑波大学
第9章……子安 潤　中部大学
第10章……羽山裕子　滋賀大学
第11章……影浦紀子　松山東雲女子大学
第12章……小泉祥一*　白鷗大学
第13章……西岡 加名恵*　京都大学
第14章
　　第1節…住友 剛　京都精華大学
　　第2節…松尾知明　法政大学
　　第3節…米村 まろか　中部大学
　　第4節…片上宗二　安田女子大学
　　第5節…藤川 聡　北海道教育大学

[第Ⅱ部]

第1章……水原克敏*　早稲田大学
第2章……香川大学教育学部附属高松小学校
第3章……安藤輝次　関西大学
第4章……矢野裕俊　武庫川女子大学
第5章……松下佳代*　京都大学
第6章……柳田雅明　青山学院大学
第7章……的場正美*　東海学園大学
第8章……田村知子*　大阪教育大学

第9章……天笠 茂*　千葉大学
第10章……近藤孝弘　早稲田大学
第11章……三石初雄　帝京大学
第12章……工藤文三　大阪体育大学
第13章……田中耕治　佛教大学
第14章
　　第1節…趙 卿我　愛知教育大学
　　第2節…鄭 谷心　琉球大学
　　第3節…清水禎文　東北大学
　　第4節…二宮衆一　和歌山大学
　　第5節…徳永俊太　京都教育大学
　　第6節…奥村好美　兵庫教育大学
　　第7節…吉田成章　広島大学
　　第8節…細尾萌子　立命館大学
　　第9節…高橋 亜希子　南山大学
　　第10節…倉本哲男　愛知教育大学
　　第11節…木村 裕*　滋賀県立大学

[第Ⅲ部]

第1章……松下晴彦　名古屋大学
第2章……冨士原 紀絵　お茶の水女子大学
第3章……中野和光*　美作大学
第4章……田中統治　放送大学
第5章……木原俊行　大阪教育大学
第6章……小柳 和喜雄　奈良教育大学
第7章……八尾坂 修　元 九州大学
第8章……磯田文雄　名古屋大学
第9章……浅沼 茂　立正大学
第10章……澤田 稔*　上智大学
第11章……長尾彰夫**　元 大阪教育大学

もくじ

第I部
カリキュラム理論の展望

第1章　カリキュラムとは何か

第1節　カリキュラムとその実体

カリキュラムの語義と実体

(1)「カリキュラム」という用語

(a) カリキュラムと教育課程

　「カリキュラム」という用語は，かつて日本では，1945年以後の児童中心の経験主義に立つ戦後新教育の10年ほどの間と，大学などの高等教育機関で主として用いられたが，その後は通常の普通教育を行う初等・中等教育の学校（日本の場合，小・中・高等学校）ではほとんど用いられていなかった。だが1975年に当時の文部省が刊行した，OECD/CERI（経済協力開発機構・教育研究革新センター）主催の東京セミナー報告書のタイトル『カリキュラム開発の課題』によって，再び初等・中等教育の学校でも使われるようになり，特に1998年の学習指導要領改訂以降はその使用が一般化し，「教育課程」という用語とともに，学校現場でも広く使用されるようになった。

　では，「カリキュラム」と「教育課程」とは，その意味するところが同じであるかといえば，必ずしもそうではない。「カリキュラム」は英語のcurriculum を片仮名表記したものであるため，日本語として用いるときも英語の語義をそのまま意味するのが普通である。そうしないと外国人に正確に伝わらず，また外国の「カリキュラム」と訳したものも正確には伝わらない。他方「教育課程」は1951年の学習指導要領で公的に初めて用いられた用語で，当

時は「カリキュラム」の日本語訳としての意味を持っていたが，1958年の学習指導要領以後は，文部省の学習指導要領の解説書において公的な「教育課程」の語義が示されてきた。これは現在までほとんど変わっていないといってよい。

> 学校において編成する教育課程とは，学校教育の目的や目標を達成するために，教育の内容を児童の心身の発達に応じ，授業時数との関連において総合的に組織した学校の教育計画である。（文部科学省，2004）

ここで注目すべきは,「学校で編成する，教育計画だ」と限定していることである。日本では「国家教育課程」という用語は通常使えないことになる。

(b) 次元・レベル

これに対して「カリキュラム」は原語の英語の意味を反映して，次のように，むしろこのような限定を超える広い意味を持っている。

第一に，「カリキュラム」は国家の次元から学校ないし個人の次元までを含む子どもの「学習履歴」を指し，学校でのものだけでなく，社会に出てからのものも含めるべきだとするアメリカのパイナー（Pinar, W.）という学者もいる。

第二に，「カリキュラム」は計画レベル，実施レベル，結果レベルの三つのレベルすべてを含む広範囲のものをいう。実際に，国際教育到達度評価学会のTIMSS（第3回国際数学・理科教育調査）の「カリキュラム」の定義では,「計画したカリキュラム」「実施したカリキュラム」「達成したカリキュラム」の三つのレベルのものが示されている（国立教育研究所，1997）。したがって，近年「潜在的カリキュラム」というものが注目されているが,「潜在的教育課程」という言葉は通常使用できないといってよい。

第三に，「カリキュラム」は特にデューイ（Dewey, J.）以後「子どもの学習経験の総体」などと規定されることが多く，主に子どもの側の視点を入れたものである。元来「カリキュラム」は歴史上大学で初めて使われた用語であり（Hamilton, 1998），教えるべき内容を中心に考えられてきたが，初等・中等教育の学校のカリキュラムを考えるとき，子どもの側の条件を考えねばならなくなるとともに，20世紀初頭の児童中心主義に立つ新教育運動を経た現在では，子どもの側の観点から考えることが求められている。

この「レベル分け」に関連して重要なのは，「実施レベル」のカリキュラムでは「授業研究」が,「結果レベル」のカリキュラムでは「評価研究」が必然的に関わってくるということである。そういう方向で考えるならば,「カリキ

ュラム」とは，教育課程表などとして書かれた計画文書から，それを実施している授業全体の過程，その結果としてのテスト成績や通知表の中身に現れる子どもの姿など，これら三つのレベル全体を含むものと理解しなければならない。

(c) カリキュラムとプログラム

　もう一つ，「プログラム」という言葉も，ほとんど「カリキュラム」と同じ意味で使われているようにみえる場合がある。しかし，「プログラム」は通常「カリキュラム」の一部を示す，より範囲の狭いもので，しかも，どちらかといえば「計画レベル」のものを指していることが多い。例えば，「国語科カリキュラム」とはいうが，「国語科プログラム」ということはほとんどない。その国語科の中の「読み方のプログラム」とか「漢字の書き方プログラム」とかというのが普通である。「カリキュラム」の中にある，より細かい部分的な指導計画・学習計画を指しているといってよい。

(2) カリキュラムの実体と類型

(a) 実体

　では，「カリキュラム」とは何を意味しているのか。一般にこの原語の語源としてラテン語の「currere 走る」があげられるが，学習者の学習を「走る」ことに見立てて，「走路＝経歴・履歴」(Course of Study) のこととされる。大学などでは「履修課程・教科課程」などとも訳される。学習者一人ひとりのもの（例：Aさんのカリキュラム）もあれば，学校側が用意した，学習者全員のもの（例：小学校カリキュラム）もあり，また各教科・科目ごとのもの（例：国語科カリキュラム），さらにはある地域・地方のもの（例：愛知県の知多(地方)カリキュラム），国のもの（例：英国の国家カリキュラム）などがあり，その区別は次元やレベル，文脈に依存し，その中身も異なってくるといえる。

　また「カリキュラム」は，「教師」と「学習者」との間で，両者の成長・発達，特に学習者の資質・能力の育成の「手段・道具・媒介」として位置付けられ，機能するものであり，それは必ず「教育内容」を伴うものである。これを伴わない教育的場面もあるが，それは「カウンセリング」というべきである。

　そこで，媒介となる具体的な「カリキュラム」は，以下のような要素により，一定の方法的処理を経てつくられる。一例をあげておこう（安彦, 2006b）。

　①教育内容：教える知識・技能・態度・価値・活動・経験など

②組織原理：教育内容の組織の仕方＝教科・科目，○○活動，○○時間など

③履修原理：履修の仕方＝年数（年齢）主義，課程主義，必修，選択など

④教材：教育内容を教える際の材料・道具＝教科書教材，視聴覚教材，実験教材，実物教材など（教具・教育機器は「教育内容」を持たない）

⑤授業日時数：年間授業日時数，週時数，一日の時数，単位時間など

⑥指導形態：一斉指導，小集団指導，個別指導，実習，実験，調査など

⑦指導方法・指導技術：発問，指示，説明，評価など

⑧授業内容：授業中における情報・意見の交換など

⑨潜在的カリキュラム：授業の目標を超えて，子どもが結果的に身に付けた知識・技能・態度など

　これは学校などの「カリキュラム」の具体的イメージを描く際に，手がかりとなるものである。指導目標である「資質・能力」に即して，「計画レベル」の「教育課程」のものは①から⑦によってつくられ，「実施レベル」のものは⑦と⑧において具体化するが，実際に達成された「結果レベル」のものは⑧と⑨に含まれており，そのレベルごとに異なったものとなる。今後「カリキュラム」を論じる際には，どのレベルのカリキュラムを扱っているのかを明示する必要がある。レベルによって扱う要素が異なってくるからである。

(b) 類型

　また，「カリキュラム」と呼ばれるものにもいろいろな種類のものがある。通常の学校のものは「教科」によって構成されているが，日本の幼稚園の場合は「領域」によって構成されている。「健康」「人間関係」「環境」「言葉」「表現」という5領域である。現在の日本の小学校の「教育課程」ないし公式の「カリキュラム」は「各教科」「特別の教科　道徳」「特別活動」「外国語活動」「総合的な学習の時間」の5つの種類から成るものであるが，その性質からみれば，複数の類型のものが組み合わされているとみるべきである。

　実は，第二次世界大戦後，アメリカの影響で，「教科」型のカリキュラムはもう時代遅れで，「経験」型のカリキュラムに進化してきているという見方が出たが (Hopkins, 1937)，結局，それは受け入れられず，むしろ，現在のようにいくつかの型のものが組み合わさったものに落ち着いている。このような観点からか，「カリキュラムの類型」という見方が広まり，現在ではほぼ各国とも，複数の類型のカリキュラムを組み合わせて併用しているといってよい。

まず，古典的な類型化の試みとしては，次のようなものがある（倉澤．1949）。

①分科（教科）カリキュラム　　　②関連（相関）カリキュラム

③広域カリキュラム（教科型）　　④広域カリキュラム（経験型）

⑤コア・カリキュラム　　　　　　⑥生成カリキュラム

これは，①から③が「教科中心カリキュラム」，④から⑥が「経験中心カリキュラム」として大別され，「知識中心」のカリキュラムから「子どもの活動・経験中心」のカリキュラムへと，その教科間の境界を徐々に弱める方向で並べたものである。全体として①の「分科（教科）カリキュラム」が根強い。

考えてみれば，「カリキュラム」は教育目的・目標に従属する変数であって，独立変数たる目標となる育成すべき資質・能力に応じて，全体としては，複数の類型を組み合わせる「ハイブリッド型」にならざるをえないといえる。この観点からみて，その「つくり方」の面で参考になるのが，先の1975年の文部省刊行の『カリキュラム開発の課題』の中で，アトキン（Atkin, J. M.）の唱えた「工学的アプローチ」と「羅生門的アプローチ」によるものである。この両者も目的・目標により使い分けられるべきである。

(c) もう一つの類型化

最近の類型化として，グラットホーン（Glatthorn, A. A.）とラスカ（Laska, J. A.）の「カリキュラムの4基本類型」の提案がある（Glatthorn, 1994；Laska, 1988）。二人ともほぼ似た観点から行っているが，グラットホーンは，縦軸に「構造」を，横軸に「重要度」を取って交差させ，その程度の高低により，ともに高いものを「完全習得カリキュラム」，「構造」だけが高いものを「拡大（拡張）カリキュラム」，「重要度」が高いものを「発達カリキュラム」，ともに低いものを「個人カリキュラム」と呼ぶのに対して，ラスカは，縦軸に「教授の類型」として「検証可能」と「検証不能」を，横軸に「学習目標の類型」として「必修」と「選択」を取り，ともに高い「検証可能」で「必修」のものを「完全習得カリキュラム」，「検証可能」で「選択」でよいものを「選択必修カリキュラム」，「検証不能」で「必修」のものを「有機的カリキュラム」，「検証不能」で「選択」のものを「自由選択カリキュラム」と呼んでいる。これらの類型化は，より実際的な履修レベルでの類型化として考慮に入れねばならないものといえる。

第2節 カリキュラムの背景的要素

1. カリキュラムの背後にある要請

(1) 4つの要請

「カリキュラム」は，大体において，古くから「カリキュラムのつくり方」，かつては「構成」と訳され，今は「開発」といわれているが，それは意図的・組織的・計画的につくられた，後に「顕在的カリキュラム」といわれたものを指してきた。

この「カリキュラムづくり」には，古典的には必ず三つの要請を視野に入れねばならないとされてきた。それは，「教育目的・目標」に依存している。

①学問的要請：教える価値のある学問・芸術等の研究の成果と方法

②社会的要請：現在ないし近未来の社会が求める資質・能力

③心理的要請：子どもの興味・関心，個性，性格，発達

まず，①の「学問的要請」というものは，「カリキュラム」という用語が，既述のように「大学」で使用され始めたことと深く関係する。大学で，教授がその研究成果について，学生に向かって「何を」教えるかを，当初は教授の自由に任せてきたが，それでは種々の面で問題が出たので，17世紀に「カリキュラム」をつくって学生に示すこととしたのである。それは，基本的に「学問のどこからどこまでどのように教えるか」という「方法的」観点から計画的に記されていた。これが，その後，大学に入る前の準備教育の段階でも，まず中等学校，さらには初等学校にも求められるようになったのである。

②の「社会的要請」は，その中に政治的要請や経済的要請を含めて考える必要があり，特に初等・中等教育学校，つまり小学校や中学校，高校などの「公教育」学校は基本的に「公権力」の求める政治的・社会的・経済的要請をもとに，「人材養成」のために運営されてきたのである。特に「義務教育」や，「職業高校」などの「職業に関わる専門的能力」を育成する教育は，この「社会的要請」を強く受けたものであることは理解されよう。

③の「心理的要請」は，近代以後，「子ども」の独自の価値が認められるようになり，教育や学習が，子どもの「成長・発達」や「興味・関心」を抜きにして行っても効果がないことが，徐々に正面から問題にされるようになった。そこで，今では，まず子どもの成長・発達に関する生理的・心理的状況に配慮し，また子どもの興味・関心を引くような内容や方法を工夫しなければならないことが，必要不可欠のこととして認識されるようになっている。

　筆者は，これらのほかに，1970年代から，その必要性が認識され強調されたものとして，④人間的要請：人格性・人間性，地球・生命全体に対する人間の責任性を加えておきたいと思う（National Educational Association, 1970）。なぜならば，「人間とは何か」という「問いを自分に向けずにはおられない」状況が，原子爆弾の登場以後，地球環境問題も含めて全く新たな問題として立ち上がったといえるからである。つまり，これまではどんなに大きな戦争をしても，人類全体が滅ぶようなことはありえなかったが，原子爆弾の出現による現在までの核開発競争，さらには地球環境破壊などの進行で，人類や地球生物を破滅的な状態に導く恐れがあるとの「人間の自己責任」の問題が，歴史上初めて生まれているのである。公教育の「カリキュラム」で，このことをすべての子どもに偏りなく認識させる必要がある。

2．「カリキュラム」の背後に隠れているもの

(1) 潜在的カリキュラムの存在

　もう一つは，「カリキュラム」が表向き「顕在的カリキュラム」として上記のような働きを期待されているとしても，実はその裏で，あるいはそれに伴って，そのカリキュラムが隠れたかたちで生み出す別の効果が問題になり出したのである。それは，カリキュラムの社会的・政治的・経済的役割の批判的分析によるものである。これは，1970年代以降の批判的教育学による「批判・分析」によってさかんに進められ，公教育による階層の再生産，人種や性などの種々の差別化，政治的教化の機能を，「潜在的カリキュラム」という名で，「顕在的カリキュラム」の裏に隠れている社会的機能として，ミクロとマクロの両面から鋭く批判的に抽出・分析したもので，これにより，他の社会科学者から「やっと一人前の学問になった」などと評されるようになった一面もある。

この「潜在的カリキュラム」に代表されるカリキュラムの問題は，「教育」について，非常に深く，困難な問題の隠れていることを示唆している。

　まず，「顕在的カリキュラム」で学んだ者誰もが，必ずしもそのカリキュラムを通して，目標となる能力や資質を身に付けるとは限らない。その一つは，アメリカの教育社会学者ジャクソン（Jackson, P. W.）による研究で知られるように，子どもたちは「忍耐すること」「皆に合わせること」「妥協や交渉の仕方」などという，育成されるべき資質・能力とは異なるものを，教員と子ども，子ども同士の関係の中で，結果的に身に付けているということである。

　他方，アメリカの批判的教育学者アップル（Apple, M.）らが問題にしているように，いろいろな教科の内容の中に，階層の再生産や，人種差別や性差別などの差別意識の温存・強化などを生み出すものが，政治的な意図により「隠された」かたちで見出せることである。例えば，一定の階層以上の高い階層出身の子どもしか進学に有利な私立学校に入れないことで，その階層の維持・再生産が制度的に保障されていたりして，子どもを差別して扱っているとされる。

　さらに，イギリスの社会学者のバーンステイン（Bernstein, B.）が行った「教室言語」の分析で，学校では中産階層の使う言語体系が使われるので，中産階層の子どもはすぐにその教室言語に慣れて「内容」の学習に入れるが，労働者階層の子どもは，「内容」の学習に入る前に教室言語の習得が必要で，一種の「潜在的カリキュラム」として，これを身に付けないと「内容」の学習にスムーズに入れないわけである。

　現在の段階では，「潜在的カリキュラム」にも学校の「校風や伝統」などのよいものもあり，この「顕在的カリキュラム」と「潜在的カリキュラム」の関係づけが大切で，できれば前者の顕在的なものを，後者の問題のある潜在的なものを克服する方向で具体化するように関連付けるのでないと，「カリキュラム全体」としては健全なものにはならないといってよい。これは非常に難しいことだが，その道筋を追求し解決する方途を探る必要は常にある。　**（安彦忠彦）**

第2章 カリキュラムの歴史

第1節 世界的な新教育運動と大正自由教育のカリキュラム

1. 前史——近代的な学校体系と教科書

　本章では，主としてわが国の学校カリキュラムがどのような歴史的変遷をたどってきたのかを概観する。わが国では，1872（明治5）年の「学制」頒布で近代的な学校制度が始まる。小学校の「教科課程」は，1880年の「改正教育令」で，修身読書習字算術地理歴史等を教えると規定された。修身を筆頭科目とするこの「教科課程」は，「教育ニ関スル勅語」（1890）でさらに強化され，「小学校令」（1903）で教科書が検定制から国定制に切り替わって，いよいよ教科書神聖視に拍車がかかることになる。

　ドイツ人ハウスクネヒト（Hausknecht, E.）が（東京）帝国大学で教育学を講じたことが契機となり，わが国にヘルバルト主義の教授段階説に則った画一的な授業が普及していく。教育内容だけでなく，授業の方法まで規定されるようになる。20世紀に入ると，小学校では，一応各学級に一人の教員が配置され，就学率も90％を超える。学校教師を読者とする教育ジャーナルも勃興してくる。教師が実践主体として勉強することが一種のブームになってきた証拠といえる。

　学校現場では，世界的な新教育運動の影響も受け，教師中心・教科書中心から児童中心の教育へという動きが生じてくる。例えば，東京高師附小の加藤末吉は「教師は，教科書の風下にではなく，教科書の風上に立ちたきもの」と主張し，教科書が国定だからと「これを尊きものとして，天下り的に考え，一も

二もなく，鵜呑みにする」ような主体性のなさを批判する（加藤，1908，pp.202-203）。また，埼玉県の小学校長羽山好作は「教科書に拘泥するな」を第一にあげ，教科書の組み換えや「不適当なるものは之を省き，必要の事項は付加」することは教師の当然の仕事と位置付ける（羽山，1899，pp.23-24）。

　稲垣忠彦が指摘したように「公教育定型化」の過程で「教師は，実践の主体，子どもと教材の統一者ではなく，（教科書に記載されている）所与の教材の伝達者となる」（稲垣，1966，p.442）ことに我慢ならない教師が出現し始めたのである。山梨師範の中沢忠太郎は，教師は「教科書を利用すべし，教科書の奴隷たるべからず」とまで主張している（中沢，1907，pp.215-216）。大正自由教育期に燃え上がるカリキュラム改革・開発の土台ができ始めていたのである。

2．及川平治の「なさしむる主義」

　明石女子師範附小主事及川平治はデューイ（Dewey, J.）に学び，「為すことすなわち学習なり」という「なさしむる主義」の教育論を主張する。「教師が予定しただけの知能を授与すれば，それでわが仕事がすんだように考えるのは間違い。…教師が教えたから児童の知能が発達するのではなくて，児童が学んだから知能が進歩する…真に教えるとは真に学ばせること」。だから「いかなる教育的企画も『この』の二字に帰する。この国，この地方，この学校，この学級，この児童を如何にすべきか。これまさに解決すべき当面の課題である。児童に存する能力不同という事実は教育的計画の基礎…学級が異なればその児童の需要も異なるし，同学年でも去年と…今年とは…違う…児童を考察の劈頭におき彼等の需要に従うを第一とし，教科書の順序を第二とすべき」と主張する（及川，1972，pp.22-23／原著1912年）。子どもが学習の主体になるために，まず教師が実践主体になることが認識され始めたのである。1926年，欧米，特に米国のカリキュラム研究の最先端を学んで帰った及川は，明石附小で「カリキュラム改造による生活指導」の実践的研究に乗り出し，『兵庫教育』にカリキュラムを冠する論文を数本投稿する。「カリキュラム」使用の早い例である。及川は，アメリカのように生活指導を守備範囲に入れる以上，「教科課程」では無理とカリキュラムという語を使ったのである。

3．木下竹次の学習論とダルトンプラン

　奈良女高師附小主事の木下竹次は，「学習者に自ら学習材料を取らせて独自学習を課し，各自が進めるだけ進歩させる。さらにその上で相互学習によって各自の研究結果を持ち寄って研究すること」で授業の画一打破が可能と説く（木下，1972，p.143／原著1923年）。来日中のパーカースト（Parkhurst, H.）について，木下は興味深い論文「我が学習法から観たドルトン案」を書く（木下，1924，pp.52-60）。要点は以下のとおりである（以下，パーカーストをパ女史と略）。①木下が「学習法」を実施したのが1910年でパ女史より早い。②木下が『学習研究』に「学習原論」を連載し始めたのが1922年。同年パ女史も『ドルトン案の教育』出版。③パ女史は，自由を第一，協働を第二原理として，一斉的取扱いの学級授業を排し，形式的画一的の学校時間割を廃し学習の自由時間を設定し，児童の現実生活を尊重し生活によって生活を進展させようとして作業室案を工夫し実施した。④彼女の著述の大部分は，作業予定案（The assignment）のことであって，教育の目的論も，方法論も皆無に近い。彼女のように「教師が作業案を作って児童に与えることは有害無益…私の学習法では作業予定案を児童に作成させる」と批判する。

4．三好得恵のカリキュラム開発

　師範附属や私立学校で実施され始めたカリキュラム開発は，地方の公立小学校にも広がる。その典型として，福井県の三國尋常高等小学校長三好得恵の実践を取り上げる。三好は，1920年3月奈良女高師附小から三國小に校長として招聘されてすぐ，「自発教育」を着想する。その中身は，①学習とは，子どもが自ら出した疑問を解決していく過程として，子どもが自分で学習の目的を立て，学習の方法を選び，題材を選ぶ必要性を導きだす。そのためには，個に応じた教師の適確な指導が要る。②教師の経験と判断を以って子どもの自発性を殺減し，個性を無視し，画一化していくような指導を回避せよ。③学習活動を一教室内に幽閉せず，子どもの自学自習により求めるところ，解疑していくための資料や場を教師側で用意せよ，の3点である。これはパーカーストのダル

トン案と酷似している。が，三好がこの着想をメモしたのは1920年の4月以前。三好は，「自分はダルトン案を借りたのではない。自分の実践は自分の経験からつくりだした。それが結果として奇しくもよく似ていただけ」と記している。

　それ以上に注目したいのは，子どもが自分で学習の目的，方法，題材を選ぶことと国定教科書との関係に三好はどう対処したかである。三好は言う。「同一学年を以って集団を組織し同一教材を一斉的に取扱い注入詰込式の形式を…一掃してどこまでも児童をして定められた教科目と其の配当時数の範囲に於いて選択配列を自由ならしめ学校長に与えられた時間割編成の権限の一部を割愛して学校と児童の協定の学習時間表たらしめんとする」というしたたかさである。彼の自発教育に弾圧が強められた1927年でも，「文部省や県当局よりの調査によれば，（本校は）制度の中にありて制度を離れ制度を離れんとして制度に入って居る点に於いて幸に推賞激励の辞を受けて」いた（豊田，2005，pp.74-85）。ここには，今日に通底する校長の実践者としての主体性，子どもの学習主体性の思想，カリキュラム・マネジメントの萌芽さえうかがえる。

5．プロジェクト・メソッドと保育カリキュラム

　東京女高師附幼主事の倉橋惣三は，ヨーロッパと進歩主義教育最盛期のアメリカを回り，デューイやキルパトリック（Kilpatrik, W. H.）からプロジェクト・メソッドを学んで1922年帰国する。早速，附幼教師等とともに従来の「恩物（Gabe）」主義を排してプロジェクト法を柱とするカリキュラム開発に着手する。『幼児の教育』（日本幼稚園協会）の編集責任者であった彼は，本誌を媒体にプロジェクト法に基づく教育実践の交流を図り，これら実践を踏まえて1934年「誘導保育案」を核にした『幼稚園保育法真諦』を出版する。序で「定型と機械化とによって幼児のいきいきしさを奪う幼稚園を概（なげ）く…幼児を教育すると称して幼児を先ず生活させることをしない幼稚園に反対する。…古い殻を破ったら，その中から見つけられたものが，この真諦である」と記している（倉橋，2008，pp.3-4／原著1934年）。翌1935年，彼はこれまでの附幼教師等との共同研究の成果『系統的保育案の実際』（日本幼稚園協会）を発刊する。宍戸健夫が整理するように，まさに「わが国における保育カリキュラムの始まり」（宍戸，2017，p.23）である。

6. 生活綴方教育と生活教育カリキュラム

　国定教科書がなかった国語科「綴方」の授業で，芦田恵之助の随意選題綴方の主張や鈴木三重吉が1918年に創刊した『赤い鳥』に掲載された綴方のリアリズムが子どもに紹介されるようになる。それらが伏線になって，主に農山村の公立学校の教師たちが，教科書に記載されている教育内容と子どもの生活現実との落差に気付き，子どもの生活において生きて働く学力を培う方途として，子どもに生活をリアルに綴らせ始めた——「生活と教育の結合」を目指す生活綴方教育の始まりである。昭和期に入り，小砂丘忠義『綴方生活』（1929年創刊）を契機に，教育内容と子どもの生活現実との落差が最も厳しいかたちで出現した東北地方で村山俊太郎，國分一太郎，鈴木道太，佐々木昂，滑川道夫等が中心となって，子どもが自分の「生活台」に教育内容をたぐり寄せながら，互いに本音を綴り，それをみんなで読み合い，教科書をも批判し合う北方性教育運動が出現する。この運動のネットワークは，たちまち全国に広がり，綴方教育実践の交流は拡大する。

　村山は，「北方の生活教育確立のための運動」の一環として「北方的なカリキュラムの系統的構成」と，「カリキュラム」という用語を使いその必要性を説く。カリキュラムが「教科課程」として定着していた当時，作文・綴方，読方という「教科としての分科主義を止揚して，全面的な生活指導の立場に立って子供たちの生活的知性を昂めるための教育運動」を目指したとき，つまり，生活綴方が教科指導の枠を超えて教科外指導の側面まで含み込むようになったとき，「教科課程」という言葉ではカバーしきれなくなり，「カリキュラム」という用語を使ったのである（村山，1936，pp.4-7）。彼は，多くの生活綴方教師等とともに翌年結成される「教育科学研究会」（＝戦前の「教科研」。城戸幡太郎会長）に積極的に参入していく。こうして学校現場の教師が教育実践の主体になり，生活綴方を中核にした生活教育カリキュラム開発の主体となる基盤が生まれるが，軍国主義強化の時局下，生活綴方を危険と見なした国によって，1940〜41年にかけ綴方教師の一斉検挙，投獄が行われ生活綴方運動は壊滅する。だが戦後，無着成恭，宮崎典男，東井義雄等によって復活される「生活綴方的教育方法」の基礎は，戦前のこの北方性教育運動によって築かれたのである。

第2節　戦後「新教育」とカリキュラム開発

1．新学制と学習指導要領（試案）

　敗戦後の日本の教育改革では，「日本国憲法」「教育基本法」に基づき，平和，独立，民主主義，人権，科学的真実などを掲げて教育の機会均等のために徹底的な教育の民主化が構想される。単線型学校制度としての6・3・3・4制，男女共学，教育行政の地方分権化などがそれである。

　1947年，文部省は「学習指導要領一般編（試案）」を出す。旧学制の修身・日本歴史・地理に代わり「社会科」，男女共修の「家庭科」，「自由研究」が新設され，中学校では「職業科」が新設される。このような状況を，倉澤剛は「これまでわが国では，カリキュラムはもっぱら中央政府が決定し，それを国定教科書に盛って全国に施行した。教育の実際に当たる教師は，久しくカリキュラムの構成に，加わる機会が与えられなかった。ところが，民主革命の進むところ，カリキュラムは中央政府の手をはなれ，地方教育委員会の手に移り，社会科の登場を中心として，あまねく第一線の教師が，みずからカリキュラムを構成するたてまえとなった。子供を教育する計画を，教師みずから立案する，権利と自由が与えられた」のだ，と記している（倉澤，1948，p.1）。

　川口プラン，本郷プラン，桜田プラン，明石プラン等，新設された「社会科」を中核に，地域や学校名を冠したコア・カリキュラムづくりが全国に広がる。これら一連の運動を取りまとめ，指導的な役割を担ったのが1948年に結成されたコア・カリキュラム連盟（コア連）であった。コア・カリキュラムは，もともと1930年代からアメリカで提唱された教育課程で，コアとなる課程と，それを支え，関連する周辺の課程が同心円的に構成されたカリキュラムの全体構造のこと。コア連が1949年に発行した機関誌『カリキュラム』は，各種民間教育研究団体の研究・交流の媒体となっていく。なお，コア連が1952年に日本生活教育連盟（日生連）に改称するに伴い機関誌も『生活教育』に改称される。

2.「教科課程」から「教育課程」へ

　コア連副委員長であった梅根悟は，カリキュラムの邦訳に関わって記す。文部省の委嘱を受けた尺振八がスペンサーの『教育論 (*Education*)』を邦訳した『斯氏教育論』(1880) でのカリキュラムの訳「教育課程」は，名訳だ。「今（敗戦後）の新しいカリキュラムの立場から言うと，カリキュラムはもはやいわゆる学科だけの計画ではなくて，今まで課外活動…あるいは訓育と言っていたもの…を含めて，子供の学校生活全部を含めた計画，こういうふうに考えますと，尺振八先生の教育課程という訳は非常に新しい」と説明している（梅根，1949, pp.12-13)。だが文部省は，尺に翻訳を委嘱しておきながら，本書が，例えば教授の良否は「能く生徒を歓喜せしむるや否やで決定される」などとしている点を，過激すぎて不都合，と翌年絶版にする。尺の訳「教育課程」を認めず，「教科課程」「学科課程」で押し通す。この種のかたくなさは，戦後の「学習指導要領一般編（試案)」(1947) まで続く。やっと1951年版の「学習指導要領一般編（試案)」で，教科のほか教科外の活動と様々な学習経験，つまり生活指導＝訓育も入れて教育する計画を立てることを認識して，「教育課程」に変更する。

　民間教育研究諸団体の動きはさらに活発になり，コア連に続き「歴史教育者協議会」，「日本作文の会」，「数学教育協議会」，「児童言語研究会」等が次々に発足し，「教育科学研究会」も再建され，積極的にカリキュラム開発に乗り出す。このように戦後のカリキュラム開発は，文部省ではなく，これら民間研究諸団体が主導したところに特色がある。

3．反動化と学習指導要領告示

　わが国は，1951年サンフランシスコ講和条約を締結して主権を回復する。1951年「学習指導要領一般編（試案)」が出される。小学校では「自由研究」が「教科以外の活動」に変更され，中学校では「特別教育活動」が設定される。それに伴い，従来からの「教科課程」が「教育課程」に，「考査」が「評価」へと変更される。だが，敗戦直後のカリキュラム改革は，経験カリキュラムを主軸に子どもの興味・関心から出発することを基本としたため，教育内容に系

統性を欠き「はいまわる経験主義」と批判する者が現れる。矢川徳光や石橋勝治等である。石橋は，コア連の社会科教育は，教科指導の系統性も科学性もない。その上「子どもたちに発見させること，導くことということを，教師が教えてはいけないのだと，まちがって考えているものがたくさんいる」と批判する（石橋，1984a, pp.86-87）。しかし，石橋が校長の四谷第六小学校の実践を直接視察した軍政部に「今まで視察した学校の中で，一番良い」と評価されながら，石橋は組合活動を指導しているとして教職追放される。レッド・パージである（石橋，1984b, p.267）。

　朝鮮戦争が勃発し，米ソ冷戦状況があらわになってくると，わが国の文教政策も大きく右旋回する。1958年改定の学習指導要領は，「道徳」が特設され，官報に告示されて「法的規準性・拘束性」が強調され，教師が従うべきものとして位置付けられる。その後，中央教育審議会の「期待される人間像」答申等を基軸に財界の力が文教政策に大きな影響力を持つようになってくる。いわゆる「55年体制」下，民間の側も，日本教職員組合が中心となって，「教育制度検討委員会」を立ち上げる。委員長梅根悟がまとめた検討結果では，①日本国憲法の精神・諸原則をしっかり身に付けさせる，②健康を維持・増進することが権利であることを自覚させる，③頭と手を使って物事を確かめ，物をつくりだす活動の充実，④基礎学力を確実に獲得させ，言語と数の教育の改革，⑤科学的な真理・法則の確実な理解等が強調される（梅根，1974，pp.119-123）。

　カリキュラムにはもう一つ，ジャクソン（Jackson, P. W.）がいう「隠れたカリキュラム」（latent curriculum）がある。学校の授業は大きく分ければ「知識再生型」と「知識変換型」に二分され，前者の授業をしていると，「正答」を答えられない子どもはいつの間にやら「落ちこぼれ」ていく。しかし，それは決して子どもの所為ではない。教師が一斉画一的な「正答」主義の授業，つまり「知識再生型」の授業をしているからである。だから「落ちこぼれ」を防ぐには，この種の旧式授業を否定して，「知識変換型」の新しい授業にパラダイム転換する必要がある，という主張である（Jackson, 1968b, pp.69-70）。カリキュラムの問題は，当学会初代代表理事柴田義松もいうように，子どもの教育のために「学校現場の教師が，各学問分野の研究者，教育行政の担当者，父母，地域住民の協力を得ながら……多面的に研究し，衆知を集めて改善・改革に取り組まねばならない国民的一大行事」なのである（柴田，2010，p. ii）。　　　（豊田ひさき）

第3章　カリキュラム編成の基本問題

第1節　カリキュラム編成の変遷

1. カリキュラム作成からカリキュラム開発へ

(1) カリキュラム作成

　カリキュラム作成 (making) が主題化されたのは，19世紀末のアメリカにおける公教育の制度化においてである。それまでは教科書がカリキュラムであり，カリキュラム作成が主題的に追求されることはなかった。公教育の制度化は，学校で教育すべき内容の標準化とそれを管理し統制する行政の基準を要請した。それと並行して，学校において教師が教え生徒が学ぶ内容を選択し時間を組織することが求められ，カリキュラム作成が学校においても必須の業務となった。こうしてカリキュラムは，教育行政においてはコース・オブ・スタディの作成として，学校においては授業を遂行するための教育内容と人 (教師・生徒) の活動とその時間の組織として実践されるようになる。

　カリキュラム作成は，その後，二つの分岐した展開をとげている。一つは，デューイ (Dewey, J.) の実験学校 (1896-1904) に代表される系譜であり，カリキュラムの作成は教師が教える教育内容の組織である以上に子どもが活動によって達成する「学習経験の総体」であり，「学びの履歴」としてのカリキュラムの概念が成立している。もう一つは，大工場の生産システムの導入によって学校教育の効率化と科学化を推進したボビット (Bobbitt, J. F.) の系譜である。この系譜においてカリキュラム作成とは「教育目標」に基づく教育内容と授業と

学習の効率的な組織であり，その「教育目標」に準拠した教育結果の「評価」であった。

(2) カリキュラムの作成から開発へ

カリキュラム作成（making）は，1930年代になると「カリキュラム開発（development）」という呼称も登場する。この変化は，カリキュラムの編成が，より組織的，より理論的，より活発に行われるようになったことにより生じている。しかし，「開発」の概念が一般化するのは1960年代以降である。

カリキュラム編成は，大別して4つの様式で推進されてきた。その第一はデューイの実験学校を起点とする「子ども中心主義」の系譜であり，子どもの発達と民主主義社会の準備を目的としてカリキュラムが編成されている。第二は，ボビットを出発点とする「社会効率主義」の系譜であり，大工場のアセンブリラインをモデルとして教育目標の効率的達成と科学的評価を求めるカリキュラムが編成された。第三は，カウンツ（Counts, G. S.）に代表される「社会改造主義」の系譜であり，社会改造の手段として学校教育が位置付けられ，社会問題の解決を求める批判的思考を中心とするカリキュラムが編成される。第四は「生活適応主義」の系譜であり，道徳的態度と人格の統合を目的として生活経験中心のカリキュラムが編成された。

1930年代のアメリカにおいてカリキュラム編成は三つの開発様式を形成した。その一つは，学校を基盤とする「カリキュラム開発」の様式であり，カリフォルニア州における作業単元の開発が代表的である。この様式は，同州における開発の中心的指導者であったヘファナン（Heffernan, H.）が占領軍民間情報局で活動することにより1951年版の「学習指導要領」に反映している。

二つ目の様式は，ヴァージニア州に代表される「カリキュラム計画」の様式である。この様式は「生活適応主義」の系譜に位置付いており，最も保守的なカリキュラムであった。「ヴァージニア・プログラム」は，1947年版の「学習指導要領」と社会科の「学習指導要領」のモデルとされ，戦後日本の「カリキュラム計画」に多大な影響を与えた。

三つ目の様式は，進歩主義教育の評価研究として実施された「8年研究」（1933-1941）を主導したタイラー（Tyler, R. W.）によるカリキュラム開発の様式である。8年研究におけるタイラーの教育目的が「行動の変容としての学習」に

設定されたことが示すように，この様式は行動科学を基礎とするカリキュラム開発を志向していた。

2．行動科学とその批判

(1) タイラーの原理

タイラーが1949年に著した小冊子『カリキュラムと授業の基礎原理』は，その後20年間のカリキュラム開発に決定的な影響を及ぼした。タイラーは，カリキュラムと授業の開発において，行動科学の理論に基づいて，①「教育目的から教育目標へ」，②「教育目的（目標）による教育経験の選択」，③「教育経験の組織」，④「教育目的による結果の評価」の4段階を提唱した。このモデルは「タイラーの原理」(Tyler's Rationale)と呼ばれ，カリキュラムの編成と評価のパラダイムとして機能した。

(2)「タイラーの原理」からブルームの形成的評価へ

ブルーム（Bloom, B. S.）の「教育目標の分類学（タクソノミー）」と「形成的評価（formative assessment）」と「完全習得学習（マスタリー・ラーニング）」の理論は，「タイラーの原理」をさらに精緻化して1960年代から1970年代にかけて，カリキュラム編成と授業実践に大きな影響を与えた。ブルームは，小学校から高校までのカリキュラムの全領域を「認知領域」「感情情動領域」「運動生理領域」の三つに大別し，認知領域を6段階のヒエラルキーで構成した教育目標の分類学を提示した (1956)。そして，従来の教育評価が単元実施前の「診断的評価」と単元実施後の「総括的評価」として実施されていたのに対して，各目標の単元実施途中の到達度を評価する「形成的評価」を提唱し (1967)，すべての子どもがすべての目標をほぼ完全に達成する「完全習得学習」を提唱した (1971)。ブルームの「形成的評価」による「完全習得学習」は，学習の個別化を徹底させるアプローチであり，カリキュラムにおいて学習の進度とつまずきに個別に対応することによって，どの生徒も教科書に具体化されている所定の教育目標を達成することが標榜された。

ブルームの完全習得学習の理論は，1970年代を通じてカリキュラム編成と授業実践において全米各地において多大な支持を獲得し，日本においても1980年

代以降，学力向上を求める到達度評価の運動として広範に実践されてきた。

　しかし，完全習得学習の効果については，1980年代以降，短期効果は認められるものの長期効果において効果が薄いことが指摘され，急速に衰退している。

第2節　カリキュラム開発のパラダイム転換

1．理論的言語と実践的言語

　「タイラーの原理」によるカリキュラムの開発と評価の科学的研究に対して，最初に異議を唱えたのは，生物学者であり教育哲学者であったシュワブ（Schwab, J. J.）である。シュワブは，新カリキュラムにおけるBSCS（生物教科書）の開発者の一人であり，科学における「探究学習」の提唱者でもあった。シュワブは，1960年代に「実践的であること(The Practical)」という一連の論文を発表し，行動科学によるカリキュラム開発の「理論的言語」が普及することによって，教師の「実践的言語」が「瀕死」の状態にあると警鐘を鳴らした。「理論的言語」が厳密で普遍的であるのに対して「実践的言語」は曖昧で状況的で折衷的であり，科学的な開発と評価が普及することによって，教師が実践において活用している知識や言語がやせ細っているというのである。この指摘は，その後の行動科学批判において継承されることとなる。

2．行動科学批判による解釈的研究

　行動科学によるカリキュラムの開発と評価は，いくつかの特徴を有していた。その一つは「基礎」「構造」「建設」など「建築メタファ」で語られることであり，インプット（独立変数）とアウトプット（従属変数）の因果関係で説明する「過程—産出(process-product)研究」であり，カリキュラムと授業の過程を「技術」で統制する「工学的アプローチ」であったことである。総じて，行動科学のカリキュラム評価は，数量的研究によって行われていた。

3．工学的接近と羅生門的接近

　1974年に東京で開催されたOECD-CERIと文部省の主催による国際会議は，カリキュラム開発のパラダイム転換を準備するものとなった。この国際会議においてイリノイ大学のアトキン（Atkin, J. M.）は，行動科学の「工学的接近」に対抗するものとして「羅生門的接近」を提示した。「羅生門的接近」とは，黒澤明監督の映画『羅生門』（原作・芥川龍之介『藪の中』）にちなんだもので，社会的な出来事（事実）は多様な視点によって多様な解釈が可能であり，どの視点から見ても一面の真実でしかありえず，一つの事実は多様な視点による多様な解釈を総合することによって真実に近づくとされる。すなわち，カリキュラムの開発や授業実践の「事実」は社会的文化的な「出来事」であるから，「羅生門的接近」による評価が好ましいという問題提起であった。

4．数量的研究から質的（解釈的）研究へ

　1980年代以降，イギリスとアメリカを中心に「タイラーの原理」に代表される行動科学に基づくカリキュラムの開発と評価に対する批判が高まり，カリキュラム開発のパラダイムは，数量的研究から質的研究へ，「過程—産出モデル」の研究から解釈的アプローチへの研究へと転換した。この転換は，カリキュラムの概念を「学習経験の総体」あるいは「学びの履歴」として再定位するものともなった。カリキュラムの開発と評価の理論的基礎は，行動心理学と工学から美術批評，文学批評，文化人類学，エスノグラフィー，現象学，分析哲学，知識社会学，政治学，認知科学，学習科学へと移行している。

　美術批評モデルによってカリキュラム批評を提唱したのが，アイズナー（Eisner, E. W.）である。アイズナーは，カリキュラムには行動目標のほかに理解目標や表現目標の領域があるとし，カリキュラムの評価を熟練した教師の直感で行う「教育的鑑識」と教育学の理論的分析によって行う「教育的批評」の二つを総合して行うことを主張した。

　また文化人類学者のパーレット（Parlett, M. R.）とハミルトン（Hamilton, D.）は，行動科学の「インプット—アウトプット」の研究において「暗箱（black box)」とされている教室の授業と学びの事実こそがカリキュラム評価の対象とされるべきであると主張し，この「暗箱」とされている教室の事実に「照明（illumination）」を当てる「解明的評価（illuminative evaluation）」を提唱した。

　他方，メーハン（Mehan, H.）は，教室のコミュニケーションが「教師の発問―生徒の応答―教師の評価」のIRE構造で成り立っているところに教師と子どもの権力関係を読み取るエスノグラフィー研究を開拓した。そのほか，「物語的（narrative）アプローチ」など，質的・解釈的研究によるカリキュラム評価が次々と提案された。

　他方で，カリキュラムの知識社会学や政治学も行動科学的アプローチへの批判を行った。その中心は批判哲学によるカリキュラム研究であり，アップル（Apple, M. W.），ジルー（Giroux, H. A.）などが，その代表である。

第3節　カリキュラム編成の基本問題

1．カリキュラム編成の領域と課題

(1) カリキュラム編成の領域

　カリキュラムの編成は複合的な領域を構成している。カリキュラムを編成する基本的な要素は，「教師」「子ども」「教材」「環境」の４つである。シュワブは，この４つの要素による領域を次のようなマトリクスの表で示していた。

　このマトリクスにおいて，「教師―教師」の欄は教師に関する課題領域を示している。「教師―教材」は教師と教材の関係に存在する課題領域を示している。このように，「教師」「子ども」「教材」「環境」の４つの構成要素の二項で取り出しただけで16の課題領域が存在する。実際には，カリキュラム編成は，このマトリクスで示される２つの要素の関係だけでなく，３つの要素，４つの要素の組み合わせにおいて領域が生じているから，より

	教師	子ども	教材	環境
教師				
子ども				
教材				
環境				

（Schwab, 1978より作成）

複合的で複雑であることが知られよう。

(2) 理論と実践の関係

カリキュラム編成における理論と実践の関係については3つのモデルが存在する。第一は「理論の実践化(theory into practice)」モデルであり，第二は「実践の理論化（theory through practice）」モデルであり，第三は「実践に内在する理論（theory in practice）」モデルである。

「理論の実践化」モデルは，行動科学に基づくカリキュラム開発において顕著であった。このモデルにおける実践は「科学的技術の合理的適用」であり，一般性のある理論を特殊な実践に応用することが求められた。このモデルによるカリキュラム開発は，その効率性と標準性は評価されるが，もう一方で実践の画一化を推し進め，教師の創造性を軽視し，教室の官僚的統制を導くと批判されている。

「実践の理論化」モデルは，日本の民間教育団体の教材開発や授業研究において追求されてきた。優れた実践や優れた教材を典型化することによって一般性のある理論やカリキュラムを構成することが追究された。このモデルは，「理論の実践化」に対抗するモデルとして評価されるが，このモデルによって開発されたカリキュラムは一般性を獲得することにより，結果的には「理論の実践化」モデルと同様の機能を果たしかねない。さらにいえば，「理論の実践化」は，それ自体が決して容易ではないことも指摘されている。

「実践に内在する理論」モデルは，ショーン（Schön, D. A.）の提示した「反省的実践(reflective practice)」によって具体化されている。ショーンは，現代の専門家の実践が「科学的技術の合理的適用(technical rationality)」から「行為の中の省察（reflection in action）」へ移行していると述べ，実践に内在している理論の省察とリフレーミングによる理論と実践の統合を主張している。

(3) 耐教師性(teacher-proof)から耐カリキュラム性(curriculum-proof)へ

カリキュラム編成のもう一つの転換は，「耐教師性」のカリキュラム開発から「耐カリキュラム性」の教師教育への転換である。「耐水性」が水につけても大丈夫という意味であるように，「耐教師性」とはどんな教師でも有効であることを意味していた。この考え方において教師は一般性のあるカリキュラム

を教室に運ぶ「導管」と見なされていたが，現実には，教師によってカリキュラムの有効性は決定されている。そこから「耐教師性」のカリキュラムの有効性への疑念が生じ，むしろ「耐カリキュラム性」の教師を養成し研修することの方が重要という認識が広まってきた。

　この転換によって発展したのが「教師の知識(teacher knowledge)」の研究である。この研究を主導してきたショーマン(Shulman, L. S.)は「教科内容の知識(content knowledge)を授業に翻案した知識」(pedagogical content knowledge: PCK)を教職の専門性の中核とする教師教育と現職教育の改革を提唱した。その結果，1980年代半ば以降，教育改革の中心は，カリキュラム改革から教師教育改革へと移行している。

2．現代の課題

　現代のカリキュラム編成は，21世紀型の学びである探究的思考を中心とするカリキュラムが追究され，リテラシーとコンピテンシーをキーワードとする新たな展開を遂げている。学習指導要領においても「主体的で対話的で深い学び」（アクティブ・ラーニング）が提唱され，その学びを実現するカリキュラムのマネジメントとその評価方法が探索されている。　　　　　　　　（佐藤　学）

第1節　コンピテンシー・ベースのカリキュラム改革の課題

　現代社会，特に産業界からの人材育成要求を受けるかたちで，職業上の実力や人生における成功を予測する能力を意味する「コンピテンシー（competency）」の育成を重視する傾向（コンピテンシー・ベースのカリキュラム改革）が世界的に展開している。そして，先進諸国の教育目標において，教科の知識・技能に加えて，教科固有，あるいは教科横断的な汎用的スキルを明確化する動きが見られる。そこでは，批判的思考，意思決定，問題解決，自己調整といった認知的スキルに加え，非認知的な要素，すなわち，コミュニケーションと協働等の社会的スキル，自律性，協調性，責任感等の人格特性・態度もあげられている。しかもそれは，初等・中等教育から高等教育，職業教育にわたって，共通に見られる傾向である（松下，2010）。

　2000年代に入り，日本でも，初等・中等教育においては，PISAリテラシーを意識して，知識・技能を活用して課題を解決する思考力・判断力・表現力等の育成に重点が置かれるようになった。また，高等教育でも，「学士力」や「社会人基礎力」といったかたちで，汎用的スキルの重要性が提起された。そして現在，教科横断的な資質・能力の育成に向けて学習指導要領が構造化されるなど，教育課程編成とその評価において，内容ベースからコンピテンシー・ベースへとシフトする動きが本格的に進もうとしている（国立教育政策研究所，2016；石井，2015a，2017c）。

　今や書字文化と結び付いた「リテラシー」概念に代わり，社会の能力（実力）要求をストレートに表明する「コンピテンシー」概念がキーワードとなり，よ

り包括的で汎用的な資質・能力の育成に注目が集まっている。価値観やライフスタイルの多様化，社会の流動性・不確実性の高まりを前にすると，どのような社会でも対応できる一般的な「〇〇力」という目標を立てたくなる。だが，「〇〇力」自体を直接的に教育・訓練しようとする傾向は，学習活動の形式化・空洞化を呼び込む危険性をはらみ，教育に無限責任を負わせることになりかねない。さらに，資質・能力の重視が，アクティブで社交的であることなど，特定の性向を強制したり，日々の振る舞いすべてを評価・評定の対象にしたりすることにつながるなら，学校生活に不自由さや息苦しさをもたらしかねない。

　学校ですべきこと，できることに限定して，学校が保障すべきものの内実を考え，それをカリキュラム全体でどう受け止めるかを考えることが課題となる。まさに「学力」という問いに向き合うことが今求められているのである。

第2節　「学力」という問いの成立と展開

1．学力論争の起こり

　戦後日本においては，時代の転換点で繰り返し学力論争が起こってきた。学力論は，学校の教育内容や教育課程に関する議論が可能になった戦後の時代状況を背景に，戦後新教育への批判に対する反論の中から生まれてきた。生活単元学習が学力低下を招いているとの批判に対し，新教育を擁護する教育学者から，確かに「読み・書き・計算」などの旧い学力は低下しているかもしれないが，新教育が目指すのは，「生活の理解力」「生活態度」といった新しい学力であるとの反論がなされた。そこから，「読み・書き・計算」や「基礎学力」（すべての子どもたちに伝えるべきミニマム・エッセンシャルズ）と，新教育が目指す「問題解決学力」との関係へと議論は展開していった。

　1960年代初頭には，教師の勤務評定や文部省による全国学力テストの実施，及び，教育内容への国家統制の強化などを背景に，学力の概念規定やモデル化に関する議論が展開した。その論争の一つの焦点となったのは，広岡亮蔵の学力モデルへの評価であった。学力モデルとは，教師が授業実践を行うにあたっ

て想定している望ましい学力の姿である。それは日常的には，「知識の意味理解」「応用力」「自ら学び考える力」などの言葉で語られ，意識的にあるいは無意識的に教育実践の質や方向性を規定している。また，学力モデルは，評価場面においては，教育目標の行動動詞，あるいは評価の観点として現れる。例えば，指導要録の4観点は一つの学力モデルを示すものである。

　広岡（1964）は，戦後新教育をめぐる学力論争を総括しつつ，望ましい学力の姿を，「高い科学的な学力を，しかも生きた発展的な学力を」というかたちでまとめるとともに，「知識層」と「態度層」の二層で学力構造を捉え，知識層を支えるものとして態度層を位置付けるモデルを提起した。だが，広岡モデルは態度主義だとして以下のように批判された。彼のモデルにおいて，態度層は，学力の中心に据えられるとともに，知識層を支えその転移や発展を促す主体の傾向性として捉えられている。その結果，子どもの学習上のつまずきが生じたとき，教科内容や教材の問題点を再検討することなく，学習者の側の心構えややる気の問題とされてしまう。

　こうした広岡の学力モデルの提案と時を同じくして，勝田守一（1962）は，「成果が計測可能なように組織された教育内容を学習して到達した能力」（p.13）という限定的な学力規定を提起した。勝田の学力規定は，学力を測ろうとする社会的要求に応えながら，計測可能である条件（教育内容の組織化・系統化）を示すことで，学習指導要領のあり方をも問い直す論理を構築するものであった。そこからは，教育目標論と教育評価論とを不離一体のものと捉え，学力の評価を，学習者の選抜や成績づけの手段ではなく，教育方法や教育条件の適否を検証する手段として機能させていく発想が読み取れる。

　新教育を支持する論者は，学校で育成すべき能力に関して，能力一般を論じがちであった。これに対し勝田は，学校でこそ育成しうる，育成すべき特殊な能力という観点から，「認識能力」を重視し，文化遺産の伝達・獲得の過程を重視する「学力」概念を提案している。しかし，勝田の学力論においては，広岡が提起した「知識層」と「態度層」との関係，学力と人格との関係については，直接的に論究されていなかった。

2．学力論争の基本的な構図

　こうした態度主義をめぐる論争は，様々な論者によって繰り返し行われ，1970年代には，勝田の学力規定の解釈をめぐって，坂元忠芳と藤岡信勝の間で学力と人格の関係が議論された。こうした議論の中で，態度主義に陥ることなく，学力モデルに関心・意欲・態度などの人格的価値を位置付ける論理も提起されてきた。例えば，中内敏夫（1976）により提唱された「段階説」は，学校教育で育むべき「態度」を，教育内容が学習主体によって十分に内面化され，思想や生き方の一部を構成するに至った状態（「習熟」）として捉えた。また，京都での到達度評価運動の展開の中で提起された「並行説」は，認知と情意の関係を，一方が他方の土台ではなく，並行関係と捉えることで，両者が不可分の関係にあり相互媒介的に深まっていく様相を表現しようとした（稲葉，1984）。段階説も並行説も，知育と切り離さずに徳育の問題を議論しようとした。

　戦後の学力論争のきっかけとなった学力低下や低学力の問題は，テストの結果や学業成績などの測定学力をめぐるものであった。しかし，学力論争自体は，学力に関する主張や価値観を表明した望ましい学力像（理念学力），特に学力の概念規定やモデル化に関する論争として展開していった。すなわち，社会から学校への成果要求に対して，学校教育の責務や教育実践の改善方針に関する教育学的議論（学力論）によって応答してきたのが，戦後の（教育学者主導の）学力論争の歴史であった。また，教育内容の伝達・獲得（客体的側面）と能力形成（主体的側面）との関係認識が，学力論争の主たる論点であった。

　なお，日本において，学校は人格形成の役割も担っており，教科だけでなく，道徳や特別活動（行事，学級，生徒会などでの集団生活を通して，他者と協働する力や自治の力を育む教科外活動）が，オフィシャルなカリキュラムの一部として含まれている。文化遺産の教授を通して主として科学的な認識を育てる教科指導と，集団で行う自治的・文化的活動や学級生活で起こる諸問題の解決を通して主として民主的な人格や社会性を育てる生活指導が車の両輪となって，日本の学校の全人教育を支えている。学力論争は，徳育や人格形成において教科指導が固有に担いうる役割を明らかにする議論でもあったといえる。

第3節 「学び」論・学習論の展開と教育課程論の空洞化

　1970年代までの学力論争は，教育課程編成における「科学」重視論者と「生活」重視論者との間の，子どもに橋渡しすべき現実構想の選択，いわば教育課程論に関わる論争という側面を持っていた。これに対して，1990年代になると，「学力論」を「学習論」から問い直す動きが出てくる。認知心理学や認知科学の進展を背景に，佐伯胖（1992）は，学力研究を，教科内容に即した認知過程に関する研究と捉えるべきだと主張した。そして，教育学研究においても，「学力」という用語の使用を避ける傾向が強まっていた。例えば，佐藤学（1997，2001）は，「学力」という概念が日常的な教育実践に浸透することで，「いま・ここ」に生起する個別・具体的な学びの経験の意味や価値が軽視されていることを問題視する。「学力」や「能力」が実在しているわけでなく，むしろ評価すべき対象は，教育の「関係」であり「状況」である。「学力」という概念は，「学習の結果」を評定するときにのみ使用し，日常的な教育実践の文脈において使用しない方がよいというわけである。

　以上のように，1990年代においては，「学力」に代えて「学び」という用語が，教育学研究の新たなパラダイムを切り開く鍵概念として用いられるようになった。その一方で，教師の意図や技術的介入が否定的に論じられるようになり，「学力」という言葉にこめられていた，目標と評価に関する問い（「『学び』を貫く目標の質を問う視点，目標が『学び』を通していかに実現しているのかを問う視点，さらにはこれらの問いを通じて目標それ自体を再構成する視点」（田中，2003，p.5））は軽視されることとなった。また，共通の知識内容をすべての子どもに教えていこうとする志向性も軽視されることとなった。

　さらに，コンピテンシー・ベースのカリキュラム改革では，「学習」それ自体（効果的に効率的に学習を進めるための「学び方の学習」）が目的とされており，何のために何をという教育目的・目標・内容への意識は希薄化している。そして，2017・2018年改訂学習指導要領では，教科学習においても，主体的・協働的な学びであること自体が，「資質・能力」（特に非認知的能力）の育成という点から正当化されるといった具合に，「何を教えるのか」という問い（教育課

程論としてのカリキュラム研究）が「いかに学ぶか」という問い（授業研究・学習研究）に解消され，空洞化しがちである。

第4節　カリキュラムの構想につながる学力研究の展望

1.「学力」という問いの現代的意義

　日本や諸外国において進行している，知的・社会的能力のカリキュラムレベルでの位置付けの肥大化は，社会システムや子どもたちの学習・生活環境の変化の中で，学校教育と人間形成一般，学校での学びと学校外の生活での学びの境界がゆらいでいることを背景にしている。「教えること」による知育の場，という近代学校の役割規定が，「学び」の場一般という観点から問い直されているのである。特に，コンピテンシー・ベースのカリキュラム改革は，知識経済下における産業界の学校への能力要求の高まりを背景にしており，人間の能力の無限の開発可能性という想定のもとで，学力（学校でこそ育成すべきで育成可能な特殊な能力）を実力・能力一般へ解消する傾向にある。

　これに対し，戦後日本の学力論の蓄積は，社会の要求を教育課程化する際の教育的フィルターを提示するものと捉えられる。特に中内（1976）は，人間形成一般とは異なる学校教育の特殊性と歴史的制約を踏まえて，「学力はモノゴトに処する能力のうちだれにでも分かち伝えうる部分である」(p.54)と，文化遺産の伝達の延長線上に形成される能力として学力を規定する。教育は，むき出しの社会の中では崩壊し，変形しかねない人間性の自己保存作用である。しかも，近代学校教育は，それを文化遺産の伝達という形式で成し遂げようとする。よって，近代学校教育で形成される特殊な能力としての学力は，「思考のなかにまえもって描きとられた実力のうちの，カテゴリーと形象にのせて伝達し，測定されうる，その，社会化された部分」(p.58)という性格を持つ。

　このように中内は，①共同体の維持のために子どもを社会化すること（教化）ではなく，社会で人間的に自由に幸福に生きていけるために，いわば学習権保障の観点から，子どもが社会的に自立する上で必要な能力や人間性の基盤を形

成していくこと，②文化を介したコミュニケーションと切り離さずに能力形成を考えていくことという，社会の要求を教育課程化する際のフィルターを提示している。社会から子どもを保護するだけでなく，そうした保護された場において，既存の社会にとらわれず時間をかけて自由に文化的価値と格闘しそれを内面化することによって，社会に規定されつつそれをつくり変えうる個人や共同体が形成されていくのである（勝田，1970のいう創造的社会統制）。

2．学力論をカリキュラムの構想へとつなぐ

　中内の学力論は，学校教育の機能と役割に関する客観的把握を踏まえ，主に教科学習を想定しながらであるが，教育の限界規定（制約論）を含んだ教育的価値論を提起するものといえる。これを継承発展させるかたちで，現代社会における学校教育の客観的な役割と境界線のゆらぎを念頭に置いて考えるなら，社会の要求の教育課程化の二つ目の条件，すなわち，教育課程の基本単位については，教科内容の習得と認識の深化（文化遺産の伝達）を超えて，「教科する（do a subject）」学習における知とスキルの洗練（文化的実践への参加）へと拡張される必要があるだろう（石井，2010）。実際，パフォーマンス評価論をはじめ，米国における1980年代以降の新しい教育目標・評価研究の展開は，ドリル（機械的な作業）ではなくゲーム（思考を伴う実践），すなわち，「真正の学習（authentic learning）」（学校外や将来の生活で遭遇する本物の，あるいは本物のエッセンスを保持した活動）を単位にした目標・評価論を構想するものであり，上述のような学校教育の境界線と基本単位の変更に対応する，目標・評価関係，及びカリキュラム構造を提起するものと見ることができる（石井，2017b）。

　客観的な真理として実体的な客体として捉えられがちな，科学・学問・文化を，歴史的に蓄積・洗練されてきた人間の知的な活動という点から，まさに文化的「実践」として捉え直し，実体的な内容でも形式的な能力でもなく，文化的実践という行為論の地平において，学問性と職業性，知性と民主主義，科学と生活とを統合すること（石井，2017a），そして，文化的実践そのものの知的洗練を通して，学びの文脈の具体性や豊かさを追求しつつもその文脈に閉じない汎用性のある学びを展望していくことが求められる。

　そうした教科学習の問い直しの一方で，教科外活動の実践の蓄積を，現代社

会が求める人間像や資質・能力という観点から，また，学校外の地域の人間形成機能で弱まっている部分（例：子ども会の異年齢集団での自治や学び）を可能な範囲で補うという観点から検討し，その現代的なあり方を再考することが必要であろう。例えば，石井（2015a）は，能力・学習活動の階層性を明らかにするとともに，それぞれの階層レベルごとに主に関連する知識，スキル，情意（資質・能力の三要素）の例をあげ，教科学習，総合学習，教科外活動も含めた学校カリキュラム全体で育成すべき資質・能力の内実を整理している。教科学習では，基本的には内容や学習課題の大枠を教師が設定する。ゆえに，教科学習のみでは，学習の枠付けをも学習者たちが自治的・自律的に再構成し，真に自由で自立した個を確立する機会は必ずしも保障されない。しかし，学校カリキュラム全体を見れば，そうした学習機会を見出すことができる。総合学習においては，しばしば子どもたちに課題の設定が委ねられる。さらに特別活動等の教科外活動においては，学習する共同体の関係性やルール（文脈）自体を子どもたちが共同で再構成したり新たに構築したりする。

　子どもの現在と未来に関わる生活や社会の変化を視野に入れながら，新しい学力を育成しうるカリキュラムのグランドデザインが求められる。　**(石井英真)**

表Ⅰ-1　学校で育成する資質・能力の要素の全体像を捉える枠組み（石井，2015aによる）

能力・学習活動の階層レベル（カリキュラムの構造）		資質・能力の要素（目標の柱）			
		知識	スキル		情意（関心・意欲・態度・人格特性）
			認知的スキル	社会的スキル	
教科学習	教科等の枠付けの中での学習	知識の獲得と定着（知っている・できる）	事実的知識，技能（個別的スキル）	記憶と再生，機械的実行と自動化	学び合い，知識の共同構築	達成による自己効力感
		知識の意味理解と洗練（わかる）	概念的知識，方略（複合的プロセス）	解釈，関連付け，構造化，比較・分類，帰納的・演繹的推論		内容の価値に即した内発的動機，教科への関心・意識
		知識の有意味な使用と創造（使える）	見方・考え方（原理，方法論）を軸とした領域固有の知識の複合体	知的問題解決，意思決定，仮説的推論を含む証明・実験・調査，知やモノの創発，美的表現（批判的思考や創造的思考が関わる）	プロジェクトベースの対話（コミュニケーション）と協働	活動の社会的レリバンスに即した内発的動機，教科観・教科学習観（知的性向・態度・思考の習慣）
総合学習　特別活動	学習の枠付けそのものを学習者たちが決定・再構成する学習	自律的な課題設定と探究（メタ認知システム）	思想・見識，世界観と自己像	自律的な課題設定，持続的な探究，情報収集・処理，自己評価		自己の思い・生活意欲（切実性）に根差した内発的動機，志やキャリア意識の形成
		社会関係の自治的組織化と再構成（行為システム）	人と人との関わりや所属する共同体・文化についての意識，共同体の運営や自治に関する方法論	生活問題の解決，イベント・企画の立案，社会問題の解決への関与・参画	人間関係と交わり（チームワーク），ルールと分業，リーダーシップとマネジメント，争いの処理・合意形成，学びの場や共同体の自主的組織化と再構成	社会的責任や倫理意識に根差した内発的動機，道徳的価値観・立場性の確立

※社会的スキルと情意の欄でレベルの区分が点線になっているのは，知識や認知的スキルに比べてレベルごとの対応関係が緩やかであることを示している。
※網かけ部分は，それぞれの能力・学習活動のレベルにおいて，カリキュラムに明示され中心的に意識されるべき目標の要素。
※認知的・社会的スキルの中身については，学校ごとに具体化すべきであり，学習指導要領等で示す場合も参考資料とすべきだろう。情意領域については，評定の対象というより，形成的評価やカリキュラム評価の対象とすべきであろう。

第5章　教科とカリキュラム

第1節　教科をとりまく状況

　教科では何を教えるのですかと聞かれれば，多くの人は算数では数学を教え，理科では科学を教えるのだなどと答えるだろう。大学からカルチャースクールまで広義に学校とされる多くの組織が，「カリキュラム」という言葉を使って自らの教育活動を説明している。そこでカリキュラムと呼ばれているのは，教える内容の取捨選択とその順序であろう。教科とカリキュラムに対するこのような一般の理解に，重大な間違いがあるわけではないが，これまでのカリキュラム研究の成果が十分に反映されているとはいえない。

　学校で学んだことが卒業後に役立つことが今ほど強く求められている時代はなかったのではないか。学校では（大学ですら）もっと実用的なことを教えるべきだという声や，学問の成果を社会生活で活用できる知識として教えるべきだという声は大きい（いうまでもないことかもしれないが，試験に役立つようにという声は昔からそれなりに大きい）。教科の教育内容（以下，「教科内容」）とはその教科に対応した学問の知識だと思われており，教科のカリキュラム（以下，「教科カリキュラム」）の不備は，その教科で学ぶ知識が試験以外の何に役立つのかわからないという不満をつくり，学問（能力という側面から見れば「知性」になるだろう）に無関心な人を育てているのかもしれない。

　本章では，教科をとりまくこのような状況を念頭に置いて，教科カリキュラムの研究動向と展望について，教科カリキュラムの開発・構成に着目して論じる。本章では，教科カリキュラムを外在的に分析・批判する研究動向については扱わない。スペンサー（Spencer, H.）が「どのような知識がもっとも価値があ

るか」と問うて以来，教科内容としての知識の取捨選択は，教科カリキュラムを開発・構成する上で重要な検討事項であり続けている（例えば，吉田，2010）。以下では，教科カリキュラムの構成単位，その順序構造，教科で学んだ知識の活用について述べ，最後に，教科カリキュラムの開発・構成の研究の進展が，スペンサーの問いへの答となる可能性があることにふれる。

第2節　教科カリキュラムの構成単位

1．教授過程とdidactic transposition

　世間一般の理解は別として，教科内容が特定の学問領域（discipline）の知識のみで構成されていると考える教育関係者はいない。理科は自然科学の諸分野，算数は数学といった具合に，学問領域との対応が重要で，それが広く受け入れられている教科はある。しかし，例えば理科において，科学技術と社会の関係，働く場所とのつながり，科学者の倫理といった教科内容を検討し始めると，素朴な対応関係では不十分なことがすぐに明らかになる。教科内容となる知識を創出している領域は，狭義の学術研究活動だけでなく，教科内容の妥当性，真正性を保証してくれる社会の諸活動にまで広がる。以下では，それを狭義の学問領域と区別するため，「専門領域」と表記する。

　専門領域は教科内容を媒介として授業と密接な関係を持つ。専門領域における諸活動で創出された知識は，専門領域の共同体内で吟味された上で，妥当な，もしくは真正な知識として受け入れられ，共同体にとって役立つかたちで表現されている。教科カリキュラムを開発・編成するためには，学習者に適した授業が実践できるように，専門領域の知識を教科内容へと変換しなければならない。例えば，「ふっとう（沸騰）」を小学生に教える場合，学術的に適切であり，かつ小学生に理解可能な表現でその意味を述べることが必要になる。「液体の水は，ある温度（これを沸点という）になると液体の水でいられなくなり，液体の表面だけでなく中からも気体の水になる」が教科内容として適切かどうかが議論される。当然，この内容の前に，気体と液体，温度，蒸発（液体の表面

から気体になる現象）を学習していることが要求され，教科内容の構造が決まる。そして，その教科内容をもとに教材（授業プランを含む広義の教材，以下同じ）が編成され，その教材によって授業が実践され，その結果が評価される。この一連の活動が教授過程である（大野, 2016, 第4章；大野, 2014）。

　欧米ではこのような過程がdidactic transpositionと呼ばれている（Bosch & Gascón, 2006）。大学や研究機関などで産まれた専門領域の知識（scholarly knowledge）は，教育行政や社会の要求によって，教えられるべき知識（knowledge to be taught）へと変換される。それら教科内容は各学校の実際の授業で教師が教える（教えた）知識（taught knowledge）へと再構成され，最後は，子どもが学び取った知識（learned knowledge）になる過程である。もともと数学教育研究で登場した考え方である（Brousseau, 1997；Chevallard, 1989）が，近年は理科教育研究でも話題になっている（Achiam, 2014）。

　教科カリキュラムの構成単位は教授過程である。例えば，仮説実験授業では授業書を使って授業が行われる。授業書を単なる教材ではなく，それを創出するために行われた教科内容の考察や教材化の過程も含めた教授過程であると考えれば，それはカリキュラムの構成単位となる。授業書を教授過程として捉え直すと，多数の授業書を使って理科のカリキュラムを開発することができる（板倉, 1966, p.187）。ドイツ教授学における「学習課題（Lernaufgaben）」（吉田, 2015）についても，同様の位置付けが可能だろう。

2. 教科カリキュラムのデザイン

　教授過程やdidactic transpositionを，専門領域の知識を取捨選択し，教科内容の構造を決め，教師が有効だと実感できる教材をつくり，それを実践し評価するという一方向の変換（transposition）の連続としてのみ捉えてしまうと，タイラー（Tyler, R. W.）モデルのような研究－設計－開発－実装の伝統的カリキュラム開発作業の工程と同じである。そのような捉え方では，教科カリキュラムとは最大の教育効果が得られるように累積された教科内容や教材の順序構造であるという静的なヴィジョンしか得られない。近年，カリキュラムは開発されるものではなく，デザインされるものだといわれている（緒方, 2010；佐藤, 1999, 第6章）。上述のような一方向の教授過程は，開発されたカリキュラムの

構成単位でしかない。

　デザインされた教科カリキュラムにとって重要なのは，教師が自らの実践を振り返り，授業研究 (lesson study) で教材を再検討し，必要であれば教科内容の見直しも行い，場合によっては専門領域を参照するという教授過程の逆方向の変換（実践から教材へ，教材から教育内容へと進む変換）である。これら逆方向の変換については，個々には研究が展開されているが，それらを教授過程やdidactic transposition に位置付けて，カリキュラムの構成単位に取り込むことが必要であると考える。

　デザインされた教科カリキュラムにおいても，専門領域の知識を取捨選択し，教科内容の構造を決め，教師が有効だと実感できる教材をつくり，実践につなげる教授過程の流れ（順方向の変換）が重要であることに変わりはない。教授過程の逆の流れ（逆方向の変換）を進んで教科カリキュラムをデザインするにしても，先立つものとして検討する価値のある授業実践が必要だからである。これは，ターバ (Taba, H.) モデルや，コンピテンスや課題分析 (task analysis) に基づくカリキュラム開発モデル（宇都宮，2013；Jonassen, Tessmer and Hannum, 1999）であっても同様である。

第3節　教科カリキュラムの順序構造

1．系統性と learning progression

　教科内容や教材開発の研究をカリキュラム開発研究の中へどのように取り込んでいくのかは昔から議論されているが，それぞれの教科での研究は続いており，今でも新しくかつ重要な課題である。例えば，戦後日本の理科教育研究では，順次性と系統性という概念が登場して以来，膨大な実践を踏まえた議論が蓄積されている。理科教育における「系統性」とは，「自然の諸法則の間に内在する本質的な関連に合致するように，教材を配列し学習させる」（田中・真船，1958，p.21）ための概念である。言い換えれば，教材群のマクロな配列になる。例えば，小学校で温度の概念を学習するには，ものには重さがあることや，気

体であっても体積（かさ）があることといった知識を，あらかじめ別の単元で学習していることが要求される。「順次性」とは，子どもが自然を認識し，概念を形成し，法則を理解していくために必要とされる「適切な学習素材の選定，教材の配列，学習指導の手順」（田中，1978，p.165）であり，子どもの誤解や思い込みを考慮し，彼らが科学の概念を構成していく道筋を考えて配列された学習活動のミクロな配列である。このような教科内容や教材の具体的な順序配列についての研究は理科に限ったものではない。

　系統性や順次性についての海外での研究動向としては，learning progression（以下，LP）をあげることができる（Corcoran et al., 2009；大貫，2016）。LPは，子どもの概念変容と認知発達の研究を踏まえて，指導の学年ごと，学習の段階ごとに教科内容や教材の順序を検討し，その教育効果を実際の指導の結果で評価する実践的研究である。LP研究は理想的とする学習の順序やカリキュラムを仮説として立て，どれほど多くの子どもに教育効果があったかを追跡するのが主眼である。数学教育で行われている同様の実践的研究は，目標に向けて子どもが実際にたどる複雑な学びの変遷に着目する学習の軌跡（learning trajectory）研究と呼ばれている（Daro, et al., 2011; Clements & Sarama, 2014）。

2. 日本の教科教育研究の蓄積とLP研究

　専門領域の論理，知識の論理だけから考えれば，教科内容や教材の順序について，国内外で同様の結果が得られても不思議はないため，海外のLP研究の成果自体に新規性がどこまであるのかは問うてよいだろう。例えば，物質が原子や分子から構成されていることを理解するための粒子モデルを教えたいとしよう。粒子が飛び回っているというイメージで捉えることができるように気体状態の物質である空気を使うのがよいと考えれば，気体から液体や固体へという学習の順序になる。しかし，一定量の気体が物だと認識していない子どもは意外に多い。そのため，粒子モデルの学習以前に，気体にも体積と重さがあること，どんなに小さい物，薄い物にも重さがあること，物質が異なると体積が同じでも重さが違うこと，物が水に溶けても物の重さは保存していることなどが理解できるよう一連の教授過程を配置しておかなければならない。これらは，日本では民間教育研究団体等の教師が実践の中から見出した知見として昔から

知られていたことであるが，欧米では概念変容やLPの研究成果として議論されている（玉田, 1966；Smith & Wiser, 2013, pp.159-176）。

　LP研究は，教科内容を複数学年にまたがって特定の順序で配列して指導することで，子どもの誤解（misconception）を解消し，理解を深めることができるという仮説を立てる。そして，その仮説の正当性を，実践の評価結果を縦断的，横断的方法で分析して明らかにしようとする（Corcoran et al., 2009）。LPの仮説に反する結果である（途中の段階での結果も含めて）と評価された子どもにはどのように対応するのか。そのような子どもがどの程度少なければLPの仮説を有効と判断するのか。実践的であると同時に実証的でもあるLP研究では，これら疑問への答を走りながら見つけていくことになる。

　歴史的，社会的，文化的背景の違いから，LP研究を日本で本格的に実施するのは容易ではないだろう。しかし，教科カリキュラムの教育効果を示す証拠に基づく評価が強く求められる世相になっている。実践者である教師が教科教育の研究者として認められてきた歴史が日本にはあり（この伝統が今後も続くことを願うが），彼らが研究で見つけ出した多くの実践知が蓄積されている。その蓄積を系統性や順次性に関わるカリキュラム研究に活用し，海外のLP研究の成果に目を配りつつ，日本の学校教育に適したカリキュラム評価の手法を，教師を含む研究者が共同でつくりだすことが今後の研究課題であると考える。

第4節　学んだ知識が活用できる教科カリキュラム

1．学習の転移と学校教育

　古典の教育，例えばラテン語教育は，その文化的，道徳的価値を理由にカリキュラム上の特権的位置を占めていた。ラテン語学習によって育成された論理的思考力，推理力，記憶力といった諸能力は言語習得以外の様々な学習で役立つ一般的なものだといわれてきた。1920年代初めに，ラテン語の学習が知能検査の結果に関係しないことが，ソーンダイク（Thorndike, E）たちの大規模な調査によって示され，根拠のない教科の優劣論は潰れた。しかし，ある領域の学

習で育成された論理的思考力などの一般的能力は他の領域で幅広く使えるように
なる（以下，「一般的能力の転移」と呼ぶ）という考えは教育関係者には魅力があ
り，その後の学校教育で幾度も復活した。

　教育内容現代化運動の中で，ブルーナー（Bruner, J. S.）は，教科で学ぶ知識
の構造から基礎的・基本的事項が何かを明らかにし，それを適切に学習すれば
「大量の一般的転移」が得られ，「『学習のしかたを学習する』(learn how to learn)
ようにさえなる」と述べた（Bruner, 1960, 邦訳pp.6-7)。この「一般的転移」は，
「基礎的・基本的事項」である知識の転移とも，学習する能力，問題解決力，
探究する力のような一般的能力の転移とも解釈できる。いずれであったにして
も，教育内容現代化運動が学校現場で展開されたが，「大量の一般的転移」は
起きなかった。

　日本では，いわゆる「ゆとり教育」の中で，知識の量ではなく質が重要であ
り，学び方を学んでいれば新しい知識は必要なときに自分で学習できるといわ
れた。近年は，論理的な思考力，判断力，表現力を身に付けることが大切で，
それを評価するための大学入試改革が議論されている。と同時に，学習したこ
との転移が起きていないと実感する授業を，多くの教師は身をもって経験して
いるだろう。学習したことが転移する可能性を高めることは，学校教育で最も
重要なことだという主張は今に続いている（Tanner & Tanner, 2007, pp.44-48)。
問題は，転移とはどのような認知現象で，教科カリキュラムは何ができるのか
である。

2．知識の転移と教科カリキュラム

　教科カリキュラムの開発・構成で着目すべきは，一般的能力の転移ではなく
知識の転移である。長期間の学習で起きる知識の転移についての研究が認知科
学や学習科学の分野で行われている（Bransford, et al., 2000, 邦訳第3章；Mestre,
2005；白水, 2012)。活用できる知識が学べる教科カリキュラムを開発・構成す
るためには，そうした転移研究の成果を適切に取り入れていく必要がある。

　知識の転移とは，ある文脈（context）で学んだ知識を，異なる文脈や未経
験の文脈で新しい課題に取り組むために使う（知識を活用する）ことである。
例えば，教科のある単元（これが文脈をつくる）の一連の授業で，いくつかの

知識が学習される。それら知識は子どもの心内で何らかの構造を持つが，それは子どもの誤解や既習知識がつくる構造の影響を受けており，教科内容の構造と（おそらく）同じではない。そのような知識を，別の単元（他教科であってもよい）で新しい課題に対して適切に使うことができれば，知識の転移が起こった（を起こした）ことになる。

　卒業後に遭遇する課題に対して学校で学んだ知識を使うという転移がある。このような活用ができるようになることが学校教育の本来の目的だが，そのときの課題の多くは，ill-definedやopen-endedといった特徴を持つ複雑な問題だろう。このような課題を教授過程でいかに教材化し，その実践をいかに評価するかは大学の専門基礎教育ですら十分に対応できていない（Singer et al., eds., 2012, p.89）。これからの研究課題である（趙，2012）。

　新しい文脈で遭遇した未経験の課題には，既習の知識を想起したり，通常の課題解決に応用できる知識に転移が起きたりするだけでは対応できないので，課題自体を解釈し，説明するための知識の転移が必要となる（Schwartz et al., 2005, pp.1-51）。このとき課題解決の参考になる資料を提示し学習させることで知識の転移が促され，より優れた解決につながることが示されており，さらに，そのような知識の転移が概念変容や知識の革新（innovation）と関係することが議論されている（Martin & Schwartz, 2013, pp.447-465）。

　学校卒業後，新しい状況で難問に直面している人にとっては，ある知識で転移が起こり問題解決に役立ったのであれば，それが価値ある知識である。転移や知識自体についてまだまだ未解明な現状では，すべての知識で転移が起きるよう学校で学んでおくという目標設定は無意味である。しかし，教科カリキュラムの開発・構成について，知識の転移を考慮した研究がさらに進めば，将来，スペンサーの問いにもう少しエレガントに答えることができるだろう。

（大野栄三）

第6章　道徳教育とカリキュラム

第1節　道徳教育におけるカリキュラム・マネジメント

　戦後日本の道徳教育は，学習指導要領において，「学校の教育活動全体を通じて行う」ことを基本としつつ，「道徳の時間」特設 (1958) 以降は，特定の時間でも指導を行うという，特異な位置付けを与えられてきた。この位置付けゆえに，道徳教育は「カリキュラム・マネジメント」に深く関わっている。

　「カリキュラム・マネジメント」について，中央教育審議会答申 (2017年12月21日) は，三つの側面から説明している。すなわち，①各教科等の教育内容を相互の関係で捉え，学校の教育目標を踏まえた教科横断的な視点で，その目標の達成に必要な教育の内容を組織的に配列していくこと。②教育課程を編成し，実施し，評価して改善を図る一連のPDCAサイクルを確立すること。③教育内容と，教育活動に必要な人的・物的資源等とを，地域等の外部の資源も含めて活用しながら効果的に組み合わせること，である。

　道徳教育には，①全教育活動において，各教科等の特質を生かしつつそれらを相互に関連付けながら実施すること，②各学校の実態を踏まえた全体計画を作成して実施し，評価・改善していくこと，③地域資源を生かした体験活動や人材活用など社会と連携すること，が求められてきた。まさしくカリキュラム・マネジメントの実現が目指されてきたのである。

　学習指導要領の一部改正 (2015年3月) で，道徳教育は「特別の教科道徳」(以下「道徳科」) という「新たな枠組み」のもとで進められることになった。本章では，この改革をカリキュラム・マネジメントの視点で捉えることで，その課題と可能性を確認しつつ，新たな展望を見出すよう努めよう。

第2節　教育課程上の位置付けをめぐって

1. 全面主義と特設主義

　まず，日本の学校教育における道徳教育の位置付けの変遷を確認しよう。

　戦前の道徳教育は，教科課程に教科として位置付けられた「修身科」（名称は時期によって異なる）が担っていた。当時も修身科だけが道徳教育ではないという主張はみられたが，教科課程に具体的に示されたわけではない。

　戦後，修身科の停止（1946）と社会科の新設（1947）を経て，教育課程審議会は，道徳に関する教科等を特設しない方針を決定した（「道徳教育振興に関する答申」1951年1月4日）。これを踏まえ，「学習指導要領一般編（試案）」（1951）では，「道徳教育は，その性質上，教育のある部分でなく，教育の全面において計画的に実施される必要がある」と示された。この方針は，修身科を中心に実施されてきた道徳教育との対比で，「全面主義」と呼ばれる。

　ところがこの決定当初から，当時の文相天野貞祐氏も含め，道徳に関する独立した学習時間設置への要請が根強くみられた。道徳教育の位置付けは，新たな諮問を受けた教育課程審議会において主要な議題として審議され，答申「小学校・中学校教育課程の改善」（1958年3月15日）において，「道徳の時間」特設の方針が盛り込まれることとなった。

　しかし，この特設によって「全面主義」の方針が変更されたわけではない。教育課程審議会の審議でも，特設時間の目的は，教育活動全体における道徳教育の効果を高めるため，それらを「補充」することにあると確認されている。そこで，1958年告示の「学習指導要領」は，両者を指導計画の作成によって関連付けるよう求めて次のように示した。「指導計画は，学校の教育活動全体を通して行う道徳教育の計画の一環として，各教科，教科以外の活動などの指導における道徳教育を補充し，深化し，統合し，またはこれと相互に交流しうるよう，組織的，発展的なものでなければならない」（「小学校学習指導要領」）。

　ここで示された「補充・深化・統合」は，以後一貫して学習指導要領に明示

され，新たに設置された「道徳科」にも表現を変えて継承されている。道徳教育のカリキュラムには，教育活動全体を通じて行う機能概念と特設時間における学習という領域概念を有機的に関係付けることが求められてきたのである。

　この位置付けを諸外国の学校カリキュラムと比較してみよう。道徳に関する教育を教育課程上にどう位置付けるかは，各国の歴史や文化的背景を反映しているため，その意思決定は国によって異なる。世界全体でみると，キリスト教やイスラム教など，宗教による宗派教育が道徳を担う教科等として学校カリキュラムに位置付けられている国が多く見られる。他方，宗教に拠らない，いわゆる世俗的な道徳教育を実施している国は，フランスやシンガポール，韓国，中国のように特定の教科等を設置している国とアメリカやオーストラリア，台湾のように，学校教育全体で実施する全面主義を採っている国に大別される。ただ，今日では，特定教科を設置している国においても，体験活動など学校の他の教育活動と関連付けた実践が推奨される傾向がみられ，学校教育全体で取り組む全面主義の考え方が取り入れられるようになっている。日本の道徳教育は，戦後早い時期から全面主義と特設主義の考え方を取り入れ，両者の関係を学習指導要領に明記してきた点で，世界でも特徴的なカリキュラムといえよう。

2．特設道徳の存立根拠

　「道徳の時間」の特設をめぐっては，道徳教育を教育課程にどう位置付けるかが，広く社会を巻き込んだ大論争となった。政治的対立の影響下ではあったが，この論争では，道徳教育カリキュラムをめぐる本質的な問題提起がなされている。中でも，特設道徳の意義と役割をめぐる次の2点の批判が重要である。すなわち，①全面主義の道徳教育が目指してきた，子どもたちが生きた現実の中で問題解決しながら学ぶという理念が，年間指導計画のもとで実施される固定的なカリキュラムによって変質してしまうのではないか，②国が定めた徳目を網羅的に教える学習で道徳性が育成されるか，である。

　これらの批判に対し，当時の教育課程審議会委員を務めた道徳教育研究者らは，全面主義の道徳教育に特設時間を設置することに積極的意義があると主張した。例えば勝部真長は，道徳教育を「道徳指導」と「生活指導または生徒指導」という二つの側面から構想し，前者には特設時間が必要であるとした。勝

部によれば，生活指導は，子どもが現実生活で出会う課題や困難を解決していく学習だが，その問題解決によってどのような人間を育てるのかという具体像がないと状況主義的な指導に陥る。これを克服するには，問題解決を方向付ける理想主義的な価値の指導が不可欠である，とされる（勝部，1958）。

この主張にみるように，道徳指導を教育課程に特設する根拠は，「なすことによって学ぶ」という経験主義と問題解決学習に基づく道徳教育は道徳的理想の教授という点で不十分である，という批判から導出されている。したがって，特設時間の意義は，個別的な問題解決に至る思考や判断を支える道徳的価値を子どもが内面化し自覚することにあるとされる。現実生活における問題解決（実践）とそこで求められる内面的資質（実践力）との峻別は，特設時間を他教科等から区別する特質として堅持されることとなる。

その問題点を指摘したのが，文部科学省に設置された「道徳教育の充実に関する懇談会」の報告「今後の道徳教育の改善・充実方策について」（2013年12月26日，以下「懇談会報告」）である。この報告は，道徳の時間の学習において「内面的資質としての道徳的実践力が強調されるあまり，道徳教育における実践的な行動力等の育成が軽視されがちな面がある」と指摘し，特設時間の学習が，学校の道徳教育全体と目標を共有し，現実生活において生きて働く真の実践力の育成に資する学習とならなければならないと提言した。こうして特設時間の意義は，資質・能力の育成という新たな視点のもとで再検討されることになる。

3. 「特別の教科　道徳」の成立をめぐって

道徳の教科化は，「教育再生実行会議」による「第1次提言」（2013年2月）から約2年にわたる審議を経て，2015年3月に決定した。

この審議では，教育課程に特設時間を置く意義やその時間を教科と位置付けるべき根拠は主要な論点とならず，検定教科書や評価の導入の是非といった教科としての制度設計が検討の中心となった。審議の過程で教科化の根拠として再三指摘されたのは，道徳が教科でないために「軽視されがち」で，取り組みに格差があるという実態である。教科化の最終決定は，教科にすれば格差が解消し，広く実施されるだろうという施策上の判断によるところが大きい。

もう一つ，この審議で特徴的なのは，これまでの道徳授業の指導論に踏み込

んで様々な問題点が指摘され，指導法の改善が多くの時間をさいて議論されたことである。しかも，単なる指導論にとどまらず，道徳科で育成する資質・能力を目標に見据え，それらを育成する学習過程のあり方や学習活動の評価も含め，カリキュラムの構成原理が検討されている。そこでは内容中心の学習から資質・能力の育成への「質的転換」が鮮明に意識されていたといえよう。

第3節　道徳科のカリキュラム改革

　戦後の道徳教育は，道徳の学習指導過程について大きな「転換」を二度経験している。一つは，昭和40年代における生活主義から価値主義への転換である。二つ目は今回の教科化において，問題解決的な学習や道徳的行為に関する体験的学習を「質の高い指導方法」として提示したことである。

　道徳科の方針は，「答えが一つではない道徳的な課題を一人一人の児童が自分自身の問題と捉え，向き合う『考える道徳』，『議論する道徳』へと転換を図る」（『小学校学習指導要領解説　特別の教科道徳編』）と示された。

　この「転換」には，系統学習と問題解決的な学習を統合しようとする意図が汲み取れるが，それゆえに双方の問題点が顕在化するおそれがある。具体的には，系統学習は，道徳的価値を授業のねらいに設定するため，子どもが問題を解決する中で価値を発見，創造していく主体的学びが実現しにくい。他方，問題解決的な学習では，表層的な解決策に目が行きがちで，道徳的な見方・考え方を育成する「深い学び」につながりにくい。質的転換を実現するには，諸価値の学習と資質・能力の育成をつなぐ学習指導過程の研究が急務であろう。

　その上で，もう一つ忘れてはならないのは，道徳科の改革は，指導法の転換だけでは完結しないということである。問題解決的な学習が「型」として普及し，道徳的思考に求められる多様で豊かな意志決定のプロセスから乖離していくなら，再び形骸化の誹りを受けよう。道徳科を実生活の文脈につながる学習の場とするには，学校の道徳教育の「要」としての機能を回復する必要がある。

　特設道徳設置後，道徳教育研究は，授業研究が主流となった。その中で，押谷由夫が提起した総合単元的道徳学習は，道徳を中心に教科等横断的な学習を構想する数少ない道徳教育カリキュラム論である（押谷，1994ほか）。

総合単元的道徳学習では，道徳的価値を主題として道徳と教科等を関連付けた構想図を開発する。この構想図は，「気付く」「みつめる」「深める」などと段階別に配置され，学習の深まりが意識されている。それは，系統学習を学校の具体的な文脈で実現しようとする取り組みでもあった。

　だが，総合単元的な道徳学習の構想には学校の組織的な取り組みが求められるため，一般の学校への普及に困難があった。チーム学校によるカリキュラム・マネジメントが重視される新学習指導要領のもとでこの困難が解消されれば，道徳科と多様な学習活動をつなぐカリキュラム開発の体制を整えられるだろう。

第4節　社会に開かれたカリキュラム開発

　道徳教育の全体計画について，文部科学省が継続的に実施してきた調査によれば，全体計画を作成している学校が最初の調査時点 (1993) ですでに95％を超えている。ところが，その実効性については，「そこに定められている重点目標や内容が形式的なものにとどまっている学校も多く，本来求められる成果を生み出しているとは言い難い」(「懇談会報告」) と指摘されている。

　文部科学省は，学校の協力体制の中核となる「道徳教育推進教師」を制度化し，一覧表だけの全体計画については，さらに具体化した計画 (「別葉」) の作成を推奨するなど，全体計画が理念だけに終わらないよう環境づくりを進めてきた。にもかかわらず，全体計画が機能していないとされるのはなぜか。

　道徳教育の全体計画の現状をPDCAサイクルの視点で見ると，問題が浮き彫りとなる。上の「道徳教育推進状況調査」でも前年度の計画を踏襲している学校が半数近く見られ，C→Aにあたるカリキュラム評価と改善が十分に行われていないのである。その理由として，全体計画は教科等における道徳教育の目標だけを示し，「別葉」は各学習活動を道徳の内容で分類した配列表となっているため，成果を評価する視点や改善の方策が見えにくいことがある。

　全体計画を実質化するためには，計画づくりの段階で学校の道徳教育で育てたい資質・能力を議論して共有し，学校の創意工夫を生かした学習・体験活動を構想してつながりを図る協働作業が求められる。さらにそのカリキュラム評

価を学校評価の対象とすれば，地域の声を生かした道徳教育を進められる。

　全体計画に位置付けられることで意識的に推進されてきた取り組みとして，家庭や地域との連携がある。「道徳教育実施状況調査」（文部科学省，2013a）では，「地域の人々の理解や協力を得るための学校の取組」を行った学校は小学校84.4％，中学校73.3％と高い。具体的には，「道徳の授業参観（公開授業）」，「様々な教育活動への保護者や地域の人々の参加」「学級学年・学校通信等で道徳教育について取り上げた」などが高い実施率となっている。道徳教育は家庭や地域とのつながりをつくりやすい教育活動であるといえるだろう。

　この成果を生かし，今後は，学校からの情報発信だけでなく，カリキュラム評価への参画に意識的に取り組みたい。学校運営協議会制度などカリキュラム評価に保護者や地域の意見を反映する可能性は広がっている。カリキュラムを介したコミュニケーションが社会に開かれた道徳教育への一歩となろう。

第5節　新たな展望

1．学習内容の構造化

　教科化をめぐる一連の審議と条件整備の中で，取り残されてきた問題がある。それは，道徳の「内容」に関する検討である。

　「懇談会報告」は，道徳の内容について必要な見直しを行うよう求め，「発達の段階ごとに特に重視すべき内容や共通に指導すべき内容についても，さらに精選し，これまで以上に明確化を図る」などの検討が必要と提言していた。しかし学習指導要領改訂では，内容項目の追加やキーワード化などの微修正はなされたが，内容構成原理の見直しは行われなかった。

　道徳の内容については，戦前，修身科の第一次国定教科書の編纂にあたった委員会において，特定の学説に依拠しようとすると委員間で一致をみることがないだろうという理由から，日本国民に必須な徳目を国民の心得として教授する方針が採られている（国立教育政策研究所，2004）。その後，道徳教育の内容は，この方針を継承しながら部分修正されてきた。内容全体の構造化が図られたの

は，内容を4つの視点に分類した1999年改訂のみである。

　教科化の審議では，諸外国の価値教育に見られるような，中心となる諸価値（core values）を設定する可能性が一部で議論されたものの，反映には至らなかった。ただ，仮に中心価値のもとに構造化するとなれば，その選択は審議会の検討だけに委ねられるべきではなく，社会に開かれた議論と合意形成のプロセスを経る必要があろう。2015年改正時はその段階には至らなかったといえよう。

　しかしこのことは，道徳教育のカリキュラム・マネジメントから見るとむしろ積極的意味がある。内容の重点や中心価値の決定は，道徳教育の重点目標を設定する各学校に委ねられるからである。各学校における道徳教育のカリキュラム開発において，学校の教職員だけでなく，保護者や地域，そして学習者である子ども自身の声を生かす仕組みを構築する。この学校主体の重点化が定着すれば，中心価値に関する議論の成熟に向けた実践的基盤がつくられるだろう。

2．新たな枠組みを求めて

　道徳科は，道徳教育の「新たな枠組み」として整備された。しかし，内容項目中心で検定された教科書の導入は，道徳教育の要としての位置付けを明確化するという当初の意図に反して，学校の様々な教育活動との連携を弱め，教科としての独立性を強める方向に向かうのではという懸念を生んでいる。

　文部科学省の研究開発学校や教育課程特例校では，現行の教育課程から離れて独自の教育課程を編成することができる。これらの学校では，道徳教育に関わって，多様な新しい枠組みが提案されている。近年の実践研究で目立つのは，市民性育成，哲学教育，キャリア教育など，これからの社会を生きる子どもたちに育成したい資質・能力を構想し，多様な現代的諸課題に応えるカリキュラム開発である。道徳教育カリキュラムの選択肢は広がりつつある。

　「要」としての道徳科を中心に学校の教育活動全体で学校主体のカリキュラムを開発する枠組みが保証されていることが日本の道徳教育の強みである。学校の実態や教育課題に応え，子どもにとって学ぶ意味のある道徳教育を実現する可能性は，各学校に開かれている。そこから「新たな枠組み」につながる実践研究を重ねていく中で，次代の道徳教育の方向が見えてくると期待しよう。

（西野真由美）

第7章　総合的な学習とカリキュラム

第1節　カリキュラムにおける総合的な学習の位置付け

総合的な学習の多様性

　水越（1996）は，学問や技芸の持つ系統性と子どもの生活経験や問題意識の発達のいずれを主軸に据えるか，どの程度他方の立場を含み込むかという視点からカリキュラムを，①分科カリキュラム（並列カリキュラム），②相関カリキュラム，③広域カリキュラム，④コア・カリキュラム，⑤総合カリキュラムの５つに分類している。カリキュラムは多様である。総合的な学習は広義に捉えれば②から⑤が該当するが，その整理・分類には様々な考え方がある。

　田中（1986）は，「目標と評価の規定性」（あらかじめ決定された明確な目標体系と評価基準を持つか，授業の展開により即時的に目標が生まれゴールフリーな評価が行われるか）と「設計と展開の決定」（授業の各分節において学習活動がリジッドに決定されているか，学習の設計と展開において決定権が学習者に委ねられているか）の二つの軸により分類し，①合科的な指導，②学際的研究，③総合活動，④生活学習の４類型を提案している。③は内容や展開は教師が決定するのに対して，④はそれも学習者が決定するとしている。総合的な学習に関し40年近い歴史のある伊那市立伊那小の取り組みは④に該当する。

　高階（1996）は，学力形成を「知識・能力の習得」と「（学習者が自ら学び，自ら考えることができる）学習態度の形成」の２軸で捉え，①基礎受容型，②自己発現型，③知識獲得型，④学習創造型の４つに分類している。②④が総合

的な学習に該当する。

村川（2000）は，これらの先行研究を踏まえ，「現代的諸課題への対応」と「子どもの主体性育成」を総合的な学習の２大目的と捉え，以下の９類型を提案し，その枠組みと開発主体により先進事例を分類・整理した。

　類型Ａ：教科別指導の中で総合的に既存の教科内容を取り扱う。

　類型Ｂ：特定の問題に関わる複数の教科・領域の内容を教師が関連させて課題や展開を設定し，それに従って学習を進める。

　類型Ｃ：既存の教科・領域にとらわれずに，広い内容を組み込む。教師が課題や展開を設定し，学習者がそれに従って進む。

　類型Ｄ：「教科内選択学習」の中で総合的な志向が強いもの。総合的な大テーマのもとでの「教科間選択」も含む。

　類型Ｅ：複数の教科や領域を関連・融合させて教師が課題を設定し，その中から学習者が選択する。

　類型Ｆ：既存の教科・領域にとらわれることなく教師が課題を設定し，学習者がその中から選択したり，その範囲内で具体的な活動を設定したりする。

　類型Ｇ：総合的な内容を展開するが，基本的には各教科・領域の枠を残す。

　類型Ｈ：既存の教科・領域を必要に応じて教師が関連・融合させて課題を設定するが，具体的な活動の内容・展開は学習者が設定する。

　類型Ｉ：既存の教科にとらわれることなく学習者が主体となり自由に目標や内容を設定する。

類型Ａは教科指導の中で環境や国際などの現代的な諸課題を扱うものである。総合的な学習に含めることには問題があると指摘した上で，教科学習から総合的な学習へのワンステップとして位置付けている。2017年学習指導要領改訂における「社会に開かれた教育課程」の実現のためには，教科指導の中で他教科等と関連付けて指導することが大いに期待される。

1998年改訂による「総合的な学習の時間」創設前は，実に様々な形態や内容の取り組みが，既存の各教科・領域等を合わせたり関連させたりして行われていた。

第2節　「総合的な学習の時間」創設前の取り組み

1．関連的な指導導入の背景

　1977年改訂では、「低学年においては、児童の実態等を考慮し、合科的な指導が十分できるようにすること」という文言が入れられた。これにより、複数教科あるいは道徳、特別活動の内容を関連させて学習することが可能になった。1989年改訂では、小学校低学年に生活科が創設され、小学校中学年以上で合科的・関連的な指導が実施可能となる。『総則編解説』の中で「各教科等がそれぞれ独立して目標を持ち内容を構成しているのは、各教科ごとにそれぞれ独立して授業を行うことを前提としているからである。しかし、児童に自ら学び自ら考える力を育成することを重視し、知識と生活との結び付きや知の総合化の視点を重視した教育を展開することを考慮したとき、教科の目標や内容の一部についてこれらを合わせて指導を行ったり、関連させて指導を進めた方が効果がある場合も考えられることから、合科的な指導を行うことができることとしたり、関連的な指導を進めることとしたものである」としている。

　知識や技能を系統的・効率的に教え学ばせるためのものが教科であるが、実社会・実生活においては教科を越えた事柄が存在している。教科の知識や技能が生きて働くためには、関連させて指導する必要がある。その際、関連させた方が各々の教科の目標・内容のよりよい効果につながることが重要となる。

2．合科的な指導と関連的な指導

　関連的な指導と近似した指導法として合科的な指導がある。1989年改訂の『総則編解説』の中で「合科的な指導は、教科のねらいをより効果的に実現するための指導方法の一つである。単元又は1コマの時間の中で、複数の教科の目標や内容を組み合わせて、学習活動を展開するものである。また、関連的な指導は、教科別に指導するに当たって、各教科等の指導内容の関連を検討し、指

導の時期や指導方法などについて相互の関連を考慮して指導するものである」
と明示した。合科的な指導は水越 (1996) の「②相関カリキュラム」に該当する
のに対して、関連的な指導は「①分科カリキュラム」の中の指導法の工夫であ
る。関連的な指導では複数教科等の目標・内容を合わせての単元化は行わない。

第3節 「総合的な学習の時間」の変遷

1. 1998 (平成10) 年学習指導要領

(1) 「総合的な学習の時間」の創設とねらい

学習指導要領の教育課程内で、関連的指導を中心に各校において様々な創
意・工夫により行われてきた総合的な学習が、1998年改訂により小・中・高・
養護学校（当時）等において共通に教育課程上に「総合的な学習の時間」とし
て創設された。その際に、二つのねらいが示された。一つは「自ら課題を見付
け、自ら学び、自ら考え、主体的に判断し、よりよく問題を解決する資質や能
力を育てること」である。もう一つは「学び方やものの考え方を身に付け、問
題の解決や探求活動に主体的、創造的に取り組む態度を育て、自己の生き方を
考えることができるようにすること」である。高等学校の場合は、「自己の生
き方」が「自己の在り方生き方」となっている。

「探求」という言葉を使用しているものの2017年改訂の目標と大差はない。
総合的な学習の時間は創設当初から「資質や能力」の育成をねらいとしている。

(2) 2003 (平成15) 年一部改正によるねらいの追加

2003年の一部改正の際、ねらいとして「各教科、道徳及び特別活動で身に付
けた知識や技能等を相互に関連付け、学習や生活において生かし、それらが総
合的に働くようにすること」が付け加えられた。1998年改訂の基盤となった教
育課程審議会答申（1998年7月）では「総合的な学習の時間のねらい」の部分に
「各教科等それぞれで身に付けられた知識や技能などが相互に関連付けられ、
深められ児童生徒の中で総合的に働くようになるもの」と明記されていた。こ

の時点では，教科と総合との補完的な関係が示されていた。しかし，1998年学習指導要領の中では一言もふれられていない。総則編解説作成会議においてこの点が指摘され，解説の中で詳細に記述されることとなった。

(3) 2003（平成15）年一部改正による総合的な学習の時間の後退

　2003年一部改正は総合的な学習の時間の充実を図ったものではあったが，1998年改訂の本格実施直前の2002年１月に「学びのすすめ」が文部省（当時）から出されたことも受け，「現行（1998年）の学習指導要領の見直し」が「基礎・基本の重視」から「総合的な学習の時間の失敗」といった論調となっていった。一部改正はいまだかってなかったことによりその与える影響は大きかった。「従来型の学力重視への方向転換」的な意味合いで「学びのすすめ」全体が受け取られ，学校現場の総合的な学習に対する熱が一気に冷めていった。

2．2008（平成20）年学習指導要領

(1) PISA調査と総合的な学習の時間

　2008年改訂に大きく関わる学力論争に火をつけたのが，OECD学習到達度調査（PISA2003）の結果である（文部科学省，2004）。最も芳しくなかった「読解力」の結果を受けて，国語や算数・数学，理科などの教科の時数の増加が指摘され，その時間の確保の関係で，総合的な学習の時間の時数がおおよそ３分の１程度削減される。PISAの概念枠組みの基本であるキー・コンピテンシー（Rychen et al., 2003）の三つのカテゴリーの「相互作用的に道具を用いる力」及び「異質な集団で交流する力」は総合的な学習の時間が重視し，育んできた力であり，「自律的に活動する力」は総合的な学習の時間の様々な課題解決過程で，多様な人とのかかわりを通してその人の考え方や生き方にふれ，あこがれの人や職業を見出し，その実現のために自分は何をなすべきかを考え，学んでいる教科等の意味を捉え直したりしている点で，この力の育成にも強く関わっていることが理解できる。

(2) 総合的な学習の時間の独立と充実

　時数削減だけから判断すれば，「総合的な学習の時間の後退」という理解に

つながることは否めないが，実際は「総合的な学習の時間の充実」が進められた。1998年改訂では総則の中で扱われていたが2008年改訂では章として独立した。その結果，解説だけでなく指導資料（2011ab, 2013b）も作成され，全体計画や年間指導計画等の作成方法について詳細かつ具体的な情報を学校に提供した。

また，小学校外国語活動の時間の創設により約3分の1程度を英会話中心の外国語活動を行っている学校にとっては，高学年に関しては削減された時数の影響は大きくなかったと考えられる。教科や特別活動等への転用を明確に排除しようとする文言が明記されたことも大きな意味を持った。

答申では総合的な学習の時間について「変化の激しい社会に対応して，自ら課題を見付け，自ら学び，自ら考え，主体的に判断し，よりよく問題を解決する資質や能力を育てることなどをねらいとすることから，思考力・判断力・表現力等が求められる『知識基盤社会』の時代においてますます重要な役割を果たす」とあらためて重要性を指摘している。

また，2008年改訂においては，「探究」の重要性があらためて強調された。この時間が朝読書や教科の補充，修学旅行や運動会等の準備等に転用された例が少なくない。改訂の目標の中に「探究的な学習を通して」という文言が入ったことにより，総合的な学習が全体を通して「横断的・総合的」かつ「探究的」であるかが問われたのである。

3．2017（平成29）年学習指導要領

(1) 育成を目指す資質・能力と子ども等の実態を踏まえた目標設定

2017年改訂では総合的な学習の時間の目標として「探究的な見方・考え方を働かせ，横断的・総合的な学習を行うことを通して，よりよく課題を解決し，自己の生き方を考えていくための資質・能力を次のとおり育成することを目指す」と示された。「探究的な見方・考え方」について答申（2016年12月）では「各教科等における『見方・考え方』を総合的[・統合的]に働かせて，広範[かつ複雑]な事象を多様な角度から俯瞰して捉え，実社会や実生活の文脈や自己の[在り方]生き方と関係付けて問い続けること」([　]内は高等学校＝筆者注)としている。

すべての教科等において目標を考える上で考慮しなければならないのは「育

成を目指す資質・能力」の三つの柱である。総合的な学習の時間では創設以来，ねらいの一つとして「自ら課題を見付け，自ら学び，自ら考え，主体的に判断し，よりよく問題を解決する資質や能力を育てること」（下線は筆者による）を掲げてきたため，資質・能力の考えを受け入れるのは容易であるといえる。

(2) 探究に値する実社会・実生活に関わる現代的な諸課題の設定

2017年改訂では「探究課題」という表現が用いられる。答申に示されているように「一つの教科等の枠に収まらない課題に取り組む学習活動を通して，各教科等で身に付けた知識や技能等を相互に関連付け，学習や生活に生かし，それらが児童生徒の中で総合的に働くようにすること」や「多様な他者と協働し，異なる意見や他者の考えを受け入れる中で，実社会や実生活との関わりで見いだされる課題を多面的・多角的に俯瞰して捉え，考えること」（下線は筆者による）と，探究課題の解決過程を通して「先行き不透明な社会を生き抜くと共に新たな価値を創造していく力」の育成を求めている。

第4節　総合的な学習の課題と展望

1. 目標としての知識・技能の定着への配慮

2017年改訂の総合的な学習の時間の目標の一つ目に「課題の解決に必要な知識及び技能を身に付け，課題に関わる概念を形成し」とある。この点については格段の配慮が必要となる。この時間では，どのような課題に取り組もうと，活動が充実していればしているほど，子どもは深く学ぶ。結果として知識や技能の獲得につながることが少なくないが，知識・技能の習得が目的化することのないように十分に気をつける必要がある。

2. 資質・能力の三つの柱による振り返りの充実

この時間の創設後の10年間において，この時間の趣旨に合った実践が十分に

行われていなかったという反省から，2008年改訂では「課題の設定→情報の収集→整理・分析→まとめ・表現」の探究過程が繰り返される学びが提唱され，その後のこの時間の充実に寄与した。2017年改訂においてもこの学習過程は踏襲される。「育成を目指す資質・能力」の三つ目の柱「どのように社会・世界と関わり，よりよい人生を送るか（学びを人生や社会にいかそうとする「学びに向かう力・人間性等」の涵養）」の実現を考えれば，学習活動全体を通して自己の成長を「振り返る」活動は重要となる。4つの学習過程に加えて，単元や一年の最後に「この学習を通して成長したこととその理由や要因」を「振り返る」活動を一定時間設けることを今後検討していくことが求められる。

3．小学校から中学校，高等学校への体系化と発展性

答申（2016年12月）では，未来社会を「知識・情報・技術をめぐる変化の早さが加速度的となり，情報化やグローバル化といった社会的変化が，人間の予測を超えて進展する。（中略）社会の変化は加速度を増し，複雑で予測困難となってきており，しかもそうした変化が，どのような職業や人生を選択するかにかかわらず，全ての子供たちの生き方に影響する」と想定している。

かつてPISA調査の結果を受けて時数削減を余儀なくされた総合的な学習の時間であるが，その後のPISA調査の向上とそれへの総合的な学習の時間の影響及び全国学力・学習状況調査結果との関係が明らかにされるにしたがい，総合的な学習の学力向上に与える効果が示されてきている。

子どもたちが変化の激しい社会の中で様々な課題を乗り越えるとともに未来を切り拓いていく上で総合的な学習の意義は大きいが，そのための資質・能力を小学校から中学校，高等学校へとどう伸張・発展させていくのか。12年間を見通したカリキュラムの開発が求められている。　　　　　　　（村川雅弘）

第8章　特別活動とカリキュラム

第1節　特別活動の意義と課題

1. 特別活動の意義

　周知のように，小学校，中学校，高等学校等の教育課程（カリキュラム）は，学校教育法施行規則に基づき，「教科」（高校は教科・科目），「特別の教科　道徳」（高校を除く），「外国語活動」（小学校），「総合的な学習の時間」（高校は「総合的な探求の時間」），「特別活動」の各領域から構成されている。また，これらの指導目標，指導内容等については，文部科学大臣が公示する「学習指導要領」によってその基準が示されている。

　このように，「特別活動」は学校の教育課程に法的に位置付けられている必修の教育活動であり，学校教育の目的を達成する上で重要な役割を果たしている。「特別活動」に充てる授業時数は小，中のいずれについても，年間35時間をもって「標準とする」ことが定められている（小1については34時間）。ただし，この授業時数は，「学級活動」（学校給食にかかるものを除く）に充てるものとされており，「児童会・生徒会活動」，「クラブ活動」（小），「学校行事」については，「年間，学期ごと，月ごとなどに適切な授業時数を充てるものとする」とされている。高校についても，「ホームルーム活動の授業については，原則として，年間35単位時間以上とするものとする」とされている。

　特別活動は，当然，教科等とは異なる独自の目標と内容，指導原理を持ち，学校における人間形成に固有の役割を果たしている。

2016（平成28）年12月の中教審答申によれば，特別活動の指導を通して育成すべき資質・能力を明確にするための「視点」として，①「人間関係形成」，②「社会参画」，③「自己実現」という３つの事項があげられているが（中央教育審議会，2017），これら３つの「視点」は，「特別活動において育成を目指す資質・能力における重要な要素」であるとともに，「これらの資質・能力を育成する学習過程においても重要な意味をもつ」と「解説」されている（文部科学省，2018）。「人間関係形成」「社会参画」「自己実現」は，今回の改訂における特別活動の目標や指導法についての考え方を知る上でのキーワードであるとされており，指導要領に示されている特別活動の目標，学級活動の目標，児童会・生徒会活動の目標，クラブ活動の目標（小），学校行事の目標等の記述にこれらの文言とコンセプトが明瞭に反映されている。

　このような目標を実現するために展開される特別活動の教育活動は，教科等と比較すると次のような特色を持っており，教科の教育を中心にした認知的な能力の形成に傾き単調になりがちな学校生活に，変化とリズムを与え，豊かな彩りを添える役割を果たしている（山口，2002）。

　第一は，生活性ということである。特別活動の指導にあたっては，学級や学校を子どもたちの生活の場として捉え，より充実した豊かな生活を自らの手によって築くための学級づくり，学校づくりの協働的な実践に取り組ませることが大切である。「生活が陶冶する」（Das Leben bildet.）というペスタロッチ（Pestalozzi, J. H.）の思想が基本である（Pestalozzi, 1826，邦訳p.40）。生活を豊かにし，学級や学校の文化をより豊かに創造することが特別活動の本質である。

　第二は，集団的，自治的な活動であるということである。デューイ（Dewey, J.）のいうように，学校は「小さな社会」「胎芽的な社会」である（Dewey, 1899，邦訳p.29）。自治的な集団活動を通して，「社会的協力と社会的精神」の発達を促すことが目指される。特別活動の指導では，とりわけ話し合い活動や集団討議が重視されるのは，そうした考え方によるものである。民主主義社会の担い手となるのにふさわしい市民的資質や態度を育てることに大きな力が注がれてきた。

　第三は，「なすことによって学ぶ」（learning by doing）といわれるように，実践的な活動の場が構成され，体験活動を通しての学習が重視されることである。この点で，座学としての性格が強い教科の学習とは明確に区別される。実

際の問題や現実の課題に取り組む活動であり，〈今＝ここで〉の充実感を味わう活動である。

　第四は，学校におけるあらゆる教育活動の基盤になる活動であり，この活動の指導の成果の上に教科等の学習が展開されるということである。実際，崩壊現象やいじめのある学級については，教科等の指導の成果を期待することはできない。学級活動やホームルーム活動を軸にして，好ましい人間関係や支持的風土をつくることが，教師の学級経営の基本になる。望ましい生活集団をつくることが望ましい学習集団をつくり，効果的な学習活動を行うための前提になる。

　第五は，全人的な教育を目指すということである。教科の教育が主として認知的な資質・能力の形成を目指すのに対して，社会的，情動的な側面の形成を担うのが特別活動であり，日本の学校教育に，社会性の育成を組み込んだ全人的な教育の枠組みを提供している。特別活動が伝統的な「日本型教育」を代表する教育活動であるといわれ，国外から注目されているのは，日本の近代教育において大切にされてきた「全人教育」の理念を教育課程化した教育活動であるからである。

　以上，特別活動の教育課程における位置，内容，目標，教育活動としての特色についてごく簡潔な考察を試みてきた。その成果を踏まえて，「特別活動」の定義を試みるとすれば，「子どもたちの自治と協働を通して学級や学校の生活をよりよくするための実践的な活動であり，その活動を通して，よい市民となるために必要な社会的資質・能力を育む教育活動である」とまとめることができる。ここにいうところの「社会的資質・能力」を，①社会的自立に必要とされる資質・能力と，②社会的共生に必要とされる資質・能力という２点に焦点化しておきたい。自立と共生という理念が特別活動実践を支える。これはごく常識的な知見を越えるものではないが，特別活動の本質に根ざした学習活動のあり方を明らかにしていくための手がかりになれば幸いである。特別活動の授業時数や教科等との関係のあり方等の解明のためには，「特別活動とは何か，その本質は何か」ということを繰り返し問い続けることが求められていると考えられるからである。

2．特別活動の現状と課題

特別活動は，教師と子どもの双方にとって，楽しくて役に立つ，魅力に富む教育活動である。教師は環境を構成し，子どもは学級づくりや学校づくりの主体，主人公になって活躍する。教師は子どもの成長を信じて待つ。その結果，学級と学校が変わり，一人ひとりの子どもの人間的な成長が保障される。理想的な学校づくりを支え，成功へと導く上で，特別活動は決定的に重要な役割を果たしている。

全国の多くの学校で特別活動への真剣な取り組みが展開されている。最近では，異年齢集団の編成による諸活動，小中連携による行事の実施，生徒会の創意工夫を尊重する学校づくりやボランティア活動，安易な多数決によらないで，折り合いをつけることや民主的な合意形成の力をつけるための話し合いの指導，生徒指導の機能を生かした指導など，特別活動の特色を踏まえた注目すべき実践の成果が報告され，共有される状況が進行している。全国特別活動研究会，全国中学校特別活動研究会，全国学校行事研究会，日本特別活動学会などが交流の場を提供している。

教育の国際化，グローバル化の潮流の中で，"TOKKATSU"をエジプトの学校に普及させるための取り組みが日・エ両政府の連携協力によって進められている。JICA（国際協力機構）がその窓口になっている。2018年には"TOKKATSU PLUS"を先進的に実践するための「パイロット校」が12校に拡大し，日本の特別活動研究者がその指導やマスタートレーナーの養成に当たっている。これは「授業研究」（lesson study）に続く「日本型」教育モデルの国際化として注目を集めている。日本の特別活動が社会的資質・能力の形成に重点を置いていることに対して高い評価が与えられていると判断される（Ryoko Tsuneyoshi, 2012，恒吉僚子，2017，杉田洋，2018）。

2015年のPISA（学習到達度調査）では，「相手と協同で問題を解決するための能力」について，日本は52か国・地域でシンガポールに次いで第2位という高い成績を収めたが，その背景に，これまで日本の学校で特別活動の指導を通してグループの中で自分の役割を考え，物事を前に進める能力を育んできたことがある，とする見方が報道されている。特別活動の指導の成果だけであるとい

えるのかどうか，検討の余地はあるが，特別活動が国際化の流れの中にあることを示す事象として注目される。

その他，OECDが組織するDeSeCoが提言した「キー・コンピテンシー」を日本の特別活動が目指す「未来志向型コンピテンシー」として捉え直すためのプロジェクトが日本特別活動学会で立ち上げられている。国際バカロレア（IB）で求められる学力と特別活動が育てようとしている資質・能力との間に「共通性」・「親和性」があることに注目して，特別活動の指導を学力形成との関わりという観点から見直す取り組みも行われている。

最近の特別活動研究では，特別活動の持つ機能の面をより重視して，他の教科，領域との機能的な総合化や融合を図るというアプローチが目立つようになってきている。それだけに，特別活動の固有の目的や内容をどう捉え，将来像をどう描くのかということが問われることになる。

しかしながら，特別活動を取り巻く環境は厳しいものがある。以下に３つの例を紹介する。こうした厳しい環境の中で，特別活動の実践を深め，研究を高めるための懸命の努力が続けられているのが現実である。

第一に，ここ20年間くらいの学習指導要領の改訂における特別活動の取扱いについてみると，授業時数の50％縮減（1998〈平成10〉年の改訂），「総合的な学習の時間」の新設（1998〈平成10〉年の改訂），「特別の教科　道徳」の新設（2017〈平成29〉年の改訂）等により，教育課程における特別活動の位置付けや他の教科等との関係がより複雑になり，結果的に特別活動の不安定化，揺らぎをもたらすことになった。

第二に，個々の学校における特別活動の実践を取り巻く条件についてみると，学力向上が至上の課題とされ，特別活動にじっくり取り組む余裕がない，特別活動で取り上げるべき「内容」があまりにも多いため，広く，浅い学習活動を散発的に行うことに留めざるを得ない，特別活動に充てる時間を確保することが簡単ではない，学問的，理論的な支えが欲しいが，確かなものが手に入りにくい等のことをあげることができる。

第三に，文部科学省によって2017年から着手された教員養成課程の再課程認定に向けての説明で，従来の「特別活動の指導法」２単位必修を崩すことができる（他の科目と抱き合わせで，１単位以下でもよい）という方針が示された。この措置は特別活動を軽視するものであり，特別活動関係者に大きな衝撃を与

えることになった。

　第一の問題を克服するためには，あるべき学校教育の全体像，輪郭を明確にして，その中で教科外活動としての特別活動が占める位置や担うべき役割を明らかにすることが求められる。その際，カリキュラム形態（類型）論，潜在的カリキュラム論，カリキュラムにおける統合や総合の考え方等，これまでのカリキュラム研究の成果を生かすことが不可欠である。特別活動原論とでもいうべき研究分野の開拓が期待される。

　第二の問題にアプローチする際には，学校におけるカリキュラム開発論やカリキュラム・マネジメント論の成果を効果的に取り入れることが必要である。特別活動実践論とでもいうべき研究分野である。

　第三の問題の解決を図るためには，教員養成における特別活動教育の意義や方法について本格的な取り組みを進めることが必要である。とりわけ，これまで取り上げられる機会が少なかった大学院レベルにおける特別活動教育のあり方については，教職大学院の拡充が図られている状況からみても，先を急ぐ課題になっている。

　いずれの場合にも，カリキュラム研究としての特別活動研究ということを意識した取り組みが求められる（山口，2012）。とりわけ①学校の教育活動全体の中で特別活動を位置付け，意義付けること（相対化の視点），②カリキュラム研究の成果を適切に取り入れることが大切である。

第2節　特別活動の改革に関する提言

1. コアのある特別活動カリキュラムを編成する

　小学校学習指導要領によれば，特別活動のカリキュラムは，学級活動，児童会活動，クラブ活動，学校行事という4つの「内容」から構成される。それぞれの「内容」はさらに細分化されて示されており，全体をトータルすると，かなりの数にのぼる。ちなみに，「学級活動」の「内容」は3つの中項目，10の小項目から構成されている。

このカリキュラムにみられる問題点は，まず第一に，「内容」を示す項目の数が多いということよりも，4つの「内容」とさらに細分化された多くの「内容」が並列されており，重点化，構造化が意図されていないという点に求められる。コア（中心）と周辺のあるカリキュラムを編成し，実施することが必要ではなかろうか。

　小学校の特別活動のコアは「学級活動」に含まれている「学級会」にある。学級は子どもたちの学校生活の基盤になる集団であり，学級会はよりよい学級生活をつくるための話し合いによる自治的な活動の場である。その活動を基盤にして，児童会活動，クラブ活動，学校行事が発展的に展開されるという仕組みをつくることが特別活動カリキュラムの基本である。

　これに対して，中，高校では，特別活動のコアは，学級会・ホームルーム活動と生徒会活動にあると考えられる。自主的で自治的な活動をコアにした学校生活づくりの仕組みをつくることをカリキュラム編成の基本とする。次期の学習指導要領改訂の課題であり，現時点における各学校の特別活動の実践の課題である。

2．学校行事の位置付けを見直す

特別活動の研究者の中には，【学級活動，児童会（生徒会）活動，クラブ活動（小）】と【学校行事】とでは教育活動としての基本的な性格が異なっており，「特別活動」というカテゴリーで括ることに無理があることを指摘する者が少なくない。もしもこの指摘が正鵠を射たものであるとすれば，「学校行事」は「特別活動」から切り離されるか，もしくは，「学校が計画して実施する教育活動」から，「児童の自発的，自治的な活動を通して，自主的な生活態度を養い，社会性の育成を図る」活動へと性格を変えることが求められる。学校主体の活動と児童・生徒主体の活動という異質な性格を持つ2つの教育活動を一つの領域に同居させて，同一の指導原理によって指導することの問題の解消を図ることが必要である。

　歴史的な経緯に照らしてみても，「学校行事」の教育課程化（curricularization）が初めて行われた1958（昭和33）年の学習指導要領の改訂においては，「学校行事等」は小・中のいずれについても「特別教育活動」とは異なる単独の「領

域」として位置付けられていた。学校主体の活動と児童主体の活動をカリキュラムの上で峻別するという方針が反映されていたとみることができる。教科外活動の2系列化が図られた訳である。ところが，1968（昭和43）年の改訂（中学は1969年）によって，「学校行事等」と「特別教育活動」は統合され，「特別活動」と呼ばれることになった。しかし，統合に際して，「学校行事等」と「特別教育活動」の真の統合を図ることは等閑視され，2系列化は「特別活動」にそのまま残ることになり，現在に至っている（山口，2010）。

この問題を克服するためには，多様な学校行事の活動を児童会・生徒会の活動の中に組み入れ，児童・生徒の自発的で自治的な学校文化創造の活動として位置付けることが必要である。次期の教育課程の基準の改訂の課題であり，現時点における各学校の特別活動の実践の課題である。

3．カリキュラム・マネジメントを重視する

特別活動がその真価を発揮するためには，他の教科等との有機的な関連を図ることが不可欠である。しかし，これまでの特別活動の実践と研究には，特別活動という狭い枠の中で，学級活動，児童会・生徒会活動，学校行事等の「内容」を対象にするという傾向がみられたことは否定できない。特別活動の新しい展望を拓くためには，この問題状況を克服することが強く求められている。

まず第一に，広く学校教育全体の中で特別活動を位置付け，相対化を図るという視点を持つことが大切である。第二に，教科等との相互補完的で相互還流的な関係をつくることができるカリキュラム・デザインと指導法の開発を進めること，第三に，特別活動カリキュラムにおけるPDCAサイクルを確立すること，第四に，地域等の外部資源の活用を図ることが求められる。

これからの特別活動の実践と研究にとって，カリキュラム・マネジメントのもつ意義，重要性が強く自覚されなければならない。とりわけカリキュラム開発のためのシステムやスキルのあり方が問われていることは，これまでの特別活動研究に新しい局面を拓くものとして今後の成果が期待される。

（山口　満）

第9章　生徒指導・生活指導とカリキュラム

第1節　生徒指導・生活指導という用語

　「生徒指導」という言葉と「生活指導」という言葉は，その研究対象や教育活動の目的や方法において重なり合う部分と異なる部分とがある。起源やその言葉で捉える射程は異なっているが，教育活動の対象の類似性や関連性に着目してここでは一つの項目として取り上げる。二つの用語の違いは，カリキュラムを構想したときにも教育活動の位置付けの違いをもたらす。この節では，二つの概念の起源に関わる違いを説明する。

1．用語の英語表記から

　「生徒指導」を英語に訳して表記する場合guidance and counselingあるいは単にguidanceとする事典が多い。他方，「生活指導」は，guidance and disciplineと表記されることが多かったが，徐々に単にguidanceと表記するものが増えている。guidance（ガイダンス）という同一の単語が使用される点に二つの用語の類似性が表れている。しかし，追加されるcounselingあるいはdisciplineという言葉には，二つの概念の来歴や関連領域との遠近を見ることができる。「生徒指導」は，米国のガイダンス理論や心理相談の理論と関わりが深いところから始まった。他方，「生活指導」は，日本的な教育活動から生まれ，それを英語に翻訳する中で表記が変化してきたのである。ただし，英語圏において日本的な意味の「生徒指導」あるいは「生活指導」が同じように展開されているかというと，それは別の問題である。日本の教育実践と教育研究の歴史にお

いて，「生徒指導」と「生活指導」は異なる意味合いを持ち，捉え方や教育活動の方法において違いが存在してきた。用語一つにも二つの間にはズレが存在している。

2．生活指導の起源

　単なる言葉の言いまわしではなくて，何らかの程度において教育学や教育の専門用語としての意味を持って使用されたことを基準にいえば，用語の起源としては，「生活指導」が早い。

　1920年代半ば，文部省によって提唱された「校外生活指導」という言葉があったが，それは不良化防止のための取締りや団体訓練，あるいは奉仕活動を行うものであった。これは専門用語というよりは，「校外の生活」への取り組みであって，単に領域を指すものであった。

　今日的な意味の起源としては，それより少し前の1920年頃に誕生したとされる生活綴方教育の広がりと関わって「生活指導」という言葉が生まれたというのが一般的な認識となっている（宮坂，1968，p.31）。

　近代学校において綴方は定型的な文章の書き方の教育を主眼とした教科であったが，この時間に子ども自身の生活を表現させる教育が成立する。それまでにあった定型的な文ではなくて，子どもの生活を書き留めさせる教育運動が各地に広がっていった。例えば，鳥取の峰地光重は，「生活指導をぬきにしては綴方はあり得ないのである」とし，「その生活指導の方法として二つの方面がある。一はよりよき綴方を生むための生活指導であり，二はこの綴方の上に表れたる生活を指導して，更によりよき生活に導き入れようとするものである」（峰地，1922，p.68）と論じた。このように生活綴方と結び付いて生活指導という言葉が使用された。誰が最初に「生活指導」と使ったのかは不明だが，峰地の論文はこの時期の生活綴方と関わって論じられた初期の代表的な用例とされている。

　敗戦後，「やまびこ学校」などの生活綴方が1950年代に再び注目される中で，「生活指導」が綴方とともに広まり，その後の学級集団づくりの理論と実践に関わって独自の展開を遂げていくことになる。

3. 生徒指導の起源

　他方，「生徒指導」は，アジア太平洋戦争終了後，アメリカ教育使節団の報告書（1946）の中で単に「指導」と呼ばれたものが，米国の民間情報教育局（CIE）の主導のもとにガイダンス理論の講習会として開催され，その時にガイダンスを「生徒指導」（ときに生活指導）と呼んだことが契機となったといわれている。教員の再教育のための講習会でもガイダンスの講義がなされ，米国のガイダンス論の輸入の拡大とともに，徐々に「生徒指導」が言葉としてだけでなく，教育活動において一定の広がりを持っていくことになった。だから，「生徒指導」の理念や方法は，米国流のガイダンス論の影響を強く受けて出発したとされる。

　米国のガイダンス理論は20世紀初頭に職業指導の一環として始まり，まもなく授業や余暇活動も含めるようになり，個人の社会的適応全般に関わるものとして拡大していった。そのために適応主義的で心理主義的な色彩の強いものであったとされる。そうした議論を反映したものとして，教師養成研究会編『指導—新しい教師のための指導課程—』（学芸図書）など関連本が1948年頃に集中的に刊行される。この頃から「生徒指導」という言葉が教育の用語として使用されるようになった。なお，文部省内でのいちばん古い使用としては，1949年に初等中等教育局の所掌事務として「生徒指導」が規定されたとしているが，事務所掌の範囲に用いたもので，教育方法学やカリキュラム論的な意義があるとはいえないであろう。

　「生徒指導」はガイダンス理論と結び付いて紹介されていくことになるが，文部省は，「生徒指導」の言葉だけを使用したわけではない。1950年代半ばに文部省が「生活指導研究協議会」を開催するなど，用語としては両方を使っていた。また，生徒という言葉が，日本語の場合，中学生や高校生を指し，小学生には児童と使う慣行があり，さらにガイダンスが職業指導の色彩が強かったこともあり，「生徒指導」という言葉は中学・高校で使うものという理解が一般には存在し，今もそうしたニュアンスを持っている。

　文部省が固有の意味合いを持たせて「生徒指導」の言葉を公式に使うようになるのは，生徒指導担当主事を置き，生徒指導研究推進校を設置した1964年か

らである。1965年には，生徒指導資料第1集『生徒指導の手引』を作成して配布する。これ以後，文部省筋は「生活指導」ではなくて，「生徒指導」の言葉を概ね使うようになった。

第2節　生徒指導論の展開

1.『生徒指導の手引』

　1965年に『生徒指導の手引』を作成・配布し，1981年には『生徒指導の手引』の改訂版を発行する。65年版が刊行されたのは，自治的な生活指導実践に対抗する意図とともに，前年が少年非行のピークであったという社会的背景があるといわれる。また，改訂版が作成されたのは非行形態の変化があり，状況の変化に対応した改訂だという指摘がある。そうではあるが，二つの間に内容的には大きな変更はないと見なされている。なお，この間，ほかにも課題別の『生徒指導資料』が文部省から多数発行された。

　『生徒指導の手引』（改訂版）における概念規定から確認しよう。「生徒指導は，一人一人の生徒の人格や価値を尊重し，個性の伸長を図りながら，同時に社会的な資質や行動を高めようとするものである」と規定した。この規定からわかるように，生徒指導を「機能」と捉えている。「生徒指導」を教育の領域と理解し，特別活動や非行対策的活動と捉える理解が一貫してあるが，手引はそのようには規定してこなかった。ただ，小学校も「児童の生徒指導」と表現するなどなじまない側面を持ち続け，以下に述べる事情と関わって領域的に捉えてしまうのもやむを得ない側面があった。

　『生徒指導の手引』における「生徒指導」の基本構想は，学習指導と並ぶ教育活動の機能であり，各教科並びに道徳や特別活動，さらには教育課程外の部活動も含む学校教育活動全体を通して行われるものと位置付けるものであった。「生徒指導」の構想では，カリキュラムのすべてがその対象となり，カリキュラム外の生徒の活動も対象とする概念とされた。学習指導要領にも「生徒指導」の重要性が記載されるようになる。しかし，教育活動の全領域を通して実

施というと，曖昧さが生まれる。そのために，実際の指導にあたっては，特別活動が中核的な領域と説明された。文部省も，そのような方向の説明を関連文書で説明してきたために，領域概念と誤解されるのもやむを得ないことだったのである。

「生徒指導」が取り組む課題には，学業指導，進路指導，道徳指導といった個別課題が並んだ。その指導方法としては，集団指導と個別指導の二つがあった。しかし，実際には「生徒指導」は，当時のガイダンス理論やカウンセリング理論との親和性が高いことから，教育活動の原則として一人ひとりに対応することを重視する傾向を持った。個人との対応は，問題行動の矯正や治療ではなくて，個々人の発達に向けて援助や方向付けを行うとした。そのためには，生徒に自己決定の場を提供することが重要だとし，個人指導に力点が置かれる傾向を持った。

そうした手法は一人ひとりに着目する点で欠かせない視点と考えられるが，一人ひとりの言動は他者との関係，あるいは集団との関係によっても規定されるところから，「生徒指導」の行われる学級等の集団全体の指導とどのように組み合わせていくのかが課題とされることがあった。また，研究的には，それぞれの時期の「生徒指導」がいかなる集団像や人間像を描いていたのかについてはなお明確にされていない。また，「生徒指導」を機能としたために，教科における「生徒指導」を考慮に入れることとなったが，教科指導から生徒の行動の指導を除いて考えることが妥当なのか，あるいは逆に教科指導とは別に「生徒指導」を持ち出すことによって教科指導を歪めないかといった議論がときに持ち出されることがあるが，理論問題としては残されたままとなっている。

2．『生徒指導提要』へ

『生徒指導提要』を文部科学省は2010年に刊行する。これは，小学校から高等学校までの生徒指導の考え方と指導方法等について，時代に即して網羅的にまとめた文献とされる。従来の『生徒指導の手引』にもあった「生徒指導」の基本構想，教育課程と生活指導，生徒理解，学校の生徒指導体制，教育相談，生徒指導の方法，暴力・いじめ問題等の個別課題を引き継ぐとともに，ほとんどふれられてこなかった警察や児童相談所などの関係機関との連携や，地域・

家庭との協力のあり方，生徒指導と法制度を含み込んだ包括的な構成となった。内容的には自己指導能力の強調といった変化は見られるが，従来の「生徒指導」の基本構想は変わらず引き継いだものとなっている。なお，「提要」という性格からやむを得ないともいえるが，実践的手がかりには教師の心がけに留まる論述や，個人に応じた対応を強調する論述がある一方で，すべての生徒に一貫した同一の対応を強調する論述が他方にあるなど，整合性の点において課題がある。

第3節　生活指導の展開

1．生活指導論の成立

　他方，「生活指導」は戦前にも分団教育や生活綴方教育などとして存在したが，教育学として認知されるようになるのは戦後しばらく経ってからである。生活指導論の一つは，1950年代の生活綴方の復興とともに，「生活を綴らせる中での生活指導」と呼ばれる系譜である。今一つの系譜は，学級づくりの系譜である。学級づくりが注目されたのは，戦後にホーム・ルームという構想が広く紹介されたこと，綴り方の実践も学級全体を視野に展開されたことが背景にある。だが，何よりマカレンコ（ソビエトの集団主義教育理論の体系化に寄与した教育者）の翻訳の出版が大きな影響を与えた。

　学級づくりの実践は，最初，仲間づくりとしての学級づくりから始まる。教師と子ども，子どもと子どもの間の情緒的人間関係をつくり出すことに努め，他方で生活を綴ることによって子どもの真実や生き方をともに考え合うことで仲間意識に結ばれた集団をつくり上げようとするものであった。

　そうした共感的な仲間づくりに対して，集団の自治を強調する学級集団づくりが50年代に始まり，60年代に急速に広まる。その間，それぞれの見地からいくつかの論争が展開されることになる。そうした議論の中心にいた宮坂哲文は，生活綴方・仲間づくり・学級集団づくりの実践を視野に生活指導の概念を「個々の子どもおよび子どもの集団の現実に直接はたらきかけ，かれらじしん

が自己をふくめた環境（集団）を民主主義的原理にたって変革的に形成しうる能動的な集団的組織的態度・能力をかくとくするようにみちびくしごとであり，それによって人格の全面的発達を可能にする独自の道をひらき，教科指導の固有な任務と相俟って，学校教育の基本的目標の達成に寄与すべき教育作用」（宮坂，1962，p.ii）と規定した。「生活指導」を子ども個人と集団の双方に働きかけるものと捉え，教科指導と区別しつつ「生活指導」の独自性を意識した規定であることがわかる。学級集団づくりとしては大西忠治らによる「班・核・討議づくり」として定式化されていく（大西，1963）。

　全国生活指導研究協議会の学級集団づくりは，実践の表現の仕方がセンセーショナルだったこともあって様々な批判にさらされることになるが，子どもの内面への直接的な介入を否定し，集団の民主主義的な原則は何かを問う方向へと議論を進め，「生活指導は，人間の行為・行動の指導ならびに行為・行動に直接的にかかわるかぎりにおいての認識や要求を指導することをとおして，民主的な人格の形成に寄与することを主たる目的とする教育活動である」（全生研常任委員会，1971，p.18）という城丸章夫の定義を基本とするようになる。その後，学級集団づくりの組織方法論は，子どもと社会の変化に対応して，新たな生活の民主化や共同化のあり方を「ゆるやかな集団づくり」として展開するようになる（全生研常任委員会，1990）。初期の頃と比べて指導観や指導方法論は変化する。

2．生活指導論の展開

　生活指導論は，1980年代から学校教育以外の世界へも広がっていく。矯正教育，保健・看護・医療の分野，社会福祉関連分野においても「生活指導」という言葉を用いた実践と研究が行われていることを相互に知り合うことになっていく。例えば，一人の不登校の子どもをめぐって教師だけでなく，医療や社会福祉の専門職の協同が必要となり，共同の研究と実践が課題化されていくことになる。こうして「生活指導」は狭い学校の世界だけに留まる概念ではなく，乳幼児から高齢者までを対象とする概念として用いられるようになる。

　学校教育における「生活指導」も，新たなテーマを課題とするようになる。「生徒指導」であれ「生活指導」であれ，既存の学校的枠組みを前提にして，

それらへの適応をせまる側面を持っていたことが意識されるようになる。つまり，既存の学校的枠組みへの適応をねらいにしている場合はいうに及ばず，対抗的秩序を方針としていたとしても，一定の枠内であることが批判されるようになる。とりわけ能力主義的な価値基準，ジェンダー・バイアス，ナショナリズムは，暗黙の前提となっていたことが批判的に取り上げられるようになる。グローバル化や文化的な価値の多様化の中で，そこを超えたものの見方や暮らし方が社会的に広がり，異質な人々との協同やそのための組織・関係の構築を課題化するようになる。また，集団づくり的生活指導は，かつてはカウンセリング的支援などとの関わりが弱かったが，ケア的な関係としての生活指導を課題化するなど変化してきている。

第4節　生徒指導と生活指導のカリキュラム

「生徒指導」は，カリキュラムの全教育活動に働く機能として捉えた。よって，教科であれ特別活動であれ，カリキュラム外の部活においても働く機能と位置付けられている。確かに教師と生徒の信頼関係はあらゆる場で形成されるので，教育活動にはその観点からの働きかけが不可欠といえる。だが，意欲的に学習に取り組むための工夫を「生徒指導」というと，教材の工夫や学習活動の工夫も「生徒指導」ということになりかねない。

　同様に「生活指導」も，行為・行動の指導とそれに関わる認識の指導を主とする教育活動と規定した。だから学級集団や全校集団の指導を生活指導という場合は整合的だが，教科学習の場合も行為・行動の指導があることから「生活指導」的側面が包含される可能性があり，理論上の探求課題の一つである。

　「生徒指導」であれ「生活指導」であれ，教科指導との関係をどのように構想・実践するかとともに，教科化された「道徳科」の領域においても，「生徒指導」・「生活指導」との関連をどう理解し関係付けていくのかは解明すべき課題といえよう。

（子安　潤）

第10章　インクルーシブ教育とカリキュラム

第1節　インクルーシブ教育の理念とカリキュラム

1．インクルーシブ教育の理念

（1）インクルーシブ教育とは

　今日の学校現場では，多様なニーズや困難を抱える子どもたちをそのニーズや困難ゆえに排除することなく，学校の一員として包摂することが目指されている。インクルーシブ教育の実現が求められているのである。

　インクルーシブ教育の理念が世界的に共有されるきっかけとなったのが，1994年にスペインのサラマンカにおいて行われた「特別なニーズ教育に関する世界会議」である。ここで，学校はすべての子どもを受け入れなければならないという基本原則が提示され，その具体例として障害児や優秀児，児童労働を強いられている子どもや，言語的，民族的，文化的マイノリティの子どもなどがあげられた。つまり，インクルーシブ教育とは，単なる障害児教育と通常教育との機械的な統合ではない。これまで十分に支援の対象とはされてこなかったような子どもたちにも目を向けて，困難の種類や原因いかんにかかわらず，すべての子どもが学べるような学校に変わっていこうとする試みなのである。

　ただし，現在のところ日本におけるインクルーシブ教育は基本的に障害児の包摂を中心として語られている。また，マイノリティの子どもたちや経済的に困難な状況下にある子どもたちの問題については，第Ⅰ部第14章の各節にて論じられている。そこで本章では，様々なニーズを持つ子どもたちの中でも，特

に障害を持つ子どもたちに焦点を合わせて，インクルーシブ教育とカリキュラムの問題を論じていきたい。

(2) 日本におけるインクルーシブ教育の推進

日本において目指されるインクルーシブ教育のあり方は，2012年に中央教育審議会初等中等教育分科会「特別支援教育の在り方に関する特別委員会」が公表した報告書「共生社会の形成に向けたインクルーシブ教育システム構築のための特別支援教育の推進」に示されている。この報告書では，インクルーシブ教育の特徴として，障害者権利条約第24条の「人間の多様性の尊重等の強化，障害者が精神的及び身体的な能力等を可能な最大限度まで発達させ，自由な社会に効果的に参加することを可能とするとの目的の下，障害のある者と障害のない者が共に学ぶ仕組み」であることをあげている。

一方で，「同じ場で学ぶことを追求するとともに，個別の教育的ニーズのある幼児児童生徒に対して，自立と社会参加を見据えて，その時点で教育的ニーズに最も的確に応える指導を提供できる，多様で柔軟な仕組みを整備することが重要である」とも同報告書では述べられている。つまり，インクルーシブ教育では，カリキュラムや学びの場を一本化し，それ以外の特別な対応は望ましくないものと捉えるわけではない。一つの学校内に多様な子どもたちを包摂するとき，そこには当然，個々のニーズに応じた配慮や支援も多様に想定されることとなる。では，これら配慮や支援は，カリキュラム面ではどのように具体化され，何が課題として浮かび上がっているのか。次項では，最新のインクルーシブ・カリキュラム研究をもとに論点を整理したい。

2．インクルーシブ教育におけるカリキュラム研究の論点

現在，主に欧米各国において，一方ではインクルーシブ教育が，他方では公教育のアカウンタビリティを求める動きが広まる中で，障害のある子どもたちと通常教育カリキュラムとの関係をめぐる問題が顕在化しつつある。

例えば，スタンダードに基づく教育改革の進められるアメリカ合衆国（以下，アメリカ）では，インクルーシブ教育推進のための方向性として，障害のある子どもたちにも通常教育カリキュラムへのアクセスを保障することが目指され

ている。そして，カリキュラムで定める教育内容や標準的な履修速度が適さない子どもたちに対しては，通常教育カリキュラムの修正や代替を認める規定が設けられている（野口・米田，2012）。

　修正の程度の軽い対応としては，通常教育カリキュラムの教育内容や達成水準はそのままに，指導の順序や指導方法を変更する「アコモデーション（accommodation）」が，その次の段階としては，教育内容や達成水準も含めて一部変更を加える「モディフィケーション（modification）」があり，さらに，知的障害の重い子どもたちについては，通常教育カリキュラムとは異なる代替的な（alternate）カリキュラムの設定が検討される。このような修正や代替の仕組みからは，一口に障害児といっても，通常教育カリキュラムに沿った学習が比較的容易な子どもから，多くの支援を要する子どもまで幅があることがわかる。特に後者に含まれるような通常学級以外で学ぶ知的障害の子どもたちの場合，実践の実態を見ていくと，教科指導の時間数が少ないことがあるという。また教科として位置付けられている授業であっても，教科書の登場人物の絵を使って，紙を切り抜いたり貼り付けたりといった，日常生活スキルの練習を行っている場合もあるという（野口・米田，2014）。

　なお修正や代替は，各学年末に州ごとに実施される統一された学力試験でも行われている。出題形式や解答手段の変更といったアコモデーションや，試験内容の改変や評価方法の変更を含む代替的な評価の提供などである。カリキュラムへのアクセスを保障する一環として，評価を受ける権利が保障されることには意義があるだろう。しかし，そこでは通常の試験との共通性を担保することと，障害のある受験者の個々のニーズに配慮することとの両立に難しさも見られている（羽山，2014）。

　障害のある子どもたちの通常教育カリキュラムへのアクセスについては，インクルーシブ教育実践を他国に先駆けて行ってきたイギリスでも模索が続いている。イギリスでは，ナショナルカリキュラムが，障害のある子どもたちにも適用可能なのかという点について探究が続けられてきた。現在，先進的な実践校においては，ナショナルカリキュラムの単なる拡張という発想ではなく，芸術や表現などに注目することで，多様な子どもたちの参加の機会を増大させるようなカリキュラム開発が試みられているという（新井，2014）。

　一方で，様々な取り組みを通していくつかの問題点が見出されてもいる（米

田・宮内，2015）。一つ目の問題点は，ナショナルカリキュラムの履修の形骸化である。例えば，知的障害児を対象とする特別学校において，ナショナルカリキュラムに定められている教科の名称のもとに，従来から行われていたコミュニケーションの指導を読み替えて実施しているような例が報告されているという。二つ目の問題点は，ナショナルカリキュラムへのアクセスを意識する中で，アカデミックな教科以外の指導が不十分になることである。ナショナルカリキュラムは導入初期の時点ですでに，その教育内容が知的障害児の社会生活に役立たず，かつ，新たな進路の選択肢をもたらすわけでもないと見なされていた。三つ目の問題点は，ナショナルカリキュラムののごく初歩の段階にとどまっている子どもたちの評価が難しいことである。レベル１未満の子どもたちのための特別な評価基準も開発されているが，教師の解釈に委ねられる部分が大きく，判断にばらつきが出やすいという問題が残っている。さらに，義務教育資格試験(GCSE)は，ナショナルカリキュラムの一定段階に到達していない子どもには対応が困難であり，このような子どもたちは「不合格」とならざるを得ないという。

　さらに，オーストラリアにおいても「合理的調整」によってナショナルカリキュラムへのアクセスを保障する取り組みが進んでいるが，その内実は障害種ごとに差が見られるという。具体的には，リテラシーやニューメラシー獲得を支援するプログラムが複数設けられて，学習困難（Learning Difficulties）の子どもたちのナショナルカリキュラムへのアクセスに寄与している一方で，それ以外の障害のある子どもたちへの支援が明確ではないというのだ。このようなオーストラリアの状況は，「合理的調整」追求の一方で，「障害児教育の観点からカリキュラムの中身に立ち返った議論は十分に深められて」いないという（山中，2015）。

　以上で取り上げた国々では，インクルーシブ教育を実践化していく際に，共通の方向性として通常教育カリキュラムへのアクセスを追究していた。しかし，その結果として，次の３点の課題が浮き彫りとなってもいる。

　１点目は，通常教育カリキュラムに定める教育内容が適さない発達段階の子どもに，どのように対応するのかという問題である。軽微な修正や支援で通常教育カリキュラムを学べる子どもがいる一方で，特に，教科学習に困難を覚える知的障害児に対して，修正や代替によって通常教育カリキュラムを大幅に改

変して提供することが，本当に適切な教育の提供であるといえるのかという点が問われている。2点目は，これまで通常教育カリキュラムとは別だてで設定されていた，障害児向けカリキュラム独自の教育内容をどうするかという問題である。具体的には，生活面に関わるスキルや能力の育成の位置付けが問われている。3点目は，子どもたちの学びを評価するための手法がいまだ十分に整備されていないという問題である。通常の学力テストの形式や内容では正確に評価を行えない子どもたちについて，どこまで通常の評価手法との共通性を確保して，どこまで個々の子どもの実態に合わせることが適切な評価なのかという点が問われている。

第2節　日本の教育課程におけるインクルーシブ教育実現のための課題

　次に，第1節で示した論点を踏まえつつ，特別支援学校学習指導要領と通常の学習指導要領との相違に注目して，日本におけるインクルーシブ教育とカリキュラムの問題を考えていきたい。

1. 日本における障害児教育カリキュラムの特徴

　通常の学習指導要領と特別支援学校学習指導要領との主だった相違点としては，①知的障害のある子どもの教科教育に関する独自性，②領域「自立活動」の存在，③個別の指導計画の作成があげられる。

(1) 知的障害のある子どもの教科教育に関する独自性
　特別支援学校学習指導要領では，知的障害児にのみ独自の教科教育の記載があり，他の障害種においては，通常の学習指導要領に定められた教科の教育目標，教育内容に準じて教科教育を提供することとされている。現在は，通常の学習指導要領解説の側にも，教科ごとに障害等の困難を抱える子どもへの配慮例が示されている。知的障害以外の障害を持つ子どもたちへの教科教育の保障は，概ねアコモデーションの範疇の支援を行って，通常教育カリキュラムへのアクセスを実現することで保障されているといえる。

一方，知的障害児教育では，小学校段階での理科，社会科，家庭科などが設けられておらず，各教科の内容は学年ではなく段階で区切って記されている。また，小学校段階の算数科における「数量の基礎」など，通常の学習指導要領には見られない基礎的な分野が含まれているほか，各教科で到達の求められる目標についても違いが見られる。

　なお，知的障害児教育においては，教科という枠組みに即して教育内容をカテゴライズすること自体の是非が幾度となく問い返されてもいる（窪田，2017）。この背景には，知的障害児教育が，通常教育の教育内容のレベルを下げただけの「水増し教育」に陥りがちであることへの危惧がある。さらに，生活に必要な力を伸ばし，将来的な自立につながるような学習は，生活単元や作業単元によって構成されたカリキュラムのもとでこそ可能であるという見方もある。

　以上からは，通常のカリキュラムと知的障害児向けカリキュラムとの間には，第一に内容の範囲や目標の設定に関して，第二に単元構想における教科区分の持つ意味に関して相違が見て取れる。障害のある子ども，とりわけ知的障害の子どもをも包摂するようなインクルーシブ・カリキュラムの実現のためには，この二点に関する調整が求められる。

(2) 領域「自立活動」の存在

　特別支援学校学習指導要領には，自立活動という独自の領域が存在する。この領域では，障害による困難の改善・克服のための知識，技能，態度及び習慣を養うことが目指され，「健康の保持」「心理的な安定」「人間関係の形成」「環境の把握」「身体の動き」「コミュニケーション」の6観点から内容が定められて指導が行われている。現在，重度・重複障害の子どものカリキュラムを自立活動中心に構成することが認められている一方で，発達障害の子どもに「通級による指導」を提供する際にも，自立活動がその指導内容として含まれている。自立活動では姿勢の保持や他者との関わり合い，自身の健康状態の把握など，障害による困難に直接働きかけるような学習が行われており，その意義は小さくない。多様な障害のある子どもの学びを保障するインクルーシブ・カリキュラムにおいては，自立活動に当たるような指導をどのように確保するかが課題となる。

(3) 個別の指導計画

2009年改訂の特別支援学校学習指導要領より，子どもたち一人ひとりについて，個別の指導計画の作成が義務付けられることとなった。また，2017年改訂の通常の学習指導要領では，通常学校に在籍する障害のある子どもたちについても個別の指導計画作成に努めるよう，特に特別支援学級在籍児や「通級による指導」の対象児については，作成するよう求められている。個別の指導計画には，子どもの障害や検査の記録，保護者の願い，本人の興味・関心や課題，そして生活，運動，社会性，言語，数量などの実態，目標，手立て，評価などが記載される。

一人ひとり異なる発達上の課題を持つ障害のある子どもたちにとって，個々のニーズに応じた目標や指導を保障されることは重要である。しかしながら，学期末や学年末の評価のことを考えるとき，個々の子どもの実態に即して個別に目標や手立てを定めることと，学習指導要領に沿って同学年のすべての子どもに一定の教育内容の習得を求めることとの間には，矛盾が予想される。現在，知的障害児向けの指導要録では，教科ごとの評定や観点別評価は求められておらず，自由記述方式による評価が採用されている。そのため，個別の指導計画で定められた目標に応じて，その達成の程度を記載することが可能である。一方，障害があっても通常学級に在籍する子どもたちは，通常の指導要録に即した評価を受ける。この場合，個別の指導計画で決められた教育内容が，指導要録に示される観点を網羅しているとは限らないという問題がある。同じ学校・学級の中で教育目標・教育内容に多様性を認める場合，その評価にも柔軟性を認めなくては矛盾が残ることとなる。

2．日本におけるインクルーシブ・カリキュラムの実現に向けて

最後に，ここまで取り上げてきた，英語圏のインクルーシブ・カリキュラムに関する最新の研究で示されている論点と，日本の特別支援教育におけるカリキュラムの特徴をもとに，今後の日本でインクルーシブ・カリキュラムを実現していく際の課題として以下の2点をあげたい。

1点目は，インクルーシブ・カリキュラムの実践形態として，通常教育カリキュラムへのアクセスの保障を選択する場合，アメリカをはじめとする先行事

例で生じていたのと同様の課題が日本にも生じる可能性があるという点である。日本では現在，特別支援学校学習指導要領によって障害児教育のカリキュラムが定められているが，そこには，独自の領域である自立活動や，知的障害児の教科教育に関する独自の規定が見られる。特別支援教育のカリキュラムは，通常教育のカリキュラムには回収しきれない教育内容を含んで運営されているのである。この点を考えると，英語圏の実践で見出されていた，通常教育カリキュラムの修正・代替によっては適切な教育を保障できない子どもたちがいるという問題は，日本においても該当すると考えられる。

　2点目は，通常教育と特別支援教育との調整という構図だけではなく，その中での個々のニーズへの配慮と共通教育内容の保障をめぐる問題を検討することが必要だという点である。日本の学校教育では，カリキュラムの習得度を判定するような統一的な試験の受験は強制されていない。そのため，大枠として学習指導要領に定められた教科や領域に即した学習を行っていれば，その細部が個々のニーズに応じて調整や改変を加えられたものであっても，評価に大きな不具合が生じる可能性は低い。しかしながら，前項で示したように，個別の指導計画を持ち，かつ通常学級の一員として指導要録に沿って評価が行われる子どもの場合，そこに矛盾が生じることとなる。また，今後アメリカの州学力テストやイギリスのGCSEのようなハイステイクスな統一試験が導入された場合，この矛盾はさらに深刻なものとなることが予想される。評価の目的や公平性・公正性を保ち，かつ通常の方法や基準による評価が適さない子どもたちの権利を損なわないような，代替的な評価方法の開発が求められる。

　本章では，インクルーシブ教育とカリキュラムについて，最新の海外研究で示される論点と，日本の学習指導要領に見られる特徴とをもとに考察してきた。そこでの課題が示唆するのは，結局のところ，通常教育カリキュラムと子どもの実態とを調停していくだけでは十分にインクルーシブなカリキュラムは描けないという可能性である。通常教育カリキュラムを基本に据えてそこに微修正を加えていくのではなく，障害児教育カリキュラムが蓄積してきた，障害のある子どもたちに適したカリキュラム構造や教育内容を吟味し，これを含み込んだカリキュラムが実現されることが求められる。インクルーシブ教育実現のためには，通常教育の側の変革が必要であるとしばしば主張されるが，これはカリキュラムに関する議論においても該当するといえるだろう。　　　　（羽山裕子）

第11章

幼児教育とカリキュラム

第1節　幼児教育の独自性と幼小接続の問題

1．乳幼児期の教育への注目

　「人生の始まりこそ力強く」というタイトルがOECDの保育白書に掲げられている（2006）。経済を担う社会人の育成には乳幼児期からの非認知能力の開発が必要とされ，そのため質の高い保育，幼児期のカリキュラムが重要だという結論には，未発達な乳幼児期の子どもが「有能な学び手」であることを見逃していたことへの気付きがある。したがって，ここでいう保育の質の高さとは，子どもの成長を段階で捉える「できるようになるため」の教育でもないし，施設環境やサービスのよさでもない。子どもたちの日常の生活経験の質が中心問題とされているのだ。

　OECDは，報告書の中で，幼児教育のカリキュラムを就学準備型と社会教育型の二つに分類している。就学準備型は，子どもは「未来の労働力」であり，グローバル経済の中で労働力と位置付けるため就学準備を幼児期から始める。つまり幼児期の教育は，「就学に向けての準備としての教育」である。

　一方，社会教育型は，子どもは「今ここに生きる市民としての子ども」であり，幼児期は「それ自体が重要な意味を持つ人生の最初の段階」と考える。ゆえに社会教育型の幼児期の教育は，子どもにとっての自由や時間，独自の文化である「遊び」が決定的に重要とされる。

　日本の幼児期の教育について，この分類を参照して，二つの幼稚園の日常生

活の風景を手がかりに従来の型の幼児教育を描き，それとは異なる第3のタイプの幼児教育を示すことで，カリキュラムの課題と展望を検討したい。

2. 自由保育を実践するある幼稚園の風景

　まず，社会教育型の幼稚園の典型例として，自由保育を実践しているＡ幼稚園の風景を素描してみよう。

　朝8：30頃，保護者と手をつないで幼児たちが登園してくる。園に入ってすぐに，靴箱に行き，自分で支度を始める子どももいれば，保護者にくっついて離れられない子どもや，きょうだい喧嘩をして機嫌の悪い子どももいる。教師は子どもに寄り添い，気持ちに共感しながら一緒に支度を始める。子どもたちは，カバンを片付け，タオルをかけて，好きな遊びを始める。

　ある5歳児が，落ち葉を集めて，シチューづくりを始めた。野菜に見立てた落ち葉を切り，鍋に油（泥）を丁寧に敷いて，野菜を炒める。水が必要だといって，友達に水を汲んできてほしいとお願いする。煮込んでいる間にサラダづくり。友達からデザートがあった方がいいという意見が出てどんなデザートがいいか話し合っている。デザートはアイスクリームに決まった。できあがったシチューやサラダ，デザートでレストランごっこが始まった。「いらっしゃいませ」「どうぞ」「いかがですか」「ありがとうございました」というやり取りが交わされる。通りかかった数人の子どもがお客さんになった。お箸を使い始めた3歳児が上手にお箸でドングリをつまんでいる。教師はこの様子を見守っている。

　9：00　バスが到着して，レストランごっこで盛り上がっている様子を見た子どもたちがお客さんになって参加していく。

　もうこのとき，すでに保育は始っているのだ。

　幼児教育は「見えない教育」であるといわれる。一見すれば，単に遊んでいるだけのようだ。では，このごっこ遊びは，子どもたちにとってどのような経験であり，どのような発達的な意義・価値があるのだろうか。教師は何を評価するのだろうか。

　自分が生活の中で体験したことを再現するのがごっこ遊びである。友達と一緒にレストランごっこをすることは，家庭でレストランに行った体験や料理を

お手伝いした体験を表現している（表現）。また，友達同士でイメージを共有し合い，レストランをつくる，という共通の目的に向かって協力することで関係を深める（人間関係）。メニューをどうするかという話し合いを通じて，自分の考えや気持ちを伝える言葉を学ぶ（言葉）。お箸の使用や食事の準備など食事に必要な活動を自ら進んで行う（健康）。落ち葉や木の実という自然環境にふれたり，お客さんを数えて数字で示すことも行われる（環境）。

　教師は，遊びが豊かに展開されるように必要な道具を提供したり，子どもたちのイメージや表現に共感する。教師は，一つの遊びの中で何をしているか，何ができるようになったかを評価するのではない。5つの領域（健康，人間関係，環境，言葉，表現）を視点として，一人ひとりの子どもがどのような経験をしているのか，内面的な育ちも含めて評価していく。そして，ままごと道具を追加したり，きれいな色の葉や実が落ちていることを知らせたり，遊びが豊かに発展する中で育ちを保障できるよう側面から援助する。これが，遊びを通した総合的な指導であり，環境を通して行う教育なのだ。

　このようにレストランごっこという一つの遊びの中に様々な経験が含まれている。教師は一人ひとりの子どもの発達状況や個性を深く理解した上で，今，目の前の子どもたちの姿を5つの窓（領域）から評価している。子どもの育ちを促すような保育内容があるか，偏りがないか評価し，指導計画を改善し，環境を再構成していくのである。

3．系統的なカリキュラムによるある幼稚園の風景

　幼児教育の内容とは，園によって多様であり，前述のような自由に遊ぶ経験を内容とする幼稚園もあれば，英会話や漢字，ワークブックといった小学校的な勉強や鼓笛隊などの厳しい練習を行う就学準備型教育の幼稚園もある。

　例えば，B幼稚園の保育室内には，子どもたち一人ひとりの学習机と椅子が並び，黒板がある。子どもたちは1年生の漢字を書いている。ホールでは，4歳児が8段の跳び箱を飛び，逆立ちをして歩いている。就学前までにほぼ全員が10段の跳び箱が飛べるようになるという。クラスは固定されており，クラスごとに時間割が組まれている。小学校のように1時間ごとに体育，学習，音楽……と決められた活動に取り組む。教師は全体に活動の指示をし，机間指導し

ながら子どもたちの活動を進めている。

　レストランごっこの幼稚園と時間割を組んだ幼稚園，この二つを表面的に見れば，子どもの自由な遊びを実現するカリキュラムと決められた内容をこなすカリキュラムであり，真逆のように見える。しかし，それぞれに理念として，どちらも子どもの持つ力を信じ，主体性を大切にし，カリキュラムを作成している結果でもある。

4．小学校と幼稚園の違い──幼小連携・接続の問題

　幼児教育のカリキュラムにおける課題の一つは，幼小の接続期のカリキュラムの問題だ。これまで幼児教育のねらいは，「生きる力の基礎となる心情，意欲，態度」であった。しかし，2017年に改訂された幼稚園教育要領，保育所保育指針では，育みたい資質・能力として「知識及び技能の基礎」「思考力，判断力，表現力等の基礎」「学びに向かう力，人間性等」の三つの柱と，それを具体的に5領域の内容として整理した「幼児期の終わりまでに育ってほしい10の姿」が提示された。このことは，捉えようによっては，小学校以上の教育の違いに戸惑うことがないように，小学校以降で身に付けるべき力を就学前から準備させるために「〜の基礎」として前倒しし，これまで幼児教育の独自性であった方向目標を到達できているかどうか確かめる具体的な目標が掲げられたとも考えられる。

　倉橋惣三は，幼児教育の本質を「生活を生活で生活へ」という言葉で表した（倉橋, 1934, 2008）。それは，幼児期にふさわしい生活とはどのような生活なのかということを考えさせる言葉である。脳科学の発展から早期教育はどんどん進んでいる。一方で，森のようちえんなど自然環境で生活する教育も広まっている。親が園を自由に選択できる幼児教育は，各園が特色を競い合って，専任講師をそろえたり，様々なブランド保育を展開して親の注目を集めるような教育が行われやすい。

　また，近年の保育，幼児教育の労働条件が整わないという問題から，離職率が高く，若い教師ばかりという園が多い。そうなると，遊びを通した総合的な指導の難しさや遊びの中で子どもの育ちを評価することの難しさの問題もあるようだ。一定のカリキュラムをこなすタイプの幼稚園では，子どもたちの進み

具合や活動へ取り組む姿から，その日の心や体の状態を察し，子どもたちの育ちを評価しやすい。親にもわが子が「〜ができた」と成長が見えやすく人気が高まるのである。

　また，幼保一体化が進む中で，幼児教育・保育の制度的な多様性もある。従来は，幼稚園は原則4時間，保育所は原則8時間の保育であったが，1990年代以降，延長保育や，一時保育，休日保育，地域子育て支援拠点事業が展開され，幼稚園では預かり保育が始まった。近年は，認定こども園が増え，子どもたちが園で生活する時間も一人ひとり異なり，子ども集団も変動的になっている。同じ園の一日ではあるが，クラスの友達と一日一緒に生活するということがかなわなくなっているのである。

　異なる学校階梯間の連携の問題は，幼児教育と初等教育をどう結ぶのかだけでなく，中等教育と高等教育をどう結ぶのかについても議論されてきている。秋葉は，教育の質の違いを認めつつ，あえて「つなぎ」（接続）と捉え，その研究の重要性を指摘するとともに，準備教育の問題に矮小化されることを危惧している（秋葉, 1986）。幼児教育のカリキュラムは，これまでの豊かな実践の蓄積の上に，幼児教育での育ちのスタイルと小学校での学びのスタイルをどのようにつなぐのかが問われるだろう。

第2節　プロジェクト型の保育——エマージェントカリキュラム

1．レッジョ・エミリアの実践

　これまで見てきたように，幼児期の教育は，小学校以上の教育とは目標も内容も計画も評価の仕方も異なる独自性があり，実際の幼児教育が行われる現場においては，大きく就学準備型と社会教育型の二つに類型化されてきた。これに対し，保育実践史を研究する中で，幼児教育・保育のカリキュラムを類型化している宍戸が新しい潮流とするのが，プロジェクト型の保育である（宍戸, 2017）。

　これは，イタリア，レッジョ・エミリア市の幼児学校での実践をきっかけと

して世界中に広まった幼児教育のカリキュラムである。2000年頃から日本でも紹介され話題になったレッジョ・エミリアのプロジェクト活動は、大きく三つの特徴に整理できる。一つは、主題（テーマ）があるということだ。プロジェクト活動は、「有能な学び手」としての子どもたちの興味や関心に基づいて、子どもたちが話し合いを通して子どもたちから発案されていく。二つ目は、テーマの決定から問題の解決、作品作りに至るまで、子どもたちと保育者・アトリエリスタ（芸術専門家）が共同的に取り組む活動である。レッジョ・エミリアのアプローチは、カリキュラムに子どもだけでなく、保護者、保育者、地域が教育のプロセスに参加してくるところに大きな特徴がある。三つ目に探求のための言語表現と美的（図像）表現がある。レッジョ・エミリアの保育実践の過程では小集団による話し合いが欠かせない。そして「100の言葉」として知られるように、話し言葉以外に、絵や粘土といった図像表現によって子どもたちのアイディアを表現していく。

2．プロジェクト活動を主とするある幼稚園の風景

　C幼稚園では、数年前からレッジョ・エミリアのカリキュラムに学び、保育に取り入れている。園庭にはイーゼルが数台置かれ、子どもたちはいつでも自由に絵を描くことができる。3歳以上の子どもたちが過ごす遊戯室の中央には数段の階段状のへこみ部分があり、大量の積み木が置かれている。子どもたちは思い思いの作品を作り、1週間は壊さずに作品を置いておくことができる。園内にはアトリエもあり、子どもたちが自由に製作できる部屋が準備されている。

　カリキュラムは、クラスごとに異なるプロジェクトに取り組む。「魚」を主題にするクラスでは、保育室内の目立つところに魚の図鑑が並べられ、壁や天井には子どもたちによってたくさんの魚が描かれている。作品の精緻さや子どもたちの話し合いの様子からは、小学校の生活科や総合的な学習をイメージさせる。教師は子どもたちのプロジェクト活動が始まると勤務時間の中で下見に出かける。

3．エマージェントカリキュラム

　レッジョ・エミリアのプロジェクトの大きな特徴の一つは，エマージェントカリキュラム（創発性のカリキュラム）だ。これは，予測型カリキュラムとか子ども中心のカリキュラム（インタレストベースカリキュラム）ともいわれている子どもの興味・関心に沿った保育を計画する考え方である。

　一般的にカリキュラムとは，教師が目標を立て，目標を達成するための活動計画を立案し，計画どおり目標を達成したかどうかを評価する。その際には，順序性が問題になる。発達に合わせて，どのような内容をどのような順序で学ぶかが議論される。したがって，指導計画は時系列で示される。ところが，エマージェントカリキュラムでは，そもそも目標は設定されない（活動に大きい目標は立ててあるが，次に始めるプロジェクトのねらいを具体的に特定していない）（角尾，2008）。といっても子どもの選択に任せる放任でもなく，教師と子どもの対話によって方向付けられるカリキュラムである。したがって，エマージェントカリキュラムの表現方式は，時系列ではなく，ウェブ方式になる。

　時系列では，教師が初めから終わりまでスムーズに流そうとして，子どもへのかかわりをコントロールする意識が強まる。一方，ウェブ式では，子どもがどんな遊びに興味関心を示して動いていくのか，それに対してどんな環境構成や配慮をしていけばいいのかがつながりとして見えてくる。また場面で捉えることができるため，複数の保育者でも配慮を立てやすい。つまり，子どもの興味関心とそれに基づく計画が，クラス担任でなくても園内の教師や保護者も共通理解できるという利点がある。

　このようなカリキュラムと対になる評価は，「ドキュメンテーション」と呼ばれる。ラーニングストーリーと同様，到達目標をチェックするかたちではない。プロジェクト活動の過程における絵画や粘土細工などの表現，また教師のノート，写真，ビデオ録画などに記録され，教師のコメントをつけて展示される。こうした記録は子どもたちも親も見ることができる。評価はわが子の発達状況をチェックするものではなく，教師，父母も含め，みんなで子どもたちの生活や活動が広い学びの共同体の中に位置付いていることを感じ取ることなのだ。

第3節　問題提起

1．教育目標をどう捉えるか

　以上より，小学校教育とは異なる独自性を持つ多様な幼児教育とそのカリキュラムを概観した上で，以下の二つの点を問題提起したい。

　日本の幼児教育は，就学準備型か社会教育型か，そしてプロジェクト型かといった岐路にあるといえる。カリキュラムを構想する上で，なぜ教育するのかという教育目標を丁寧に見ていく必要があるといえるだろう。今の生活の充実がよりよい未来をもたらすという考え方はどの国も共通である。しかし，その未来を少し先の小学校入学と捉えるか，18歳以降，それ以上の人生や社会全体の発展も含めて捉えるかでカリキュラムが大きく異なってくるのであろう。

2．深い子ども理解と子ども観の形成と共有

　質の高い教育を目指して，また遊びを中心とする幼児期の生活を意味のある生活として評価する方法の開発と教師の力量形成である。ラーニングストーリーもドキュメンテーションも共通しているのは，子どもを有能な学び手と捉え，評価が教師に限らず，子ども自身や保護者，地域に開かれている点である。そのためには教師の観察力と深い子ども理解が欠かせない。また，子ども理解を通して，子ども観，人間観を実践レベルで深め，園内だけでなく，家庭や地域と共有していくことが重要である。それは開かれたカリキュラムを構想していくことにつながるだろう。

（影浦紀子）

第12章　教育課程経営とカリキュラム・マネジメント

第1節　教育課程経営

1．教育課程経営の意義と定義

　子どもの学習権を保障するには，学校の教育課程をどのように計画するのか，そのために教師の教育活動と学校の条件整備活動をどのように組織するのかについて意思決定するとともに，授業として実行し，その結果，これらの諸活動が実際どのようであったかについて評価し，次の改善に活かしていくことが必要である。そのためには，教育課程の開発，編成，実施，評価，改善の一連の過程を別々にみるのではなく，P–D–Sサイクルとして捉え，科学的に経営管理することが重要である。これにより教師や学校の営みのみならず，子どもの学習権の保障をより有効なものとし，それが教育課程の国家・地方基準をより豊かなものにすることになる。そこに教育課程経営の意義がある。

　すなわち，学校内においては，教育課程や授業，条件をめぐる様々な関連性の欠如を克服することである。例えば，①各教科と領域間，②各教科間，③教科指導におけるP–D–S間，④教科指導と条件整備の間における結び付きや関連性を強めることである。

　教育課程経営とは，「各学校において教育課程を編成，実施，評価するために必要な人的，物的，財的，教育技術的および組織運営的諸条件の整備活動（経営管理活動）の総体」のことである（小泉，2004，p.202）。換言すれば，各学校において教育諸条件を適切に整備することによって教育課程の編成，実施，

評価の一連の過程を組織し，実行する創造的，技術的営みのことである（小泉，2009，p.13）。

　したがって，教育課程経営の主体は各学校（校長）であるが，教育課程の実施経営過程においては学年・教科別教師集団や学級担任教師が中心的主体として位置付けられる。もとより，この営みは各学校において取り組まれるが，他校との連携や校種間のつながりも視野に入れた取り組みとなる。同時に，それは学校内システムにとどまることなく，地方や国の教育課程行政システムにフィードバックされることも予定している。

　このように，教育課程経営については，教育活動（直接教育活動）とそれを支える間接教育活動としての経営活動との区別と関連を明確にし，教育課程のP–D–Sの経営サイクルの視点から把握されていると理解できる。

　ここには，教育経営の視点，すなわち，①教育目標の実現，教育権保障の視点，②教育課程の組織化と教育実践の創造性の視点，③P–D–Sの経営サイクルの視点，④条件整備・条件づくりの視点（人的，物的，財的，教育内容・方法的，組織運営的諸条件）がある。これらの視点から教育課程を考えることが重要となる。

2．教育課程経営登場の背景と研究の意義

　1970年代の半ば頃から，それまで使用されていた教育課程管理，教育課程運営，教育課程経営，教育課程行政などの教育課程経営の関連用語についての概念整理が高野桂一（当時，九州大学教授）によって行われ，それ以降，教育課程経営の用語が一般化した。すなわち，高野桂一は，教育課程経営は，学校経営の一環としての教育課程の計画（編成）—実施（展開）—評価の過程または機構を創意的に組織し，機能させる経営機能と，それを技術的に実現する管理機能とを一体的に包含した広義の「経営」を意味し，教育課程の計画（編成）の経営管理，実施の経営管理，評価の経営管理の三つの過程から構成されるとし，教育課程の内容を構成するための組織・運営の条件づくりを狭義の教育課程経営ととらえ，教育課程内容そのものの編成と合わせて広義の教育課程経営とした（高野，1979，p.65。高野，1981，pp.43-45。高野，1989，pp.7-8）。同じ頃，河野重男（当時，お茶の水女子大学教授）は，教育課程中心の学校経営という用語を使用し

ている。

　また当時，教育課程に関する研究は，その社会的要請や研究の緊急性から教育課程の内容構成そのものの研究に集中する傾向がみられ，何をどのようにするかという条件づくり，条件整備の活動（経営活動）についての本格的，体系的研究は必ずしも十分ではなかった。つまり，1970年代までの教育課程経営の研究は，法理論や経営学説を単に援用し教育課程経営の主体と構造の説明に終始したり，あるいは教育課程実践と区別することなく，学校における教育課程に関わる取り組みの実態の一部を切り取ったりして，教育課程経営という対象自体の分析と特質究明に不十分であるなどの問題があり，その全体像を浮き彫りにする点での脆弱さを持っていた。この点を明らかにするためにも教育課程経営の研究は重要な意義を持つ。

　教育課程の内容やあり方についての研究が進められる中で，教育課程の経営研究は，教育課程を支える経営や行政の研究，すなわち条件整備のあり方の研究として取り組まれてきている。しかし，実際には，その条件整備のあり方が，教育課程の内容やあり方そのものを規制，規定することになるという意味でも研究上重要な意義を持つ。

　近年のOECDの学校を基礎にした取り組みの提唱などの国際的動向や中教審答申における現場主義の提言，2017（平成29）年3月に改訂された新学習指導要領の総則におけるカリキュラム・マネジメントの用語などを見るまでもなく，各学校における教育課程経営への期待は大きくなっている。

第2節　カリキュラム・マネジメントの捉え方と課題

1．2017年改訂学習指導要領総則に見られるカリキュラム・マネジメント

　2017年改訂学習指導要領（平成29年3月）の総則に，カリキュラム・マネジメントという用語が見られるが，この用語は学校教育法や同施行規則にはなく，法令用語ではない。改訂学習指導要領では，「各学校においては，児童や学校，地域の実態を適切に把握し，教育の目的や目標の実現に必要な教育の内容等を

教科等横断的な視点で組み立てていくこと，教育課程の実施状況を評価してその改善を図っていくこと，教育課程の実施に必要な人的又は物的な体制を確保するとともにその改善を図っていくことなどを通して，教育課程に基づき組織的かつ計画的に各学校の教育活動の質の向上を図っていくこと」（『小学校学習指導要領』2017〈平成29〉年3月，p.4）を「カリキュラム・マネジメント」としている。ここには，①教育目的・目標の実現，②教科等横断的な視点による教育内容等の組織，③教育課程の編成，実施，その評価，改善のサイクル，④教育課程の実施に必要な人的，物的な体制の確保，改善の4つの事項が含まれており，これらは前述の教育経営の視点の内容とほぼ同じである。すなわち，前述の「教育課程経営」の内容といってよい。

　しかし，このように「各学校において教育の目的・目標の実現のために必要な教育内容等を組織し，かつそのための条件を整え，教育課程を実施し，評価，改善を図る一連の取り組み」について，「教育課程の経営」と言わず，「カリキュラム・マネジメント」と表記する定義の仕方に無理がある。

　また，小学校学習指導要領（2017〈平成29〉年3月）の「総則」の中では，「カリキュラム・マネジメント」は努力規定として強調されているが，「カリキュラム」が何を意味するか，どの範囲のものを意味するのか，また，「マネジメント」についても，誰が何をどのようにすることなのか，その範囲は何かについての明確な定義がみられない。さらに，そのもととなっている中教審答申（2016〈平成28〉年12月21日）においても，同様に「カリキュラム」と「マネジメント」の明確な定義がみられない。「教育課程」という教育行政用語を用いた説明の中に，突然「カリキュラム」という研究用語が使用されており，その用語の使用や定義の仕方には理解しがたいものがある。

　また，カリキュラム・マネジメントの典型的な著作（中留，2001）をみても，教育課程経営と明確に異なる定義が見当たらず，教育課程経営と定義上ほとんど同義である。ただその場合，「カリキュラム・マネジメント」の対象と範囲があいまいなまま用いられているというのが実情である。

　このような状況もあり，科学的研究を行い，また法的責任を伴う学校や教師の仕事を明確にするためには，概念や用語に対する共通理解が不可欠である。

　一般的に教育課程は「学校レベルでの教育内容の全体計画」（文部科学省の定義については後述）を指すが，「カリキュラム」という用語は，子ども一人ひと

りの学習経験すべてを含む広い意味で使用される。カリキュラムには，国レベルの教育内容の計画・基準から，地方レベルの教育内容の計画・基準，学校や教師レベルの教育内容計画，学習指導計画までの顕在的カリキュラムだけでなく，学校の伝統や雰囲気などの潜在的カリキュラムまでも含む広い概念として用いられている。さらには，子ども一人ひとりの学習経験した足跡までも意味する用語である。すなわち，カリキュラムは多義性を有している。

　したがって，カリキュラムの概念とその範囲を明確にすることが，それを取り扱う関係者間のコミュニケーションや仕事・職務の成立の前提となる。このことが明確に限定されなければ，学校と教師の職務についての責任範囲が無制限に拡大する危険性を伴う。マネジメントについても同様である。マネジメントは，経営，管理，運営，統制，活動などを意味し，状況により意味が使い分けられたり，包括的な使い方がなされたりするなど多義性を有している（小泉，2009，p.3）。

　このように，カリキュラムもマネジメントも意味が多様であり，どのような内容や活動を指すのか，その営みの性質と範囲等がわかりにくいのである。

　学校現場への新しい用語や方式の導入については，それが教育的に意味のあるものや教育の筋道に照らして効果のあるものであれば，何ら問題はないが，そうでない場合は，かえって学校「現場が混乱し，逆効果になりかね」ないのである（教育再生実行会議の第7次提言，2015〈平成27〉年5月14日，pp.4-5）。

　このようなことから，ことさら「カリキュラム・マネジメント」というカタカナ用語を使用する必要はないのである。

　実際，カリキュラム・マネジメントについて，教育課程づくり，あるいは教育課程の編成，実施，評価の一連の教育活動と理解し，そのための条件整備活動は含まないと理解している向きもあり，概念の混乱がみられる。

2．法令用語としての「教育課程」と「教科」

　このように2017年改訂学習指導要領の中には，教育用語の取り扱いについて，これまでの文部行政において慎重に検討されてきた取り組み方とは異なる面がみられる。これまで教育行政用語については，慎重に定義され，用語上の整合性については配慮がなされてきた。例えば，法令用語として定着している「教

育課程」と「教科」についてみておこう。

　改正前の学校教育法においては，第20条に「教科」（教科に関する事項）が登場し，それを受けて，下位法の学校教育法施行規則第24条に「教育課程の編成」，同第25条に「教育課程の基準」が規定されていた。

　しかし，これでは，「教科」が「教育課程」の上位概念となり，また教育学の見地からは，「教育課程」は，「教科」（教科課程）と「教科外活動」（教科外課程）によって構成されることから用語上の整合性が保てないことになる。

　このような問題を解決するために，改正学校教育法においては，第33条に「教育課程」の規定を設け，学校教育法施行規則の第50条に「教育課程の編成」，第52条に，「教育課程の基準」を規定したのである。そして，学校内における教育内容の計画（全体レベルと下位レベル）として，教育課程と指導計画の用語を明確にしてきた経緯がある。

　『小学校学習指導要領解説総則編』（2017〈平成29〉年7月）においては，教育課程について，「学校教育の目的や目標を達成するために，教育の内容を児童の心身の発達に応じ，授業時数との関連において総合的に組織した各学校の教育計画」（同p.11）であるとその意義が明記されている。

　したがって，法的責任が伴う学校や教師の仕事・職務においては，とりわけ法規としての性質を有する学習指導要領においては，あいまいで範囲の不明確な「カリキュラム」という用語ではなく，教育課程や指導計画という明確な法令用語を用いるべきである。もしこれらの用語では表せないものがあるのであれば，それは何かを明確にし，定義することが必要である。

3．学習指導要領の法的性格を踏まえたカリキュラム・マネジメント

　学習指導要領については，「地域差，学校差を超えて全国的に共通なものとして教授されることが必要な最小限度の基準」，「全国的な大綱的基準としての性格」（最高裁判決1976年5月21日）を持つものであり，「教育課程の大綱的基準を定めるに過ぎない」（最高裁判決1989年6月27日），しかも，「大綱的基準の限度を超える事項については，法的拘束力が否定される」（札幌高裁判決1968年6月26日）との考えもみられ，学習指導要領には，「教師により創造的かつ弾力的な教育の余地や，地方ごとの特殊性を反映した個別化の余地が十分に残されており」

（最高裁判決1976年5月21日），大綱的基準の内容においても「教師に対し一方的な一定の理論ないしは観念を生徒に教え込むことを強制するような点は全く含まれていない」（同上）とするのが司法の判断である。

　このような有権解釈（司法解釈）に基づけば，学習指導要領については，法規としての性質を有する教育課程の大綱的基準であるが，それは全国的に共通な必要最小限度の基準であると極めて限定的に捉えられていることを踏まえることが必要である。大綱的基準の限度を超える事項については，法的拘束力がないと指摘していることも重要である。

　このような学習指導要領の「教育課程国家基準」としての性格を踏まえたときに，2017年改訂学習指導要領の内容について，どこまでが法的拘束力を持ち，どこが法的拘束力を持たず，地域や学校，教師の裁量に任されるかを明確にすることが必要である。なぜなら，学校や教師のカリキュラム・マネジメントの創造性の発揮がどこまで可能となるかは，それによって決まるからである。

　2017年改訂小学校学習指導要領の総則の場合，「第1　小学校教育の基本と教育課程の役割」から「第6　道徳教育に関する配慮事項」まで6項目にわたり，教育課程の編成，実施，評価の一連の過程について，①義務規定，②努力規定，③配慮事項，④留意事項などが示されているが，それぞれの扱い方について明確にしなければならない。

　すなわち，2017年改訂学習指導要領においては，教育内容にとどまらず，教育方法，学習評価，条件整備，学校経営のあり方にまで言及されている。しかし，言うまでもなく，それらが，各学校での取り組みを「過度に縛り，創意工夫を奪うものではなく」，各学校の「創意工夫を後押しするもの」（パブリックコメントに対する文部科学省の回答2017年3月31日）にしなければならないが，果たしてそのようになるのかについては，慎重な見極めが必要である。これについては，教育行政，とりわけ，教育課程行政におけるコントロール（統制）とサポート（支援）の両面について具体的に吟味することであり，各学校の学校経営，とりわけカリキュラム・マネジメントの自主性・自律性が試されることにもなる。

4．カリキュラム・マネジメントの課題

　このように2017年改訂学習指導要領下のカリキュラム・マネジメントについては，とりわけ教育に対する本質的な理解や生きる力の育成を目的とする教育課程経営のあり方を明確にすることが必要である。これが不十分な場合，各学校においては本来取り組むべき教育課程経営に歪みが生じ，それだけでなく，教師の負担増につながることにもなる。子どもの教育権保障としての生きる力の育成のためには，科学的な視点，すなわち前述の教育経営の視点から教育課程経営過程の一コマ一コマについて具体的に検討することが必要である。

　改訂学習指導要領においては，「社会に開かれた教育課程」が強調されている。これまでの教育課程の内容編成については，①憲法，教育基本法，学校教育法，学校教育法施行規則などの教育法令及び学習指導要領，②子どもの心身の発達段階と特性，学習や障害の状態，③地域の実態と学校固有の課題という３つの事項を踏まえて編成するという手続きを取ることになっていた。今後，それだけでなく，その編成された学習内容がそれぞれの子どもの生活や人生にとって具体的にどのような意味があるのか，学習の社会的意義の観点から明確にすることが求められるのである。

　しかし，そのことは，何ら新しいことではなく，授業や学習を子ども自身のものにするため本来の授業や学習のあり方を追究することである。学校や教師が，これまで求めてきた教育が実現する機会として捉え，進めることが重要である。その場合，各学校における必要な条件整備の確保のための教育行政的支援が不可欠である。そのためにこのような条件整備に法的拘束力の縛りを設けることも必要である。各学校におけるカリキュラム・マネジメントがこのように機能するものにしていくことが課題となる。　　　　　　　　　　　　（小泉祥一）

第13章 カリキュラムの計画・実施・評価

カリキュラムを計画・実施・評価する営みを，カリキュラム編成という。本章ではまず，カリキュラム編成，並びにカリキュラムの編成プロセスを扱った理論的蓄積を整理する。次に，カリキュラム評価についての理論を三つに分類して紹介する。最後に，カリキュラム編成についての今後の展望について提案したい。

第1節 カリキュラム編成論の論点

1. 経験主義と系統主義

カリキュラムを編成する上では，経験主義と系統主義，どちらの編成原理を採用するかが大きな論点の一つになってきた。「教育課程の自主編成」を推進する教育政策が採られた戦後新教育の時代には，現実社会を反映するような共同体として学校を構想したデューイ（Dewey, J.）の考え方が，大きな影響力を持った（Dewey, 1899）。その中では，子どもの直接的な学習経験の集合としてカリキュラムを構想する経験主義の発想が広がるとともに，コア・カリキュラムや三層四領域（日本生活教育連盟，1988），地域教育計画（大田，1949）など様々なカリキュラムが提案された。しかし，経験主義に対しては，十分な学力が保障できないという批判の声も投げかけられた。

学習指導要領においては1958年改訂を機に，教科の系統的教授を重視する系統主義が推進されることとなった。さらに，米国でブルーナー（Bruner, J. S.）らのカリキュラム改革運動（Bruner, 1960）からの影響もあり，民間でもカリキ

ュラムの現代化を提唱する議論が盛んになった。その動きを牽引した柴田（1967）は，教科の内容は，「科学の構造あるいは体系にしたがうと同時に，子どもの認識発達の法則にあわせて一定の順序に配列されねばならない」と主張した。

　経験主義と系統主義については，一つのカリキュラムの中で止揚しようとする提案もある。その一つは，経験主義と系統主義，それぞれの原理に即した「領域」を組み合わせてカリキュラムをつくるという提案である。1998年改訂学習指導要領において「総合的な学習の時間」が創設され，総合学習の位置付けがあらためて議論される中，田中耕治（1999）は，「領域」成立の条件を整理するとともに，総合学習を教科とは異なる「領域」として位置付けつつ，両者の相互環流を図るべきと主張した。

　もう一つは，経験主義が重視するような問題解決能力を含み込むかたちで教科教育の目標論をつくろうとする研究である。ブルーム（Bloom, B. S.）の「教育目標の分類学」（Bloom, 1956）については，後進の研究者が様々な改訂案を提案している（石井．2015b）。「逆向き設計」論を提唱したウィギンズ（Wiggins, G.）とマクタイ（McTighe, J.）は，要素的に身に付けるべき知識やスキルとは区別して，教科の中核に位置付き，永続的に理解すべき「原理や一般化」と，それについての看破を促す「本質的な問い」を明確にすることを提案した（Wiggins & McTighe, 1998 / 2005）。日本でも，到達度評価論の提唱者たちによって様々な学力モデルが考案されている（田中．2008）。さらに，石井（2015a）は，これらを総括して，「資質・能力の要素（目標の柱）」と「能力・学習活動の階層レベル」の二次元から構成される「学校で育成する資質・能力の要素の全体像を捉える枠組み」（以下，「資質・能力モデル」）を提案している（詳細は，第1部第4章参照）。

2．「タイラー原理」とそのオルターナティブ

　次に，どのようなプロセスでカリキュラムを編成するかという論点に注目してみよう。カリキュラム編成を対象化した代表的理論家として，タイラー（Tyler, R. W.）がいる。タイラーは，カリキュラム編成を①教育目的の設定，②学習経験の選択，③学習経験の組織，④教育評価という4段階の営みとして捉

える「タイラー原理」を提唱した（Tyler, 1949）。

さらに，「タイラー原理」を継承したブルームは，教育目標に照らし合わせて形成的評価を行い，目標に到達している子どもに対しては発展学習を，到達していない子どもに対しては回復学習を行うマスタリー・ラーニング論（Bloom, 1981）を提案した。これらの理論に影響を受けつつ，日本では，到達度評価論が提案された。到達度評価論では，各教科の系統性に即して到達目標を整理し，学力評価を行うことによって教育の改善を図り，学力を保障することが主張された（佐々木，1979）。

しかし，学問の系統性に即して目標を明確にするとともに，それらの目標を分析してより精緻な目標を設定するという主張に対しては，教育目標が行動目標化されうるものだけに矮小化され，「目標つぶし」と称されるような実践に陥る危惧があるという批判も投げかけられた。

そのような批判的な立場から提案されたのが，「羅生門的アプローチ」である。文部省（当時）が経済協力開発機構（OECD）の教育研究革新センター（CERI）と共同で開催した国際セミナーでは，行動的な目標を設定する従来のカリキュラム開発のあり方が「工学的アプローチ」として批判された。そこでは，設定する目標を一般的目標にとどめ，創造的教授・学習活動を行い，その結果を記述した後，一般的目標に照らして判断評価をするという「羅生門的アプローチ」が提唱された（文部省大臣官房調査統計課，1975）。

一方，「隠れたカリキュラム」への着眼も，「タイラー原理」の見直しをせまるものであった。ジャクソン（Jackson, P. W.）は，学校において明確に語られないものの，授業を円滑に進め，社会への適応をもたらしている関係性のあり方を「隠れたカリキュラム」と名付けた（Jackson, 1968a）。この概念は，近代学校批判の論調と交差する中で，その意味を拡大・変質させていくことになった。学校において，教師が暗黙のうちに伝えている文化や，教師の意図に反して伝わってしまっている文化の存在が浮かび上がったのである（Bourdieu & Passeron, 1970 ; Bowles & Gintis, 1976）。

「隠れたカリキュラム」の存在を視野に入れると，カリキュラム編成を進めるにあたっては，まず現状を把握することが重要であることがわかる。「学校を基礎にしたカリキュラム開発」を提唱したスキルベック（Skilbeck, M.）は，カリキュラム編成を，①状況分析，②目標の決定，③教育―学習プログラムの設

計，④教育―学習プログラムの解釈と実施，⑤評価，という5段階で捉え直した (Skilbeck, 1984)。田中統治 (2009) も，「『PDCAからCAPDへ』の視点転換」の重要性を指摘している。

また，「タイラー原理」を発展的に継承した「逆向き設計」論は，カリキュラム編成のプロセスを，「ミクロな設計」(単元設計) と「マクロな設計」(教科や科目の設計) の往還として捉えている。これにより，カリキュラム編成にあたって教科・科目・単元というレベルの違いを明確に捉えるとともに，評価から改善へとつなぐサイクルを「ミクロな設計」と「マクロな設計」の両方に波及させる見通しが示されている。さらに，「ミクロな設計」と「マクロな設計」の両方において，「本質的な問い」に対応してパフォーマンス課題を用いることが提案されており，行動目標よりも幅広い教育目標をカリキュラムに位置付けることが可能となっている (Wiggins & McTighe, 1998 / 2005)。

第2節　カリキュラム評価論の潮流

1．学力調査

一方，カリキュラム評価に関しては，カリキュラム編成論とは相対的に独立して理論化されてきた。そこで，次に，カリキュラム評価論に注目してみよう。カリキュラム評価論については，大きく三つの潮流が存在している。

第1は，教育課程の成否について，学校外の調査者が学力調査を用いて検証するものである。米国では，特定のプログラムを与えた実験群と，与えられなかった統制群について学業成績を比較することにより，プログラムの効果を捉えようとする動向がある。この流れは，学校効果研究 (葛上，1999) や現在の「エビデンスに基づく教育」につながっている (国立教育政策研究所，2012)。ただし，小規模な調査で効果が検証されがちである，結果がプラスのもののみ発表されるバイアスがある，効果を検証する評価テストの質が問われにくい，という批判もある。

日本においても，文部科学省は，学習指導要領改訂にあたって教育課程実施

状況調査を実施してきたほか，現在では全国学力・学習状況調査も行っている。また，OECDによるPISAなどの国際的な学力調査は，学習指導要領の改訂に大きな影響を与えている。こういった学力調査については，個々の子どもたちの学力調査としての意義以上に，教育課程やリソースの配分などの教育条件を評価するものとして位置付けることが重要であろう。

2. 関係者の判断による評価

　第2は，関係者が価値判断を行う営みとして捉えるものである。例えば，スクリヴァン（Scriven, M.）は，完成したカリキュラムが「他の選択肢と比べ，学校システムに採用する際の費用を正当化するために十分な優位性を持っているか」を扱う「総括的評価」として，第三者が「ゴール・フリー評価（目標にとらわれない評価）」を行うことが重要だと主張した（Scriven, 1967）。スクリヴァンが提唱する「ゴール・フリー評価」は，ニーズを多元的に捉えるチェックリストを用いつつ評価者が得点やコメントをつけるものである（Scriven, 1983 : Cf. 根津, 2006）。またスクリヴァンは，「料理人がスープを味見するのが形成的評価であり，お客さんがスープを味わうのが総括的評価だ」とたとえたステイク（Stake, R.）の言葉を紹介している（Scriven, 1967）。つまりスクリヴァンらは，専門家（教師）以外の関係者をも含むようなステイクホルダー（利害関係者）による評価の重要性を指摘したといえよう。

　日本においても，関係者の判断を踏まえてカリキュラム評価を行う提案が様々になされている。例えば，根津は，スクリヴァンの理論を踏まえつつ，チェックリストを用いてカリキュラム評価をすることを提案している（根津, 2006）。根津のものを含め，三つの評価手法について，その効果を比較検証する調査も行われている（田村・本間・根津・村川, 2017）。

3. 学力評価

　第3は，教師によるカリキュラム編成のプロセスの中核に学力評価を位置付け，カリキュラム改善を図るためのものとしてカリキュラム評価を捉えるものである。そもそも「タイラー原理」は，教育評価をカリキュラムの改善につな

げるものとして位置付けるものであった。「逆向き設計」論では，設計した単元を実施することによって得られる子どもの作品，子どもからのフィードバック，様々なテスト結果などによって実態を把握し，それらを踏まえて，「ミクロの設計」「マクロな設計」の両方の改善を図ることが構想されている。このとき，多彩な評価方法を組み合わせて評価対象を広げることによって，より総合的なカリキュラム評価が実現される構想となっている。日本においても，「逆向き設計」論を生かしてカリキュラム評価を具体化し，カリキュラム全体の改善につなげる実践が生まれている（北原，2006；西岡・永井・前野・田中ほか，2017）。

第3節　今後の展望

1．学校教育目標とスタンダード

　以上の理論的な蓄積を踏まえ，今後のカリキュラム編成については，どのように構想すればよいかを考えてみよう。

　各学校は，学校全体として目指す理念や目的を明確にしつつカリキュラムを編成する。学校の教育目標は，子どもたちの実態や教師の願いを反映して，校訓や「めざす生徒像」などのかたちもとりつつ設定される。2017年改訂学習指導要領において「資質・能力」重視の方針が打ち出される中，問題解決力や協働する力といった汎用的スキルや，「学びに向かう力・人間性等」を強調する学校も増えることが予想される。ただし，学校教育目標は，カリキュラム全体で子どもを育てることにより，結果的に達成されるような目標だということを確認しておく必要がある。子どもたちの価値観を形成する上では，時に学校の文化（エートス）も大きな役割を担うため，よりよい価値観を醸成するために，学校のエートスをつくっていくことも重要となる。

　また，各学校で教育目標を設定するにあたっては，スタンダード（standard）をどう考慮するかも問われることとなる。スタンダードとは，社会的に共通理解されている目標・評価基準である。日本においては，学習指導要領が国家の

定めたスタンダードとして存在している。

　スタンダードについては，設定すること自体，多様な子どもたちを疎外する
ものとなる，教師の自由な実践づくりを妨げるものとなるという批判もある
（松尾，2010）。しかしながら，本来，スタンダードは国家だけが定めるもので
はなく，教科教育について専門的に研究している集団や複数校の連携などによ
っても開発されうるものである。例えば，地域の複数校で教育水準の向上を図
ったり，学校間の教育接続を改善したり，入試における公平性を確保したりす
るためには，複数の学校で連携しつつ，目標・評価基準を共通にしていくこと
も有意義だろう。今後は，そのようにボトムアップでのスタンダード開発も進
むことが期待される。

2．領域と系統性

　学校教育目標に照らしつつ子どもたちに伝達されるべきものだと選び出され
た文化の内容は，教育目標として分析され，スコープ（scope）とシーケンス
（sequence）によって構造化される。スコープとは，カリキュラム全体におい
ては領域を，ある領域や教科内においては範囲を指す。シーケンスは，子ども
の発達段階に即した内容の配列，学習の順序・系統性を意味する。スコープと
シーケンスの交差点に位置するのが単元である。

　石井（2015a）による「資質・能力」モデルの到達点を踏まえれば，カリキュ
ラムについては，教科・総合学習・特別活動をそれぞれの特質を持った領域と
して位置付けつつ，まずは，それぞれの領域の中での改善を図ることが重要だ
と考えられる。

　教科については，筆記テスト・実技テストとパフォーマンス課題を組み合わ
せて用いることで，知識・技能と思考力・判断力・表現力を重点的に育てるこ
とが有効であろう。特に，「本質的な問い」に対応させてパフォーマンス課題
を用いることによって，教科の中核に位置する「原理や一般化」についての
「永続的理解」（「見方・考え方」）を保障することができると考えられる（西岡，
2016）。

　一方，「どのように社会・世界と関わり，よりよい人生を送るか」に関わる
探究的学習や自治的・文化的な活動に取り組み，問題解決力や協働する力等を

育成することは，総合学習や特別活動において中心的な目標となる。そこでは，子どもたちに提供したい経験を主軸とした計画が立てられることとなろう。

このように領域ごとの特質を踏まえて単元や年間指導計画を設計することと同時に，有効な場面では領域間の相互環流を取り入れることも重要である。例えば，理科で学んだ科学的な実験の仕方を生かして総合学習で探究を行う，特別活動での体験を生かして国語科で作文を書く，といったかたちが考えられよう。「学びに向かう力・人間性等」の涵養といった学校教育目標は，領域間の相互環流をも図りつつ各領域の指導を充実させることによって，カリキュラム全体のレベルで達成が目指されることとなる。

3．カリキュラム編成を支える評価と経営

カリキュラム編成については，状況分析を含めた評価の活動が大きな役割を持つ（天野，2006）。カリキュラム評価については，学力評価を主軸としつつ，様々な関係者による判断と組み合わせて行うことが重要になるだろう（盛永，2017）。学力評価においてカリキュラム適合性（西岡，2005）を確保する観点からは，統一的な学力調査よりも，学校で教師が行う様々な評価方法を重視することが求められる。

さらに，カリキュラム編成を進めるにあたっては，カリキュラム・マネジメントを効果的に進めることが重要となる。カリキュラム・マネジメントについては，教育活動と経営活動の両側面から捉えられる（田村，2016a）。最後に経営活動に注目しておくと，まず，学校として目指す理念や目的を明確化して，共有することが重要である。その際には，教師たちの知見をワークショップなどで集約する工夫も有効であろう（村川，2016）。教師たちが創意工夫しつつカリキュラム改善を進めていくためには，計画的に校内研修を行うとともに，専門家たる教師たちが学び合う共同体（佐藤，2006；Hargreaves, 2003）としての文化を醸成することも求められる。そのために必要なリソース（教師やゲストティーチャー，教材・施設・設備，時間，予算など）の確保や配分も含め，組織づくりを検討することも必要不可欠であろう。

（西岡加名恵）

第14章　カリキュラムの今日的課題

第1節　貧困・格差問題とカリキュラム

　本節の主題は「貧困・格差問題とカリキュラム」であるが，この問題について考えられる論点は多岐にわたる。ひとまず本節においては，子どもの貧困問題に関する研究動向などを踏まえたかたちで次の1〜3に論点を絞り，今後のカリキュラム研究への諸提案をまとめることとする。

1．学校での学びや生活体験に現れる「格差」問題

　近年，子どもたちの学力や家庭での学習実態に関するさまざまな調査において，相対的貧困層の子どもほど大学進学を望まない傾向が見られたり，積極的に家庭学習を行っていても学業成績面で追いつけない傾向が見られたりするという。例えば相対的貧困層の子どもほど，テストでいい点が取れなかったときに「くやしい」と感じる子どもの割合が低い傾向が見られる。さらに，現実的に将来，どの段階の学校まで進学をすることになるかと尋ねた場合も，「高校まで」と答える割合が相対的貧困層の子どもほど高い傾向が見られる（松本ほか，2016，pp.73-80）。このような調査結果からは，経済的な格差が子どもたちの日々の学習や進学への意欲にマイナスの影響を与えていることがわかる。

　これに加えて，学校での人間関係は，相対的貧困層の子どもたちにとって温かいものになり得ているのだろうかという疑問がある。例えば，学校現場の教員からは，次のような指摘がある。「経済的に厳しい状況におかれている家庭では，余裕をもって子育てに取り組むことが困難で，子どもたちが家庭で，自

分のことをかまってもらいながら自己肯定感を高め，自尊感情を育むことが難しくなってきている。自分のことを肯定的に受け止めることが困難な状況におかれている子どもたちが，他者を受け入れることはそれ以上に困難であり，中学校での集団づくりは，教職員からの絶対的な愛情を受け取ることからスタートしているのが現状である」（志水，2011，p.49）。

さらに，学校教育費の保護者負担の問題がある。具体的な数字をあげれば，文部科学省の2014（平成26）年度の「子供の学習費調査」によると，公立中学校在籍者で平均して年間481,841円の保護者の費用負担がある。そのうち128,964円が修学旅行費や図書・学用品費，教科外活動費などの学校教育費，38,422円が学校給食費，そして314,455円が塾や習い事通いなどを含む学校外活動費である。ちなみに，少し古い数字になるが，2006年の母子世帯の平均年間所得金額は211.9万円だという（阿部，2008，p.111）。当然であるが，年収の少ない世帯ほど，これらの保護者の費用負担は重くのしかかることになる。また，このような保護者の費用負担のあり方は，実際に各学校でどのようなカリキュラムを組み，学習活動を行うのかにもよって違ってくるであろう。

ちなみに近年，学校事務職員の中には，例えば，小学校での学習で使用する粘土，朝顔セットの植木鉢，鍵盤ハーモニカなどの物品の必要性を吟味し，公費で購入して学校の備品にするなどの工夫を行っている例もある（子どもの貧困白書編集委員会，2009，pp.305-307；制度研，2011）。また，経済的困難に直面する子どもと家庭に対して，積極的に就学援助制度などの支援が受けられるようにすべきことは，あらためていうまでもない。

2．「力のある学校」の教育実践の「その先」にある諸問題

一方，近年「力のある学校」論（「効果のある学校」論）というかたちで，差別や経済的困難に直面する家庭の子どもが多く在籍する公立学校で，それでもなお学力向上などの地道な取り組みが進んでいる教育実践を検討し，その成果を広めようとする動きが見られる。また，その際，例えば主に関西圏で取り組まれてきた「同和教育」の学力保障・進路保障の実践が参照されている。例えば志水宏吉らのグループは，その「力のある学校」の特徴として，「気持ちのそろった教職員集団」「戦略的で柔軟な学校運営」「安心して学べる学校環境」

「前向きで活動的な学校文化」「双方向的な家庭とのかかわり」「ともに育つ地域・校種間連携」「すべての子どもの学びを支える学習指導」の7点をあげる。また，これらを総称して「スクールバス・モデル」と呼んでいる（志水，2011，p.19）。

　もちろん，このような学校の取り組み自体は，大変貴重なものである。特に学校での取り組みを通じて，経済的困難に直面している子どもたちの学習意欲を高め，自ら学ぶ習慣を形成するとともに，地域社会の誰かとのつながりを通じて実現できることも多々あること。そのこと自体は，子ども・若者自身や家庭の側だけでなく，学校の教職員側にとっても自らへの肯定的な意識を高めるであろう。

　ただその一方で，たとえ経済的な困難に直面する子どもたちが「力のある学校」を経由して高校を卒業しても，その後，例えば大学進学時，あるいは高卒・大卒後の就職時に，あらためて「格差社会」の現実に直面する危険性が極めて高いことも，次のとおりすでに指摘されている。

　例えば児美川孝一郎は，「高校入学者が100人いたとすれば，どこかの段階までの教育機関をきちんと卒業し，新卒就職をして，そして3年後も就業継続をしている者は，実は41人しかいない」，「同世代の半分強は，学校段階においてか就労においてか，どこかでつまずいたり，立ちすくんで滞留したり，やり直しを余儀なくされたりしている」という（児美川，2013，p.26。原文の漢数字を算用数字に筆者が修正）。また，大学卒業後たとえ正規雇用で就職できたとしても，長期間，多額の奨学金返済に追われたり，勤め先の倒産や健康上の理由等により返済できなくなったりする若者もいる（岩重，2017）。

　このように，学校での教育実践で子どもたちの基礎的な学力を保障し，卒業後の進路形成につなげても，やはり今日，子どもや若者たちの中には，高卒後の就労状況や大学進学時の教育費負担，奨学金制度のあり方などによって，何らかのかたちで「格差社会」の厳しい実情に直面し，社会的に不利な状態に追い込まれる者もいるのである。

　だとすれば，高校・大学に進学し就労につながるだけでなく，その後も自らが何らかのかたちで社会的に不利な状態に追い込まれた後，必要な支援を受けつつ生活再建を果たしていけるようなスキル・知識等の獲得も，これからの学力保障・進路保障の取り組みには必要なのではなかろうか。そしてこのことが，次に述べる第三の課題ともつながってくる。

3. 「格差社会」に立ち向かう学習活動をどのように組織するか

　ところで，学校卒業後，社会的に不利な状態に追い込まれた後の生活再建につながるようなスキル・知識等を獲得するための学習については，例えば労働条件や社会保障に関する制度に関する理解を深めることや，何か困りごとに直面したときに地域社会でさまざまな人々とつながり，支援を求めることができるスキルを身に付けることなどが考えられる。また，大阪府立西成高校が取り組んできた「反貧困学習」の取り組みが，このような学習の例として参考になる（大阪府立西成高等学校，2009）。

　実際に「反貧困学習」の取り組みを経験した若者には，次のようなエピソードがある。紹介しておきたい。「労働者の権利を学べたことが，いちばんよかった。もし，授業で学んでいなかったら，自分が解雇されたときに，おかしいと気付けなかったかもしれない。実際に自分で労働基準監督署に連絡して，解雇予告手当をとれたのはとても自信になった。（中略）『反貧困学習』について，このように感想文を書いた彼女は，突然バイトを解雇された。そのとき，この授業の内容を思い出し，自らの力で目の前の困難を乗り越えたのである。（中略）それは，生きていく希望や頑張っている誇りや，何よりも違法に自分を否定されたことに対して，自分を取り返す営みであった」（志水，2011，pp.102-103）。

　ちなみに，横浜や沖縄などで子どもの貧困問題に取り組んできた加藤彰彦（野本三吉）は，「子どもたちの生活力，生命力，生き抜いていく力というのは，単なる座学や知識ではなく，他の人と交流しながらつくりあげていくものである」という観点から，「思春期に，経済的なことに悩まされず，クラブ活動や部活動に参加できる余裕をすべての子どもに保障するべきだ」と主張する（加藤彰彦，2016，p.220）。

　この加藤の指摘や「反貧困学習」のように，学校内外での様々な学びを通じて，子どもや若者が「格差社会」の諸課題に立ち向かっていく力をどのように高めていくのか。子どもの貧困問題に関するカリキュラム研究の今後の重要な課題として，このことについて，ぜひ議論を積み重ねていただきたい。

（住友　剛）

第2節　人種・エスニシティとカリキュラム

1. 人種・エスニシティと多文化教育

　本節では，人種・エスニシティとカリキュラムをめぐる展開を，アメリカ合衆国（以後，アメリカと略す）における多文化教育（multicultural education）を事例に検討する。多文化教育は，マイノリティの視点に立ち，社会的公正の立場から多文化社会における多様な人種・民族あるいは文化集団の共存・共生を目指す教育理念であり，その実現に向けた教育実践であり教育改革運動でもある（松尾, 2013）。公民権運動を背景に生まれた多文化教育は，文化の独自性を捨て主流文化へ溶け込むことを強制する同化主義に対抗して，文化の多様性を価値ある資源として尊重する文化多元主義あるいは多文化主義に理論的基礎を置き，様々な文化を理解し尊重することを通した「多様性の統一」を追究してきたといえる。

　多文化教育は黒人運動を背景に誕生したこともあり，当初は人種主義（racism）による不平等な社会構造を変革する教育改革運動という性格を持っていた。しかし，この社会変革への指向は，1970年代に多文化教育が大きな発展を遂げ制度化される過程で，主流集団の言説に囲い込まれ，次第に脱政治化されていった。3Fと揶揄されるような食べ物（food），民族衣装（fashion），祭り（festival）など，異なるエキゾチックな文化を表面的に理解するアプローチが主流となっていったのである。

　それが，1990年代になると振り子はまた逆に振れることになった。多文化教育の研究や実践において，文化を本質主義的に捉えるようなアプローチは批判されるようになり，人種主義や不平等な社会構造の問題が議論されるようになっていったのである。こうした新しい動きが見られるようになる中で，アメリカにおける人種関係を正面から問うキー概念として注目されるようになったのが「白人性（whiteness）」である。

2. 白人性を問う背景と意味

(1) 白人性とは

では，なぜ白人性が問われるようになったのだろうか。その背景には，一方で，黒人やヒスパニック系，イスラム教徒に対する偏見・差別のように，人種主義は根強く残っていてむしろ深刻さを増しているという社会状況があった。そのため，人種問題を偏見といった一部の個人の問題としてではなく，白人全体が関わる不平等な社会構造の問題として捉え直す必要にせまられたのである。

また他方で，ポスト構造主義の影響のもと，人種概念が再考され，その社会的な構築性を問う新たな視座が生まれたことがある。人種を本質的な実体を持つものではなく社会的に構築されたものとして捉え，白人性の社会的意味を関係論的に分析する研究アプローチが提案されたのである。

白人性研究は，人種関係の中心に白人性を位置付け，見過ごされてきた白人というカテゴリーがどのように社会的に構築され，いかに機能しているのかについての解明を目指すものである。ここで，白人性とは，白人／非白人の差異のシステムによって形づくられるもので，白人が自分や他者や社会を見る視点，無徴で（unmarked）名前のない（unnamed）文化的な実践，人種的な特権という構造的に優位をなす位置などから構成されているものをいう(Frankenberg, 1993)。

(2) 白人性の社会的意味を問う意義

マジョリティの文化的規範や構造的特権，自己や他者や社会を見る視点を問う白人性研究は，多文化教育においても中心的な課題となっている。

すなわち第一に，白人性を問うことで多文化教育は，人種主義におけるこれまで隠されてきた中心を問うという新たな視点を得ることになったのである。白人のものの見方，特権，文化的規範といった人種主義を支えるマジョリティの文化実践や力作用，それによって生産・再生産されている不平等な社会構造の解明と変革が試みられるようになったのである。

第二に，白人性の概念によって多文化教育は，人種主義をすべての人々に関わる問題として扱うことを可能にしたのである。人種主義はこれまでエスニッ

ク集団の闘うべき問題として扱われる傾向にあったが，白人である意味を問うことで，すべての人に関わる問題として再概念化されることになったのである。

　第三に，多文化教育は人種主義を温存している白人性を脱構築し，人種的に平等で公正な社会へと変革していく視点を得たといえる。白人性が本質的な実体を持つものではなく，社会的につくられたということは，つくり変えることができることを示唆しており，社会変革への可能性が拓かれたのである。

3．批判的人種理論と多文化教育

（1）批判的人種理論とは

　多文化教育において，白人性への問いは，伝統的な多様性の概念や不平等な社会構造への挑戦を試みる批判的人種理論の導入というかたちで展開していった。同理論は，1970年代半ばに，リベラルな公民権運動のもとで遅々として進まない改革に業を煮やしたベル（Bell, D.）やフリーマン（Freeman, A.）などの法学研究者の間で提案され，1990年代の中頃までには法学の主要な論文や単行本として数多くの出版物が出るまでに発展した（Ladson-Billings, 2009）。教育においては，人種概念の理論化の必要性を感じたラドソン–ビリングズ（Ladson-Billings, G.）らによって紹介され，1990年代の終わりには多文化教育の中でも浸透していった。

（2）批判的人種理論からみる教育の不平等

　批判的人種理論の教育への援用を試みているラドソン–ビリングズらは，①人種はアメリカにおいて不平等を決定する際に重要な要因であり続けている，②アメリカ社会は所有権に基づいている，③人種と所有権の交差は社会的（結果として，学校の）不平等を理解する分析的な道具となる，という三つの基本的な考え方を提示している（Ladson-Billings & Tate, 1995）。

　教育の中の不平等を見ると，白人性と所有権（知的所有権も含む）とが結び付き，白人の持てる者が最も優れた教育の機会へのアクセスを可能にしている。教育費が固定資産税に基づくアメリカでは，白人と人種的マイノリティの居住パターンの違いにより，学校の施設・設備の面で著しい格差を生んでいる。

　人種間の格差は，そこで学ばれる教育内容といった知的所有権にも及んでい

る。学校で教えられる知識は，客観的で政治的に中立と見なされがちであるが，その内容の編成を主導できるのは白人の主流集団である場合が多く，西洋中心主義的で社会秩序を保守する視点を持つ傾向にある。

　さらに，教育の質は選択する学校やコースに依存しており，主流の白人の子どもは一般に，選択の幅が大きく豊かで挑戦的なカリキュラムや指導を経験する一方で，貧しい有色の子どもは，選択の余地のない基礎的なカリキュラムで記憶中心のドリル学習に終始しがちである。こうした格差は，教室の資源，テクノロジー，教師の力量など，教育の質に関わる様々な領域にまで浸透している。教育評価についても，人種間に教育機会の不平等がある中で，教育条件を改善することなくテストによる評価を行う現行のやり方は，文化資本を持つ主流集団に優位に機能しているのである。

　このような白人性の生み出す文化的実践が，所有権と結び付きながら，教育の様々な領域において人種間の格差をつくり出しているといえる。

4．多文化の共生に向けて

　多文化教育において白人性を問うことへの転回は，これまで不可視であった人種主義を維持する権力装置を正面から取り上げることを可能にし，社会変革へ向けた教育実践への新たな地平を拓くものであった。多文化教育は白人性を問題にすることで，マジョリティの大きな物語を脱構築し，マイノリティの視点から平等で公正な多文化共生を目指すカリキュラムをデザインする新しい理論的な枠組みを得たのである。

　国際競争力を強化する国家戦略として，新自由主義的な教育改革が推進されているアメリカの状況を考えたとき，主流集団への対抗といった特徴を持つ多文化教育のカリキュラムがこれからどれだけ浸透し展開していくのか，今後の動向が注目される。なお，白人性の議論は，日本の文脈においても，人種・エスニシティを考察していく上で重要な示唆を与えてくれる。日本社会において隠れた中心として人種関係を構築してきた「日本人性（日本人であること）」という概念を設定することで，力作用の視点から多文化共生を問う新たな学びの経験を展開していく可能性を拓いてくれるのである（松尾，2005）。　　**（松尾知明）**

第3節　ジェンダー・セクシュアリティとカリキュラム

1．2017・2018（平成29・30）年改訂学習指導要領における「生と性」

　本学習指導要領において，学習の「内容」としてジェンダー・セクシュアリティに関連するのは，主として①理科の第2分野，②体育の「保健」分野，③中学技術・家庭の家庭分野，④道徳の「家族愛，家庭生活の充実」，⑤特別活動の学級活動の「男女相互の理解と協力」「思春期の不安や悩みの解決，性的な発達への対応」となっており，内容的な大きな変化は見当たらない。

　しかし，他方で，この間，性同一性障害やLGBTに関する認識が社会に浸透しつつある。他方で，人口減に応じて，2015年より女性の「総活躍」が進められ，また，男性の未婚率も上がる見通しの中で，労働者のワークライフバランス，つまり，就業と家事・育児・介護の分担，両立が求められるようになっている（ケアの正義）。このような社会の動きは，「男子や女子の内部での多様性と不平等」（小山，2016）をさらに進行させ，また，優位であるはずの男子にあって劣位に立たされる男子に大きな疎外感を生み出すことになるだろう。

　こうして，あらためて教育課程において「性」の多様性を理解し，異性愛規範や「男らしさ」「女らしさ」が社会的歴史的に構築されたものだと学び，相対化する必要が生じている。

　このことは，学ぶ主体の分類が「女／男」「障害のある／ない」といった単純な二分法ではすまないことを示唆する。学習のスタンダードは，規格外の者によって浸食され攪乱される。なぜ，学習のスタンダードは一つなのか？

2．LGBTと学校の健康・安全プログラム

　第一の問題提起として，教育内容として明示的に性の多様性を教え，異性愛規範を相対化することが重要だと考える。なぜなら，異性愛規範を前提としているかぎり，LGBTの子どもたちの不安はなくなることはないからだ。

文部科学省は2016年4月に「性同一性障害や性的指向・性自認に係る，児童生徒に対するきめ細かな対応等の実施について」と題するパンフレットを作成し公表した。LGBTの存在を公式に認知し，その要求に対応することを求めた。しかし，それは異性愛主義的な体制の中で傷ついてしまう個々に対する対症療法的な対応であり，元凶をつくっている体制の異性愛主義を問うことはない。

　パンフレットのQ&Aで，「性自認や性的指向について当事者の団体から学校における講話の実施の申し出があった場合等，こうした主題に係る学校教育での扱いをどのように考えるべきですか」という問いに対して，「性に関することを学校教育の中で扱う場合は，児童生徒の発達の段階を踏まえることや（中略），事前に集団指導として行う内容と個別指導との内容を区別しておく等計画性をもって実施すること等が求められる。（中略）他者の痛みや感情を共感的に受容できる想像力等を育む人権教育等の一環として，性自認や性的指向について取り上げることも考えられます（後略）」と答えている。

　ここには，問題解決の「個人主義」「個人化」が働いている（Loutzenheiser & Moore, 2011）。同性愛嫌悪など，性的マイノリティに対する圧力を，いじめる者といじめられる者の個人的な問題に封じ込め，かつ，公式的には同性愛嫌悪について直接的な議論を避け，同性愛嫌悪や差別を見て見ぬふり，ないし許容する。性的マイノリティを被害者の立場に立たせ，彼・彼女ら自身に何か，公式には言及できない問題があるかのように見せかける。彼・彼女らには「痛み」を感じなければならない何かがある，というわけだ。そして結果的に，異性愛こそが規範であり，同性愛はその規範からの逸脱として示される。

　しかし，「逸脱」とは，「規範化」によって生ずるのであり，規範化がなければ，異性愛と同性愛の対立は生じない。それぞれが同等の可能性として並んであり，たまたま一方の性のあり方が現れたにすぎない。LGBTの生徒の「痛み」は道徳的に他者によって共感されたり受容されたりすればすむのではなく，教育内容に公式に位置付け，生徒たちが自身のこととして理解する必要がある。

3．「男らしさ」の相対化・脱自然化

　しかしながら，異性愛こそが自然で，同性愛より優っているという考えは，性を生殖と結び付け，その「生産性」に特権的な価値を置く考え方においては

容易に覆らないだろう。男性と女性の結合だけが子どもを産出しうる「正しい」性の関係であり，これが規準点となって，男性と女性に様々な特性と役割が「らしさ」として，あたかも「自然なもの」をよそおって振り当てられる。異性愛規範の相対化は，「男らしさ／女らしさ」の規範の相対化とともにある。

実のところ，生物学的な男性／女性の区別は明確ではない（例えば，性分化疾患や性腺切除した人を考えてみよ）。ましてその区別に振り分けられる規範的な「らしさ」に合理的な根拠はない。それでも女性との違いを明らかにして「男らしくあるためには，人は女らしい物事を拒否しなければならない」(Weaver-Hightower, 2011, 邦訳p.219)。

男性は「女らしさ」を拒否しつつ，「男らしさとは何か」をめぐるヘゲモニー闘争を日常において展開する。学校教育はその制度的な条件として，男らしさのヘゲモニー闘争の過程に深く関わる。「教育学からカリキュラムへと学問的な枠組みにそって，特定の男らしさのヘゲモニー的な形態がもちあげられ高められ報酬を受け，つまるところ再生産され，他方，従属形態は，制裁を受け周辺化され，あるいは罰せられる」（同書，邦訳，p.221）。つまり，教育によって推奨される男らしさの形態は，それに適合する者たちを有利にし，そこから外れるものを罰し，周辺化する。

教育の様々なレベルで，特定の男子のあり様が称賛され，推奨される。例えば，「目指す人物像」のかたちで表されたり，生徒指導における男／女の規程であったり，歴史などの登場人物のかたちで表されたり，教師によって言及されたりする。スポーツの優秀選手によって表象されることもある。

生徒も教師も，こうした過程を対象化し相対化しながら，自身のあり方を選び直すことが，「総活躍」とケアの正義にとって重要だと考える。

4．学ぶ主体の多様性と教育内容・過程のゆらぎ

2017・2018年改訂学習指導要領においては，主体的・対話的で深い学びが，以前からの内容を削ることなく，教育課程の全体において求められている。他方で，各教科につき「障害のある児童などについては，学習活動を行う場合に生じる困難さに応じた指導内容や指導方法の工夫を計画的，組織的に行うこと」という一文が入り，特別支援教育の充実が図られた。

最後に問題にしたいのは，「障害のある／ない」，特別な配慮を「必要とする／しない」という区別であり，障害のある児童・生徒をあえて区別しなければならない「正規の」教育課程のあり様である。

　バトラーは，ジェンダー・セクシュアリティのカテゴリー（アイデンティティ）を脱構築的に批判した。女／男という差異は，染色体からホルモン，文化的相互作用など重層的複合的な決定に基づく。二分法的に明確に区切れるものではなく，重層的に変移し，いわば連続的に存在する。すべてのファクターが必ずしも「成功」的に機能するわけではなく，多様な「失敗」を生み出す。多様な「失敗」は自然において可能であり，「失敗」を可能にしているものこそが偶然的な「成功」を基礎付けている。生命という連続的複合的存在に成功／失敗，女／男という規範的な区別（カテゴリー）を設けることによって「権利（特権）」と「排除」が社会的に構築される（Salih, 2003）。

　このことは「性」に限られない。生全体に広げて，人種や障害者のカテゴリーについても同様に考えられる。「自閉症スペクトラム」という概念が示唆するように，「障害者／健常者（／天才）」は連続的複層的に存在する。障害に人種や貧困，女性，同性愛者等の問題が重なることもある。分類とアイデンティティは解体され，個と個の置かれた文脈の多様性・複合性が浮かび上がる。

　にもかかわらず，義務教育のスタンダードはなぜ一律なのか？　そこに何が隠されているのか？――学習の高い目標と内容・資質は，家庭の支援も含め，最も条件に恵まれた主体（の発達）を前提にしている。「障害のある」主体を適用外とすることで，負荷の高いスタンダードが正当化され自然化される。個々の持つ条件と文脈は無化され，できないのは努力が足りないから，というわけだ。優秀さを示すには，劣った者が必要であり，客観的に示す定規（テスト）も必要である。学力の垂直的多様性は，水平的多様性の抹消の上に現れる。

　学習の達成には「ほんもの」の文脈が重要であるといいながら，大きな矛盾である。コンピテンシーは認知的な能力とともに情動的な力を基礎としていたはずだ。学習を引き出すためには，個々の主体の持つ文脈に応じた教育内容と過程の多様性が保障されなければならないのではないだろうか。　　**（米村まろか）**

第4節 民主主義とカリキュラム

1. 問題提起

(1) デューイ『民主主義と教育』出版100年後の状況

「民主主義とカリキュラム」というテーマを考えるにあたって，思い起こしたい点が2点ある。一つは，デューイ（Dewey, J）による『民主主義と教育（*Democracy and education*）』(Dewey, 1916) が出版されてから100年後の地点に，今，私たちは立っているという点である。デューイは，民主主義社会にふさわしい教育のあり方を追究し，『学校と社会（*The school and society*）』(Dewey, 1899) 等に続く大著として，世に問うた。それから100年を経過したが，私たちは，"民主主義と教育"とりわけ"民主主義とカリキュラム"について，どれほどの知見を深めてきたであろうか。デューイは，社会や文化の改造の役割を持つものとしても教育を意味付け，カリキュラムを構想し，学校の充実とその質的向上を求めていたことに注目したいのである。

(2) 第二次世界大戦後の教育改革に学ぶ

もう一つ，思い起こしておきたいことがある。それは，わが国における「戦後教育改革」についてである。なぜなら，民主主義についての考え方やその内容をカリキュラムにきちんと位置付ける。あるいは，カリキュラムそのものを民主主義化する。このような動きは，第二次世界大戦後の「教育改革」によって，先鞭がつけられたからである。

少し説明しておこう。周知のように，「教科課程」あるいは「学科課程」といった呼称で示されていた戦前の学校カリキュラムは，男女別に分けられ，さらには，複線型の教育制度のもと，上級学校向けと下級学校向けに別々のカリキュラムが用意されるなど，区別構造・差別構造に組み立てられていた。

帝国大学につながるエリートコースの旧制中学校では，英語や外国史，さらには公民科といった教科が用意されていたのに対して，旧制の高等小学校では，

それらの教科は，例外的な場合を除けば置かれることさえほとんどなかった。同じ年齢の生徒が，一方では英語や外国史を学ぶことができたのに対して，他の場合は学ぶことさえできないという事態となっていた。このような状況を打破し誰もが同じ教科を同じように学べる単線型の新しい学校制度に改編し，共通のカリキュラムで学校教育を出発させたのがいわゆる戦後教育改革であった。

　ところで，民主主義についての考え方やその内容を，子どもに教授すべきものとしてカリキュラムに位置付けるというテーマに関しては，戦前の場合，教育内容としての民主主義が，教科に持ち込まれることはなかった。この点を打破したのが，新教科社会科の設置であった。制度としての民主主義はもちろんのこと，生活の仕方としての民主主義等々をも学べる全く新しい教科「社会科」が，誕生した。その上，高等学校用の社会科教科書として，民主主義の本質や民主主義の歴史さらには経済生活における民主主義などの章からなる上下2巻本の『民主主義』（文部省，1948・1949）が作成され，活用されることになったのである。

　一方，「カリキュラムの民主主義化」という点で見落とせないのが，学習指導要領の作成である。戦前は，教科書中心の教育で，"教師用教科書"が絶対的なマニュアルとなっていた。そこに書かれている内容以外，教えることは許されなかった。そのような硬直した教育のあり方に対する反省に立って作成されたのが，「学習指導要領」であった。学習指導要領は，アメリカ各州の教育局が作成している教師のためのガイドブックつまりはCourse of Studyで，教師の努力でよりよいものへと改変していけるものとして意味付けられていた。したがって，Course of Studyに範をとって作成された学習指導要領（文部省，1947）は"試案"と題され，教師に希望を与えるものとして，つまりはカリキュラムの民主主義化の土台をなすものとして，教師に提供されたのである。以上，簡潔にしかふれ得なかったが，"民主主義とカリキュラム"というテーマを考えるとき，この「戦後教育改革」の内容に立ち返らざるを得ないのである。

2．新たな展望，新たな課題

(1)「社会に開かれた教育課程」の実現
　第8回目の全面改訂に当たる2017・2018年改訂の学習指導要領が告示された。

新しい主張点の一つが，「社会に開かれた教育課程」の実現である。本節のテーマである"民主主義とカリキュラム"の観点からいえば，「社会に開かれた教育課程」の実現は，教育課程＝カリキュラムのあり方の望ましい方向性を示したものと見なせよう。

2016年に公表された中央教育審議会の答申（中央教育審議会，2016）では，「社会や世界の状況を幅広く視野に入れ，よりよい学校教育を通じてよりよい社会を創るという目標を持ち，教育課程を介してその目標を社会と共有していくこと」，「これからの社会を創りだしていく子供たちが，社会や世界に向き合い関わり合い，自らの人生を切り拓いていくために求められる資質・能力とは何かを，教育課程において明確化しはぐくんでいくこと」などがそのポイントにあげられている。

確かに，この考え方は，学校の教育課程を通して，子どもたちが世界や社会とつながり，よりよい社会と幸福な人生を自らつくり出していける力を積極的に育成しようとするものだと捉えられよう。しかし，この考え方を「教育課程」そのものにおいて実現する手立ては，必ずしも明確ではない。子どもたちにその育成が求められる"資質・能力"を見据えて，学習の改善を図る方向に，その手立てが限定されているように思われるからである。

今までの教育課程は，どのような特質を持ち，どこに課題があるのか。どのように教育課程そのものを変えていくのが望ましいのか，いったい教育課程を社会に開くという場合の"社会"とはどのような社会を意味するのか等々が，カリキュラム本来の視点から検討される必要があろう。

もう一点，指摘しておきたいことがある。それは，"民主主義とカリキュラム"という視点から社会に開かれた教育課程が実現できるためには，これからの子どもにどのような資質・能力が求められるのかだけではなくて，社会的視点からの教育内容の充実等々も必要になってくるのではないかという点である。そして，より重要な問題は，教育課程そのもの，つまりは学習指導要領そのものの思い切った大綱化・弾力化が求められてくるのではないかという点である。

第二次世界大戦後，日本の教師たちは希望に胸を膨らませ，地域や子どもの実態の調査等々を通して実に多様なカリキュラムを作成し，展開していった。しかも，そのような動きは，全国津々浦々にまで及んだ。文字どおり，社会に開かれた教育課程が目指されたのである。第二次世界大戦前には考えられなか

ったことである。そしてそのように多彩なカリキュラムが花開いたのは，学習指導要領が教師に希望を与える「試案」であったからにほかならない。

第二次世界大戦直後の「試案」の場合とまではいかなくても，学習指導要領の思い切った大綱化・弾力化が進められないと，社会に開かれた教育課程の実現は小手先の改善レベルに留まるのではなかろうか。

(2)「カリキュラム・マネジメント」の民主主義化

2016年に出された中教審の『審議のまとめ』（中央教育審議会初等中等教育分科会教育課程部会，2016）から2017・2018年改訂の学習指導要領への流れの中で注目したいもう一つの点は，「カリキュラム・マネジメント」である。訳せば "教育課程経営" となるこのカリキュラム・マネジメントは，小学校新学習指導要領の総則によれば，「各学校においては，児童や学校，地域の実態を適切に把握し，教育の目的や目標の実現に必要な教育の内容等を教科等横断的な視点で組み立てていくこと，教育課程の実施状況を評価してその改善を図っていくこと，教育課程の実施に必要な人的又は物的な体制を確保するとともにその改善を図っていくことなどを通して，教育課程に基づき組織的かつ計画的に各学校の教育活動の質の向上を図っていくこと」だと説明されている。

マネジメントとは，いうまでもなく，経営，運営，管理，活動等々を指し示す言葉である。その意味する範囲は広く，使われ方も多様で曖昧になりがちである。また，「社会に開かれた教育課程」を目指すこととカリキュラム・マネジメントとはどのように関わるのかも，もう一つはっきりしない。

ところで，カリキュラム・マネジメントは，各学校レベルで行われるものだとされている。だとすれば，カリキュラム・マネジメントの質的向上のためには，PDCAサイクルを充実させることも含めて，校長等のリーダーシップのもと，いうならば教員全体がそれぞれの強みを生かし，主体的に参加して，つくり上げるという民主主義体制の確立が重要になるのではなかろうか。"チーム学校" の合言葉を，言葉だけに終わらせてはもったいない。同僚性に基づく「カリキュラム・マネジメント」の質的向上をどのように図るか。「カリキュラム・マネジメント」の民主主義化もまた，問われてくるといえよう。　**(片上宗二)**

第5節 持続可能な開発のための教育（ESD）とカリキュラム

1. 持続可能な開発のための教育（ESD）とは

(1) ESDの理念

　ESDとはEducation for Sustainable Developmentの略であり，「持続可能な開発のための教育」と訳される。ESDは，1992年にブラジルのリオデジャネイロで開催された地球サミットで採択された「アジェンダ21」の人材育成の指針に起因している。そこでは，持続可能な開発を実現するために各国及び関係国際機関が実行すべき行動計画が示された。そして，2002年にヨハネスブルグで開催された国連持続可能な開発サミットで「国連持続可能な開発のための教育の10年」（DESD：Decade of Education for Sustainable Development）が提唱された。それらを受け，ユネスコが中心になりESDの啓蒙活動が広まっていった。

　ESDと聞くと，環境教育に近いイメージを持つ者も多いのではないだろうか。例えば，技術開発による作業の軽減や生活の質の向上と，それに伴うエネルギー問題や環境汚染の問題について，どのように折り合いをつけ解決すればいいのかという課題や，地域開発による産業の拡大や住宅地区の確保と，それに伴う森林破壊や自然災害の問題をどのように捉え，計画的に開発すべきかという課題などに取り組む教育である。もちろん，それらもESDに含まれるが，掲げる理念や対象領域は環境教育より広範囲で複合的である。

　ESDの理念は，DESDの目標の中で「持続可能な開発の原則や価値観及び実践を教育と学習のあらゆる側面に組み込まれること」と明示されている（UNESCO, 2005, p.6）。そこでは，持続可能な開発の視点を，環境的な継続，社会的な継続，経済的な継続に設定している。そして，それらを個別の問題として捉えるのではなく，それぞれの視点から横断的・総合的に捉え，将来の発展に貢献できるような価値観と行動力を身に付けさせようとしたものである。

(2) ESDの特徴と期待されるコンピテンシー

ここでは，ESDの特徴及びESDによって育成が期待できるコンピテンシーについて整理する。UNESCO（2005）は，ESDの本質的な特徴として表Ⅰ-2に示す11項目を列挙している。

表Ⅰ-2　ESDの本質的な特徴（UNESCO, 2005, pp.30-31より筆者訳）

- 持続可能な開発の根底にある原則と価値に基づく
- 持続可能性における3つの領域「環境・社会・経済」のすべての安泰について取り扱う
- 生涯学習を推進する
- 地域と関わり文化的に適している
- 地域の要望，認識，状況に基づくが，地域の要望を満たすことが，しばしば国際的な影響や結果にもつながることを認識する
- 学校教育，学校外教育，日常教育に携わる
- 持続可能性の概念は進展するという性質に適応させる
- 出来事の文脈を考慮に入れつつ，国際的な問題や地域の優先事項についての内容を取り扱う
- 地域に密着した意思決定，社会的許容，環境への責務，適応力のある労働力，生活の質といった問題に向かう市民の能力を育てる
- 学際的である。1つの学問分野のみでESDを語ることはできないが，すべての学問分野はESDに貢献することができる
- 参加型学習や高次の思考力を促進させる多様な教育技術を用いる

　表Ⅰ-2を見てわかるように，ESDの特徴は，単なる知識や技術の習得ではなく，将来の発展に貢献できるような価値観と行動力を身に付けさせようとしたものである。そして，それらは形成能力の獲得に有効であるとされている。形成能力とは，「現状分析および未来予測から，環境，経済，社会の相互依存の中で，それぞれが改札されることの帰結を導き出し，それに基づいて決断し，持続可能な開発のプロセスを実現するように，個人や共同体のレベルで，また政策レベルで実行することができるということ」（トランスファー21／岩村訳，2012，p.73）とされる。そして，形成能力の各コンピテンシーは，OECDが示すコンピテンシーのカテゴリーにも分類にできる（表Ⅰ-3）。これらからわかるように，ESDは，持続可能な開発を目指すと同時に，未来に生きる子どもたちに必要な総合的な人間力を身に付けさせるための有益な教育方略の一つといえる。

表Ⅰ-3　OECDの分類から見た形成能力のコンピテンシー

（トランスファー21／由井訳，2012，p.45をもとに作成）

OECDによる分類	形成能力のコンピテンシー
相互作用的にメディアと道具を用いる	視点を取り入れる能力
	予測能力
	専門分野を超えた認識を獲得する能力
	不完全で複雑な情報を扱う能力
異質な集団で交流する	協調性
	個人の決定のジレンマを処理する能力
	参加能力
	動機付け能力
自律的に活動する	理念を省察する能力
	道徳的行動をとる能力
	自主的に行動する能力
	他者を支援する能力

2．ESDのカリキュラム

(1) ESDカリキュラムの様式

　ここでは，ESDの実践をどのようにカリキュラムに位置付ければよいかについてまとめる。表Ⅰ-4に小玉（2010）による「ESD実践カリキュラムの様式」を示す。様式Ⅰの「教科導入型」については，普段の指導内容にESDの観点を取り入れることで行えるため，各学校種のいずれにおいても比較的容易に採用することができる。様式Ⅱの「教科横断型」，様式Ⅲの「総合学習型」については，小学校では学級担任のレベルで行うことができるが，中学校・高校では当該の教科担任との連携や，学年の教員との連携が必要となる。ESDの理念に基づけば，様式Ⅰにとどまらず，様式Ⅱや様式Ⅲを採用することで，より高いESDコンピテンシーの育成が期待できる。さらに，様式Ⅳの「学校編成

表Ⅰ-4　ESD実践カリキュラムの様式(小玉，2010，p.73)

	様　式	内　容
Ⅰ	教科導入型	ある教科に，〈持続可能性〉の観点を導入したカリキュラム
Ⅱ	教科横断型	〈持続可能性〉の観点で，複数の教科を関連・発展させたカリキュラム
Ⅲ	総合的学習型	〈持続可能性〉に関する課題を解決するために，複数の主題や教科・領域を関連・発展させたカリキュラム
Ⅳ	学校編成型	〈持続可能性〉の観点で学校全体の教育活動を再編し，体系化したカリキュラム

型」では，学校運営計画の中で教育目標や年度の重点目標にESDの理念を組み込むことができるため，組織的な研究・研修体制のもと学年ごとに系統性のあるカリキュラム編成が行え，より教育効果の高い実践が学校全体として促進されることが期待できる。

(2) 関連指導計画

ESDの理念をより効果的に実現させるためには，教科横断的な学習，総合的な学習が求められる。その際，教科や領域の各学習がESDを軸としてどのように関連しているかを示した指導計画（以下，関連指導計画）が必要となる。ここで，実際の関連指導計画の一例を紹介する。図Ⅰ-1は，広島県福山市立駅家西小学校「ESD関連カレンダー」（藤井ら，2012）である。同小学校では，ESDの視点を，「環境」「多文化・国際理解」「人権・平和」の3領域に設定し，関連指導計画を作成している。このように各単元や各授業における関連を示すことで，教員側も，意図的・計画的にESDを軸とした教科横断的な学習が行える。

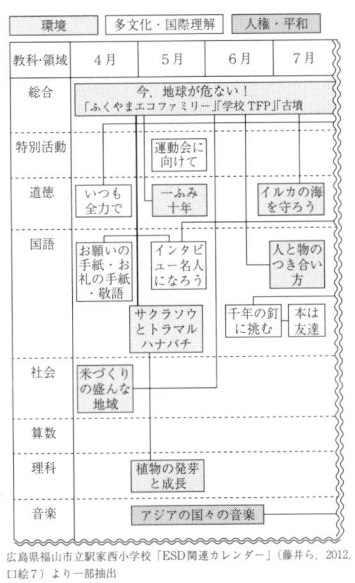

広島県福山市立駅家西小学校「ESD関連カレンダー」（藤井ら，2012，口絵7）より一部抽出

図Ⅰ-1 関連指導計画の例

(3) カリキュラム編成にあたって

日本のESDは，環境教育にやや偏っている傾向がある。また，学校教育目標の中で標語としてはあるものの，カリキュラムとして十分に機能していない場合も見られる。ESDのカリキュラム編成については，その理念を理解するとともに，児童生徒の学びの姿や身に付けさせたい能力を明確にイメージできることが重要である。それらに基づき，自校や地域の状況に即したカリキュラム編成を行い，組織的，体系的に教育活動が進められることが望ましい。

（藤川　聡）

第 II 部
カリキュラム実践の課題

第1章

わが国における学習指導要領の変遷

現代日本の教育課程は，どのような人づくりを目指して編成されてきたのか。本章では，1947年から2017年までの8次にわたる小中高の学習指導要領改訂を対象にして，その特質を明らかにする。なお，各節の改訂年は，小学校のそれを表記している。

1. 1947（昭和22）年の試案──経験主義の教育課程

1947年学習指導要領では，民主主義社会を担う市民像が目的とされ，生活経験主義の教育課程が採用された。その一般目標では，個人生活・家庭生活・社会生活・経済生活及び職業生活を豊かにすることがあげられ，そのために「児童の生活」を分析することで教育課程が編成された。

小学校の教科は国語・社会・算数・理科・音楽・図画工作・家庭・体育・自由研究の9教科で，従来の修身・公民・地理・歴史が廃止され，社会科・家庭科・自由研究が新設された。この新設教科は，児童尊重・男女平等・市民育成など戦後の民主主義社会を進める重要な科目として設置され，コア・カリキュラムの中核を担うことになった。

新制中学校は，6・3制の中核となる学校として誕生した。過去において，「中等学校は上流あるいは中流階級の子女のためにのみ限定された傾向もあったが，新制中（等）学校は階級的な差別をことごとく払い去って資質があれば誰でも均しく一様に学修できるようにしなければならない」と宣言された。中学校の教科は，国語・習字・社会・国史・数学・理科・音楽・図画工作・体育・職業（農業・商業・水産・工業・家庭）の10科目が必修科目で，外国語・習字・職業・自由研究の4科が選択科目とされた。

新制高等学校は，戦後民主主義の新しい制度として発足した。すべての青年

が学区内の高校に進学する総合制高校を原則にするという，「小学区制・総合制・男女共学制」の理念が強調された。そして3課程（「進学課程」・「職業課程」・「実業課程」）が設定され，卒業85単位で，国語・社会・体育を必修教科（20〜25％）とし，「国民に共通の教養」として国語・社会・体育・数学・理科の5教科38単位が採用された。さらに，定時制高校が，勤労者への学習の道を開くために積極的に位置付けられた。

2．1958（昭和33）年改訂──系統主義の教育課程

1958年改訂では，経済復興に勤勉に努力する国民像が目的とされ，児童の経験よりも教育すべき知識・技術の系統性が重視されることになった。小学校では，系統主義教育課程のもと，特に，道徳領域の特設による道徳教育の徹底，基礎学力の充実，科学技術教育の向上，そして職業的陶冶の強化の4点が重点項目とされた。児童の生活よりも知識・技術の系統性が重視され，かつ，基礎学力とりわけ国語と算数に時間数が配当された。

中学校は，第1に，「生徒の進路，特性に応ずる教育」で，中学校3年生からの選択制が大幅に採用された。以後，中学校では，進学・就職組の2コースが進行した。第2に，日本の国民性を陶冶する観点から，地理・歴史・古典（国語）・君が代の教育などが重視され，社会科では，系統主義の観点から，地理的分野を1年生，歴史的分野を2年生，政治・経済的分野を3年生で学習する原則とされた。第3に，科学技術教育の向上を目指し，数学・理科・技術家庭科の系統主義的改善がされた。そして第4は，男女別の技術家庭科教育で，「女子には家庭科的内容を中心として技術という観点から」，「系統的な学習」が設定された。

高等学校は，能力・適性・進路に応じたコース分けが提案された。コース類型と同時に必修科目増加の措置がとられ，かつ，教科内が細分化された。例えば古典甲・乙（Ⅰ，Ⅱ），世界史A・B，地理A・B，数学ⅡA・ⅡB，物理A・B，化学A・Bと分けられ，「Aの科目はゼネラルな内容，Bの科目はややアカデミックな内容」とされた。職業課程では，その教育を充実させるために，専門科目の必修単位を30単位から35単位に，普通科目も39単位から44単位まで引き上げられ，「中堅産業人」養成が図られた。

3．1968（昭和43）年改訂──教育の現代化と構造主義

　1968年改訂では，高度経済成長下，生産性の高い目的追求型の国民像が目的とされ，ブルーナーの構造主義の影響を受けて「教育の現代化」が進められた。従来の系統的な教育体系をより現代科学の成果を生かした高度化を図り，かつ科学の方法論まで修得させようとするもので，学問的で原理的な概念・方法が重視されることなった。同時に，「調和と統一」ある人間形成が掲げられ，テスト主義で歪んだ人間性を調和させ，かつ，高度経済成長で階層分化した状況に対処する国家的国民的統合を図る教育が重視された。

　小学校の算数は，「現代の数学教育の発展を考慮して数学的な考え方」を育成することが目標とされた。その観点から教育内容が精選され，複雑な技能的内容は軽減されつつも，数量や図形に関する基礎的な概念や原理と集合・関数・確率などの新しい概念などが導入された。他面，神話の教育が歴史に導入された。文部省は，「歴史についての学習のなかで，日本の神話や伝承も取り上げ，これらが古代の人びとのものの見方や国の形成に関する考え方などを示す意味をもっている」と説明した。

　中学校では，国語が第2学年で35時間増，数学が第3学年で35時間増，美術が第2学年で35時間増，保健体育が計60時間増，そして特別活動が計45時間増加となった。この時代は，教育内容の水準は世界一であると言われた。

　高等学校は「各教科に属する科目及び各教科以外の教育活動」の2領域とされ，「高校教育の多様化」と「教育の現代化」が改革の軸になった。このとき，看護と理数の2教科が増設され，進学しない生徒を対象として数学一般と基礎理科が新設され，そして英語では，初級英語と英語会話が新設された。他面，公民的資質形成が重視され，学校行事の儀式による教育で，「国民の祝日などにおいて」「国旗を掲揚し，『君が代』を斉唱させることが望ましい」とされた。

4．1977（昭和52）年改訂──ゆとり教育と人間化への転換

　1977年改訂では，高度経済成長を経た成熟社会で多様な価値観が広がる中，能率と高度化よりも「人間化」を求める「ゆとり」志向の教育課程が打ち出さ

れた。基本方針として，知・徳・体の調和，基礎基本，ゆとりある充実した学校生活，そして教師の創意工夫の4点が重視された。通称「ゆとりの学習指導要領」といわれ，このときの世論では，受験勉強で青白くなった青少年のあり様を改善するものとして肯定的に受け止められた。

小学校では，第1に「基準の大綱化」，第2に，授業時数の削減である。5・6学年は週4時間減で土曜日1日分に相当し，ゆとりある学校生活がねらいとされた。第3は，知・徳・体の調和である。別の見方をすれば，国語・算数・社会科・理科の知の時間が削減された。第4は，教育内容の精選による教育内容の削減で，例えば，算数では，集合・柱体の求積・回転体を削除して中学校へ移された。そして第5に，「国旗」と「国歌」の教育が強調され，「君が代」から一歩踏み込んで「国歌」という注目すべきタームが採用された。

中学校のゆとり教育も小学校と同様で，白抜きの時間，いわゆる「ゆとり」の時間が設定され，各学校での創意工夫の時間にあてることが要請された。例えば，体力増進活動，自然・文化の体験的活動，教育相談活動，集団的訓練活動あるいは休憩時間やクラブ活動などが期待された。さらに，選択教科の範囲が広げられたことと，「国旗を掲揚し，国歌を斉唱させることが望ましい」と指示された。

高等学校は，第1に，国民共通の教育期間が高校を含めて10年間とされたことにより高等学校第1学年の教育内容水準が相応に下げられ，中学校教育との関連性が強化された。第2に，必修科目等の弾力化，第3に，コース化で，2学年以降は，「生徒に適切な各教科・科目や類型を選択させる」という選択中心の方針が出された。第4に，勤労体験学習の重視，第5に，習熟度別学級編成が要請されたこと，そして第6は，小学校・中学校同様に，教科外活動の儀式における「国旗」掲揚と「国歌」斉唱の要請である。

5．1989（平成元）年改訂──新学力観の教育課程

1989年改訂では，生涯学習社会を自己教育力で切り拓く国民像を求めて，「新学力観」による教育課程が構想された。従来の基礎学力では知識・技能・理解を重視してきたが，「新学力観」では児童生徒の関心・意欲・態度を重視し，思考力・判断力・表現力に裏付けられた「自己教育力」を獲得する学力観

を理念型とし「知識・技能・態度」の修得が目指された。

　小学校では，低学年の新教科として生活科が設置されたことが大きな変化である。これによって，低学年の社会科・理科は廃止され，その分の時間数は，生活科と国語に充てられ，生活科による基本的生活習慣形成と，国語科での基礎・基本の教育に重点が注がれることになった。また，各教科等の指導で，「体験的な活動を重視」し，児童の興味・関心によって「自主的・自発的な学習」を進めることと，「学習内容を確実に身に付け」させるために「児童の実態等に応じ，個に応じた指導など指導方法の工夫改善」を図ることが要請された。

　中学校では，「中等教育の前期」の段階と捉えられ全教科が選択可能な科目とされた。選択の時間は，第2学年が210時間の週6時間，そして第3学年で280時間で週8時間に至り，大胆な選択が可能となる基準とした。第2に，「生徒が自らの生き方を考え主体的に進路を選択することができるよう，学校の教育活動全体を通じ，計画的，組織的な進路指導を行うこと」が要請された。

　高等学校でも選択的な教育課程が設定された。「生徒の特性，進路等に応じて適切な教育を行うため，多様な各教科・科目を設け生徒が自由に選択履修することのできるよう配慮するものとする」というように，生徒の適性・進路・意欲を尊重する選択的な教育課程に編成するよう指示され，普通教育に関する教科・科目では，8教科43科目から9教科60科目に，職業に関する教科・科目では，157科目から184科目へと増加された。第2に，勤労に関わる体験的な学習の機会を拡充することが要請された。第3に，職業に関する教科・科目では，情報処理と課題研究の科目が新設された。単位制と総合学科も始まった。

6. 1998（平成10）年改訂——「生きる力」の教育課程

　1998年改訂は，不透明な情報化時代を生き抜く国民像が想定され，「生きる力」を志向する教育課程の方針がとられ，「総合的な学習の時間」の設定が最大の特徴である。従来の知識体系による縦割り型の学力に対して，それを横断的に総合化して課題解決型の学習をさせることで，「知の総合化」と「知の主体化」とを図るものであった。この時間では，児童生徒の関心・意欲によることが原則で，情報の収集や調べ方，まとめ方や発表の仕方などの学習方法の習得まで期待されている。

小学校では，教育課程の全体構造が，幼児・児童・生徒たちの自己実現と自我の形成を中核に据えたものとなった。教育課程審議会答申では，「小学校教育においては，幼稚園教育における幼児の遊びを中心とした総合的な活動を中心とした総合的な活動を基盤として，集団による教科の系統的な学習に次第に慣れるように」するということで，「低学年においては生活科を中核とした合科的な指導を一層推進するとともに，中学年以上においても合科的・関連的な指導」を進めることが求められた。

　中学校は，第1に，義務教育の最終段階の教育として，社会生活に必要とされる基礎基本を確実に教育することと，第2に，中等教育前期の青年期教育という観点からみて，選択幅拡大等による個性伸長の教育が従来以上に重視された。従来の教科構成は基本的に継承されたが，外国語科が選択から必修科目に入れられ「基礎的・実践的なコミュニケーション能力」を養成することが「どの生徒にも必要」であることが明示された。第3は，道徳の重視で，特に，ボランティア活動と自然体験活動とが求められた。

　高等学校は，第1に，「豊かな人間性や社会性，国際社会に生きる日本人としての自覚を育成すること」で，これは異文化理解及び尊重の態度の育成，ボランティア活動や就業体験等を通じた勤労の尊さや社会奉仕の精神の涵養，社会生活での役割や自己責任の育成などである。第2に，「自ら学び，自ら考える力を育成すること」で，卒業単位を74単位に縮減し，そのうち必修単位数を31単位に縮減し，かつ選択必修を基本に教育課程を設定した。第3に，各学校の創意工夫を生かして特色ある学校づくりを進めることが要請された。

7．2008（平成20）年改訂──「確かな学力」と「活用能力」の教育課程

　2008年改訂は，グローバルな知識基盤社会で活躍する「活用能力」の育成を重視する教育課程である。学力低下による「ゆとり」批判がありながらも，総合的な学習の時間は存続された。OECDのキー・コンピテンシー論，すなわち自己管理力や知識・技能を用いる力，異質な集団で交流する力を育成することが重視された。これを具体化したOECDのPISAによって，読解リテラシー，数学的リテラシー，科学的リテラシーが求められることになり，改訂ではPISAなど国際的な学力調査に対応する学力づくりが重視された。

小学校では，国語，社会，算数数学・理科・外国語の5教科を中心に時間が大幅に増加し，小学校各教科の合計371時間増加され，さらに全教科において（言語）活用能力を育む教育が求められた。要するに，国際的水準の学力とコミュニケーション能力を身に付けた新しい日本人の資質形成が企図され，かつ，国際的学力調査におけるトップクラスへの復活を期したのである。

　中学校で，選択教科が授業時数表から削除され，全科目必修で共通履修の徹底が期されることになった。前回の改訂に比して毎週1時間増加で合計105時間増加したにもかかわらず，選択教科などで個別のニーズに対応するよりも，全科目必修の共通教育課程が基本構造とされた。基礎・基本の不徹底と教育課程の複雑化への反省，そして選択教科の実際的内容等から見て，共通教育課程を取る方が妥当であると判断されたのであった。

　高等学校も，基礎・基本的な知識・技能と同時に思考力・判断力・表現力など活用できる学力の育成，そして豊かな心と健やかな身体を育成するための道徳教育と体育の充実があげられた。「総合的な学習の時間」については，「横断的・総合的な学習，探究的な学習を行う」として3〜6単位（2単位まで減少可能）が設定された。また，「共通性と多様性のバランスを重視」するという観点から，国語（国語総合）・数学（数学Ⅰ）・外国語（コミュニケーション英語Ⅰ）で共通の必履修科目が設定された。卒業単位は現行74単位以上である。

8．2017（平成29）年改訂──コンピテンシー志向の教育課程

　2017年改訂の画期的なことは，全教科・領域に「主体的・対話的な深い学び」を志向して，「学習指導要領の構造改革」が図られたことである。改訂では，「何ができるようになるか」が繰り返し強調され，学校外でも通用する「汎用的な資質・能力」（コンピテンシー）を育むことを目指している。その育成を目指して，従来の網羅主義の教育をやめて，カリキュラム・マネジメント（教育課程の企画・運営・評価・改善）をすることが不可欠で，単元の要所ではアクティブ・ラーニングの導入や単元ごとの授業評価が求められている。従来，教科書の内容は網羅的で，その内容を記憶し理解することが求められたが，改訂では，アクティブ・ラーニングによって，教育内容の背景にある「教科の本質」（見方・考え方）に行き着き，社会や生活の問題を解決する中で「主体的・

対話的で深い学び」に至らしめ，コンピテンシーを育成しようというのである。

　ただし，普遍的なレトリックで説明されているが，実は，科学や学術性のみならず，そこには産業界の要請を色濃く反映した政策性やイデオロギー性が「教科の本質」・コンテンツとして入り込み，そうであればこそ，政策の期待する，社会構成のあり方（新自由主義など）が織り込まれたコンピテンシーが育成されるのである。現在，産業界で導入しているコンピテンシーに基づく成果主義人事評価の人材育成の方針が学校教育にも貫徹することになったのである。

　コンピテンシーは元来，学校外のオーセンティック（真正）な文脈で生産性や好成績をあげる能力指標として誕生しているので，その意味で総合的な学習は欠かせない役割を担うことになる。反面，コンピテンシーは，その背景にある真理や真実を深く探究するには弱いコンセプトである。例えば，お店屋さんごっこの授業では，販売実績をあげた生徒がほめられるような実践が横行し，その金融経済の原理原則を批判的に見抜く力の育成は後回しにされそうである。

　審議過程及び改訂の内容をみると，コンピテンシー育成を志向してアクティブ・ラーニングなど教育方法的観点が強調される割に，教育内容をどう構造化し，どのような知識体系を獲得させるのかという追究には深まりがみられない。教科の背景には，人類が長い年月をかけて蓄積し構造化してきた知の枠組みがあり，それを獲得させるためのディシプリンもある。この種の構造的な知識体系を獲得させることについて，今次の改訂は，こだわりが弱い。高等学校学習指導要領の審議過程をみても，カリキュラムにおける「共通性」と「多様性」は論じられても，必修科目を踏襲する論に終始し，青年が共通に持つべき教養とはいかにあるべきかという議論はなく，最終的には，学習成果を測定するのは，高等学校基礎学力テストと大学入学希望者テストということに落着したので，学校現場はその内容を確認して対応することになるに違いない。

　今後のあり方としては，むしろ各教科の教育内容に即して，過度にコンピテンシー化しないジェネリック・スキル（コミュニケーションスキルや数量的スキル，問題解決のスキル）の教育を深める方が生産的で安定的ではないだろうか。心配は尽きないが，いずれにしても，知識習得型・定着型の授業とアクティブ・ラーニングとが適度に組み合わされて，人間・社会・自然現象についてその意味を問うことのできる，深い洞察力がつくような教育実践を望みたい。

（水原克敏）

第2章　小学校におけるカリキュラム

第1節　2領域カリキュラム設立の背景

　今，教育は岐路に立つ。教育的な諸所の問題が諮問や答申などで挙げられるが，我々は教育における問題の根本の原因は「学ぶことと生きることの乖離である」という立場に立ち，2領域カリキュラムを構想した。

　学制以来の教育史をたどると，明治期，大正期，昭和初期の教育は「学ぶこと」と「生きること」が有機的につながり，子どもたちは「学校」と「地域」で両者を融合し，生きる力につながる資質・能力を育んできた。その時代，学校の機能は「学ぶこと」に重点が置かれ，「生きること」は主に地域社会が担ってきた。子どもたちは，地域社会の中で，個人的で素朴な問いや，地域や家族の切実で抜き差しならない問題など，多様な「ひと・もの・こと」との関わりの中で，その都度，そのときの最適解を創造してきた。第1次産業が中心だった日本において，家族や地域の人とともに農作業などを行ったり，異年齢の近所の友達と遊んだりと，地域のつながりは強かった。そのような日々の営みの中で自己の憧れとなる人と出会ったり，自己の生き方を見つめ直したり，将来の夢を描いたりしてきた。地域社会の中で，現実的な問題解決を様々な関わりの中で行い，「自分はどうあるべきか」「どう生きていくか」と自問し，自己の生き方・在り方を深化させていたのである。一方，学校は，人間が現代まで積み上げてきた文化的な遺産である学問的知識や学問的なものの見方・考え方などを学び，一般人としての教養を身に付ける場所であった。子どもたちにとって学校で学ぶことは，自己の人生の問題解決に寄与し，豊かな生き方・在り方につながることであり，学校で学ぶことの意味を実感していた。つまり，学校・地

域の両輪で，子どもたちに未来を生きる力，資質・能力を養っていたのである。

　しかし，時代の流れにしたがって，地域社会の力が弱まっていく。戦後の経済成長，その後訪れる高度経済成長などを経て，社会の構造が変化し，第1次産業の衰退と第2次，第3次産業の隆盛が顕著化してくると，地域社会で大人と一緒に子どもが働くことや，現実社会の問題を多様な「ひと・もの・こと」と関わりながら考える機会が減少していく。換言すれば，それは子どもたちが自己の生き方を見つめ直したり，考えたりする機会が減少したということである。「生きること」という土台を失った子どもたちは，「なぜ学ぶのか」「学びの先に何があるのか」など，学ぶことの意味が見出せなくなる。その中で知識の効率的教授を受ける。その時代を象徴する言葉が「落ちこぼれ」や「受験戦争」「荒れ・非行」などである。その現状に対して，子どもたちの「生きる力」を重視した教育改革が行われる。学校での学びに「学ぶこと」だけでなく，本来地域社会が担っていた「生きること」を取り入れようとする改革である。「生活科」「総合的な学習の時間」の登場である。新設教科，新設領域の中で「生き方・在り方」を深化させることで，一方の「学ぶこと」に有意味性を見出し，各教科と領域で生きる力が育まれることが期待された。また，時数を削減したり，土曜日を休業日にしたりするなど，子どもが地域社会の中で過ごす時間を取り戻す取り組みも行われた。しかし「PISAショック」に端を発した「学力低下問題」がクローズアップされ，その改革は「ゆとり批判」というかたちで向かい風を受け，理念の達成には至らなかった。また，総合的な学習の時間は，まだ学校独自でカリキュラム・マネジメントを行う思想が定着していない学校現場において，多少の混乱をもたらし，解釈の仕方，取り組みの実態に学校間でのばらつきが散見された。さらに，本来，子どもが自ら問いを見出す領域でありながら，学校が内容を設定し年間計画を作成するに至り，資質・能力を養う本来の領域ではなく10番目の教科学習のようなかたちになるケースも見られた。後に，生活科や総合的な学習の時間に熱心に取り組んでいる学校の子どもの学力は高いことがクロス集計などで明らかになるが，その結果を待つことなく総合的な学習の時間は時数が削減されていく。

　我々が構想する2領域カリキュラムは，このような時代において，あらためて学校の中に，「学ぶこと」「生きること」を両立させ，これからの社会を生きる子どもに必要な力を育もうとするものである。すなわち，本来地域が中心に

なって担っていた，多様な「ひと・もの・こと」と関わりながら個や集団の問題解決を通して自己の生き方・在り方を深化させていく機能を新領域「創造活動」として，学校内のカリキュラムに位置付けたのである。

第2節　3つの資質・能力を養う2領域カリキュラムの展開

　右図のように，本校の2領域カリキュラムは，「目的」「内容」「方法」「集団づくり」の4層の構造からなる（図Ⅱ-1）。

(a) 目的

　本カリキュラムの目的は「分かち合い，共に未来を創造する子どもの育成」である。分け合う，助け合う，

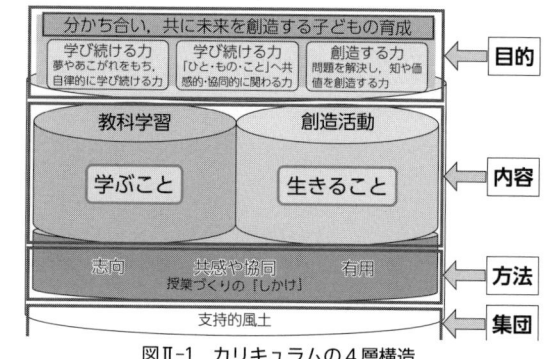

図Ⅱ-1　カリキュラムの4層構造

協力し合う，共感し合うという感情を伴う能力は，これからの世の中で，あらためて大切にすべき特別なものである。絶対的な解が存在しない現代社会，問題解決のために，初めて会う人や異年齢の人，価値観が異なる人とも対話を重ね，その都度，新たな解決策を創造したり，常に課題解決のために学び続けたりする力が必要である。このようなことを鑑み，本校では6年間のカリキュラムの中で養いたい資質・能力を「学び続ける力」「関わる力」「創造する力」の3つに限定した。2領域の独自性を生かしつつも，すべてのカリキュラムの中で3つの資質・能力を養うというシンプルなカリキュラム構造にすることで，いわゆる"絵に描いた餅"にならない実践的なカリキュラムとなることをねらっていく。自分一人ではなく，これからの社会を他者と一緒につくっていく子どもを育むことが本校のカリキュラムの目的である。

(b) 内容

　次に「何を学び，どんな活動をするのか」という内容である。目的である資質・能力と内容は二項対立ではなく，相互作用し合う関係である。目的を達成

するために内容が必要であり，内容理解のために資質・能力が必要である。教科学習では「何を学び」，創造活動では「どんな活動をするのか」を明らかにした。それぞれの領域における内容の具体については以下に述べる。

ア　見方・考え方を育む「教科学習」

　本校では教科学習の本質を「各教科の重要な概念を理解すること」ではなく，「実社会・実生活で自分にとって意味のある知を再構成するために必要な見方・考え方，知識・技能，情意的な態度を養い，自分なりに世の中を捉え直すこと」と捉えている。ここでのキーワードは各教科の「見方・考え方」「自分にとって意味のある知」である。ここでいう「見方・考え方」とは，自己を取り巻く「ひと・もの・こと」に対して，何をどのように見て，どのように考えていくのかという，見る方法や思考の筋道であり，認識の仕方ともいえる。今まで，考え方については，演繹的，帰納的，比較，関連，統合など，いわゆる思考力として，各教科で様々に議論されてきた。ここで重要なのは，各教科固有の見方，つまり物事の捉え方である。ある一つの事物や現象を目にしたとき，その人がどういう見方で対象を捉えるかによって解釈の仕方が異なってくる。例えば緑茶入りの1本のペットボトルがあったとする。これを図工的な見方で見れば，その形のおもしろさやよさに心が動くかもしれない。また，理科的な見方をすれば，透き通ったお茶の中にある粒子の存在に不思議さを感じたり，あるいは社会的な見方をすればその価格の理由や流通の仕方が気になったりする。このように各教科固有の見方・考え方をそれぞれの教科で育んだ子どもは，世の中を図工メガネ，体育メガネ，音楽メガネなどを駆使して捉え直し，今まで「あれども見えず」だった事象を発見し，自分なりの知を創造することができるようになる。そして，それぞれの教科で見方・考え方を育んだ子どもは世の中の事象に対しての解釈が広がり，新しい世界が開けていく感動に出合うであろう。つまり，その教科特有の見方・考え方を育むことで，子どもたちは世の中の捉え方が変わることを実感し，あらためて学びの意味を感得していくのである。

　このように，これからの小学校における教科学習では，各教科の知識習得のその先にある「見方・考え方」を育むことが重要となるのである。

イ　生き方・在り方を深化させる「創造活動」

　創造活動は，これまでの道徳・特別活動・総合的な学習の時間を統合し，資

質・能力を直接的に養うため，自己の生き方・在り方を深化する領域として設定したものである。創造活動の本質は「異学年集団での問題解決や個人追究での問題解決を通して学び続ける力，関わる力，創造する力を養うこと」，すなわち先に述べた３つの資質・能力を直接的に養うことである。創造活動は，異学年集団でプロジェクト的に問題解決を行う縦割り創造活動と同学年集団で主に個人追究で問題解決を行う学級創造活動の２つがある。それぞれの意義について以下に述べる。

○縦割り創造活動（異学年プロジェクト活動）

縦割り創造活動では，異学年集団でプロジェクト的な探究活動で問題解決を行う。例えば「畑を開墾し，そこで育てた作物からジャムを作って販売する」「１〜６年生全員で巨大モザイクアートをつくり，展覧会を開く」などの多様な活動が展開されていく。ここでは，個々の思いや願いをもとにした集団の課題を設定することで，問題を切実に感じるとともに，問題解決に責任を持ち，協力して問題解決することを目指していく。時には悩み，迷い，葛藤しながらも，子ども自らが生み出していく活動だからこそ，問題解決を経て生み出される価値は子どもにとって真正なものとして捉えられる。ただし，ここでいう主体とは，単に子どもにすべて任せ，すべての責任を負わせるというものではない。教師が年間を通して養いたい資質・能力を踏まえ，そこにつながる学びの場を意図的に設定していくことで，質の高い，それでいて子どもが本気になれる活動が生み出されていくのである。

○学級創造活動（個人追究）

現在のわが国においては，あちこちで協同的な学びのよさが取り上げられている。確かに協同は大切な視点であるが，あまりそちらに走りすぎると，子どもたち一人ひとりのよさが見えにくくなることが危惧される。個人で探究的な活動を行っていく学級創造活動の時間は，子どもたち一人ひとりのこだわりを顕在化させ，自分らしく生き生きと活動できる土壌をつくっていく。たとえ困難であっても最後まで一人でやり切ることや，自己責任のもと，自分の好きなことにとことん没頭し続けていくという経験は，将来，複雑な諸問題に立ち向かう際の大きな武器となると考える。これからの社会においては，様々な情報を取捨選択しながら，課題に対しての最適解を自分自身で見出していく力が必要となる。そういった意味で，常に自己選択・自己決定を繰り返す過程を通し

て資質・能力を養うことのできる学級創造活動は，子どもの将来を見据えた貴重なカリキュラムの一端だといえるであろう。個人追究のテーマには多様な個性が表れる。「競技かるたで日本一になりたい」「郷土の観光地をPRしたい」「段ボールで潜水艦を作って池に浮かべたい」など，子ども一人ひとりの思いや願いに合わせた活動を展開できるのがこの領域の最大の特徴である。

○創造活動の意義

　これからの時代に頻発するであろう複雑な諸問題に単一の解は存在しない。必要な知識や技能を獲得した上で，冷静かつ情熱的に自分なりの解釈を生み出すこと，また，それらを互いに吟味し，納得解へと進んでいくこと。そうした「開かれた個」を育むことが，これからの教育現場では求められていくのである。そういった意味で，活動のゴールやそこに至る道筋を子どもに委ね，自己選択・自己決定を繰り返していける創造活動のような領域こそ，これからの時代を生き抜く子どもを育てるために必要なカリキュラムである。このような活動が充実していくようにするためには，教師自身の教育観の転換が求められる。「教える，伝える」のではなく「見守る，見取る，育む」。そうした長期的な視点を持ちながら子どもを信じて見守っていくこと，それ自体が子どもにとって大きな支援となるのである。

(c) 方法

　ここまで内容について述べてきたが，ここからは，カリキュラムをどう学ぶかの「方法」である。方法論には流行性があるため，不易の部分を重視する必要がある。本校では「子どもはどのように学ぶのか」という教育心理学の理論と目の前の子どもの姿の両面からカリキュラムの方向性を決定している。本校の伝統的な教育観は「社会的構成主義」(Vygotsky, L. S.) である。社会的構成主義では，「真正な学習」「学習者の事前知識から事後知識への質的な変化」「共同体の社会的な営みを通した内化」「経験による学習」「ファシリテーターとしての教師の役割」など，いわゆる学習者中心の考え方がキーワードとして挙げられている。このような理論と本校の伝統的な教育方法，実際の子どもの姿に鑑みて，カリキュラム上，子どもがどう学ぶ存在であるかを共通理解し，支援や指導に生かしている。子どもたちが学びの意味を実感していく上では，自分を取り巻く「ひと・もの・こと」に対して敏感にそして柔軟に感じ取ったり，感受した課題に対して解決の方法・道筋を自分なりに想像したりすることが重

要になる。そこで，本校では2領域に共通する子どもが学ぶ姿を，「感受・想像・意味付け」というキーワードで示している。子どもはまず，自分を取り巻く「ひと・もの・こと」に「感受」し，問題解決の方向性を「想像」する。そして，問題解決を繰り返す中で見出されたものを，仲間の考え，さらには既有の知識や経験とつなぎ，自分の思いや願いと関連付けながら「意味付け」を行っていくのである。このような「感受・想像・意味付け」を豊かに働かせるために，本校は，カリキュラム全体を通して，「志向」「共感や協同」「有用」の3つの授業づくりの「しかけ」を設定し，学習者の動機付けを図っている。授業づくりの「しかけ」は，教師の直接的な指導よりもむしろ学習環境に働きかける間接的な指導や支援を指す。環境に働きかける間接指導では，子どもが本来もっている欲求を引き出す環境設定を行い，子ども自らが動き出すのを待とうとしたり，子どもの取り組みを見守ろうとしたりする姿勢を大切にしている。しかし，決して待つ，見守ることだけを奨励しているわけではなく，環境に働きかけるしかけとは，子どもの主体性と教師の意図性が学校教育の中で無理なく調和的に織り込まれていくことが望ましい。つまり，子どもの思いが現実のものになるように，子どもとともに環境をつくりかえていく中で教師の願いや意図を無理なく織り込ませていくことを意味している。

(d) 集団づくり

最後に，本校のカリキュラムの土台となるものが，どのような集団で学ぶかである。以下のような要件を共通事項としながら支持的風土を醸成していくことが，よりよい学びの集団を生み出すための第一歩となる。

> • 全員参加を保証する（役割と責任）。
> • 存在そのものを肯定的にまるごと受け入れる。
> • 言動の根拠を大切にする。
> • 掃除，給食，休み時間，授業など，すべての時間で子どもを育てる。
> • 緊張と緩和のバランスを大切にする。　など

これらは，教科学習と創造活動の2領域それぞれの学級集団づくりに当てはまるものである。非常に基本的なことではあるが，研究を進める中で，常に立ち返ってきた視点である。

第3節　2領域カリキュラムがもたらした「変化」と「新たな展望」

　単一の解を理解することをゴールとせず，知を再構成しながら，実生活をより豊かに捉え直していくことを目的とした教科学習。切実性を伴った子どもの思いや願いに端を発し，自ら選び，自ら決定しながら問題を解決していく創造活動。このような，一見すると非効率的な問題解決の経験は，子どもにも教師にも大きな変化をもたらした。教師の敷いたレールの上を進む合理的，効率的な概念形成を求めるのではなく，子どもなりの個性的な捉えや独特の解釈を楽しめる余裕やゆとりを教師が持つことで，子どもたちが伸び伸びと学び，自分らしさを発揮できる状況が，あちこちで生まれてくるようになった。学校という多文化，多価値の共同体こそ，現実の社会や地域社会と類似した状況をつくり出すことができる最適な場所である。社会的な文脈の中で学んだときこそ本当の資質・能力や価値が養われていく。切実な思いや願いに裏打ちされた問題解決を通して，子どもたちは日々成長し，そこに関わる教師もまた，新たな教育観を獲得していけるのである。

　これまでに述べてきたような新たなカリキュラムを経験した子どもたちは，将来，活躍の場はそれぞれ違えども，常に地域社会を大切にし，地域コミュニティの魅力を復活させる大人になってくれると考える。これは地域に根差し，地域でのつながりを大切にし，地域で子どもを育てていく地域社会の復活である。そのような地域社会が創造された暁には，今まで社会から多様な無限責任（環境教育，福祉教育，キャリア教育，国際教育，健康教育等）を求められた「肥大化した学校」ではなく，本来の「学ぶこと」に主軸を置いたスリム化した学校に戻ることが期待される。

　2領域カリキュラムで子どもが育つことによって，学校と地域が本来の機能を取り戻す時代が再び訪れる。そのような展望のもと，日々の実践を積み重ねていきたい。

（香川大学教育学部附属高松小学校）

第3章　中学校におけるカリキュラム

第1節　ミドルスクールのカリキュラム改革

1．橋渡し的な位置付け

　「学校改革の目標として，ミドル学年は，教師がすべての子どもに到達させることができる最後の機会であり，絶好の機会です。この時期をどうするかによって，将来の成功が約束されたり，散々な人生に見舞われたりします。素晴らしい時期ですが，心配にもなる時期なのです。」

　これは，2011年11月，アメリカ教育省のダンカン（Duncan, A.）長官がミドルレベル教育連合（AMLE）年次大会で行った演説である。「ミドル学年」というように，正確には中学校を対象にした演説ではない。

　わが国の中学校は，1947年4月に発足したとき，"中等普通教育"であり，義務教育の完成と位置付けられた。しかし，今や高校進学率が98％に達して，中学校は，小学校から高校へスムーズに移行させる学校としての期待が大きい。

　ところで，アメリカでは，1980年代以降，中学校に代わってミドルスクールが多数を占めるようになっており，2013年度では，通常は5～6学年に始まり7～8学年で終わるミドルスクールが約13,300校，7～9学年までをカバーする中学校は約2,700校である。そして，この数十年間にミドルスクールのカリキュラム改革が行われてきたので，まず，その改革について概観したい。

２．思春期特有の科目や授業方法

　1963年，アレクサンダー（Alexander, W. M.）は，高校の下位的位置付けである
ジュニアー・ハイスクール，つまり，中学校では，思春期の子どもに特有な発
達上のニーズに対応するカリキュラムを提供できないので，もっと独自性を際
立たせたミドルスクールを設置すべきであると主張し，それ以降，ミドルス
クール運動が展開されていく。さて，シェーファー（Schaefer, M. B.）たちは，この
運動の職能団体の機関誌「ミドルスクールジャーナル」と全米教育学会（AERA）
のミドル学年研究グループの出版物によって半世紀にわたる運動を概観した。
それを手がかりにミドルスクールのカリキュラムと指導方法を整理すると，次
のようになる（Schaefer, et.al., 2016）。

　1970年代は，「ミドルスクールとは何か」を問う時代であったが，1980年代
では，（A)学校カウンセリングが導入され，（B）1単位時間を90分や120分な
どにするブロック制の時間割が採用されるようになった。また，（C)高齢者教
育やキャリア教育，法教育やエイズ教育，平和教育，多文化教育など一つのテー
マに複数の学問からアプローチする学際的カリキュラムが実施されるように
なり，1980年代半ばには，職能団体の機関誌にコンピュータの欄も掲載された。
と同時に，青年期発達に関するカーネギー会議が開催され，ミドルスクールの
特有性に関心が集まったが，他方では，“アメリカ第一”と考える政治団体も
関心を抱き，「適切性と卓越性」を謳い文句に教育に圧力を加え始めた。

　1990年代になると，統合カリキュラムか学際カリキュラムかという問題が提
起された。ビーン〔Beane, J. A.〕は，（D)「子どもにとって実世界の重要問題
で組織されたもの」を統合カリキュラムと定義し，知識を実際に応用すること
に意義を見出した。しかし，（D)に対する議論の中で，彼は，（C)異教科の教
師がチームで生徒の興味関心に基づくテーマのカリキュラム編成をするものの，
教科区分は明確にするような学際カリキュラムも支持した。（C)（D)いずれに
しても，これらのカリキュラムが未知を知る，争点を学際的に捉える，協働す
る，多様でグローバルな市民を育てる，というような“21世紀技能”を生徒に
育成することをねらっていたことは注目すべき点であろう。

　また，この時期には，思春期の子どもの自尊感情がゆらいだり，学習技能を

鍛える必要性が生じたり，いじめや仲間にプレッシャーを感じたりしやすいので，(E)生徒たちが日常出会う問題を解決したり，他の選択肢を見出したりできるような助言科目(advisory course)を設けるようになった。さらに，80年代のカーネギー会議の成果をまとめた図書で，(F)思春期に特有な発達傾向を考慮して，生徒を授業計画に参画させることや，(G)テーマごとに仲間とチームで協働学習することも行われるようになった。

2002年の連邦政府の「落ちこぼれをなくさない法律」の成立に伴って，州テストが重視され，その得点によって説明責任が問われるようになった。ミドルスクールの指導者は，テスト学力に傾斜するより(A)から(G)のようなカリキュラム改革をした方がテスト成績がよいという成果を示し，関連した事例集を編纂して，将来の青写真を描き出そうとした。また，ミドルスクールに固有な教師の教育方法として，(H)省察と協働を介して構成的に学ぶ傾向が強まり，大学や地域との連携が重視されるようになった。

そして，2010年以降，全米のコモン・コア・スタンダード(CCSS)を到達基準として各教科に適用し，州テストでその説明責任を問い，他方では，経済協力開発機構（OECD）のPISAの国際学力テストに代表されるように，国際的な比較にさらされるようになった。ビーンによれば，CCSSは，巨大出版社と結託した「会社のコア」にすぎないという見方もあり，ミドルスクール運動で生み出してきたカリキュラムや指導方法に言及しておらず，カリキュラムの標準化が蔓延するだけではないかという危惧があるという。

以上，ミドルスクールの概観をした。テスト重視の状況は，中学校3学年次の全国学力テストや欧米の義務教育修了時，わが国の高校1年次で実施するPISAなどのテスト結果によって説明責任が問われる点では，似ている。

第2節　わが国の小中一貫教育から義務教育学校へ

1. 三層構造四段階カリキュラム論

安彦忠彦は，わが国の中学校教育の独自性と必要性について本格的研究に取

り組んだ研究者である。彼は，早くも1980年代半ばにアメリカのミドルスクールに着目し，そこでの知見も生かしながら，1997年に図Ⅱ-2に示すような三層構造を①小学校低学年，②小学校高学年，③中学校，④高校に分けられる四段階によって捉えるカリキュラムを考案し，次のように中学校のカリキュラムを特徴づけた（安彦，1997）。

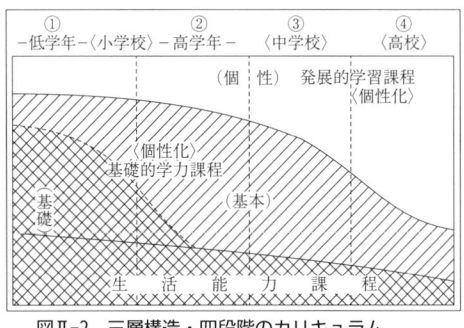

図Ⅱ-2　三層構造・四段階のカリキュラム

とりわけ，③中学校の個所に着目していただきたい。中学校は，㋐生活能力課程として人間関係づくりや基本的生活習慣や学級・学校の風土づくりを基盤にしているが，小学校よりもその教育的影響力は少なくなっている。中学校は，すでに小学校で基礎的な読書算を習得しており，むしろ各教科の基本的な内容を含む㋑基礎的学力課程の比重が大きい。そして，中学校で，小学校より応用・発展的な内容・教材を通して個性を伸ばす㋒発展的学力課程の履修を増やして，個性化を重視する高校につなげていくのである。

　要するに，中学校では，各教科の基本となる法則や原理や方法などを徹底的に理解し，適用することが大切であり，基本を確実に習得させるために個別化を図らなければならないという。また，中学校は，義務教育終了時だから，全教科必修とすることからわかるように，将来の自立に備えて，「浅く，広く，短く，多く」選択履修できるようにし，自分の個性を探る時期と捉えている。

2. 小中一貫教育における思春期向けカリキュラム

　2000年度，広島県呉市の2つの小学校と1つの中学校は，子どもの学習意欲や自尊感情が低下し，不登校が増加するなど“中1ギャップ”が生じているのは6・3制に起因しているからであるという問題意識に立って，文部科学省の研究開発学校として小中一貫教育に着手した。そして，2年後に東京都品川区でも学校選択制と絡めて同様の取り組みを始め，その後，このような小中一貫教育は全国各地で行われるようになっている。

それに伴って，2014年，政府の教育再生実行会議答申「今後の学制等の在り方について」は，義務教育を「4－3－2や5－4のように弾力的に設定する」という制度化を打ち出し，中央教育審議会の「小中一貫教育特別部会」で，その集中審議を行い，中央教育審議会答申「子供の発達や学習者の意欲・能力等に応じた柔軟かつ効果的な教育システムの構築について」では呉市の頃からの実施理由に加えて「児童生徒の生理的成熟の早期化」が6・3制の制定時より2年程度早まっている点にも言及したことによって，小中一貫教育への関心が急速に高まった。そして，2015年に9年間の義務教育を実施する新たな「義務教育学校」を設置できる改正学校教育法が成立して，2016年度から施行された。

　2016年2月現在，公立の義務教育学校の設置予定件数は136校（うち2016年度22校），公立の小中一貫型小中学校の今後の設置予定件数は439件（うち2016年度は115件）であり，後者については，表Ⅱ-1に示すように，設置者が同一か否かによって，「併設型」と「連携型」に分かれる（文部科学省，2016）。

　ところで，文部科学省が全国の国公立小・中学校を対象に2014年5月に実施

表Ⅱ-1　小中一貫教育の3類型

	義務教育学校	小中一貫型小学校・中学校	
		中学校併設型小学校 小学校併設型中学校	中学校連携型小学校 小学校連携型中学校
設置者	―	同一の設置者	異なる設置者
修業年限	9年 （前期課程6年＋後期課程3年）	小学校6年，中学校3年	
組織・運営	一人の校長，一つの教職員組織	それぞれの学校に校長，教職員組織	
		小学校と中学校における教育を一貫して施すためにふさわしい運営の仕組みを整えることが要件 ① 関係校を一体的にマネジメントする組織を設け，学校間の総合調整を担う校長を定め，必要な権限を教育委員会から委任する ② 学校運営協議会を関係校に合同で設置し，一体的な教育課程の編成に関する基本的な方針を承認する手続を明確にする ③ 一体的なマネジメントを可能とする観点から，小学校と中学校の管理職を含め全教職員を併任させる	中学校併設型小学校と小学校併設型中学校を参考に，適切な運営体制を整備すること
免許	原則小学校・中学校の両免許状を併有 ※当分の間は小学校免許状で前期課程，中学校免許状で後期課程の指導が可能	所属する学校の免許状を保有していること	
教育課程	・9年間の教育目標の設定 ・9年間の系統性・体系性に配慮がなされている教育課程の編成		
特例 教育課程の	一貫教育に必要な独自教科の設定	○	○	○
	指導内容の入替え・移行	○	○	×
施設形態	施設一体型・施設隣接型・施設分離型		
設置基準	前期課程は小学校設置基準，後期課程は中学校設置基準を準用	小学校には小学校設置基準，中学校には中学校設置基準を適用	
標準規模	18学級以上27学級以下	小学校，中学校それぞれ12学級以上18学級以下	
通学距離	概ね6km以内	小学校は概ね4km以内，中学校は概ね6km以内	
設置手続き	市町村の条例	市町村教育委員会の規則等	

した「小中一貫教育等についての実態調査」によれば，6・3制が72%，4・3・2制が26%であり，5・4制や4・5制は1％未満であるという。小中一貫教育校で半数を超える回答は，①「小・中学校間の乗り入れ授業の導入」(72%)，②「小中合同行事の実施」(70%)，③「区切りごとの学習指導上の重点の明確化」(70%)，④「学力調査の小中合同分析と結果の共有」(51%) であった。そして，小・中一貫教育校のうち半数程度が⑤「9年間をひとまとまりと捉えた教育目標の設定」や⑥「各教科別に9年間の系統性を整理した小中一貫カリキュラムの編成」をしており，⑦言語活動，食育，キャリア教育，ふるさと教育，情報教育など「教科横断的な事項」のカリキュラム編成は概ね20%未満であり，⑧「独自の教科・領域の設定」もわずかに25％である。

第3節　小中一貫教育の成果と課題

　前述の「小中一貫教育等についての実態調査」では，小中一貫の実施校の成果として，「小・中学校の教員間で互いのよさを取り入れる意識の高揚」(96%)，「中学校への進学に不安を覚える児童の減少」(94%)，「いわゆる中1ギャップの緩和」(93%)，「上級生が下級生の手本となろうとする意識の高揚」(90%)などの成果が示され，課題としては，「教職員の負担感・多忙感の解消」(85%)，「教職員間の打ち合わせ時間の確保」(82%) などがあげられた。

　さらに，この課題とは異なる角度から小中一貫教育に対する批判が投げかけられている。それは，少子化や過疎化が深刻になる中で小中一貫教育が学校統廃合の口実に使われているという批判であり，大都市で学校選択制と絡めて小中一貫教育を導入すると，大規模な施設型になって，エリート校化する学校が現れるという批判である (山本ほか，2016)。小中一貫教育は，現代の思春期の子どものニーズに対応した教育を実現するという趣旨で始められたが，その運動が展開されていく過程で，このような手厳しい批判が寄せられている。

　ところで，アメリカのミドルスクール運動とわが国の小中一貫教育の展開を比べると，双方の類似性より相違性の方が大きいことが明らかである。

　類似性としては，第一に，日米とも子どもの成熟が早まっており，特有のニーズに応じて，小学高学年から中学低学年の教育をしようとしている点である。

第二に，わが国でも実践事例を公刊（国立教育政策研究所，2016）しているように，優れた学校の実践事例を収集して，それを手がかりに普及を図ろうとしている。第三に，日米双方とも，学力テストなど説明責任のプレッシャーの中で，実践を行わざるを得ない状況にあるということである。

　相違性については，ミドルスクールでは思春期の子どものニーズを真正面から受け止めて，助言科目，統合や学際のカリキュラムとそれに関連したチーム学習など多様な手立てを講じてきたことである。また，アメリカでは21世紀技能の育成に価値を見出して展開している点が違っている。わが国においても，これら思春期特有のニーズに対応した教育実践に学ぶべきではないだろうか。

第4節　優れた中学校実践に学ぶ

　岐阜市立東長良中学校は，授業を“学習活動”と呼び，生徒がカリキュラムづくりに関わるために，次のような綿密な手立てを講じている。

　第一に，図Ⅱ-3に示すように，教師と生徒で学習向上のアイディアを出しながら，授業で「計画―実践―評価―改善」を展開し，学級活動や帰りの会でも取り組みの価値や意味を認め合う「発展」や「共有」の機会を設けて，生徒の自尊感情や自己有用感を高めるサイクルを採用している。ミドルスクールと同様，60分のブロック制時間割であるが，このようなサイクルは本校独自であろう。

図Ⅱ-3　東長良中学校の学校経営構想

第二に，図Ⅱ-4のように，生徒が他学級の授業研究をする「学習活動創造会」を基盤に，各種の学習関連の委員会を設けていることである。これは，ミドルスクールの特徴（F）に似ているが，「基盤となる指導の充実」や「軸となる活動」と噛み合わせており，教科外活動や生活とも絡める点で，優れている。

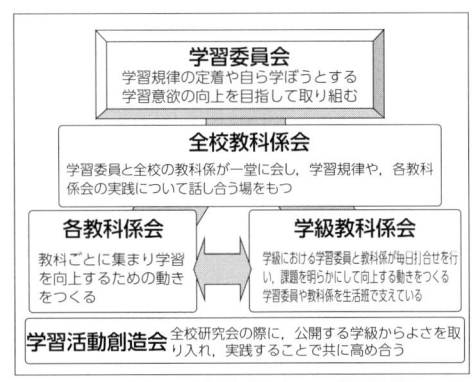

図Ⅱ-4　学習目標達成に向かう学習組織

第三に，このような生徒主導の学習に見通しを持たせるために，各学年の『学習の手引き集（シラバス）』を活用させている。そこでは，冒頭に「話し方」を示し，各教科の1年間の学習内容や家庭学習の進め方だけでなく評価の観点と方法やノートの作り方まで提案しており，最後に「発言・反応パワーアップシート」を載せ，「全員が『わかる』学習活動を目指す」ことを力説している。

第四に，総合的な学習は，1学年で地域の防災教育，2学年で地域に生きる人々の生き方に学ぶキャリア教育や環境問題など，3学年の修学旅行でグローバルな視野を持たせて，学級でテーマを選ばせて，地域で自己の生き方を考えさせている。これは，ミドルスクールの特徴（C）の学際的に通じるものであり，図Ⅱ-2の安彦の中学校カリキュラム構想に近いであろう。

なお，（A）の学校カウンセリングについては，スクールカウンセラーに頼るだけでなく，日常の教育相談や特別活動における生徒作文や班ノートを通して，教師が生徒の悩みや問題を把握・共有できるようにしている。そして，ミドルスクールの省察と協働（H）を介した教師教育については，岐阜大学教職大学院の連携協力校として教育学的知見にふれる機会がある。

このような実践に関するアンケート調査（2017年7月）の結果，「東長良中学校の生活に満足しているか」という質問で生徒の87%，保護者の91%が「満足」と回答している。中学校のカリキュラムでも，工夫を凝らせば，ミドルスクールに負けないような主体的・対話的な学びの教育効果を上げることができるということの証左であろう。なお，2017年度の「わが校報告会」によれば，知識・技能と深い学びとの関連付けが課題とされている。

（安藤輝次）

第4章　高等学校におけるカリキュラム

第1節　多様性を増した高等学校カリキュラム

1．学校体系における高等学校の位置

　2006年の学校教育法改正によって，中学校は小学校とともに，「義務教育として行われる普通教育」を担う学校という，共通の使命が明確にされたのに対して，高等学校の目的は「高度な普通教育と専門教育」を施すとされた。小学校と中学校が普通教育を連続的に担う学校と位置付けられ，ともに中等教育を担う中学校と高等学校の間の区分がより鮮明になった。こうした微妙な変化は，ほとんど論じられることがないが，小学校と中学校がより強い一体性と連続性を持つこととなったのは高等学校の位置にも変化を及ぼすことである。

　国際的な視野でみると，先進国の義務教育終了年齢をおおむね15歳ないし16歳としている国が多く，OECDなどの文献では義務教育段階の教育は基礎教育（basic education）と呼ばれている。15歳生徒対象のOECDの国際学力調査（PISA）は，いわば基礎教育の学習成果を測る試みだともいえる。

2．1990年代以降の高等学校カリキュラムの枠組み

　日本カリキュラム学会がカリキュラム研究のプラットフォームとして結成された1990年代の初頭以降，今日までのおよそ30年間の高等学校カリキュラム研究はどのような問題を取り上げ，また何を提起してきたのか。そしてどのよう

な研究の展望が開かれているのか。本章ではそのことを論じる。

　高等学校の教育は1990年代以降激変した。概略は次のとおりである。

　1988年に単位制の課程が新たに設けられたことを皮切りに，1993年の学校外の学修の単位認定制度化，1994年の総合学科の創設，1998年の中高一貫教育の導入，さらには2002年のスーパー・サイエンス・ハイスクール（以下，SSH）を始めとした新しいタイプの高等学校の登場など，高等学校教育の基本的な仕組みに大きな変更をもたらす改革が相次ぐこととなった。2003年以降は特区制度を利用すれば株式会社立高等学校も可能となった。

　また学習指導要領の1999年改訂以降，各学校が学校設定教科・科目を設けることができるようになり，高等学校のカリキュラムは教科・科目の提供側から見ても，履修する側から見ても，極めて柔軟な制度となっている。

表II-2　高等学校のカリキュラムに関する主な出来事

年	出来事	内容
1988年	単位制高等学校制度の創設	単位の累積による課程修了
1993年	学校外における学修の単位認定	他の教育機関での学修や技能審査の単位認定が可能に
1994年	総合学科の創設	普通教育と専門教育の両方にわたる選択科目群
1998年	中等教育学校の創設	一つの学校での中高一貫教育
1998年	学校外における学修の単位認定の範囲を拡大	ボランティア活動，就業体験の単位認定が可能に
1999年	学習指導要領の改訂	• 卒業に必要な単位数の縮減（80単位以上→74単位以上） • 専門学科の専門教育科目の単位数の縮減（30単位以上→25単位以上） • 学校設定教科・科目の創設
2002年	スーパー・サイエンス・ハイスクール(SSH)制度	科学技術系人材育成のため各学校独自のカリキュラム開発
2002年	スーパー・イングリッシュ・ランゲージ・ハイスクール(SELHi)制度	英語教育を重視した各学校独自のカリキュラム開発
2003年	構造改革特別区域法の施行	株式会社立学校の制度化
2005年	高等学校卒業程度認定試験制度	試験合格科目の単位認定
2009年	学習指導要領の改訂	• 週あたり授業時数の弾力化 • 義務教育段階の学習の確実な定着(学び直し)
2013年	スーパーグローバルハイスクール事業	グローバル人材の養成のための各学校独自のカリキュラム開発

そうした高等学校カリキュラムのあり様は，一方において高等学校進学率と卒業率を高レベルで維持することには寄与したが，他方，教育内容，教育方法，履修形態を際限なく多様なものにしていく推進力ともなった。

　高等学校カリキュラムに関する主な出来事からは次の4点がうかがえる。

　第一は，学校による高等学校教育課程の編成や生徒によるその履修がより弾力的に行える方向で進んできたということである。これは，高等学校カリキュラムの規制緩和ともいえる方向であり，学校外の学修や高校卒業程度認定試験の合格科目が単位認定されるようになったことに表れている。

　第二は，SSHのように，それまでになかった新たなミッションを掲げた教育を創出するという，高等学校カリキュラムの特色化が進んできたことである。これは，グローバル化や知識基盤社会化に伴う社会の急激な変化への対応として出てきた試みであり，国民的教育機関である高等学校に，新たな人材養成的役割が期待されるようになったことの表れである。

　第三は，専門教育を受け持つ教育機関としての高等学校の役割が相対的に低下しているということである。これは，専門教育の教科・科目の単位数の縮減が図られたことや，普通教育と専門教育の中間に位置する総合学科の高等学校が設けられたことに表れている。特に総合学科は，普通科と専門学科という区分にとらわれず，幅広い選択科目の中から生徒が自分で科目を選択し学ぶことを特色として，「生徒の個性を生かした主体的な学習」及び「将来の職業選択を視野に入れた自己の進路への自覚を深めさせる学習」を重視する学科である。すでに進路を決めた上で進学するはずの高等学校に，学びつつ進路を選択するという機能が加えられたのである。

　第四は，2009年改訂により明確にされた，高等学校における「学び直し」の機能である。義務教育段階の学習内容の確実な定着，すなわち「学び直し」が高等学校カリキュラムの新しい課題として位置付けられた。高等学校の目的として掲げられた「高度な普通教育と専門教育」とは別に，義務教育段階の学習内容を学び直すという機能が高等学校教育に新たに公式に加えられたのである。こうした新しい機能が高等学校教育の複雑さを増している。

第2節　高等学校カリキュラムの研究に見られる傾向

1．高等学校カリキュラムの研究のこれまで

　では高等学校カリキュラムの研究はそうした変化にどのように対応してきたのであろうか。まず研究の傾向を大づかみにするために，年代別に論文数を数えてみると，試しにCiNii　Articlesで高等学校×教育課程で検索すれば，2140件が得られる。この数字は中学校×教育課程の1869件と比べても遜色ない。

表II-3　高等学校カリキュラム関連の論文数

年　　代	論文件数
1950年代	92
1960年代	389
1970年代	142
1980年代	70
1990年代	371
2000年代	580
2010年以降現在まで	496

（CiNii Articlesにおいて高等学校×教育課程で2017年9月10日検索）

　表II-3は，CiNii Articlesでの検索によりヒットした論文件数を年代別に見たものである。これからうかがえるのは，1970年代及び80年代に比べて，1990年代以降，高等学校の教育課程に関連する論文件数は増えてきているということである。1960年代に多いのは例外的で，その大半を日本数学教育学会の年次大会発表要旨集に掲載された学会発表要旨が占めていることによる。

　数字で見る限り，高等学校のカリキュラム研究はそれなりに進んできたといえる。1990年代以降，高等学校のカリキュラムの枠組みが次第に弾力化されるなかで，各学校は学習内容の開発をかなり自由に進めることができるようになった結果，各教科・科目や総合的な学習の時間における学習内容の開発に関わる研究が盛んに行われたことが論文数の増加に反映している。また，数えられた論文のほとんどは，個別の学校でのカリキュラム開発や実践に関する報告を

基調としたものである。

2. 高等学校カリキュラムの研究が取り上げてきたこと

日本カリキュラム学会の紀要に掲載された論文を主な手がかりに，高等学校カリキュラムの研究の動向やその特徴を明らかにすることとする。

1992年の創刊以降，『カリキュラム研究』誌にこれまでに掲載された論文・記事のうち，巻頭言，大会報告や海外の研究の紹介などを除いた205編のうち，高等学校（後期中等教育）カリキュラムに関する論文は28編を数える。それを分類すると，日本の高等学校カリキュラムに関するもの21編，諸外国の後期中等教育段階の学校カリキュラムに関するもの7編となる。

日本の高等学校の21編について，「意図したカリキュラム」「実施したカリキュラム」「達成されたカリキュラム」という3つの相から見ると，高等学校カリキュラムの研究は，初期には提供されている教科・科目等の意図したカリキュラム（あるいは計画されたカリキュラム）の研究が主であったが，次第に実施したカリキュラム（あるいは学ばれたカリキュラム），さらには達成されたカリキュラムの研究をも包含するものとなってきたということができる。高等学校のカリキュラム研究といえば，当初はカリキュラムを，それを提供する学校の側から，その編成の思想や原理，その帰結としての教科・科目提供の実態などに注目するものに限られていた。すなわち，「編成者側の教育意図」（岡部，2004）に注目した「意図したカリキュラム」の研究であった。

『カリキュラム研究』誌でこうした研究に属するものは，高校生の能力の多様化や高校中退問題などを念頭に置いて，生涯にわたる学習を可能にするシステムを学校だけでなく他機関と連携して構築し，オルタナティブな教育制度を用意することで対応すべきであることを提案した兼松（1992）の論文がある。

むしろ多いのは，学校が編成したカリキュラムがどのように提供されたのか，また生徒により履修され学ばれたかという問題にフォーカスした実証的な研究である。そのグループに属するものには，田原・矢野（2005）による単位制高等学校のカリキュラムの状況についての悉皆調査に基づく研究や，山村・荒牧（2003）によって行われた大学入学者の受験行動と科目履修の関連性を調査した研究があるが，さらに履修する生徒の側に軸足を置いて総合学科生徒の科目選

択に注目して行った岡部（1997）の研究，総合学科高等学校における系列への生徒の分化に注目した小西（2012）のカリキュラム・トラッキングの研究がある。こうした学校の提供と生徒の履修の状況は，カリキュラムの実施レベルに関わる事象であり，それを取り上げたものは「実施したカリキュラム」の研究と概括することができる。

　また，山崎（2003）による「総合的な学習の時間」のカリキュラム「効果」の研究，高橋（2007）による卒業研究で学ぶ過程で生徒に見られる変化を追跡した研究，さらには特別活動領域に関わって，中高一貫校での音楽祭がリーダーを育てる仕組みを解明した根津・井上・田中（2004）の研究や，体育祭を自主的に企画運営することにより達成されたリーダー生徒の成長を当事者へのインタビュー調査に基づいて明らかにした廣瀬・矢野・梶川（2010）は「達成されたカリキュラム」の研究と分類することができる。また，総合学科の選択制カリキュラムにおける生徒の科目選択を適応行動として捉え，そこでは生徒による意味付与が行われていることを明らかにした岡部（2011：2017）は，「有意性」(relevance)という概念を採り入れることによって，生徒を主体としたカリキュラム研究の地平を切り開いた。岡部の研究は「達成されたカリキュラム」の研究というよりも，「学ばれたカリキュラム」の意味を解明する研究といえる。

　このように，高等学校カリキュラム研究には一つの流れが形成されてきていることがわかる。それは，意図したカリキュラムの研究(理念的研究)から実施したカリキュラムの研究(実態調査的研究)へ，そして達成されたカリキュラムの研究へ，という流れである。こうした傾向は，日本カリキュラム学会だけでなく全体的な研究動向とも合致するものであり，研究の大きな流れはカリキュラムの編成主体に注目した理念，制度，実態の研究から，学習する主体に注目した履修の実態やその意味の研究へとシフトしてきたといえる。

　しかし，意図したカリキュラムの研究が意義を失っているわけではない。高等学校のカリキュラムの枠組みとなっている単位制や科目選択制などの原理的な検討は，飯田（1996）による科目選択制の歴史的研究や，矢野（2000）による単位制，科目選択制，大教科制の成立と変容に関する研究などによって行われてきた。この種の研究は現在決して活発に行われているわけではないが，1955年の学習指導要領改訂に至る過程に目を向けて，高等学校カリキュラムにおけ

る共通性と多様性，高等学校教育における完成教育という視点など，古くて新しい問題を取り上げた水原（2017a）の研究のように，高等学校カリキュラムの基本構造に関するこれまでの議論を整理することは，いまだ意義を失っていない。また，河野（2011）が公立高等学校長を対象に行った調査により，カリキュラムマネジメントの実態把握を試みた研究では，教育ビジョンを教職員と共有することが重要だという校長の認識が浮き彫りにされたが，こうしたマネジメントの面からの研究も我々がこれから検討すべき方向を示唆している。

　実施したカリキュラムという点からの高等学校カリキュラムの研究は，広く取り組まれてきた。各教科・科目，総合的な学習の時間や特別活動などの教育課程領域に関わって，キャリア教育，環境教育や異文化理解，人権教育，平和教育などの，いわゆる〇〇教育として開発・実施されるカリキュラムの研究が盛んに行われてきた。そうしたカリキュラムの開発は，現在も各学校単位で，課題研究や探究学習というかたちをとって行われている。

第3節　これからの研究の展望

　いうまでもなくカリキュラムの研究は，カリキュラムのよりよいあり方を実現するための資料を提供するものでなければならない。高等学校カリキュラムの研究も，そのよりよいあり方を模索し，実現するためのものである。高等学校教育の「高度な普通教育及び専門教育」という目的は，具体化において高度な普通教育や専門教育の程度と範囲を明確に規定することの難しさに直面する。加えて，高等学校教育は大学や専門学校への進学のほか，就職という多様な進路にも対応した教育であることが求められる。

　かつて半世紀前に高等学校卒業程度の学力を「国民的教養の必要最低限」（宮原，1966）とした考えは現代もなお当てはまるのか。そうであれば，高卒労働力が日本の基幹産業を担った時代の国民的教養とは違って，知識基盤社会化が進んだ今日の高等学校卒業程度を，どのような内容で設定すべきなのか。また，高等学校卒業程度の学力像を半世紀前の考えとは違ったかたちで描くとすれば，どのような描き方が可能であり妥当なのか。高等学校カリキュラム研究には，こうした大きな問題が立ちはだかっている。高等学校卒業程度認定試験

は導入されて久しいし，新たに高大接続改革実行プランとして新たに「全国共通テスト」「基礎学力テスト」の導入も予定されている。しかし，高等学校卒業程度をどのように描くのかという問題についての解答を踏まえたものとするには，時間をかけた学術的な検討が必要である。

「意図したカリキュラム」「実施したカリキュラム」「達成されたカリキュラム」という３つの相に即して今後の展望を述べるならば，まず「意図したカリキュラム」の研究では，現代社会において高等学校卒業程度をどのように規定すべきか，という問題に対する答を出すことが重要である。高等学校教育のグランドデザインを描くために基礎資料をカリキュラムに即して提出するような研究である。

次に「実施したカリキュラム」では，極めて多様な実態が現出している高等学校教育の状況把握を行い，問題点を浮き彫りにする研究が不可欠である。その際に，カリキュラムの実施を学校による提供の実情だけでなく，生徒が経験しているカリキュラムをも視野に入れることが必要である。

最後に，「達成されたカリキュラム」に属する研究では，学習者である10代の生徒が高等学校カリキュラムで何をどの程度学んだのか，また学んだことによって生徒が得たものは何なのか，そうした学びを次の進路や自分の人生にどのように意味付け，定位しているのかを解明することが期待される。学校で学んだことと後に社会で生きていくこととの間には，どれほどのギャップがあるのか。そのギャップは埋めることができるのか。できるとすればいかにしてか。そうした問題の答を見つけ出すことはこれからの重要な課題である。

「達成されたカリキュラム」に属する研究によって得られた知見を，「意図したカリキュラム」の研究に結びつけて，高等学校教育のこれからのあり方を示唆するような研究の登場が待望される。

（矢野裕俊）

第5章　大学におけるカリキュラム

　大学教育は現在，大きな変動の中にある。中でも，最も急激に変化している
領域の一つがカリキュラムである。大学におけるカリキュラムはカリキュラム
ツリーやシラバスなどのかたちで私たちの目にふれることが多いが，カリキュ
ラムには，そのようなフォーマルなカリキュラム（教育課程）だけでなく，幅
広い内容が含まれている。

　以下ではまず，カリキュラムの重層性という枠組みを提示し，大学カリキュ
ラムの特徴を明らかにした上で，後期近代社会の中でのカリキュラムの変容に
ついて検討し，そこに「カリキュラムの体系化」と「カリキュラムの解体」と
いう2つの対照的な方向性が見られることを示す。そして最後に，今後の大学
カリキュラムの行方を展望する。

第1節　カリキュラムの重層性と大学カリキュラムの特徴

　カリキュラムは「教育課程」と言い換えられることもあるが，実は，教育課
程よりはるかに大きな広がりをもつ概念である。カリキュラム研究では，カリ
キュラムを「学習者に与えられる学習経験の総体」(佐藤，1996)と定義し，図Ⅱ
-5に示すような重層性を持つものとして捉えてきた（国立教育研究所，1996；柴田，
2001；松下，2012a)。

　制度によって定められたカリキュラム，それに従いながらも各学校（大学・
学部）で計画されるカリキュラム，それぞれの教室や実験室・フィールド等に
おいて教員と生徒（学生）の相互作用として実践されるカリキュラム，そして，
その連続によって実際に生徒（学生）が経験していくカリキュラム。これらの
カリキュラムは，重なりを持ちつつもズレを含むということを，この枠組みは

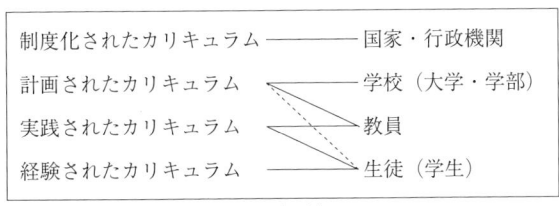

図Ⅱ-5　カリキュラムの重層性 (松下，2012a，p.28)

示している。「教育課程」とは，このうち国家・行政機関によって制度化されたカリキュラムや学校（大学・学部）によって計画されたカリキュラムを指すのに使われる言葉である。

　このようにカリキュラムを捉えたとき，大学カリキュラムの特徴は従来，以下のような点にあった。まず，学習指導要領によって目標・内容が規定されている高校までのカリキュラムと異なり，大学では，（一部の分野を除けば）制度化されたカリキュラムの拘束が弱く，大学・学部に対して，大きなカリキュラム編成権が与えられてきた。まさに，「カリキュラムは大学・学部の教育意思の表現体」（寺﨑，2001）とされてきたのである。さらに，大学の教員は，授業で教える内容についての専門家であり，自分が計画し実践するカリキュラムに関して，他者から干渉されることも比較的少ない。同時に，大学では，科目選択の大幅な自由が学生に与えられており，一人ひとりの学生が実際にたどった「学びの履歴」としてのカリキュラム（経験されたカリキュラム）は，多種多様なものとなる。このように，従来，大学教育では，「計画されたカリキュラム」に比重が置かれ，また，各レベルのカリキュラムがかなりの程度，独立して存在してきた。

　だが，2000年代以降，表Ⅱ-4に示すような〈教授パラダイムから学習パラダ

表Ⅱ-4　教授パラダイムから学習パラダイムへの転換

教授パラダイム	学習パラダイム
・教員が何を教えたか	・学生が何を学んだか
・教員中心	・学生中心
・インプット志向	・アウトカム志向
・コンテンツベース 　（知識中心）	・コンピテンシーベース 　（知識だけでなく能力全体を含む）
・伝統的な学問分野が中心	・学際領域，統合領域も含む

イムへの転換〉(cf. Barr & Tagg, 1995；González & Wagenaar, 2008；溝上，2014) が進む中で，「経験されたカリキュラム」への関心が増し，各レベルの関係が緊密化してきている。「経験されたカリキュラム」まで視野に入れて，より徹底した計画化を進めることが求められるようになってきたのである。例えば，学習成果(ラーニング・アウトカム) や学習プロセスの評価に対する関心が高まり，そこでは正課カリキュラムだけでなく，準正課活動 (co-curricular activities) ——海外研修，地域活動，インターンシップなど，単位は付与されなくとも大学側が教育目的を持って提供するプログラム——まで含めて，学生の学びを把握しようという努力がなされている。北米でのNSSE (National Survey of Student Engagement)，日本でのJCIRP (Japanese Cooperative Institutional Research Program)といった学生調査（山田，2012）や，多くの大学で導入されているポートフォリオ評価などがその典型である。また，学習成果や学習プロセスの評価結果を踏まえて，計画・実践されたカリキュラムを改善し大学教育の質保証を行おうとするカリキュラム・マネジメントも意識的に取り組まれるようになってきた（中留，2012）。

　こうして，「学習者に与えられる学習経験の総体」というカリキュラムの捉え方は，今やカリキュラム研究にとどまらず，大学教育の現場でも実効性を持ちつつある。

第2節　後期近代社会における大学カリキュラムの変容

1．カリキュラムの体系化

(1) 国際的な動向

　〈教授パラダイムから学習パラダイムへの転換〉の中で，カリキュラムはどのように変容しつつあるのだろうか。この問いに答えることは，後期近代社会におけるカリキュラムの変容を論じることに連なる。なぜなら，後期近代社会が〈教授パラダイムから学習パラダイムへの転換〉を促し，その転換を支えるべくカリキュラムも変容してきたからである。カリキュラムのあり方に影響を

与えている後期近代社会の特徴として，①グローバル化，②社会の流動化，③テクノロジーの発展をあげることができる。

このうち，グローバル化は，国境を越えた共通の枠組みやプラットフォームの構築を促し，社会の流動化は，学校歴としての学歴を授与するにとどまらず，予測困難な社会を生きていくのに必要な能力を形成するという性格を強化させることになった。

国境を越えた共通の枠組みの構築の試みとして代表的なものに，欧州資格枠組み(European Qualifications Framework: EQF)(European Commission, 2008)やチューニング・プロジェクト (González & Wagenaar, 2008) がある。EQFは，欧州で用いられている資格・学位を欧州共通の視点で理解するための仕組みであり，資格・学位の取得に必要な知識，スキル，コンピテンス(2017年改訂版では，「自律性・責任」に変更) を 8 つのレベルによって示したものである。このEQFとつなぐかたちで，各国の資格枠組み (national qualifications framework: NQF) が作られている (Bienefeld et al., 2008)。

一方，チューニング・プロジェクトとは，ヨーロッパ高等教育圏の創設を目指したボローニャ・プロセスに対して，各国の大学が教育制度とプログラムを調整(tuning)していくための方法論と共通言語を，大学サイドから提案しようというものである。チューニング・プロジェクトでは，学生に期待される学習成果を，コンピテンス(一般的コンピテンスと専門分野別コンピテンス)のかたちで描き出し，そのようなコンピテンスを学位プログラムの中で形成すべくカリキュラムを編成していく。ここでは明らかに，大学教育の焦点が〈教員が何を教えたか〉から〈学生が何を学んだか〉へと転換しており，その転換を支えるカリキュラムの変容のあり方が示されている。このチューニングのアプローチは，現在，ラテンアメリカ諸国，ロシア，米国，アフリカ諸国，中国などにも広がっている (http://www.unideusto.org/tuningeu/)。

米国では，チューニングのほかにも，100年以上の歴史と約1400校の加盟校を持つ全米大学・カレッジ協会(Association of American Colleges & Universities: AAC&U)が大学卒業までに身に付けさせるべき知識・能力を「本質的学習成果(Essential Learning Outcomes)」として抽出し，それらを評価するためのルーブリック(「VALUE ルーブリック」と呼ばれる学士課程 4 年間をカバーする長期的ルーブリック)を，批判的思考，文章コミュニケーション，読解，チームワーク，

倫理的推論など16領域にわたって開発している（AAC&U, 2007；Rhodes, 2010；松下，2012a, 2017）。

（2）日本の場合

1990年代以降，後期近代社会の性格があらわになってきた日本でも，このような国際的動向を背景にカリキュラム改革が進められてきた。中でも大きな影響を与えたのが，1991年7月の大学設置基準の改正（いわゆる「大綱化」）と，2008年12月の中教審答申「学士課程教育の構築に向けて」（いわゆる「学士課程答申」）である。

91年の設置基準では，初めて「教育課程」という章が設けられ，大学は「教育上の目的を達成するために，必要な授業科目を開設し，体系的に教育課程を編成するものとする」（第19条）とされた。とはいえ，実際に起きた最も大きな変化は，教養部の廃止，専門教育の早期化と教養教育のスリム化にとどまり，大学全体で体系的に教育課程を編成するまでにはなかなか至らなかった（吉田，2013）。

そのような状況を受けて出されたのが，学士課程答申である。この答申では，「我が国の学士課程教育が共通して目指す学習成果」を指す言葉として「学士力」という概念が提起された。学士力は，「知識・理解」「汎用的技能」「態度・志向性」「統合的な学習経験と創造的思考力」からなるが，これはAAC&Uの本質的学習成果を焼き直したものであった（松下，2017）。

大学カリキュラム改革も，上で述べた国際的動向に沿うかたちで行われている。すなわち，国・地域や学問分野などで一定の枠組みを共有し，その枠組みのもとで大学・学部ごとにカリキュラムを体系化することによって，大学での学習成果を明確化し，大学の「出口」での質を保証するという方向性である。具体的には，各大学におけるディプロマ・ポリシー，カリキュラム・ポリシー，アドミッション・ポリシーの策定・公表（2016年の学校教育法施行規則の改正により2017年度から義務化），文科省からの依頼を受けて始められた日本学術会議での「分野別質保証のための教育課程編成上の参照基準」の作成（2018年5月現在，31分野で公表），医・歯・薬・看護学教育分野の「モデル・コア・カリキュラム」，教員養成分野の「教職課程コアカリキュラム」の策定などである。そこでは，卒業生の質を担保しつつ，各大学・学部のカリキュラム編成の自律

性や多様性を損ねないためにはどうすればよいのかが，大きな課題となっている。

2．カリキュラムの解体

一方，同じように〈教授パラダイムから学習パラダイムへの転換〉の流れの中にありつつ，テクノロジーの発展を基盤に，これとは対照的な動きも生まれている。その代表例が，2012年の登場以来，大きなうねりとなって展開しているMOOC（Massive Open Online Course）である（金成，2013）。MOOCとは，ウェブ上で，誰でも（多くの場合，無料で）受講できる大規模講義であり，大学で実際に行われる授業と類似の学習経験（宿題やネット上の議論など）を与えられて，一定以上の成績を収めれば修了証も受け取れるというシステムである。スタンフォード大学を中心とするCourseraやMITとハーバード大学によって設立されたedXなど複数の組織が立ち上げられ，ハーバード大学のマイケル・サンデルのような著名な教授を含む数多くの教員が，数千〜数万人の学生を相手に授業を配信している。修了証によって単位認定したり，修了者を労働市場と直接マッチングしたりするような試みも行われている。

学習者は，自分の関心と必要性に応じて，無料で一流の授業が受けられ，能力と努力次第で，修了証を手に入れられる。だが，裏を返せば，それは学習者の主体性を前提としたシステムであることを意味しており，実際，修了証の取得にまで至るのはほんの数％である。

授業を提供する側として参加している大学は，例えばedXの場合，54大学で（2018年5月現在のチャーターメンバー），世界的な有力大学が名前を連ねている（https://www.edx.org/）。後期近代社会の特徴であるグローバル化の趨勢に対し，チューニング・プロジェクトやEQFは，地域内での共通の枠組みを構築するというリージョナル化（regionalization）（Held，2000）によって対応していたが，MOOCの場合は，参加大学も参加学生も国境に関係なく世界中に広がっているという点で，言葉の厳密な意味でのグローバル化を体現している。

学歴の授与ではなく必要な能力の形成のための機関という性格も，MOOCにおいては一層顕著である。まず，MOOCでの学習成果の証明は，プログラムの修了に対して授与される学位ではなく，授業科目ごとに授与される修了証

によってなされる。したがって，質保証の単位も，大学・学部の提供するカリキュラム（プログラム）ではなく，個々の教員が提供する個別の授業科目となる。つまり，MOOCには，従来のような大学・学部によって計画された教育課程としてのカリキュラムは存在しない。カリキュラムは，学生が実際にたどったコース（学びの履歴）として事後的にのみ存在することになるのである。日本を含む各国のカリキュラム改革が「カリキュラムの体系化」を志向しているのに対し，MOOCは結果的に「カリキュラムの解体」を招来しているといえる。

　以上述べてきたことを整理すると表Ⅱ-5のようになる。

表Ⅱ-5　大学カリキュラムの2つの方向性

	カリキュラムの体系化	カリキュラムの解体
事例	3ポリシー，チューニング，EQFなど	MOOCなど
授業形態	対面が基本	オンライン
グローバル化への対応	リージョナル化(国境を維持しながら，地域内で共通枠組みを構築)	グローバル化(国境とは関係なく，参加大学間でプラットフォームを共有)
参加大学	当該地域・国の大学	一部の加盟大学
参加学生	当該大学の学生(学習者の主体性を前提としない)	無制限(ただし，学習者の主体性を前提とする)
学習成果の証明	学位（プログラム全体）	修了証（授業科目ごと）
質保証の単位	プログラム全体	個々の授業科目

第3節　大学カリキュラムの行方

　今後，大学カリキュラムはどうなっていくのだろうか。

　かつて「教室授業中心の近代的大学の終焉を決定的なものにするであろう」（土屋，2013，p.190）といわれたMOOCも当初の勢いは失いつつある。確かに，大学教育を受ける意欲も能力もありながら，これまで大学教育にアクセスできなかった人々——経済的な貧困層，多忙な社会人，大学のない地域の住人など——にとって，MOOCは福音であった。だが，MOOCのようなオンライン教

育が従来の大学教育に取って代わることはないだろう。

　第一の理由は学習経験の限定性である。オンラインでの授業は，映像と音声と文字を介したものに限られ，身体を使った活動や他者との対面でのインタラクションを通しての学習経験は困難である。また，オンライン教育での学習経験は正課の授業のみに限定されており，大学に所属することで機会を与えられる準正課活動や課外活動には及ばない。もう一つの理由は，オンライン教育は，学習者の主体性(自ら目標を設定し，それを実現しようとする態度)を前提としたシステムであるという点である。

　一方，日本の現状に目をやれば，学習者間の「インセンティブ・ディバイド」(苅谷，2001)が拡がり，「学生の主体的な学びを確立し，学士課程教育の質を飛躍的に充実させる」ことが課題とされている(中央教育審議会答申「新たな未来を築くための大学教育の質的転換に向けて」2012年8月)。日本の大学では，学習者の主体性は前提ではなく課題なのである。そして，主体的な学びを促すためにこそ，身体を使った活動，他者との対面でのインタラクションを含む授業や，多様な準正課活動が求められている。

　現在のカリキュラム改革は，〈カリキュラムの体系化〉の方向性を基調としつつ，オンライン教育の長所を取り込むかたちで進んでいる。例えば，「反転授業」のように，MOOCなどのオンライン授業と対面授業を組み合わせたり(森・溝上，2017)，あるいはまた，授業はオンライン化して，そこで学んだ知識・スキルを使いこなすような対面での身体を使ったPBL(project-based learning)や準正課活動を促すといったかたちである(Kosslyn & Nelson, 2017)。

　この10年ほどの間に日本でも〈カリキュラムの体系化〉がかなり進展したが，それは過度な標準化や法令遵守のためだけの形骸化をもたらす危険性もはらんでいる。計画されたカリキュラムが，教員・学生によってどう実践され，学生の学びの履歴としてのカリキュラムが実際どのように形づくられていくのか。その検討は一層重要性を増していくことになるだろう。　　　　　　(松下佳代)

第6章　生涯学習とカリキュラム

　はたして，生涯学習とカリキュラムを切り結んで研究の動向と展望はできるものなのか。生涯学習は一般的なイメージとして，学生生活をすでに終え職業生活にもゆとりある世代などの人たちが自らの意思で自由に学んでいくというものがある。したがって，教育内容を組織的に計画しさらには実行していくという意味において，カリキュラムという観点は生涯学習となじみにくそうにもみえる。しかし，以下のとおり，生涯学習なる言葉は，行政用語そして法令用語として，一般的なイメージとはかなり異なって用いられている。その状況も踏まえつつ，研究の動向と展望について述べたい。

第1節　生涯学習の定義

　まず生涯学習とはどう定義されているのかをみてみたい。実は，生涯学習を一義的に定義するのは困難である。生涯学習という文言は，様々な文脈において様々な意味を持って使われているのである。

　日本における教育法制上，「生涯学習」とはあらゆる学びの総体である。「教育基本法」第3条では，「生涯学習の理念」をうたっている。その「生涯学習の理念」は，まさに国の教育における基本理念として第4条「教育の機会均等」より先に掲げられているのである。文部科学省も，「教育基本法の精神にのっとり，」「その生涯にわたって，あらゆる機会に，あらゆる場所において学習することができ，その成果を適切に生かすことのできる社会の実現を目指して，生涯学習の振興に取り組んでいます」（文部科学省, 2017）としている。そこで生涯学習として政策推進する対象には，学校教育が，社会教育そして家庭教育（支援）とともに，「教育基本法」に則して組み込まれている。そして「社

会教育法」に基づく通信教育として「生涯学習のユーキャン」は，生涯学習の一般的な認知度を高めている。ただ，生涯学習なる言葉が，学校教育を基本的に対象としないこの民間企業による通信教育事業を通じて広く知られることで，学校教育を終えた者が社会人となってからが生涯学習の対象であるとのイメージを少なくとも結果として増幅させるものとなっている。その上，生涯学習が教育行政上の用語となる前に使われてきた生涯教育が，その原語であるフランス語では社会人年齢となっても「永続する教育(éducation permanante)」との意味だったのである。なお，生涯学習が，法令用語としても定まったのは，1990（平成2）年の「生涯学習の振興のための施策の推進体制等の整備に関する法律」（通称「生涯学習振興法」）によってである。

そして，さらなる他国に目を転じてみれば，アメリカではまさに直訳すれば生涯学習となるlifelong learningは，人として持続的に生き抜いていくために少なくとも最低限しておくべき学びということで，不利な立場に置かれた人たちを基本的に対象として法制上も位置付いている。一方，ヨーロッパでは，その意味範囲が広くなっている。例えば，2007年から2013年まで欧州委員会(European Commission) が取り組んでいた「生涯学習プログラム」(Lifelong Learning Programme)は，教育(education)だけに対象を限定していない。欧州委員会において3つの作業言語となっている英語・フランス語・ドイツ語で同一内容とされる説明資料を比較検討すると以下のとおりとなっていた。

英語　　　　　education and training
フランス語　　éducation et formation
ドイツ語　　　allgemeinen und beruflichen Bildung

英語では，education（教育）そしてtraining（訓練・研修・養成・練習といった広い意味内容を含む）である。フランス語においては，éducation（教育）とformation（（人間）形成・訓練）である。ドイツ語のallgemeinen und beruflichen Bildungを直訳すれば「一般・普通的陶冶及び職業陶冶」となるが，Bildungには，教育・教養・人間形成・訓練をも含み込む幅広い意味範囲があるので，日本語で一般的な言葉にすれば「一般・普通教育と職業訓練（・教育・能力開発）」となろう。以上のように各言語においても，「生涯学習」の意味内容を従来型の「教育」よりも広く設定しているのである。（柳田，2009）

以上のように，生涯学習という言葉を使っての取り組みにおいては，人間としての寿命までという意味ばかりではなく，いわゆる職業人としての現役生活を終えるまでというものも含まれている。よって，現職研修や新たな職域に向けての学び直しも，日本語のみならず，生涯学習という概念に含まれている。例えば，中国語圏においては，生涯がキャリアを意味する台湾における状況（山崎，2010）も紹介されている。以上のとおり，生涯学習という文言は，様々な文脈において様々な意味を持って機能しているのである。

第2節　生涯学習においてのカリキュラムの位置付け

では，カリキュラムが，以上のように多様な状況において様々な意味範囲となっている生涯学習と切り結んでいく場合は，どうなるのか。

そもそもカリキュラム（curriculum）なる言葉は，その綴りを含めてラテン語に由来する。そしてその語義は①走ること，②走路，道程，周回，③天体の運行，④競技場，⑤活躍の分野，⑥人生の行程，となってきた。その派生語としてはまさに人生の行程を表したものとして，履歴書（curriculum vitae）がある（國原，2016）。

ただ，英語におけるカリキュラム（curriculum）が単語として登場するのは，教育用語としてであって（Hamilton, 1989），『オックスフォード英語辞典』では最初の用例としてグラスゴー大学における1633年のものがあげられている。ただ，curriculum vitaeという熟語は，現在の英語でもそのまま履歴書という意味が使い続けられて，近年の用例として示されているのは，このcurriculum vitaeとしての用例となっている。（*Oxford English Dictionary*, 2017）

そこで，現在の日本における文脈に絞って検討していきたい。ここから教育課程なる術語を用い出すが，それは「教育行政上の用語もしくは法令用語」（奥田，1992）として用い，初等中等教育段階においては「学習指導要領に定められた基準に即して編成されたもの」（柴田，1992）とする。確かに，教育課程は，カリキュラム（curriculum）を和訳したという経緯はあるものの，このように区別していきたい。

学校教育に関しては，次の2つがあげられる。まず若年時の学校教育において生涯にわたる学びの土台作りをする場合である。先ほどふれた中国語でのキ

ャリア教育という意味を含めて存在する。それは，法制上位置付いている教育課程となる。

　そして，成人が学校教育で学ぶ場合もまた，法制上位置付く教育課程となる。中学校夜間学級（夜間中学）から専門学校や大学・大学院まで歳を重ねた学び手たちが正規の在学者となる場合が当てはまる。学校教育には，不利な立場に置かれた人たちを含めて，生涯にわたって学び直しや新たな挑戦ができうる場として役割を果たす意義もある。ことに成人向けに設定されてきている学校教育での学びにおいて，その教育課程が該当することになる。それは，識字を含めての基礎教育から，中高年や中途退職者に対して自立支援が必要な知識・技術を身に付けるのに必要なカリキュラムを組んでいくことが大事になってくる。その際，定時制・通信制というかたちでの授業時間帯設定の工夫に加え，ｅラーニング活用なども進んできている。ことに義務教育である中学校夜間学級（夜間中学）での取り組みにおいては，国や教育制度によって定められている教育内容である「意図されたカリキュラム」が，教員が目の前にいる学び手に応じて運用する「実施されたカリキュラム」となり「達成されたカリキュラム」となっていくのかにおいて，若年者とは異なるカリキュラム・マネジメントが欠かせないものとなる。

　学校教育という枠組みの外であっても，教育課程という術語は見出しがたいものの，カリキュラムなる言葉は使われている。例えば，社会教育における指導者養成においても，政策を受けての検討に際して，カリキュラムなる用語が用いられる。文部科学省国立教育政策研究所社会教育実践研究センターに設けられた，「社会教育主事の養成等の在り方に関する調査研究委員会」(2016) では，「社会教育主事養成におけるカリキュラムマップ試案」を示しており，教育課程という術語を使わずとも，カリキュラムなる言葉がキーワードとして32箇所も用いられている。

　さらに公共職業能力開発においても，法制上の枠組みでは学校教育とは別となっているもののカリキュラムという術語が使われている。公共職業能力開発は，障がい者も含めて不利な立場に置かれたような人々が,「意図されたカリキュラム」をもとに「実施されたカリキュラム」を通じて「達成されたカリキュラム」によって，職業における力量を獲得しようするものとして捉えることができる。そこでカリキュラムに関する先駆的な学術研究としては，職業訓練施

設での取り組みに切り込んだ田中(1986, 1993)がある。「職業能力開発促進法第３条の２　２」では，「職業訓練は，学校教育法(昭和22年法律第26号)による学校教育との重複を避け，かつ，これとの密接な関連のもとに行われなければならない」としている。ただ，カリキュラムなる言葉は，社会人になってからもしくは職業人として入職してからの企業などによる研修(企業内教育)においては，法制上の位置付けや厳密な定義などなされないまま使われている実態もあろう。

　一方，カリキュラムなる言葉を使わなくとも，すでに社会教育でも教育内容を組織的に計画するという取り組みが当たり前のようになされてきた。例えば，すでに1950年頃にも，社会教育施設である公民館の取り組みとなる青年学級において，焦点を絞って継続的な学習としていくことが欠かせないことを，具体的に実施時間数をも含めて助言がなされていた（宮原，1990）例もあげることができる。その栃木県茂木での事例では，「コース」という言葉が使われ，カリキュラムなる言葉はそこにないものの，「意図されたカリキュラム」をもとに「実施されたカリキュラム」を通じて「達成されたカリキュラム」となるサイクルと重なる助言が行われていたのであった。

　さらに，医療や法律をも含めた専門職において，最新の知識や技術をブラッシュアップしていくことが，法律で定められた講習ばかりでなく専門職団体によっても実施される。そこには，カリキュラムそしてカリキュラム・マネジメントに当たる内容を見出すことができるのである。そして，まさに民間企業での従業員教育（企業内教育）においては，カリキュラム・マネジメントなどといわなくても，実質的にカリキュラム・マネジメントをしているのである。いやそのような民間での研修における取り組みを導きの糸となって学校教育におけるカリキュラム・マネジメントが動き出したともいえよう。

第3節　問題提起と新たな展望

　以上を踏まえ問題提起したいのは，カリキュラム研究において，生涯にわたってという視点をもっと意識化する必要性である。教育用語としてのカリキュラム（curriculum）なる単語が，英語において教育用語として登場してきた際にどうやら脱落してしまったようである生涯にわたる観点を復活させるのであ

る。教育が生涯にわたってさらには百年の計という長い目で見ていくことの重要さを，このカリキュラムという観点に取り戻すのである。一方，履歴書としての意味curriculum vitaeが依然として英語において存在し続けていることも生かしたいものである。

　生涯にわたる学びを今日におけるカリキュラムをめぐる課題として取り組もうとするならば，カリキュラムや教育課程という術語を使っていない場合も含めて研究の視野に入れることが欠かせなくなってくる。確かに，単元や学年さらに学校種という区切りがあると，学術研究においてもさらに実践研究においても，カリキュラム研究の対象として扱いやすくなり，研究成果として示しやすくはなるものの，それを乗り越えた研究が必要となってこよう。

　そして，得られた学習成果の通用度が厳しく求められるような場合，組織だって計画したカリキュラムを着実に実施しその成果をどれだけ学び手個々に身に付くかをしっかり確認していくことが欠かせない。それは，他者の生命や財産などの権利を守っていくような場合，学校以外での研修・能力開発といった場であっても，当然そうなってくる。

　学び手個々人にとっても，将来への見通しを持って学べることがやはり学びを有意義にすることを述べたい。それが，職業人としての現役生活という意味を含めて，生涯学習という観点からも大事になる。確かに，若年時の学校教育は，生涯にわたる学びの土台となることはいわば自明であるものの，目先の習得に追われて意義を感じられていない教育は，紙上のテストでひとまず点数を取れたにしてもその学習内容は剥落しやすいものとなる。だからこそ将来にどう生かせるのかという見取り図を常に用意し，適切なタイミングで学び手に示すことが，学校教育を含めてのカリキュラムを編成し，実施し，さらに評価そして改善していく際に大事になる。また，成人を対象とする取り組みの場合，それが学校教育の枠組みに入るか入らないかにかかわらず，職を付けるという，目の前のことも当然大事である一方，そこでの学びが職業構造の変化などにも応じられるような長期的な素養をどう培うのかもあわせて大事になっている。

　実は，職業能力開発施設におけるカリキュラムでは，限られた実施時間などの制約の中，この長期的な素養の涵養を意識化して取り組まれているのである。

　ただ，それを研究として具体的にどう進めていくのかは，筆者はまだ十分にわかっていない。確かに結果的には，筆者も柳田（1994，1997，2005）といった

論考を，以上ふれてきた生涯学習とカリキュラムとを扱いつつ公にする機会に恵まれてきたものの，それらを切り結んでの検討に十分至れていない。成人や不利な立場に置かれた人たちが，キャリアを切り開いていく道具立てとなるものとして履歴書（curriculum vitae）をも対象にできた柳田（2005）で，生涯にわたって活用する可能性を探っていたものの，そこからの研究を進展できていないことに，この課題をようやく自覚するに至り，恐縮するばかりである。

　そのような中でも思いつくものとしては，社会学におけるパネル調査が有効な手法となるのではということである。パネル調査とは，同一の調査協力者に，何年にもまたがって同一の質問を継続的にするなどして生活の変動やキャリアの軌跡を捉えることで，その背後にあるメカニズムを理解しようとするものである。こうして，過去のカリキュラムがどう実施され達成されたかを問うような可能性がありうるのではないかと思う（現実としてどこまでできるかは別にしても）。経済協力開発機構（OECD）が24か国を対象に実施した国際成人力調査（PIAAC）といった世界規模の学習到達度調査とカリキュラム研究とが切り結んで実践上も生涯にわたる学びに功を奏すような可能性も見えてくるのかもしれない。

　一方，自らの意思で自由に学ぶこと自体に意義がある学びや，集団として力量を培うことが大事となる地域づくりなどは，個々人のカリキュラムにおいて得られた達成度を測定することにそもそもなじみにくいと従来されてきた。そしてそれこそが生涯学習，特にその中での社会教育が存在する意義であるともされてきた。実際，社会教育施設における評価・点検においても，どれだけ教育内容を理解でき行動につながったかまで踏み込んで学術的に検討するに至っている事例は現時点では見出しがたい。そういった検討を始めていくことをこれからの課題としてあげておく。

　もちろん，従来学校教育が「将来のため」という名のもとに，今を生きることの大切さをないがしろにしてきたことも深く反省しながら，目の前の学び手にとってこれからどう生きていくのかに立ち戻ることが，年齢や置かれた立場にかかわりなくすべての学び手にとって大切となる。

（柳田雅明）

カリキュラム，教育課程，授業研究は，相互に親和性を持ちながら，戦後の教育実践と研究において教育課程行政，とりわけ学習指導要領の法的拘束に制約を受けながら，学校経営と学級運営を基礎に展開されてきた。本章では，授業研究とカリキュラムの関係を整理し，課題と展望を明らかにする。

第1節　授業研究とカリキュラムの定義

1．授業研究のルネサンス

　授業研究は，明治期の教員養成における実地授業の後の批評に始まり，展開されたきた（的場，2010）。戦中に中断された授業研究は，戦後に再び注目され，1970年代には多くの大学，学校で授業研究が実施・研究された。1980年代には校内暴力など学校の荒れによって授業研究は衰退する（秋田，2006，p.28）。しかし，1990年代後半には授業研究のルネサンスを迎え，様々な文脈で授業研究がなされている。その契機は，次の6点である（的場，2015；小柳，2017）。

　第1の契機は，背景としての教育改革である。イギリス，アメリカ，中国および日本等の諸国において，1990年代には政策の重点の一つが教育改革として取り上げられた。第2は，学問的転換である。佐藤学（1992）が，授業研究を客観的科学的研究から複合的な研究者と実践の協働研究へパラダイムの転換を図った。第3は，教育課程行政の法的拘束性の緩和である。1977年の自由裁量の時間，1989年の生活科の新教科の導入，1999年の総合的な学習の時間の設定などに表れるように学習指導要領の法的拘束性が緩和され，学校がカリキュラ

ムを作成する余地が増大した。カリキュラム開発・評価と授業研究が結び付く基礎が形成された。第4は，授業研究の世界への普及である。日本の授業研究が授業改善の方法として意識され，スティグラー（Stigler, J. W.）とヒーベルト（Hiebert, J.）によって日本の授業研究がレッスン・スタディとして世界に広がった（Stigler & Hilbert, 1999）。第5は，国際学会の設立と多様な文化的文脈の実践と研究である。2007年に授業研究に関する国際学会（World Association of Lesson Studies）が設立され，多様な研究方法，多様な文化的文脈で授業研究が展開されている。第6は，学会活動による授業研究の到達点と展望である。日本教育方法学会による授業研究の研究成果（日本教育方法学会，2009；National Association for the Study of Educational Methods, 2011）とハンドブックの刊行（日本教育方法学会，2014），日本教育工学会による授業研究の成果（水越ほか，2012；小柳・柴田，2017）など学会レベルでの授業研究の到達点と展望が示された。

2．授業研究とカリキュラムの定義

（1）授業研究の定義

授業研究の定義は，砂沢喜代次の科学的かつ実証的な定義（砂沢，1966，p.186），佐伯正一の授業過程に存在する関係や法則性の解明を目的とした定義（佐伯，1975，p.354），理論の学究的研究ではなく，授業実践の方法や技術の改善の研究として位置付ける柴田義松の定義（柴田，1988，p.210），授業研究を通して教育研究の領域として臨床的研究を構築する稲垣忠彦の定義（稲垣，1990），教育学と教育心理学の科学的研究として位置付ける藤岡完治の定義（藤岡，2001，pp.175-176），そして学校経営，学級経営，カリキュラム，及び言語学，現象学，解釈学などの諸学問との関連を考慮した的場正美の定義（的場，2013，p.290）がなされている。

現代においては，授業研究は，授業や教師の資質向上だけでなく地域との連携，学校経営，学級経営，カリキュラムとの関連，会話分析，談話分析，エスノグラフィーなどの方法論との関連，そして言語学，現象学，解釈学などの諸学問との関連で再定義される必要がある。

(2) 授業分析の定義

授業分析の重松鷹泰の定義（重松，1993，p.75），そして八田昭平の定義（八田，1990）と的場正美の定義（的場，2002，2013）をみると，八田と的場の定義では，授業分析は授業研究の一手法として位置付けられている。分析資料は，共有できエビデンスとなる授業逐語記録である。授業分析の目的は，授業の諸現象の背後にある法則や意味の解明である。方法としては経験科学と解釈学が想定されている。現在，授業分析は，幼児教育や大学教育の授業の分析としても実施されているので，対象を学生まで拡大する必要がある。また，分析手法も経験科学的方法や解釈学的方法だけでなく，社会科学的方法，エスノグラフィー的方法など多様な方法が授業分析に用いられている。このような事情を考慮して授業分析を再定義する必要がある。

(3) カリキュラムの定義

日本の教育課程行政においては，カリキュラムの訳語として教科課程が使用され，1951年公布の学習指導要領で教育課程という用語に変化した。学習指導要領を枠組みとした大嶋三男の定義（大嶋，1966，p.62）と奥田真丈の定義（奥田，1988，p.94）及び柴田義松の定義（柴田，2001，pp.1-2），そして，教育課程を教授・学習活動と関連付けた今野喜清の定義（今野，2002，p.170）がある。しかし，授業研究という用語は教授・学習活動に位置付けて記述されていない。一方，パイナー（Pinar, W. P.）は，カリキュラムの履歴の語源に遡り，カリキュラムを自伝的方法から分類した（Pinar, 1995）。藤岡完治は，授業研究を学習経験の場のデザイン，実現，評価と捉え，学習経験の変容である「学びの経歴をしらべること」がカリキュラム評価であると捉えている（藤岡，2001，p.176）。

(4) カリキュラム・マネジメントの定義

カリキュラム・マネジメントの定義は，1988年から学校裁量が拡大したことを背景に，教育課程経営（中留，2005a，pp.52-53）の概念を拡張して，カリキュラム・マネジメントという用語を，1999年に中留武昭が日本の教育学の文献で初めて使用した（中留，2001）。その全体像は，田村知子によって示され（田村，2011，p.7），多様な学校種で展開されている。一般的な定義は倉本哲男によって次のようになされている（倉本，2017，p.14）。

「学校経営の中心であるカリキュラムを如何に開発，及び経営していくのか
の重視することであり，具体的には「カリキュラムを創り，動かしていく」組
織的なP（plan・目標設定），D（do・実践化），C（check・評価検証），A（action・
改善）の営みが，どのように，児童・生徒に教育効果をもたらすのか，教師の
資質向上に貢献するのか，そして学校と保護者・地域のつながりを深めていく
のか等について論じるもの」とされている。

3．教育実践，授業研究，カリキュラム，隣接領域，地域との関連

　学校における授業実践は，教材研究，学習指導の理解，カリキュラムの開発，
単元開発，指導法やメディアの選択，児童生徒の行動観察やアンケート調査な
どを基礎になされる。これらの授業実践を支えている学校は，学校カリキュラ
ムの作成，地域との連携，教育課程の運営，学年部会や教科部会，クラブ活動
などの組織運営を行う。このような学校教育に対し授業分析と授業研究は，研
究授業の実施と観察，記録，協議を通して，事実を創造し，事実を発見する場
を教師と研究者に提供する。一方授業研究は，これらの事実をめぐる協議と研
究を通して，狭義のカリキュラムである授業実践に児童生徒の明日の可能性の
根拠となる事実と見通しを提供する。さらに授業研究は，広義のカリキュラム
である教育課程運営に責任を持つ学校組織の協働する文化を形成する場を提供
する。カリキュラム・マネジメントをPDCAサイクルとすれば，授業研究は
Dに位置づく。
　教育学と授業研究との関係について述べると，授業研究は教育学で理論的に
抽象化された概念を発見あるいは再発見する場であるとともに，教育学へは概
念のエビデンスを提供すると同時に，概念の再定義を迫る根拠を提供する。
　教育社会学，教育心理学，教育工学，認知心理学など教育学と関連する諸学
問において開発された新たな研究手法やツールは授業研究に新たな地平の研究
と実践の領域を解明する場を開拓する可能性を提供する。

第2節　授業研究とカリキュラムの研究動向

1．授業研究からみたカリキュラム研究

(1) 教育方法からみたカリキュラム

　日本教育方法学会は，学会誌やシリーズ『教育方法』の21（1992年），24（1995年），27（1998年），31（2002年），43（2014）で授業研究を特集している。授業研究の成果をまとめた『日本の授業研究』(上下巻)（日本教育法学会，2009）において，安彦忠彦は，①学習指導要領の法的拘束力が強まったことにより，授業過程と指導法を対象とする授業研究へ重点が移動したこと（安彦，2009，p.15），②学習指導要領の法的拘束力の緩和，「生活科」と「総合的な学習の時間」の導入によって，学校の裁量でカリキュラム開発が行われるようになったこと（同，p.17），そして，③「仮説実験授業」「水道方式」「極地方式」などの民間教育研究団体は，教育現代化の流れに対応して，各教科の親学問の専門家を中心に授業づくりとして授業研究を通して，カリキュラム改造を図ろうとしたこと（同，pp.15-16）を指摘している。木原俊行は，授業研究の事後検討会における他校の教師たちとの共同研究が自校の授業とカリキュラムの評価及びカリキュラムに関する外部評価であることを指摘している（木原，2009，p.134）。久野弘幸は，「教育課程の改善に資する実証的資料を得る」ための研究開発学校の歴史，目的，運営組織，法的位置付け，研究会開発学校指定の仕組みについて述べている（久野，2009，pp.139-149）。

(2) 教育工学からみた授業研究とカリキュラム研究

　日本教育工学会では，木原俊行が総合的な学習のカリキュラム開発において，教師が授業研究を通して学校カリキュラム開発を牽引するための知識体系を明らかにし（木原，2012，p.53），吉崎はカリキュラム研究（curriculum study）がカリキュラム・デザインとカリキュラム・マネジメントの領域で行われていることを指摘している（吉崎，2012，p.199）。

田村知子はカリキュラム・マネジメントの全体像を示し，カリキュラムのPDCAサイクルにおけるD（実施）を「単元や授業のPDCAサイクル」として授業研究とカリキュラム改訂のサイクルを結合している（田村，2016a，p.37；2016b，p.76）。

2．カリキュラム研究からみた授業研究

カリキュラム研究から授業研究を論じた研究は，安彦忠彦の研究（1983a，1986，1999）がある。カリキュラム研究者が授業研究を批判的に記述した1983年の研究は，教師自身の研究，単元に結び付く研究，単元内容分析，子どもによる研究成果の分析と評価を強調している。1999年の研究では，1990年代の社会の変化と学問の変化に対応して，カリキュラムの総合的研究領域に国際理解教育，情報教育，環境教育を加えている。佐藤学は過程・産出モデルへの批判を背景に授業研究が教師教育の研究へ転換していることを示した（佐藤，1999）。

第3節　各教科と他の領域における授業研究とカリキュラム

教科の授業研究とカリキュラム

各教科で，授業研究が授業改善，単元開発，教師の資質向上，児童の理解度を中心になされている。各教科での授業研究とカリキュラムの新しい動向について述べたい。国語科では澤本和子（2016）の研究は，国語科におけるリフレクションをデューイ（Dewey, J.）や西田幾多郎の哲学をもとに考察したもので，授業研究の解釈に新たな地平を開いている。社会科においては，關浩和が，社会科のカリキュラム・マネジメントを提案している（關，2017，p.223）。算数・数学では，藤井斉亮がルイス等の研究（Lewis, Petty, & Hurd, 2009）の理論を整理し，その理論モデルが「教師の知識や信念の変容を的確に顕在化させることに成功している」（齋藤，2013，p.85）と評価している。

日本理科教育学会の50周年出版（2002）において，従来の授業記録から，「対話プロトコルの利用が，社会的構成主義や社会文化的アプローチという研究背景で新たな展開をみせている」とその可能性を指摘している（日本理科教育学会，2002，p.172）。生活科と社会科で久野弘幸が授業研究によるカリキュラム開発を論じている（久野，2013）。齋藤嘉則（2013）は，英語教育の教育活動でのパフォーマンスを観察し，記録することで授業観察の視点からボトムアップ式にカリキュラム改善する方法を提案している。

家政科の領域では，学習者の授業記録と達成度をデータとして授業を検証した河村等（2003）の研究が，「『授業の結果と考察』と研究全体の考察を共同研究者全員の討論に基づいて行うカンファランスの手法を用いている点がそれまでの授業研究にない視点である」（伊深，2013，p.73）と評価されている。

学習心理学会，看護教育学会，人工知能学会，人工知能学会などの他領域で，談話分析，解釈学，質的分析方法など授業研究の方法論に関係する研究がなされている。

第4節　授業研究とカリキュラムの課題と新たな展望

第1の課題は，授業研究，カリキュラム研究，そして教育学とその関連領域における研究と実践の進展に応じて，授業研究とカリキュラムの固有性を限定して把握するとともに定義の拡張をすることである。カリキュラムは，学校教育のみならず，家庭教育や社会教育及び企業教育における①教育内容，②目標や能力，③各教科，④教科外活動，⑤授業，⑥教育評価を扱う領域，⑦カリキュラム・マネジメント，⑧教育課程行政の領域及びそれに参加している個人の履歴，と関連して定義されうる。そして両者の関係を常に再構築することによって，カリキュラムの文脈で授業研究を問う新しい分野を開拓できる展望を有する。カリキュラムの構成と開発をデザインとして構想している安彦忠彦の研究（安彦，2002）が，カリキュラム研究の新しい分野を開拓する展望を開いている。

第2の課題は，実践主体あるいは研究主体の立場と位置を批判的に検討するために，カリキュラムと授業研究における実践と理論の関係を仮説的に構想す

ることである。授業研究は，カリキュラム・マネジメントのPDCAサイクル
に組み込んで理解するだけでなく，隣接諸学問と実践とを密接に関連付けて理
解することで，教育活動空間の事実を視覚化し，エビデンスとして示すことの
できる展望を持つことができる。例えば情報収集と視線の関係や語彙分析の量
的分析と授業分析の質的分析を統合した研究がある（柴田，2002）。また，例え
ば，教育活動の基底にあるスクリプト（台本）の存在は指摘されていたが，そ
の存在を明らかにする研究は，比較教育学の手法を取り入れてその様相を具体
的に示す試みがなされている（アラニ，2014）。

　第3の課題は，主要な教科のカリキュラムと授業研究だけでなく教育活動全
般におけるカリキュラムと授業研究の実践と研究の解明である。すなわち各教
科や特別活動などの領域を含む学校教育の活動にカリキュラムと授業研究の対
象を限定するのではなく，例えばカリキュラム・マネジメントや教育課程開発
研究が示すように，教育課程行政の動向を視野に入れた地域や自治体との連携
によって生み出される学校の教育活動におけるカリキュラムと授業研究の実践
と研究を視野に入れることである。このことによって，授業研究とカリキュラ
ムの実践と研究が，より具体的社会的文脈でなされる展望を持つことができる。

　第4の課題は，隣接の学問領域における研究との親和性の模索と，その領域
への知の提供の可能性を追求することである。白水始（2017）が示した目標創
出のための理論へ授業研究の学習観を転換し，展開できれば，授業研究は新し
い知を生み出すエビデンスを提供できる可能性を有している。

　第5の課題は，実践と研究の対象に内在する事実を顕在化するための上に述
べた4つの課題に関連する研究方法論あるいはアプローチを意識し，その有効
性と限界を明らかにすることである。例えば，大原由美子は，日本語のクリテ
ィカル・ディスコース分析を通して日本文化の女性に課す抑圧的イデオロギー
を明らかにした（大原，2007）。その方法論による授業研究はこれまでの批判理
論によるカリキュラム研究へ具体的なエビデンスを提供できる展望を有する。

（的場正美）

第8章　学校を基礎としたカリキュラム開発

第1節　「学校を基礎としたカリキュラム開発」

　「学校を基礎としたカリキュラム開発(School Based Curriculum Development, 以下，SBCDと略)」は，学校をカリキュラム開発の場と位置付け，学校での日常的な活動を通して開発を進めていこうとする考え方である。わが国には，1974年に経済開発協力機構（OECD）と文部省（当時）が共催した「カリキュラム開発に関する国際セミナー」で，スキルベック（Skilbeck, M.）により紹介された（文部省，1975）。スキルベックによれば，各学校によるカリキュラム開発は中央政府や地方教育当局，コミュニティなどから枠付けられる一方，学校は主体的な存在として，社会的・文化的な現実についてのイッシューに関わるカリキュラムを開発することにより，社会構造へ影響しうる（Skilbeck, 1984）。

　さらにスキルベックは，OECD/CERIにおけるSBCDの議論の結論を次のように紹介した。①カリキュラム開発における学校の自律性の増大を求める動きは，直接参加の意思決定，政策の民主化という現代社会におけるより大きな動きに位置付けられる。②中央によるカリキュラム管理は，不満や抵抗を産み，カリキュラム内容への無関心へと帰結した。③学校は，動的な関係性にある人々から構成される，生きた有機体としての社会組織であり，環境との間には双方向かつ複雑な相互影響関係がある。カリキュラムは学校教育の中心的な構造的要素であり，学校には自己決定権と自己管理権が必要である。④カリキュラムの内容は，学習経験を構成する。カリキュラムの計画とデザインは，生徒のために各学校がなしうる最高のことである。⑤学校が，地域環境や多様な個人・集団にカリキュラムを適応させる役割を担い，自由で柔軟なカリキュラム

のマネジメントが可能なときに、カリキュラムは最も効果的に実施されうる。⑥カリキュラム計画・デザイン・評価等の重要な側面への直接参加が、教師が自由で責任ある専門職の役割遂行を可能にする。⑦学校こそが安定的で耐久性のあるカリキュラム開発機関である（Skilbeck, 1984）。

SBCDは英米で実践が蓄積されてきたほか、アジア諸国にも広がった（有本、2006）が、本稿はわが国の実践に焦点化して論を進める。

第2節　わが国における学校を基礎としたカリキュラム開発の発展

1．55年体制下の静態的な教育課程観

わが国においても、大正時代の新教育運動や戦後のコア・カリキュラム運動など、学校におけるカリキュラム開発が盛んに展開された時期があった。しかし、55年体制以降の中央集権型の教育行政、法的拘束力を持つ学習指導要領による教育課程基準の強化に加え、教育の現代化運動における教科の系統学習を重視する潮流などにより、下火になった。研究・開発・普及モデル（Research – Development – Diffusion, RDDモデル）のカリキュラム開発が主流となり、教師の関心は個別教科の教材研究や授業方法論に傾き、「カリキュラムと授業の二元性」の問題が指摘されるに至った（佐藤学、1996ほか）。1970年代の教師の一般的な認識は、「教育課程とは指導要領」「カリキュラムは上から与えられたもので、教師たちが自らつくってゆくものとはみない」と把握されていた（文部省、1975）。この静態的な「教育課程編成・展開」観の形成要因について、明治時代にまで遡り、より深層的に、学制期から蓄積された中央集権的な体質も指摘された（天笠、1999）。「国際セミナー」におけるSBCDの提唱は、この状況に一石を投じ、SBCDの思想に基づく教育改革が展開された。

2．教育課程行政によるSBCDの推進(1)──研究開発学校

1976年、新しい教育課程や指導方法を開発するため、学習指導要領等の国の

基準によらない教育課程の編成・実施を認める，研究開発学校制度が開始された。その後，教育特区（2002），教育課程特例校制度（2008），スーパー・サイエンス・ハイスクール(SSH)(2002)，スーパー・グローバル・ハイスクール(SGH)(2014) なども導入された。国や地方自治体が推進する，いわば「日本型SBCD」（根津，2012）の制度である。研究開発学校の成果として，生活科，総合的な学習の時間（以下，「総合」と略），情報，福祉，小学校外国語活動といった新教科・領域等が開発され，学習指導要領に導入されてきた。SSHやSGHの成果は，「理数探究」「地理探究」「歴史探究」「総合的な探究の時間」などの新設・改訂として，高校の教育課程に反映された。

　研究開発学校制度は，SBCDの意思がある学校が自ら手を上げ，制度を利用し，予算や教員の加配措置，研究者による研究協力等の実質的な支援に支えられて展開された，いわば「理想的」なSBCDの例である。ただし，研究開発学校により開発されたカリキュラムが学習指導要領に導入・実施される際には，一般校から見れば，国からのトップダウン，つまりRDDモデルとなる。教育課程特例校制度も，これを契機として学校独自の実践も開発されてはいるものの，開発主体は自治体の指導主事等が中心である（大桃・押田，2014）。

3．教育課程行政によるSBCDの推進(2)──教育課程基準の大綱化・弾力化

　一般の学校においても，SBCDの思想に基づく教育改革は，自律的学校経営推進の政策と連動し教育課程基準の大綱化・弾力化というかたちで推進されてきた。学校裁量の時間が導入された1977学習指導要領改訂，教育課程の編成主体が「各」学校と明記され生活科が新設された1989年改訂，「総合」の新設を核として教育課程全体の領域・教科の構成の再検討が求められた1998／99年改訂，最低基準性を明確化した2003年一部改正などである。中でも1998／99年改訂は，「総合」の新設，学校設定科目・教科の拡大，35週で割り切れない標準授業時数，授業時間の弾力的運用（モジュール等）など，一般の小中高等学校にも教育課程上の裁量権を大幅に付与し，「特色ある学校づくり」のスローガンのもと，広くSBCDを推進する改革であった。PISA2009では，日本はOECD加盟国の中で最も一般的な形態である「カリキュラムと評価に関して学校の裁量が多い」国に分類されるに至った（OECD, 2012）。

環境・福祉・健康などの現代的課題や言語活動の充実化といった教科横断的に取り組む課題の増加や学校の教育課題状況もSBCDを求めた。小1プロブレムや中1ギャップ，学校と社会のトランジション問題，学校の小規模化・統廃合，中等教育学校，義務教育学校等の学校制度改革などを背景に，学校段階間の接続が課題となり，スタートカリキュラム，小中一貫教育，中高一貫教育，高大接続，キャリア教育，「学び直し」などがカリキュラム開発課題となった。

第3節　問題提起

1．SBCDの課題

スキルベック（Skilbeck, 1984）が論じた「SBCDが直面する困難」，わが国において佐藤（2000）が論じた「カリキュラム開発の成否を決定する重要な課題」，村川（2001）による「SBCDの成立条件」，安彦（2003）による「カリキュラム開発で学校が変わるためのポイント」などの指摘を整理すると，SBCD推進に関わる課題は，およそ次の4点に集約される。すなわち，①カリキュラム開発に対する教師の意識，動機，意思，態度，②教師のカリキュラム開発能力，それに関わる教師教育，③学校における組織的なカリキュラム開発能力（開発過程，開発組織，学校内外の協働，人的・物的・情報的資源），④教育行政による学校への支援，条件整備，である。これらを踏まえ，わが国の一般校におけるSBCDの中心領域である「総合」を中心に，成果と課題，展望を論じる。

2．わが国のSBCD実践の成果と課題

わが国の一般校におけるSBCD実践の特徴は，現場のニーズや教師の運動から徐々に広がりを見たのではなく，SBCDを求める政策，いわば「上からのSBCD」が推進された点にある。しかもそれは基盤整備が不十分な中で展開された。そのため，「総合」の創設時には大きな期待が寄せられた一方で，批判的な教員も多かった。生活科カリキュラム開発の経験がある小学校より，教科

担任制で教授内容が多く受験圧力もある中学校において，より否定的な反応が見られた（文部科学省，2005）。

実践の開発については，初期には，先進的なカリキュラム開発事例が多数報告された。一般校も15年の間に，自校の「総合」の実施経験を積んだ。「総合」は2008年改訂で標準時数が減じられはしたが，一定の定着をみた。反面，「総合」の「趣旨・理念が十分達成されていない」実践なども見受けられ，「学校間・学校段階間の取組の実態に差がある」と評価された（文部科学省，2008）。高校の実践は今なお遅れが指摘されている（中央教育審議会，2016）。

「総合」の実践の学習者への効果は，各種の調査で明らかにされてきた（ベネッセ教育研究所，2001；村川ほか，2015；久野ほか，2015；「全国学力学習状況調査の報告書」2013，2014，2015，2016）。その教育効果に対する教員の評価もポジティブな方向へ変化した（川村，2011）。しかし，実践はパターン化の傾向も見受けられ，その方向性は，探究的な学習を促す政策の方向性とはズレが生じたという（川村，2011）。さらにそれは「教師が事前に設定した環境のもとで子どもを指導するものに変化しつつあり，教師は従来の日本型の授業スタイルの基本構造を変えないかたちで授業を行うようになっている」とも指摘された（川村ほか，2013）。パターン化は，「総合」の意義・位置付けの変質であり，これはSBCDの趣旨と異なる。また「例年通り」という理由で十分な検討を経ずに同じ実践が繰り返され，実践が固定化する学校もある。新規カリキュラムの開発自体は学校の目的ではないが，所与性を帯びた既開発のカリキュラムが教員の創造性を阻害する状況は最適なSBCDとはいえない。

3．カリキュラム開発の条件整備の課題

上述の課題の背景要因として，SBCDに必要な教員及び学校組織のカリキュラム開発能力，学校・教員が活用可能な資源整備の不十分さが指摘される。

(1) 教員のカリキュラム開発能力の育成

まず，「総合」は教員のカリキュラム開発能力の育成が不十分なまま実施に移された（OECD，2012）。その後，総合学習コーディネーターの設置や研修が行われたが，現在の教員のカリキュラム開発能力の実態はいかなるものか。篠

原・平澤ほか（2017）の調査（リーダー教員層対象，2015年・2016年）では，組織管理，組織経営，組織開発，指導・助言，教育実践開発，カリキュラム開発の６領域中，カリキュラム開発能力は相対的に低い自己評価であった。特定市対象の調査ではあるものの，現在の課題状況の一端を反映している。

　では，カリキュラム開発能力の育成はどのように行われてきたか。養成段階では，1990年度以前入学者の教職課程には，「教育課程一般に関する科目」が必履修単位ではなかった。2000年度以降入学者は「教育課程の意義及び編成の方法」が必履修とされたが「総合」を学ぶ機会の有無は大学に委ねられていた。2019年度入学生以降に適用される教職課程では，「教育課程の意義及び編成の方法」に含める内容として「カリキュラム・マネジメント」が追加され，さらに「道徳，総合的な学習の時間等の指導法及び生徒指導，教育相談等に関する科目」が設けられ，これに初めて「総合的な学習の時間の指導法」が位置付けられる。SBCDに関わる科目の整備は，実践推進の「後追い」状況であり，カリキュラム開発の知識が不十分なまま教員にならざるをえなかった。

　現職教員の研修機会についてはどうか。OECD・国際教員指導環境調査（TALIS2013）の結果によれば，日本の中学校教員の「カリキュラムに関する知識」への職能開発ニーズは調査参加国平均（9.7％）に比べると高い（20.6％）が，他の領域に比較すると高くはない（例：担当教科等の分野の指導法に関する能力：参加国平均9.7％，日本56.9％）（国立教育政策研究所，2014, pp.130-133）。また，全般に研修意欲は高いが職能開発参加は困難という実態も報告された（TALIS2013）。SBCDを正面から課題とした国レベルの行政研修は，2004年度開始の独立行政法人教員研修センター（2017年度より「教職員支援機構」）「カリキュラム・マネジメント指導者養成研修」が唯一の研修であったが，2016年度より「中央研修」と「組織マネジメント指導者養成研修」にも「カリキュラム・マネジメント」の講義が導入された。「教員育成指標」の「指針」の観点に「カリキュラム・マネジメント」が位置付けられた。育成指標と関連付けたSBCDに関わる研修内容面の充実・体系化とともに研修参加の機会保障が喫緊の課題である。

　他方，SBCDは学校の専門職学習共同体で行われるものであることを踏まえれば，校内研修・授業研究は，カリキュラム開発機能と同時に能力開発機会としても期待される。しかし，「総合」を校内研修で取り上げる学校は少数で，しかも減少傾向にある（小学校2010年：14.3％→2016年：13.3％，中学校11.9％

→13.6％，公立高校7.1％→5.0％）（ベネッセ教育総合研究所，2017a, b）。

(2) 学校のカリキュラム開発能力とカリキュラム開発資源の整備

　学校組織としてのカリキュラム開発能力はどうだろうか。まず，学校の組織力向上を図る政策が展開され，ビジョンの提示，学校評価のPDCAサイクル，成果の公表，ライン型組織による組織マネジメント，地域との連携・協働体制などが広がりつつある。これらはSBCDを推進する基盤と期待されるが，その組織過程の中心課題にカリキュラム開発が据えられてきたとはいいがたい。

　情報的資源は充実が見られた。学習指導要領改訂のたびに「総合」の解説書の記述が充実，カリキュラム開発の手続きを示した国による指導資料も提供された。パフォーマンス評価やルーブリックなどの評価に関する学術研究・実践的研究も進展した（西岡，2016ほか）。しかし，人的資源・時間的資源は，深刻な教員の多忙化（TALIS2013，文部科学省「教員勤務実態調査（平成28年度）」など）が阻害要因である。教員の若年齢化や学校の小規模化も教員の学習共同体の弱体化につながりうる。地域との連携・協働が推進され効果をあげた一方で，地域行事への参加が教員の時間的な負担になったり，地域からの要望が「総合」の内容を変えられない理由にあげられる例がある。川村らが指摘した「総合」のパターン化や「従来の日本型の授業スタイル」へのアレンジは，多忙な教員による一種の防衛戦略と解されよう。

第4節　今後の展望

　SBCDの紹介以降，日本カリキュラム学会創設（1990）など，カリキュラム開発に関する学術研究が発展した。カリキュラムの領域における目標・内容・方法の研究はもちろんのこと，実践を支えるプロセスや組織開発に光を当てた諸研究も進展した。カリキュラム評価（田中・根津，2006ほか），カリキュラムマネジメント（中留，2001, 2005bほか；天笠，2008, 2013ほか；倉本，2008；田村ほか，2011, 2016ほか；露口ほか，2016ほか），カリキュラム・リーダーシップ（倉本，2008；木原ほか，2013）などがそれである。理論的・実証的な研究だけではなく，チェックリストやハンドブックなど，SBCD実践を具体的に支援するツールの開発も行わ

れてきた（根津, 2006；木原ほか, 2013；田村ほか, 2016など）。

　政策においては，教育課程基準の大綱化・弾力化の一方，新たな基準化も進められた。コンピテンシー（自己教育力，生きる力，資質・能力など）の強調，学習過程・指導方法（習得・活用・探究の学習過程，言語活動の充実化，主体的・対話的で深い学びなど）への言及の深化である。この基準化が，教室の実践の統制を導く可能性は否定できない。教育活動・経営活動の両面で，規制緩和と同時に，結果責任を問う制度改革も推進された。全国学力・学習状況調査（2007年開始）や学校評価の法制化（2007年）がそれである。同時期，校長の権限強化や階層的組織構造化といった制度改革も進行した。教育課程の新たな基準化とアカウンタビリティ政策，学校内部統制の進行過程は，SBCDを規制しうる。教育行政は，政策のSBCDへの支援的機能化を主眼とし，教員定数の改善，「チームとしての学校」といった「次世代の学校・地域」創生プラン（2016年）の実効化が課題である。

　現在，実践上の課題を克服する理論・方法として，2017/18年学習指導要領の理念実現の重要な鍵概念として政策に組み込まれた「カリキュラム・マネジメント」に期待が集まっている。しかし，かつて教員が「カリキュラム・メーカー」となることを期して議論された「教育課程経営」論（髙野, 1989ほか）は，「理念型に留まった」とか，実践的には「形式化した」などと批判された（木岡, 2003ほか）。教育課程経営論は，1998年前後より評価を起点とするマネジメントサイクルや文化的要因などを組み込んだ「カリキュラムマネジメント論」（研究上は「・」のない表記が多い）として再構築された。カリキュラムマネジメントは教員の創造性に寄与し，カリキュラム開発を促進するSBCDの装置である（露口, 2005）。カリキュラムマネジメント研究は，政策と実践における全面展開過程において，矮小化や形式化，あるいは過剰期待や自己目的化に陥ることなく，学校現場に，SBCDのために有効な理念，戦略，方法，実証データを提供し続けることができるだろうか。学界も問われている。

（田村知子）

第9章　研究開発学校とカリキュラム開発

第1節　研究開発学校とは

1．研究開発学校とは

　研究開発学校とは，教育課程の基準改善に資する実証的資料を得るために，教育課程（カリキュラム）及び教育方法の研究開発を行う学校を指す。多様な課題や要請に対応する新しい教育課程（カリキュラム）や指導方法を開発するため，研究開発に取り組む学校を「研究開発学校」として文部科学大臣が指定し，学習指導要領等の国の基準によらない教育課程の編成・実施を認める制度である。指定期間は，原則4年間（2012(平成24)年度以前は原則3年間）とされ，必要に応じて原則1年間の期間の延長が認められている。

　研究開発学校制度のポイントは，学習指導要領に拠らないカリキュラムを開発し，実践を通して実証的なデータを得るところにある。それは，わが国のカリキュラム開発をめぐる研究と実践にフィールドを提供し，その進展に寄与するとともに，さらには人材養成に果たしてきた役割も少なくない。

　ちなみに，研究開発について，学校教育法施行規則第55条において，「小学校の教育課程に関し，その改善に資する研究を行うために特に必要があり，かつ，児童の教育上適切な配慮がなされていると文部科学大臣が認める場合においては，文部科学大臣が別に定めるところにより，第50条第1項，第51条又は第52条の規定によらないことができる。」（中学校は第79条で準用規定。高等学校は第85条，特別支援学校は第132条において教育課程の特例規定）とされている。

2. 研究開発学校制度の変遷

　研究開発学校制度は，1971（昭和46）年の中央教育審議会「今後における学校教育の総合的な拡充整備のための基本的施策について(答申)」による提言が契機となっている。答申は，人間の発達過程に応じた学校体系の開発を行うために先導的な試行への着手を提言しており，これを受けて，1976（昭和51）年，研究開発学校制度が設けられた。

　当時，研究開発課題については，次の5つを文部省告示というかたちで示していた。

1．幼稚園及び小学校における教育の連携を深める教育課程の研究開発
2．中学校及び高等学校における教育の連携を深める教育課程の研究開発
3．高等学校の生徒の能力,適性,進路等に弾力的に対応する教育課程の研究開発
4．高等学校における職業教育の改善及び充実を図る教育課程の研究開発
5．小学校及び中学校における教育の連携を深める教育課程の研究開発

　このうち，研究開発課題1について研究指定を受けた学校は，茨城大学教育学部附属幼稚園・附属小学校，神戸大学教育学部附属幼稚園・附属明石小学校，福井県武生市西幼稚園・武生西小学校，香川県坂出市立坂出幼稚園・中央小学校であった。また，研究開発課題2については，信州大学教育学部附属松本中学校，東京都港区立御成門中学校，千葉市立葛城中学校などであった。

　その後，研究開発学校制度は，教育研究開発企画評価協力者の世代交代を重ねながら進展を図る中で，2000（平成12）年に一つの転機を迎えることになる。それは，それまでの国主導から地域や学校が課題を設定できる，いわゆるボトムアップ型が加えられるようになったことであり，量的な拡大も図られることになった。

　各学校や地域の創意工夫をより生かすため，文部省が研究課題を定めた上で都道府県教育委員会等に学校の推薦を依頼していた方式を，学校や教育委員会が主体的に研究開発課題を設定して文部省に申請する方式に改めた。

　この間の経過や課題についての指摘は，磯田文雄（2003）「研究開発学校制度の変遷とカリキュラム研究―量的拡大と質的変化がもたらす影響について」（日本カリキュラム学会第14回大会自由研究Ⅰ-5（発表資料））にも詳しい。

なお，後述する義務教育学校の成立に結び付く学校種別間の連携による研究開発は，2000（平成12）年の指定校による取り組みが起点となっている。

　これに加えて，2001（平成13）年から，教育課程の不断の見直しを謳い，教育課程に関する審議会(中央教育審議会初等中等教育分科会教育課程部会)の常設化を図り，これに伴い，研究開発学校における成果も常に教育課程の基準に位置付けられることになり，教育課程政策の中に一層組み込まれることになった。

　ただ，このような研究開発学校の拡大と地方分権は，研究開発の内容や成果に関わる質に変化をもたらすことになった。研究開発の量的拡大・地方分権以来，取り上げられる課題が教育現場にとって身近なものとなる一方，対象が限定される傾向が生まれることにもなった。すなわち，個別的な教科や領域の見直しや，新たな指導方法などが研究開発の課題として多く取り上げられ，教育課程全体を対象にするような研究開発は乏しくなる傾向が見られるようになった。

　これに加えて，教育課程の基準の検討に実証的な資料を提供するとする研究開発学校制度の本来のねらいを拡大して，改訂される新学習指導要領の先行実施のために，この制度が用いられることになった。すなわち，総合的な学習の時間について，本格実施を前に都道府県それぞれに1校ずつ先進的な拠点校が設けられ運用が図られたのが，この研究開発学校制度であった。

　なお，京都市立御所南小学校をはじめ千葉県習志野市立秋津小学校など，地域運営学校（コミュニティ・スクール）を発足させるにあたって用いられたのも研究開発学校制度である。

　このような動きの中，2012（平成24）年，研究開発学校実施希望調査について，文部科学省として，それまで「研究開発の募集課題」を示してきたものに加えて新たに「重点課題」を示すようになった。ちなみに，平成24年度研究開発学校・重点課題として，「教育課程の総体的な研究開発」及び「個別の課題に関する研究開発」の二つの柱を立て，前者は1つ，後者は8つの項目をあげた。そのうち「教育課程の総体的な研究開発」については，次のようにある。

> A．教育上の個別の課題に特化せず，教育課程全体について，既存の教科等の構成原理を踏まえつつ，その統合・再編等により新たな教科等の枠組を構築する研究開発

ここに示されているように，教育課程全体に及ぶ総体的な研究開発もあるバランスの取れた研究開発でありたいというのが文部科学省の立場といってもよい。それは，国として研究開発課題を示すことによって，各学校や地域の創意工夫を尊重しつつ，研究開発における国と地方とのバランスを取る措置と捉えられる。

なお，平成27年度研究開発学校の研究開発課題については，それまでの，「Ⅰ.研究開発の募集課題」と「Ⅱ.重点課題」の両者を整理・統合して，新たに「研究開発の募集課題」として，次のように5つあげている。

①育成すべき資質・能力を重視した教育課程の編成等による新たな教科等の枠組
　の構築，教育目標・内容，指導方法及び評価の在り方に関する研究開発
②豊かな人間性や社会性，規範意識をはぐくむための教育目標・内容，指導方法
　及び評価の在り方に関する研究開発
③高等学校における教科・科目等の在り方（高大接続改革の動向も踏まえた教
　科・科目の在り方など）に関する研究開発
④発達段階に応じた学校段階間の連携による一体的な教育課程の編成及び実施，
　指導方法及び評価の在り方に関する研究開発
⑤小・中・高等学校等における特別支援教育の教育課程の編成及び実施，指導方
　法及び評価の在り方に関する研究開発

3．研究開発学校と学習指導要領等によらない教育課程編成を認める制度

ところで，学習指導要領等によらない教育課程を認める制度ということになれば，1976（昭和51）年に制度化された研究開発学校が長期にわたる歴史を有していることになる。

ただ，その後の経過の中で，例えば，スーパーサイエンスハイスクール（平成14年〜）をはじめ，教育課程特例校制度（平成20年〜），それに，不登校指導生徒等を対象とした学校の設置に係る教育課程弾力化事業（平成17年〜）など類似の制度が様々に設けられ，唯一の特例制度としての研究開発学校をめぐる環境も変化した。

この間，学校や地域の中には，カリキュラムの開発ということよりも，教育課程の弾力的運用のために研究開発学校制度の活用を求める動きも見られるよ

うになった。すなわち，教育課程特例校制度を用いた方が，学校や地域のねらいと合致すると捉えられる事例も存在する。

　その意味で，それぞれ制度の趣旨や内容を理解し，目的に応じて使い分けていくことが，利用する側に求められるようになった。その中にあって，研究開発学校制度が教育課程の基準の見直しを軸に，さらには，諸制度の見直しにもつながるカリキュラムの研究開発にあることを改めておさえ，その運用を図ることの大切さを確認しておきたい。

第2節　「4・3・2カリキュラム」の研究開発と義務教育学校の成立

　研究開発学校の成果は，学習指導要領改訂への実証的資料の提供として生かされているとされる。その例として，1989（平成元）年告示の学習指導要領における，小学校低学年の「生活科」の設置，中学校の選択履修の幅の拡大，高等学校の「課題研究」などの創設。1998（平成10）年告示の学習指導要領における「総合的な学習の時間」や「情報」「福祉」などの教科の創設。2008（平成20）年告示の小学校学習指導要領における外国語活動の新設，などがあげられている。

　さらに，2017（平成29）年に告示された“内容から資質・能力を基盤にした教育課程”への転換を目指した学習指導要領の改訂においても，研究開発学校の果たした役割を無視することはできない。その一例として，6つの資質・能力を育成するために，6領域によるカリキュラムの研究開発に取り組んだ上越市立大手町小学校は基準の見直しにあたり実証的資料の提供に大いに貢献した。

　一方，単位制高等学校や中等教育学校の制度化にあたり，研究開発学校が実証的資料の提供に貢献したとされている。学校制度改革への貢献である。2016（平成28）年の義務教育学校の制度化もまた研究開発学校の果たした役割として見逃せない。

　2000（平成12）年，研究開発学校に指定された広島県呉市立五番町小学校，二河小学校，二河中学校の3校による研究開発は，義務教育9年間を4・3・2に区分して指導する，「4・3・2カリキュラム」の開発として注目を集めることになった。

この呉市における，7年間の研究開発学校，2年間の市の指定校，合わせて9年に及ぶカリキュラムの研究開発は，カリキュラムに関する日本版9年研究といえるものである。ちなみに，2000（平成12）年より，広島県呉市のケースと同様の課題に取り組んだ研究開発学校（公立学校）として，静岡県富士市立元吉原小学校・元吉原中学校，岐阜県大垣市立東小学校・東中学校，千葉県和田町立小学校・中学校・安房農業高等学校，などがある。また，2001（平成13）年より，品川区立伊藤小学校・上神明小学校・富士見台中学校がある。

　これら研究開発学校を中心とする9年カリキュラムの研究開発は，義務教育をめぐる政治や行政と連動する動きを見せ，その成果は，中央教育審議会「新しい時代の義務教育を創造する（答申）」（平成17年10月26日）に収められた。すなわち，「答申」には，義務教育に関する制度の見直しとして，次のように，9年間の義務教育学校の設置に向けて検討が必要であると書き込まれた。

　「研究開発学校や構造改革特別区域などにおける小中一貫教育などの取組の成果を踏まえつつ，例えば，設置者の判断で9年制の義務教育学校を設置することの可能性やカリキュラム区分の弾力化など，学校種間の連携・接続を改善するための仕組みについて種々の観点に配慮しつつ十分に検討する必要がある。」

　このように，9年カリキュラムの研究開発は小中一貫教育に関わる制度改革として，義務教育学校の制度化に向けて議論は引き継がれ進展していくことになる。

　もっとも，「4・3・2カリキュラム」を提起して一定の市民権を得たものの，カリキュラムの開発というには道半ばであって，実際のところ学年区分の工夫についてアイディアの提供にとどまるといっても過言でない。

　なお，平成10年代後半，研究開発学校における9年カリキュラムの開発を目指す動きと，2008年学習指導要領改訂の検討とが重なり合うことになる。しかし，小中学校を通した合冊の学習指導要領を誕生させたものの，小学校の学習指導要領と中学校の学習指導要領を合わせて綴じたものにとどまり，"小中一貫学習指導要領"までには至らなかった。

第3節　課題とされる研究開発の評価

　研究開発学校に関わる評価については，教育研究開発企画評価協力者会議評価基準等検討小委員会より，1977（昭和52）年，「研究開発学校における評価（I）」（研究開発の初期段階における評価のガイドライン）及び，1978（昭和53）年，「研究開発学校における評価（II）」（研究開発の最終段階における評価のガイドライン）がまとめられている。そこには，評価の観点とともに，研究成果を取りまとめるにあたって盛り込む事項について，次の事項が示されている。

　①研究開発を行った理由。②研究開発の課題に応じて何を行い，その結果，どのような効果が表れたか。③研究成果は他の学校において適用できるか。④具体的資料・根拠を明示して説明する。⑤予期せぬ副次的な影響や期待した成果があがらなかった事例など，内容や理由を明らかにする。⑥簡潔明瞭に記述する。

　一方，文部科学省初等中等教育局教育課程課『研究開発学校関係資料　平成29年5月』は，研究開発の評価の"最低限のチェックポイント"として，①課題認識の的確性　②計画や手順の妥当性　③研究のねらいの達成度　④研究の結果得られた結論の実証度　⑤研究成果の一般性　などを評価の観点として示している。

　研究開発学校は，これらをもとに年度ごとに研究成果を報告書にまとめて提出することが求められている。また，この研究開発学校がまとめた報告書をもとに，文部科学省も研究終了校の成果をまとめている。その意味で，研究開発学校におけるカリキュラム開発の成果と課題を捉えるにあたり，この研究成果報告書は重要な情報源となっており，カリキュラム研究にとっても貴重な資料といってよい。まさに，カリキュラム開発に係る知識の蓄積にあたって，これら資料が大きな貢献を果たすものと思われる。

　その意味で，研究開発学校の取り組みを通して得られたデータをどのようにまとめ，記述して残していくかが研究開発にとって，さらには，カリキュラム研究にとって課題とされていることを確認しておきたい。

　この点を踏まえ，研究開発学校がまとめる研究成果報告書について，その課

題として次の点をあげておきたい。

　まず，報告書に加えるべき情報の一つに，運営指導委員会に関わる記録を残しておくことである。運営指導委員会に関わる記録について，開催日時は記すものの，研究開発に関わる指導助言の中身や経過などの記載がなされていないことが少なくない。

　カリキュラム開発をめぐり運営指導委員会の委員と学校関係者との協働は，研究開発学校制度の根幹といっても過言でない。カリキュラム開発の過程に関わる情報の多くが，この過程において生み出されており，この経過の掘り起こしと蓄積が問われている。すなわち，学校として指導助言をどのように分析・解釈し，カリキュラム開発への結び付けていったのか。一連の経過を記録にとどめておくことが研究開発を評価するにあたって，また，カリキュラムの研究開発にあたり重要な情報となるにもかかわらず，これら記録が抜け落ちた報告書が少なくない。まさに，この点の改善が，研究開発をめぐる評価をめぐる課題への対応として取り組まれてよいものと思われる。

　次に，研究開発の総括的評価の必要性について。次の記述は，表現力の育成を目指し幼稚園・小学校・中学校で一貫した教育課程を編成して研究開発を進めた研究開発に対する評価についての一節であり，教育研究開発企画評価協力者会議としての分析・検討を通して総括的な評価を行った結果を記したものである。

> 「いずれにせよ，本研究は公立学校の枠内で従来不可能とされてきた学校間，学年間の指導体制に人事異動，教員免許，研究体制の面で一定の限界があることも明らかにされたが，なお創意と工夫次第では，一定の教育効果をも上まわることができることを検証した研究開発として，現時点では評価される。」

　この一節は，研究開発学校の歴史において，教育研究開発企画評価協力者会議が研究開発の総括的評価を行い，知見の蓄積を図った時期があったことを示している。今日では，教育研究開発企画評価協力者会議が，そこまで踏み込んだ役割は果していない。しかし，研究開発のPDCAサイクルの確立を図る観点から，その総括的評価のあり方について検討が求められている。いかなるシステムをもって進めるかはともかくとして，研究開発の成果について総括的評価の必要性が一層高まっている，と指摘しておきたい。

（天笠　茂）

第10章　教科書とカリキュラム研究の課題

第1節　おもしろくない教科書

　教科書という言葉は多義的である。それは教科用図書，つまり「教育課程の構成に応じて組織排列された教科の主たる教材として，教授の用に供せられる児童又は生徒用図書」（教科書の発行に関する臨時措置法第2条）だけを意味するのではない。学校以外の場でなんらかの知識や技能を教えるため，あるいは学ぶために書かれた書籍も，しばしば教科書と呼ばれ，さらに比喩的には，人間など書物以外に対してその言葉が使われる場合もある。

　こうした意味の広さは，我々の社会がいかに学校化しているかを示していよう。興味深いのは「教科書的」という言葉が象徴するように，それはおもしろくないものや実践的でないものと一般に思われていることである。英語でも事情は同じである。textbook-like といえば，そこには dry という意味がついてまわる。

　以上のような教科書のイメージは，近代学校に対する否定的な評価と密接に結び付いているであろう。古い類義語である「教本」や「お手本」についていえば，そもそも前者についてはそれを形容詞として使うことは一般的でなく，後者はむしろよい意味を持っている。教科書は，おそらく教員とならんで，苦役を強いる割には実生活ではあまり役に立たないと考えられている学校への不満のはけ口になりやすい存在といえよう。

　しかし，まさにこの不満が日々の教科書研究を支えてもきた。近年の教科書にアニメの人気キャラクターが登場するだけではない。『世界図絵』を著したコメニウス（Comenius, I. A.）が，学ぶべき言葉の説明に絵を用い，また会話形

式を採用していることは，教科書はその出発点から無味乾燥というイメージに取り組むことを運命づけられていたことを示している。

　実際，教科書をよりストレスの少ない効率的な学習を可能にするものとするための努力は，これまで様々に試みられてきた。そこにはカラー印刷の導入に代表されるビジュアル面での高品質化などの，多くの教科書に共通する工夫もあるが，教科ごとの違いも大きい。例えば理科と音楽とでは，主要な工夫の性格そのものが違って当然であろう。こうした個々の改善の多くは，それぞれの教科教育(学)の発展と密接に結び付くかたちで進められてきた。

　他方，教科書を読むことに能動的に喜びを見出す人々も少数ながら存在する。そういう読者は児童・生徒の中にも一部見られないわけではないが，最も代表的なのは教科書を研究する者であろう。彼らにとって教科書は学習材ではなく，むしろ資料である。これは，教科書研究は，必ずしも効率的な学習を追求する中で進められるだけではないことを意味している。特に狭い意味でのカリキュラム研究，つまり教科教育学以外の教育内容に関する研究においては，社会を理解するための資料として教科書を分析する傾向が顕著といえよう。

　こうした認識に基づき，本稿は，まず，そのような社会的な観点からの研究の代表的な例を，続いてより広い国際的な観点からの研究を紹介し，それらを通して教科書研究がいま直面する課題をあらためて検討するものである。

第2節　教科書研究における社会的観点

　教科教育学における教科書研究が，当然のことながら各教科の学習に問題意識を集中させるのに対し，社会的観点に立つ研究には，教科書のあり方そのものや複数教科の教科書を対象とする傾向が見られる。具体的には，これまで主に行政(学)や社会(学)等の視点から，多くの重要な研究が進められてきた。

　まず行政学の視点から教科書を見るならば，いわゆる教科書制度に大きな関心が寄せられてきた。特に教科書検定制度の妥当性については，家永教科書訴訟以来，議論が重ねられてきている。

　その訴訟は，検定制度そのものは合憲，ただし個々の記述をめぐる検定には一部裁量権の逸脱があったとする1997年の最高裁判決をもって終結したが，そ

の後も関連する訴訟は続き，また教科書検定基準（平成21年3月4日文部科学省告示第33号並びに平成21年9月9日文部科学省告示第166号）に「閣議決定その他の方法により示された政府の統一的な見解又は最高裁判所の判例が存在する場合には，それらに基づいた記述がされていること」という項目が入れられたこと，また実際の検定過程では，政府見解の記述が求められるだけでなく，政府見解と対立する記述を認めないかたちでその規定が運用される例が見られることなどに対する批判も多い。問題は未解決といえよう。

　教科書検定は，世俗的ないし宗教的な利害関係が科学的・学術的な認識の伝達を妨害するのを防止するためにも，また，その役割を期待される政府が，言わば，私的に，あるいは恣意的に，自らを批判する人々の勢力を削ぐためにも使用できる。これまでの教科書制度をめぐる議論は，政府にどれだけの権限を認めるのか，またどの程度に自らに対する信頼を国民に要求することを認めるのかといった問題をめぐって，民主主義体制のもとで学校教育を運営する上で必要なコンセンサスが不足していることを示しており，その研究は今後の民主主義のあり方に影響を与えることが予想される。

　次に，社会学的な研究に目を転じると，そこで代表的な観点はジェンダーとナショナリズム（ないしエスノセントリズム）であるといってよいだろう。後者については次節で論じることとして，前者すなわちジェンダーの観点からの分析は，家庭科はもちろん国語や英語，歴史や公民，さらには自然科学系の教科まで含む多くの教科書をその対象範囲におさめている点に特徴があり，そこには様々な問題意識と研究方法が見られる。

　問題意識の点では，今日の研究は，単に（社会の中で相対的に自己実現が困難な状況に置かれてきた）女性の表象に注目するだけでなく，性差・性役割分担ないし家族そのものについての固定的なイメージや，そもそも女性と男性という二分法に疑問が提起されているにもかかわらず，それが自明なものとして描かれがちな点などに焦点を当てている。こうした論点のバリエーションは，ジェンダー研究における問題意識の展開を反映していよう。

　重要なのは，これらの問題意識に基づく研究において潜在的カリキュラムが強く意識されていることである。すなわちジェンダーの観点から問題があるとされる教科書の記述は，多くの場合，性差別的な意識を学習者に植えつけることを目的としているわけではない。確かに21世紀初頭の日本において，一部の

教科書は性差を強調する人々の価値観をもとに作成されており，また彼らは他の教科書やその使用場面にも一定の圧力を及ぼしているが，逆に言えば，そのような右翼的な価値観と，他の多くの教科書の基礎にある価値観との間には一定の距離がある。しかしジェンダー研究が注目するのは，一部の教科書に見られる，意識的に性差を強調する記述だけではない。むしろ通常の教科書が各教科の目標を追求する過程で，意図することなく，社会に実在する不公正を反映した表現の使用により学習者をミスリードしがちであることが，その関心の中心にある。すなわち性別役割分担を強調する人々とその影響下にある教科書だけでなく，彼らの言動を許容している社会のあり方とその社会が再生産されていることもまた，同様に深刻な問題を示しているといえる。

次に研究方法の点でも，ジェンダーの観点からの研究は早くから発展を遂げていたといってよいだろう。

教科書内容分析の方法は大きく（文字資料を含む）テキストの分析と図像分析に分けられるが，先行研究にはそのどちらも見ることができる。そこには，問題意識に対応して計量的手法が使いやすいことも関係していよう。登場人物の男女比や，それぞれがどのような属性を持つものとして取り上げられる傾向があるかといった観点は，テキスト分析だけでなく図像分析にも比較的容易に適用することができる。女性は，見て女性とわかるように描かれるのである。

このこと自体が一つの問題だが，研究の観点からより問題が大きいのは，それでも実際にはデータ分析が困難な場合が少なくないことである。例えば女子スポーツの世界で業績を残した選手の記述や図像について，それは筋肉に象徴される男性的なカテゴリーの中で女性を登場させたことによる性差の相対化を目指す記述と評価するのか，女子スポーツというアプリオリに分断された世界への肯定ないし承認と捉えるのかは，問題意識に応じて変わる。

また，同じ記述ないし図像が個々の学習者によって実際にどう読まれるのかは把握が難しいという問題もある。教科書は実はインタラクティブなメディアである。制作者が，児童・生徒はどのように情報を読み取るのかを想像してテキストと図像を調整する一方で，学習者は，制作者側の意図をある程度想像しつつも，独自の解釈を発展させていく。そして，その観察結果の少なくとも一部は次の教科書作成に生かされることになる。このサイクルは閉じていないことから，常に，社会の変化とともに意図されない読みの可能性が生じているの

であり，研究者による分析は，複数で作業にあたるなどの方法論をもってしても一定の妥当性を持つ以上にはならない。

とはいえ，以上の限界は教科書研究だけでなく，テキスト分析や図像分析には不可避な性格の問題である。また後述するナショナリズムの観点からのアプローチに比べれば，それぞれの研究の中で，判断基準をその都度より明確に定めることができるのは間違いない。ジェンダーの視点からの教科書分析が，文学作品やマンガなどの他ジャンルと研究上の交流を持っていることは，その方法論の安定性を示しているといってよいだろう（長野・姫岡，2011）。

第3節　教科書研究の国際的次元

先に述べたように，教科書に対する広い意味での社会学的な研究のもう一つの有力な視点としてナショナリズムがある。そして，ナショナリズムの性格上，その視野は大きく二つに分けられる。第一は国内におけるマジョリティとマイノリティの関係であり，第二はネイション間の関係である。

第一の関係の具体例としては，例えばアメリカ合衆国のような多民族国家において，ヨーロッパに出自を持つプロテスタント系の住民の文化と歴史をナショナルなものとして教えることは，マイノリティの文化的権利を侵害するものとして問題視される一方，マイノリティの多様な文化に対して公正であろうとすると，その取り上げ方をめぐって，特定のマイノリティとマジョリティの間はもちろん，マイノリティ間で対立が生じがちだといった状況が想起される（岡本，2008）。

同様の社会的葛藤は，日本国内でも沖縄や北海道など，近畿地方や関東地方を中心に形成された国家に比較的新しい時期に組み込まれた地方で生じやすいだけでなく，増え続ける事実上の移民とマジョリティとの関係でも見られる。教育基本法は「我が国と郷土を愛するとともに，他国を尊重」する態度を育てることを求めているが，他文化を尊重することや多文化共生の重要性については明言していない。学習指導要領も琉球やアイヌの文化に触れ，「他国の文化」を尊重することは求めているが，移民の文化は視野の外に置かれたままである。

もちろん日本の学校教育において多文化共生の価値が認められていないわけ

ではなく，個々の教材の中にも，そのような問題意識を示すものが数多く認められる。しかしながら教科書分析は，社会系教科を中心に，当然のようにマジョリティの視点が語られることで，マイノリティのアイデンティティ要求への配慮がなおも難しい状況にあることを示している（岡本，2001）。

　第二の領域，すなわちネイション間の関係の視点からの教科書分析については，通常，国際教科書研究と呼ばれることが多い。

　日本では，1982年のいわゆる国際歴史教科書問題以降，近隣諸国との歴史認識問題の中で自国を含む東アジア諸国の教科書記述の分析が進んだが，同様の研究は韓国では少し早く，また中国では少し遅れて活発化している。また東アジアでは関心が歴史に集中しているが，世界的に見ると，地理はもちろん言語教科，すなわち各国の公用語・少数言語教科並びに外国語科や，さらには宗教などの教科書も主要な分析対象とされている。

　こうした研究は19世紀後半にヨーロッパで開始された。その背景には，各国の教科書が，例えば国際紛争を扱う際に自国の立場を正しいものとし，関係諸国の理解を誤りとして描いたり，自国の文化を美化する一方で諸外国の文化を価値が低いと評価するなど，自国中心主義的な世界像を伝達していることが国際紛争の一因であるとの認識があった。すなわち各国のナショナリズムを教科書がそのまま再生産していることが平和創造の観点から問題視されたのであり，自らのナショナリズムの攻撃性が向けられる隣国の視点から自国の教科書を検討することで，政治と教育のあいだの悪循環を断ち，良好な国家間関係の基盤を作ることが目指されたのだった。

　その一方で，外国教科書の分析は，戦争遂行に象徴されるように，関係国に対する広義の対外政策のための基礎データの収集を目的として進められる場合も少なくない。例えば第二次世界大戦中に，アメリカ合衆国が敵国であるドイツと日本の教科書の分析結果を作戦立案や戦後の統治政策に活用したことは広く知られている。また外国の教科書に存在する自国に関する誤っている（と考えられる）記述を指摘して修正を求める作業は，戦後の日本も行ってきたところである。

　このように，国際教科書研究は平和のためにも，戦争遂行のためにも，また自国の教科書を修正するためにも，他国の教科書を修正するためにも推進されるのであり，いずれにせよ政策との結び付きが強い営みといえよう。そこでは

研究者の価値観と世界観が問われることになる。

　なお，平和を追求する国際教科書研究の延長線上で，ドイツとフランスないしドイツとポーランドの間で，いわゆる共同歴史教科書が作成されていることは注目に値しよう。それらの教科書は，これまでのところ必ずしもそれらの諸国で広く使用されるには至っておらず，むしろ統合ヨーロッパの枠組みにおける友好関係の発展という外交目標に支えられてきたと考えられる。そもそも国際教科書研究は，既述のように，すでに存在する教科書の記述を隣国の視点を通して，より公正なものに改善することを目指してきたのであり，関係国政府の支援により複数国の歴史家が協力してゼロから教科書を作ることを想定していなかった（フックス，2013）。ここに，公権力が教育に過度に介入することへの不安が作用しているのは間違いない（近藤，2018）。二組の二国間共同教科書は，予想された様々な困難（教育課程基準が要求する教育内容上の差異だけでなく教育課程上の位置付けの違いや教科書観・授業観の差異等）を克服しただけでなく，国際教科書研究の基本的な考え方を変えた点でも画期的といえるだろう。

第4節　教科書とその研究の近未来

　教科書は，今，大きな変革期を迎えているかもしれない。

　前節でふれた国境を越える教科書については，実は歴史などのナショナルな性格の強い教科を別にすれば，例えば特定の英語の教科書が複数国で使用されるということは特に驚くにはあたらない。いわゆるグローバル化の進展とともに世界的に教育への期待とその結果としての教育内容の同一性が高まれば，教科書市場も国境を越えてさらに広がる可能性がある。

　また情報化の観点からは，デジタル教材の進化がさらに進むとき，それは学校教育はもちろん研究にも大きなインパクトを与えるものと予想される。従来の教科書をデジタル化する程度であれば，その影響力は限られよう。しかし，教科書が持つインタラクティブな性格が推測の域を越えて現実のものとなるとき，すなわち学習者のレスポンスに応じて次々と新たな課題や資料の提示がなされるようになると，それは教育・学習用に限られた情報を提供する存在としての従来の教科書の範疇を越えることになる。

もちろん，より楽しく，学習者が意義を感じやすいかたちで，効率的かつ深い学習を可能にするための試行錯誤はこれまでどおりに続けられるだろう。あるいは，教員の役割が相対的に低下する可能性を考慮すれば，これまでよりも一層エンターテイメント性が追求されるかもしれない。

　問題は，社会的な観点からの研究の方である。これまで教科書は，学習が展開するストーリーを狭く絞って想定していたために，他の書籍と同様の方法で内容分析を行うことができたのだが，個別的な教育が可能になり，学習のストーリーの範囲が拡大すれば，分析が困難となるだけでなく，個々のストーリーを分析する価値も低下していく。つまり教育・学習内容に関する研究のコストパフォーマンスが著しく悪化するものと予想される。

　さらに重要なのは，それでも，そうした研究の必要性が失われるわけではないということである。情報技術の発展が，ジェンダーやナショナリズムといった問題を消し去るとは思われない。そのような問題が社会に存在する以上，むしろ新しいテクノロジーはその再生産に利用されることになる。

　以上から導かれる結論は，学校に新テクノロジーが導入されるのであれば，教科書研究にも技術革新が必要だということである。これまでの研究は困難になるのであって，不要になるわけではない。それはもはや教科書の研究とは呼べないかもしれないが，学習内容の研究が必要なことは間違いないのである。

　他方，技術の発展に応じた強力な研究の道具を手にするとき，そこからは新たな研究倫理上の課題が生じる。具体的には，教材と学習者の融合が進む中，個人情報の保護等の課題が生じることが予想される。教科書研究は，消え去る前に，これまでとはまた別のかたちで未来への責任を果たすことが期待されているといえよう。

（近藤孝弘）

第11章　　教師教育とカリキュラム

　日本における教員養成と現職教員研修は，「学制」発布と近代学校の普及・
拡充に伴う多数の教師養成と能力開発という課題に直面し，時と場所に規定さ
れながら絶えることなく取り組まれてきた（水原，1990）。そして戦前の師範教
育の総括と戦後の「大学における教員養成」の理念の定立（海後，1971），その
制度化としての教育職員免許法と課程認定制度の改革過程を経て（山田，1993），
近年の教師教育に関わる大きな制度改革を迎えている。

　学校教育改革に発する職掌や現代的課題に関する組織ニーズに即した教員研
修のシステムは，1988年教育職員免許法改正以降，急速に整備された。同時に，
現職教師を対象とした国立教員養成系大学での修士課程設置の動きは，1966年
から1996年までに全都道府県に普及し，2008年以降教職大学院が全国に設立さ
れ，高度教職専門化を促す教師育成システムへと拡張された。

　このような教員の養成と研修を一連の教職専門性の高度化と熟達化過程の中
で捉える課題意識にも支えられ，教員の養成と研修を視野に入れた概念として
"教師教育"が1990年前後から用いられるようになってきた。

第1節　　戦後教員養成制度の展開──教授法の研究と教科教育学研究への着目

　戦後日本の教員養成は，戦前の師範学校での教育ではなく「大学における教
員養成」「教員免許状制度による開放制」という制度原則をもとに展開された。
その成立経緯に関する代表的研究成果は，教育刷新委員会資料等々の検討をも
とに，海後宗臣編著『教員養成』（戦後日本の教育改革2）としてまとめられた。
教員養成のカリキュラム編成原理に関しては，当時の事例分析をもとに，「教
員養成を目的とする」（＝学芸大学），「教員養成のみを目的とはしないリベラ

ルアーツの追求」（＝学芸学部）と「独自に充足する教科教育，教材研究に大きな比重を置いた」（＝教育学部）という複数の可能性（多様性）を指摘するとともに，「戦後の教育改革をこれ以上後退させてはならない」と問題を提起した（『教員養成』の「はしがき」）。

　また，この原則に基づいた教育職員免許法(1949年)は，①教職の専門性の確立を理念とし，②教員のみならず教育長，指導主事，校長も免許状取得を必要とし，③基礎資格を大学での教育課程・教職課程単位修得者とし，④一般教育科目，教科専門科目，教職に関する専門科目の修得を義務づけ，教職専門職としての教養を重視したという点で，「教育法制史上も画期的な意義を有する」と評価されている。ここに，現在の教員養成カリキュラムの原枠組が提起された。

　このリベラルアーツ重視と教職専門性の関係は，教育刷新委員会でも重要な論点とされていた。当時の文相・天野貞祐は，教授法は有益であるとしてもそれは「二次的」であり，「それさえ学べば良き教師の資格のできるような考えの甚だしい謬見」と断言していた。つまり，「これらの知識（教授法のこと―筆者註）はあればなおよく，なくてもさし支えない」「直ちに見習として学校に送り職域において実地練習の上正教員たらしむることが必要」という理解であった。当時の文部省教職員養成課長・玖村敏雄も同様な解釈・説明をしていた。大学等での研修が「教えんがために学問する，いわゆる教材研究的勉学は，ともすれば，教育職員をひくいせまい実用主義者にし，その学問の態度に鈍ならざるものを蔵する」ことを危惧し，「大学の課程は教材研究的な性質のものではなく，常に自らを人間として高め，専門家として深く学芸の中につきこんで行こうとする」ことを期待していた。つまり，戦後，教員養成の機関としては，「大学における教員養成」ではあっても教員養成学部・教育学部ではなく学芸大学・学部で行い，「教授法」「教材研究的勉学」あるいは教育方法研究については一定の距離をおこうという志向があったといえよう。

　ところで，このような教材研究，教授法への消極的ともいえる議論の中では，教員養成の独自なカリキュラムの意義や内容に関しての具体的な議論は容易には展開しなかった。この教授法に関する検討は，別の脈絡で，つまり新制大学として発足したばかりの学芸学部あるいは教育学部での教職専門性に関しての議論で，または現場での授業研究の場面で具体的な教師への支援と教師の仕事理解という脈絡からなされていった。

当時，新制の国立大学学芸学部と教育学部などの連合体としての日本教育大学協会（以下，教大協と略記）は1949年に発足していた。そこでは早々に教員養成系大学・学部のカリキュラムの情報交換と教職専門性の探究，教員養成カリキュラムの構造と構成内容について議論を開始している。

議論の焦点の一つは，教科教育法と教材研究の学的統合を含む教科教育学の構築にあった。この教科教育学構築への志向は，教大協の「教科教育に関する専門委員会」の提案「教科教育学の基本構想案」（1966年11月）に整理されていく。その後は，教大協の部門としてではなく日本教科教育学会（1975年発足）等の研究活動に部分的には継続されていくが，教員養成カリキュラムの構造化と内容の創造という点から見れば必ずしも整合性を持ってはいない。

1966年前後は全国の学芸大学・学部の教育学部への「名称変更」に伴う議論が活発になされた。教員養成カリキュラムに関しての枠組みや内容，方法に関する議論の渦中において，1971年に中央教育審議会は答申「今後における学校教育の総合的な拡充整備のための基本的な施策について」を提出した。そこで「第三の教育改革」を提起し，教育者としての基本的資質，実際的な指導力という教師の能力と資質を問い，「（教員養成系大学は一筆者）その目的にふさわしい特別な教育課程をもつ高等教育機関」であると規定した。それは，後の教員養成政策に大きな影響を与える「時期を画する位置を占め」るものであった。

第2節　実践的指導力の向上と教師教育
——教師教育概念の形成とカリキュラム

1971年の答申の「時期を画する位置」とは，①教員の養成段階から現職の研修段階を通して考えること，②教員養成系大学・学部における"ならでは"の教育課程の検討を要請したこと，③教員の資質と能力に関して「実際的な指導能力」の向上を図ることを特記したこと，④「教育に関する高度の研究と現職の教員研修とを目的とする」高等教育機関（大学院）の創設などを提起したこと，に端的に示されていた。そして，このことは，1966年からの教員養成系大学・学部の大学院設置・普及と相まって，教員養成と現職教員の教育・研修と研究を統一して対象とすることの客観的必要性と契機を生み出すことになった。

このように，それまでの教員養成と現職研修との関連が問い直され，教師と

しての実際的指導力の向上に視点が当てられるにしたがい，教育実習などの実践的指導力の育成という課題を教育学部独自の教員養成カリキュラムにどの程度どう位置づけるかということが議論になっていった。

当時，実際的・実践的指導力の用語使用にあたっては，「個人の特性に応じた教育方法の改善」としての教育機器，視聴覚機器の積極的活用や，「個人に対する適切なカウンセリング」などの方法への配慮があげられていた。このような現代的な教育課題への対応として，新しい教育指導方法の導入・開発を視野にいれた現職研修並びに教員養成教育が要請されてきたのである。

これら実践的指導力の向上策は，教育職員免許法（1988年）の中に「教育の方法・技術（情報機器・教材の活用を含む）」に関する科目とともに，「生徒指導（教育相談及び進路指導を含む）」「教育実習」単位の増加として具体化された。しかし，この実践的指導力の向上という課題自体が，教員養成においては重要な一つの論点でもあった。端的にいえば，現職研修での「実践的指導力と使命感」と教員養成での「実践的指導力の基礎の修得」（臨時教育審議会第二次答申，1986）に示されている「基礎」をどのように理解するかということである。この「基礎」を現場における直接的な実践的指導力を限りなく強調するのか，「臨機に創造的に教育実践を展開しうる基礎的諸力」（山田，1993，p.473）に重点を置くのかという論点であり，それが「大学における教員養成」の原則をどう理解するかにかかっているからである。

このことは，戦後教育学部における教員養成カリキュラム，とりわけ「教職に関する科目」の性格に関するもう一つの課題，論点につながっている（TEES研究会，2001）。論点を明示したのは横須賀薫であった。横須賀は「教員養成—特に幼児教育，小学校教育，障害児教育の教員養成を考えれば，これを『機能概念』とみることは，教育実践における技術的体系性の否定ないしは軽視をみちびくおそれが強い」と指摘した。「機能概念」というのは，先に引用した「総括と提言」にある，「教員養成の教育においても学問・芸術の特定の領域に関して研究者・芸術家になりうるような教育が追求されなければならない」という，大学における専門教育は教員養成教育の機能をも含みうることを期待した見解である。横須賀は，この学部教育の専門教育が充実すれば「予定調和」的に教員養成教育も充実し得るという主張に異論を唱え，それは「なわばり無用論」「予定調和論」だと批判した。

また，このような実践的指導力育成の課題について，日本教育学会では，具体的教科教育レベルとカリキュラム理念レベルから集中的に検討していたことは見落とせない。そこでは，教育実習のあり方や教員需給のシミュレーション検討とともに「一般教育と専門教育と教職教育との一体的構成」等々について議論していた（日本教育学会，1964）。しかし具体的な議論は教大協とその加盟大学内にとどまっていた。この議論を引き継ぐかたちで，日本教師教育学会は「教師の養成，採用，研修をはじめ，その実践，力量，地位を高めること」を目指して，1991年に発足した。

第3節　教師教育研究の展開と高度実践型教師教育の模索

　このような教育政策，学校制度，教育内容と方法・形態，教師の教育環境の変化が急速に展開する中で，教師に求められる力量（資質・能力），教師教育に関する理論的並びに実践的な新たな課題も出てきている。この時期の特徴は，1990年代の高等教育改革の「市場化」に伴う教員養成カリキュラムへの影響である。つまり，大学設置基準の改革(大綱化，1991年)，大学経営方法の改革（大学の「質」保証と評価，1991年)，大学設置主体の改革（法人化等，2004年)，大学教員の任用形態や勤務形態の改革による教員養成の「矮小化」「非学問化」「規格化」傾向が急速に進み，「『大学における教員養成』『開放制』という語では，もはや90年代以降の変容を扱いきれなくなっている」と評される状況となっている。そして，このような制度改革の中で，教師自身の仕事内容や形態，職場環境も1990年代半ばに大きく変わり，教師と学校を捉える地域・社会からの眼差しも変わり，教師教育をめぐる新しい課題も出てきた。
　第1には，急激な学校教育環境の変化の中での教師力量，それを踏まえた教師教育カリキュラムへの要請である。当時進みつつあった学校教育改革は，①「新学力」観の提示や少人数指導・国際理解教育等の現代的教育課題に関わる教育内容や教育方法（指導方法や教育形態)，指導要録と教育課程（学習指導要領）の改革のみならず，②学校週5日制や地域運営協議会（コミュニティ・スクール制度）の導入等の学校教育制度に関わる変更に端的に表れており，その実施にあたる教師の実践とそれらを支える専門職性に直接的な影響を与えてい

る。しかも，③教育における「競争的環境」のもとでの「地方分権」化政策も
あいまって，「学校選択制」をはじめとする学校教育計画や人事・財政計画の
地域・学区による「特色」づくりへと展開していった。

　第2に，これらを背景とした教員養成カリキュラム改革への要請である。そ
れは，1988年，1998年の教育職員免許法の改正のみならず「介護等体験」「教
職実践演習」の実施やその後の「これからの学校教育を担う教員の資質能力の
向上」（中教審答申第184号，2016年）策として急速に進んでいる。特別免許状制
度の活用等の拡大，教職課程における「科目の大くくり化」と「教科に関する
科目」「教職に関する科目」枠の撤廃，学校インターンシップの導入や「教員
育成指標」作成等々の教員養成と教員研修に関わる新しい制度・枠組みと内容
等に関わる課題である。これらは従来の教育職員免許法制や「大学における教
員養成」理念にも関わっている。

　第3に，修士課程設置から約半世紀，法制化体系化されてきた教員研修制度
の見直しと再編に伴う教師教育カリキュラム改革への要請である。教職大学院
制度発足後10年が経過し，全国50余の研究科が設置されてきている現在，学士
課程と修士課程レベルでの教員養成と現職研修レベルでの区別と一貫性に関わ
る教師教育カリキュラムの原理と内容の妥当性と有用性等の検証作業が必要不
可欠であり，可能ではないかという課題意識も出てきている。

　具体的には，初任者研修（1989年度実施），10年経験者講習（2003年度実施），免許
更新講習（2009年度実施）と拡充・整備されてくる中で，組織ニーズから個人ニー
ズへの配慮，あるいは「従来の『積み上げ型』で『垂直的な(vertical)発達』観から，
『選択的変容型』で『水平的，ないしはオルターナティブ(horizontal or alternative)
な発達』観へ」，「従来の『付与型』で『脱文脈・脱状況性(indexicality)の力量』観か
ら，『生成型』で『文脈・状況依存性の力量』観へ」という提起がなされている。

　第4には，このような教師，学校，教員研修等の様々な改革課題が顕在化す
る中での，教員養成カリキュラムの検討動向である。

　教員養成プログラムについては，「国立の教員養成系大学・学部の在り方に
関する懇談会」の報告書（文部科学省，2001）を一つの契機にしながら，日本教
育大学協会や全国私立大学教職課程研究連絡協議会等で検討・実施が報告され
ている。その中で「教科専門科目」の内容と位置づけに関する検討状況に大き
な動きも出てきている。この点で坂井俊樹は，教科内容学研究に関わって教科

教育と教科専門諸科学の架橋領域を「学」として確立しようという試みとして評価しながら，両領域の架橋にあたっては両者が対等に検討しうる対象・領域設定等の方法と視点の重要性，課題解決力に着目した教師の専門性の内実を事例的に明らかにしていくことの必要性を提起している。また，遠藤貴広はコア・カリキュラムにおいてキーワードとなっている省察（reflection）概念に，石井英真は「教師の基礎知識」に注目し，その捉え直しを試みている。

さらに第5には，教師像・教職専門性像からの教師教育カリキュラムに関する知見の深化である。牛渡淳による「4つの専門職としての教師像」の整理では，教育実践者としての教師（practitioner），研究者としての教師（teacher researcher），教養ある者としての教師（educated person），「成人学習者」としての教師（adult learner）が提起されている。「教育実践者としての教師」の能力として「高度な教育実践力の獲得，自らの教育実践を分析・考察・改善できる力量，同僚とともに学校教育の改善に取り組める力量」を，「研究者としての教師」としては「教育実践の分析・考察・改善を行う能力，研究能力と研究方法」（プロジェクト研究やアクションリサーチ，カリキュラムや教材開発能力等）の修得を期待している。また「教養ある者としての教師」としては客観的思考力，批判的分析思考力，主体的で問題解決的な思考力，論理構築思考力，自己表現思考能力などであり，「大学院で専門職教育を受ける際の知的探究を可能とする道具」「理論と実践のギャップを埋める基礎能力」であるとしている。「成人学習者としての教師」としては「教職経験や社会経験を学習リソース」として積極的に生かし，「学習へのモチベーションを持つ者」を想定している。これらをどう具体化するかが教師教育カリキュラムで問われている。

そして，第6には，これらを可能とする教師教育カリキュラム開発へのバックグラウンドとして，省察的実践論研究並びに教職スタンダード研究，教師・学校論研究，学習科学研究等の研究動向を視野に入れるという課題である。省察的実践論ではショーン（Schön, 1984）や佐藤学の反省的実践論（佐藤，2015），独自にリアリスティック・アプローチを志向するコルトハーヘン（Korthagen, 2001）等の教師教育研究である。また，教職スタンダード及び専門職基準としては校長職の専門職基準（日本教育経営学会，2009）や教職大学院に関する「専門職基準試案」（京都教育大学大学院連合教職実践研究科，2011）などの提案が出されている。

他方，教師の専門職性の発現ともいえる場面に着目した論究もなされている。

教師が「省察的実践」を行う際に「枠組みの再構成」を行い，ルーティーン化された手法や枠組み自体を問い直し，具体的な教授＝学習過程を教師の熟達化過程と「学習者中心の授業の創出」として対象化する学習科学研究が新しい提起をしてきている。また，教師（文化）論・学校論研究の視点からは，「臨床の目と科学の目」を持つ教師の育成（紅林，2014）を核とした教師成長過程のデザインが出されている。このような教師の「熟達化」研究の成果をもとにした教師教育カリキュラムの研究の必要性も高まってきている。

第4節　カリキュラム研究と教師教育(学)研究

　2000年代に入り顕在化しているこれらの課題（論点）は，学校教育改革とその現実的教育実践課題（第1課題）と，それを支援・推進する教師の教育活動の実践的・研究的課題（第2から第4課題），さらにはこれら両者を包摂する教師教育自体を対象化する教師教育（学）研究の課題（第5・6課題）というように層化することができよう。つまり諸学校のカリキュラム研究を相対化総体化するとともに，教師・学校教育自体をカリキュラム研究として対象化し，そこに内在する独自の研究課題を教師教育（学）研究で取り上げることである。本稿では，この第2，第3の視点からの接近に重点を置いたが，近年の『日本教師教育学会年報』の"高度化"特集や近年の教員養成学あるいは教師教育学としての考究（武田ほか，2010）等では，「"教育・学校現場"から見た教師教育の"高度化"の必要性や妥当性を検討することの必要性」が提起されている。ここにカリキュラム研究と教師教育（学）研究の接点を見出すことができる。

　そこでは日本の学校制度と教師教育に関する改革は，とりわけ1990年前後から急展開で進められてきているが，それは東アジア地域に限定されることではなく，世界の様々な地域が改革過渡期にあることとの関わりで理解すべきであることも指摘されている（佐藤，2015）。戦後70年となる今，戦後の教員養成，教師教育の理念と目標，制度，教師教育の実践とそれらを反映する教師教育カリキュラムを再々度検証し，その積極的な意義と役割，現代的な課題の特質，教師教育カリキュラム研究の独自性や自律性を究明し，それらに依拠した今日の教師教育政策への課題提起が求められている。

（三石初雄）

　表題として取り上げた教育課程行政と各学校で編成・実施するカリキュラムについては，いくつかの検討のポイントがある。一つは，教育課程行政のプロセスに関する側面である。教育に関する社会的要請等をどのように教育課程に関する行政施策に具体化するか，そのシステムに関することである。社会的要請には様々な性格のものがあり，様々なルートから寄せられるが，これらを取捨・選択し，教育課程基準として具体化していくプロセスのあり方のことである。二つ目は，学習指導要領を中心とした教育課程基準と，各学校の教育課程に関する側面である。教育課程基準の構造や性格と各学校の教育課程の編成・実施との関連の側面である。このほかにも，教育課程行政における専門性のあり方，国と地方との関係や役割分担等の側面も想定される。本稿では，この二つ目の側面について７つの論点を設けて考察する。

第１節　教育課程基準の範囲と程度──目標と内容

　各学校が教育課程を編成する際には，少なくとも教育目標の設定，教育内容の構成，指導方法の選択，授業日数や授業時数の設定が必要である。これらの諸条件のうち，どこまでの範囲をどのように教育課程基準として示すのかが課題になる。教育目標についてはどの程度の具体性を持って示すのか，また，各学校段階や各学年，各教科等における目標をどのように示すのかが問われる。教育内容については，教科等の構成及び学年ごとに内容を分けて示すのかどうかといった示し方が問われる。指導方法については，例えば問題解決的な学習や習熟の程度に応じた学習等の具体的な指導の形態を基準に書き込むのかどうかが問われる。さらに，授業日数については，授業日を示すのか現行の学校教

育法施行規則のように休業日を示す方法をとるのか，授業時数については年間時数か週当たりか，最低かそれとも標準かといったことが課題になる。

　授業時数と教科等の構成については後述するとして，ここでは教育課程基準としての目標と内容の関係について整理する。現在の制度のもとは，学校教育法第21条に義務教育の目標が示され，また第30条2項でいわゆる学力の3要素に当たるものを示し，学習指導要領の総則にも示されている。一方，学習指導要領の第2章以下の各教科等においては，それぞれ目標と内容，指導計画の作成と内容の取扱いを示している。さらに，小・中学校の場合，教科等の内容に関する事項は，すべての学校において取り扱うことが総則に明記されている。

　このように日本の教育課程基準は目標と内容をともに示すかたちで推移してきたが，示し方としてはまず主として教育目標を示し，教育内容については簡潔に示したりあるいは示さなかったりする方法がありうる。この場合，教育内容は地域や学校が選択して教育課程を編成することになる。また，目標として設定した教育課程基準の達成状況を把握するための評価が必要となる。教育課程の運営としては，履修ではなく習得が重視される。

　一方，取り扱うべき教育内容を基準として示す場合，教育課程の編成においては，いつどの内容をどのように取り扱うかといったことが重視される。すなわち習得重視に対して，当該学年に在籍し学習すべき内容を履修することが重視される。このように教育課程基準として，目標と内容のどちらに重点を置くか，また両者をどのように関連させて設定するかといった課題がある。

第2節　学習指導要領の基準性——大綱化，弾力化

　教育課程基準としての学習指導要領に記された事項は，教科書に反映され，各学校で作成する指導計画に具体化される。その際に，学習指導要領に記載された事項をどのように取り扱うか，扱いの軽重や程度，順序等が実際的な課題になる。また，学習指導要領の指定学年以外の事項を取り扱うことは可能かといったことも課題になる。これらのことは，学習指導要領の持つ基準としての性格のあり方のことを指している。

　小・中学校学習指導要領では，総則に「第2章以下に示す各教科，道徳科及

び特別活動の内容に関する事項は，特に示す場合を除き，いずれの学校においても取り扱わなければならない」と指導を義務付けている。さらに，内容を追加したり，指導の順序に工夫を加えたりすることを許容している。このような基準の性格については，2003（平成15）年の学習指導要領の一部改正で，それまでの「取り扱わないようにする」といったいわば上限規制に当たる文言を改めることによって一層明確にされたものである。

　一方，この基準性に関連して，大綱化，弾力化をどのように捉えるかも基準のあり方を考える上での課題である。大綱化，弾力化の手法としては，各教科等の目標の記述を総括的に示したり簡略化したりする方法がある。また，内容を複数学年まとめて示す方法も，1989（平成元）年，1998（平成10）年の改訂以降とられてきた。さらに，授業時数についても，学校教育法施行規則に示す時数を「標準」として示すことも教育課程の弾力的編成と関連する。さらに，1989（平成元）年の改訂で採用された中学校の一部教科の授業時数を「〜」のように幅を持たせて示したことも各学校の裁量を促すものである。

　ただ，これらの基準レベルにおける大綱化，弾力化が，どのように学校の教育課程編成に工夫と特色をもたらしているかといった点については，様々な条件が介在し，単純ではないと考える。例えば，複数学年まとめて内容を示すことによって各学校の工夫を促しても，指導計画は教科書の構成によって作成されることがほとんどである。また，授業時数については，標準の設定とはいえ，実際には最低基準として機能している。大綱化，弾力化の施策の有効性の検証は，教育課程の編成・実施の具体的な状況，児童生徒の学習状況の把握も含めた検証が必要と考える。

第3節　学習指導要領の構成——教育課程と各教科等の関連

　教育課程の基準のうち，学習指導要領については，まず，学校種別に作成されてきたことがあげられる。次に各学校種ごとの学習指導要領は，総則と各教科等による構成とされてきた。総則については，2008（平成20）年の学習指導要領の改訂までは，各学校が行う教育課程編成の一般方針や内容の取扱いに関する共通的な事項，授業時数の取扱い，指導計画の作成に当たって配慮すべき

事項という構成がとられてきた。2017（平成29）年の改訂によって各学校の教育課程編成の要素や条件，手続きを踏まえた構成となった。

　まず，学校種別に作成することについては，次のような課題があると考える。一つは，各教科等の系統性，継続性が学校制度を前提としたものになりがちだという点である。例えば，社会科や理科は小学校と中学校とでは構成方法が異なっている。また，中学校と高等学校については，高等学校の教育課程の仕組みは中学校とは異なる。学校制度は，一定の社会的状況と経緯の中で整備された性格を持っており，必ずしも児童生徒の発達や学習と一致するわけではない。学校種ごとに基準設定を行うことはやむをえない面もあるが，義務教育学校や中等教育学校の制度化の中で，学校種を越えた教育課程の構造を再検討する必要があると考える。

　次に，総則と各教科等との関係である。2017（平成29）年の改訂で資質・能力が各教科等にも浸透するかたちが整えられた。教育課程全体で担う資質・能力として，知識・技能，思考力・判断力・表現力，学びに向かう力，人間性の三つが掲げられた。ただ，教科等横断的な資質・能力として示されている，言語能力や情報活用能力，問題解決能力等も，教育課程全体で担う力といえる。後者の点に関連して，各教科等はそれぞれ固有のねらいの実現を目指して展開されており，ここに教育課程全体で担う諸能力を合わせて育てることは，各教科等の教育に二重の目標達成を求めることになる。いずれにしても，実際の教育指導を各教科等で進める中で，総則に示す教育課程全体に関わる諸能力をどのように達成するのかが課題といえる。

第4節　教科等の構成と相互関連──区分の根拠と相互関連

　教育課程は，各教科及び教科以外の総合的な学習の時間や特別活動によって構成されてきた。教育課程をどのように区分して編成するかは，児童生徒が習得する学力の内容や相互関係を規定する点で重要な課題である。また，児童生徒の学力は各教科の評価としてそれぞれ示され，また，入学者選抜においても教科の学力が評価対象となる。一方，学校教育における教科学習の経験は，学校教育終了後においても，自らの知識や能力の特性を語るための名辞として利

用されることが多い。

　教科等の構成に関する課題の第1は，教育課程全体で目指すものと各教科等が分け持って担う内容との関連である。各教科等の教育は，何のためにどのような資質・能力を分け持って実施されるのか，また，各教科等の教育の教育課程全体における意義や意味がどこにあるのかという点である。各教科等は取り扱う対象を異にしており，それぞれ独自の資質・能力を掲げて存在理由を主張している。この独自の対象と資質・能力が，教育活動全体の中でどのように関連し，位置付いているのかは必ずしも明示的ではない。

　第2は，言語に関する能力は国語はもとより，社会科でも理科でも算数・数学においても育っているとみることができる。逆に，国語においても社会生活の理解や自然についての関心を喚起することは可能である。このように各教科等は相互に関連し合いながら，全体として児童生徒の成長に寄与していると考えられる。2017（平成29）年の学習指導要領の改訂で，各教科等の特質に応じた「見方・考え方」が目標に示されたが，このことが教育実践ベースで教科等の特性や相互関係の整理にまで及ぶことが期待される。

　第3は，教科等の構成の見直しの方法論についてである。1997（平成9）年の中央教育審議会第一次答申（「21世紀を展望した我が国の教育の在り方について」）では，当時の教育内容の厳選や横断的・総合的な学習の推進の流れの中で，「教科の再編・統合を含めた将来の教科等の構成の在り方」について，問題提起がなされた。この問題にアプローチするには，少なくとも次のような論点が考えられる。これまでの教育実践の諸課題のうち，教科等間の境界や関連に関わる課題の抽出と整理，児童生徒の特性や実態及び社会的要請の把握，目指す諸能力の設定と教育内容との関連付け，学習評価のあり方の検討である。

第5節　履修システム——必修と選択

　教育課程編成の一つの条件に履修の仕組みがある。日本の教育課程基準を振り返ると，特に1989（平成元）年の学習指導要領以降，個性を生かす趣旨のもと，特に中学校において選択履修幅の拡大が図られた。その内容は選択教科の種類の拡大と選択教科に当てる授業時数の拡大であった。選択教科の内容は，課題

学習や補充的な学習，発展的な学習等が企図されたが，実際には補充的な学習に充てられることが多いなどの理由から，2008（平成20）年の改訂で基準上では授業時数を充てることが行われなくなった。また，高等学校については，進学率の上昇等の動きを踏まえ，高等学校教育の多様化，特色化の要請の中で，選択履修幅の拡大の方針がとられてきた。その結果，教育課程基準上の必履修の科目数と必履修単位数は以前と比べると小さくなっている。各高等学校は，この仕組みを活用したり，あるいは学校設定科目等を活用したりして，多彩な教育課程編成を行うこととなった。ただ，一方で，高等学校教育とは何か，高等学校教育の共通性のあり方が問われるようになり，今日に至っている。

　翻って履修の仕組みには，次のような要素と条件が考えられる。第1は，どのような教育内容を必修とし，どのような内容を選択履修とするかという点である。この点については，例えば教育課程を構成する各教科等の学習の基礎となるような教育内容を必修とすることが想定される。例えば，国語や算数・数学等が該当すると考えられるが，このこと自体をより合理的に説明することは難しい。また，社会的要請といった理由で必履修とすることも想定される。国際化対応の要請のもと，1989（平成元）年の高等学校学習指導要領で世界史が必履修とされたことがこの例に当たる。第2に，学年及び学校段階のいつの時期から選択履修を導入し実施するかという点である。この課題は，小・中・高等学校全体を見通したカリキュラムの設計と深く関連する。第3に，必履修と選択履修を組み合わせてカリキュラムを編成することも考えられる。学習の最初と最後を必履修とし，その間を選択履修とする構造が想定される。カリキュラムの途中段階は分科カリキュラムとして設計し，最終段階では総合化するカリキュラムが考えられる。

第6節　授業時数の設定の方法——示し方と配分の妥当性

　教育課程の編成において，授業時数の設定は欠かせない条件である。授業時数の示し方については，各学年及び各教科等ごとの授業時数の設定，週当たりの時数，年間の週数など様々な示し方がある。また，個々の授業時数の設定方法として，実際の時数を個々に示す方法と「〜」を用いて一定の幅を示す方法，

全体の％で示す方法等がある。いずれにしても，示し方によって，時数面での各学校の裁量の程度が異なってくる。

　総授業時数，各学年の授業時数，各教科等の授業時数の配分や設定については，これまで必ずしも十分には論じられてこなかった部分である。特に各教科等の配当時数の学年ごとの比率については，どの教科が担う能力を相対的に重視するのか，また，発達段階との関連でどの教科にウェイトを置くのかといった課題につながる。小学校では1958（昭和33）年以降，特に低・中学年で国語の割合が高く，小学校の総時数に占める国語の割合は25〜27％程度となっている。続いて算数の割合が高く，社会と理科はほぼ同じ割合を維持してきた。体育は改訂にかかわらず10％程度を維持している。中学校になると社会や理科の割合が相対的に高くなっている。これらのことから小学校では言語や算数に関する能力の育成を重視し，中学校ではいわゆる内容教科の比率が相対的に高まることがわかる。時数の配当割合が，児童生徒のどのような学力につながるのか，授業時数の妥当な配分のあり方は今後の検討課題といえる。

　続いて，授業時数の示し方についてである。例えば各教科等ごとの授業時数を示す現行の方法では，この時数を前提に各単元の時数配当が実際的な課題になる。また，全国的に教育指導の共通性が高まり，教科書等の取扱いも共通的なものとなることが想定される。これに対して，「〜」で範囲を示す方法や複数学年をまとめて示す方法，教科間でのやり取りを可能にする方法を採用した場合は，各学校の教育課程編成の裁量が高まることになる。

　いずれにしても，授業時数の設定に合理的な方法がありうるのか，指導内容やその取扱いとの関連，教育課程全体に占めるウェイトとの関連，学年や発達段階，学校段階との関連の視点から整理し検討することが必要である。

第7節　普及と検証・評価——教育課程基準におけるP-D-C-A

　学習指導要領の趣旨の普及は，告示後に解説が作成されるともに，全国及び各地域や都道府県ごとに教育課程の説明会が開催され，それを受けて市町村，学校へと改訂の趣旨が伝えられる。その際に，自治体によっては，独自の手引きや資料を作成して，趣旨の普及を図ることが行われる。また，学習指導要領

の解説のみでなく，指導資料などを作成し提供することが行われることがある。文部科学省から自治体への説明会は，文部科学省の行政職員や教科等の担当職員が担当することが多い。自治体から学校への周知は教育委員会の職員が担当する。説明にあたっては，やむをえない面があるものの，答申や学習指導要領及びその解説の内容を踏まえたいわば"行政説明"的な周知になりがちである。ただ，実際の指導計画を作成し授業構成を進める際には，この行政説明だけでは十分とはいえないと考える。例えば「主体的・対話的で深い学び」を答申と学習指導要領，その解説の記述のみで授業として「実現」するためには，その間隙を埋める必要がある。特に「主体的・対話的で深い学び」といった用語の提示にあたっては，単に演繹的・規範的な説明にならないよう，具体的な教育実践のモデルや事例の裏付けが必要と考える。告示→移行措置→全面実施という一方向の流れではなく，例えば学習指導要領案として一定期間試行実施し，調整の後，全面実施とする手続きも考えられる。

　一方，教育課程が実施に移されて，一定期間を経ると編成や実施状況，教育指導としての定着が課題になる。教育課程の編成状況については，授業時数や指導方法その他について，文部科学省において全国的な実態調査が行われている。教育課程の実施状況については，学習指導要領実施状況調査として実施されている。ペーパーテストや質問紙調査によって指導や児童生徒の学習状況を把握し，指導の改善に生かす仕組みとなっている。ただ，限られたテストの内容で，学習指導要領の特に改訂された事項の取り組みや定着状況が検証できるかどうかは一定の限界があると考える。指導内容の中には，教材や指導方法の工夫をしやすい内容もあれば，そうでない内容もある。これらの検証を行うには，学習指導要領の事項と教科書の記述内容との関連，これらと授業の構成や展開に着目した検証が必要である。

　以上7つの論点から，教育課程基準と各学校の教育課程について検討した。これら以外にも，教育課程基準の特例のあり方，学習評価と学習指導要領との関係，学校規模や学級の児童生徒数と教育課程編成との関連といった論点も考えられる。

（工藤文三）

第13章　学習評価とカリキュラム

第1節　課題設定

　カリキュラム研究において，「学習評価とカリキュラム」というテーマは，新しくもあり，また喫緊のものとなろうとしている。日本の教育課程行政も範を求めることが多い，近年のアメリカの教育改革に関する優れた研究書によれば (北野ほか編，2012)，貧しい公的な財政事情の中で進められようとしている，「スタンダード（カリキュラム）」の開発と採用・設定と「アセスメント（学習評価）」に伴う強力なアカウンタビリティの実施によって，学校・校区における教育の自律性が奪われ，教育世界が疲弊しつつある現状を指摘している。また，「学習評価」と「カリキュラム」をつなぐ論理に，剥き出しの市場原理が介入して，アメリカの公教育制度が崩壊しつつあるという警告の書も公刊されている (鈴木，2016)。

　このような現状を知ると，そもそも「学習評価とカリキュラム」というテーマ自体に懐疑的な批判の眼が向けられそうである。事実，「スタンダード」や「アセスメント」を語る最近の論評には，指弾や断罪のトーンが強く表れている。しかしながら，このようなトーンが強くなるということは，この「学習評価とカリキュラム」というテーマ自体の重大性・重要性を逆照射しているとも考えられる。

　ところで，先に紹介した近年のアメリカの教育改革を憂慮する研究書の中で，つぎのような注目すべき記述がある。「NCLB 法下で全米に浸透した『ハイ・スティクス・テスト (high-stakes test)』を問題視し，パフォーマンス課題と自己評価活動を重視する「真正の評価 (authentic assessment) 論に基づく実践が

さまざまなレベルで展開している」(北野ほか編，2012，p.64) と。筆者もまた，教育方法学の立場から，「ポートフォリオ評価法」や「パフォーマンス評価法」の基礎理論として，「真正の評価」論に早くから着目してきた (田中，2008，2012)。はたして，「真正の評価」論は，評価方法の一類型を超えて，「学習評価」と「カリキュラム」をいかなる論理で媒介しようとするものなのか。幸いにも，この問いに応えるべく，「真正の評価」論を論じるための重要かつ大部な基礎文献も邦訳されている(Wiggins & McTighe, 2005, 邦訳2012 ; Newmann, 1996, 邦訳2017)。本小論では，筆者の力量不足から，また紙幅の制約から，この「学習評価とカリキュラム」に関する研究課題や研究の展開を幅広くレビューするのではなく，現代着目されつつある「真正の評価」論をより深く考究することによって，その任を果たしたいと思う。

第2節　教育における「真正性」の探究

　1988年のアーチボルト (Archald, D. A) との共著の中で学力評価の文脈で「真正の (authentic)」という概念を初めて使用したのはニューマン (Newmann, F. M.) であり，1989年の論文の中で「真正の評価」という概念を使い始めたのはウィギンズ (Wiggins, G.) であることはよく知られている (遠藤，2003)。ニューマンが，その「真正」という概念を登場させた共著の題名は，『標準テストを超えて(*Beyond Standardized Testing*)』であり，副題として「中等学校における真正の学力を評価する (Assessing Authentic Academic Achievement in the Secondary School)」とあるように，当時強まりつつあった，トップダウン式に広範囲に多用された「標準テスト」に対抗する意味で，「真正」という概念が創発されたのである。それでは，まず「真正性 (authenticity)」の意味内容を考究したい。

1．「真正性」とは何か

(1)「真正の評価」のポピュラーな規定
アメリカでポピュラーな教育辞典によると，「真正の評価(authentic

assessment）」は「標準テストに代替する評価の形式である。生徒が知識を現実の世界（the real world）にいかに効果的に応用（apply）するのかみようとするものである。」（*The Greenwood Dictionary of Education*, 2003）と定義されている。また，ウィギンズは，「真正の評価」論の重要な指標のひとつとして「（オーセンティックアセスメントとは）大人が仕事場や市民生活，個人的な生活の場で試されている，その文脈を模写（replicate or simulate）すること」と規定する（Wiggins, 1998, p.24）。「真正性」の哲学的議論はさておき（例えば，Taylor, 1992, 邦訳第3章など），教育評価の文脈で使われる「真正性（真正の評価）」とは「現実の世界」を模写した評価課題に取り組む評価論として考えてよいだろう。

(2) ニューマンの「真正の学力」の規準

　さて，ニューマンの研究史，実践史に即せば（藤本，2013），その核心にあたるニューマンによる「真正の学力（authentic achievement）」の三規準（criteria）は，1988年以来若干の変遷を経て1995年に確立し，「学校再建研究（School Restructuring Study: SRS, 1990-1997）に関する報告書では，次のように規定されている（Newmann, 1996, 邦訳pp.35-40）。その三規準とは，「知識の構築（Construction of Knowledge）—既存の知識を土台として—」と「鍛錬された探究（Disciplined Inquiry）—既存の知識基盤を活用し，深い理解（In-Depth Understanding）を追究し，洗練されたコミニュケーションを通じて自己の考え方や発見を表現する—」と「学校を超える価値（Value Beyond School）」である。すなわち，「鍛錬された探究」を通じて，「知識の構築」を行うことによって，生徒自らが，「学校を超える価値」すなわち実社会において批判的市民となることを目指そうとしたのである。

　急いで断わっておくと，ニューマンは次のようにコメントしていることに注意しておきたい。以上の「真正の学力」の三規準に基づく「スタンダードは学校のための知的側面での優先順位を広範囲に記述しているが，教えるべき具体的な内容，また用いるべき教育技術については何ら特定していない。この方法で，このスタンダードは，厳格な知的成果（rigorous intellectual accomplishment）を要求し，定義するのであり，また教師や地方の学校行政が具体的なカリキュラムや授業実践を開発するに当たって，イニシャチブと自由裁量権（discretion）を発揮することを勧めるものである」（Newmann, 1996, 邦訳p.60）と。現行のス

タンダード運動が抑圧的画一性を促進していることへの強い批判意識とともに，このような知的規準がないアメリカにおいては一貫性の欠如や混乱が生じているという問題意識によってなされた発言である。

　念のために，ウィギンズは，教育評価（Educative Assessment）の本質のひとつとして，フィーバック概念の重要性を指摘する。その際，評価指標としての「ルーブリック」の開発がいかに「カリキュラム」設計にフィーバックされるのかという課題は，「学習評価」と「カリキュラム」を教育的に媒介するのか否かの結節点のひとつになる。近著によれば，この課題は看護教育分野の中で自覚され，まさしく教育的媒介の様相を明示しつつある（糸賀・元田・西岡，2017）。

(3)「真正性」——「適切性」と「厳格性」の関係性

　ここで，先に指摘した「真正性」とは，「現実の世界」を模写することにあるとしたことの意味内容をより明確にするために，ニューマンが規定する「学校を超える価値」と「現実の世界を模写すること」との関連について考察しておきたい。なお，ニューマンの足跡に即せば，「学校を超える価値」は当初は「評価を超える価値」（Value beyond Evaluation）と表現され（Archbald & Newmann, 1988, pp.3-4），標準テストとしての「評価」が学校知を包囲・拘束することへの批判意識を込めて，使用され始めた。その後，より一般化して「学校を超える価値」を採用することになると，生じるであろう誤解を避けるために，次のように説明されるようになる。「ある人々は，『真正』という用語は，『適切（relevant）』や『生徒中心（student-centered）』や『実際に体験すること（hands-on）』という教育と同一視しているが，それは違う。「学校を超える価値」とは，真正の知的活動（authentic intellectual work）の構成要素のひとつでしかない」（Newmann, King & Carmichael, 2007, p.5）と。もとより，真正の知的活動の基軸は，「鍛錬された探究」を通じて，「知識の構築」を行うことであり，それこそが，学校教育の何よりの任務とされるのである（Newmann, 1996, 邦訳 p.36）。換言すれば，「学校を超える価値」は何よりも学校における「真正の知的活動」を媒介することによって現実化されるのである。なお，ニューマンにあっては，「適切性（relevance）」が児童中心的に理解されることを避けるために，その知的厳格さを表現するために，「厳格性（rigor）」を使用している（2007年の報告書の論題に着目，Newmann et al., 2007）。

周知のように，教育における「適切性」を明示したのはブルーナー（Bruner, J. S.）である。ブルーナーによれば，二つの「適切性」があると指摘する（Bruner, 1971, 邦訳1972, p.204）。そのひとつは，「社会的適切性(social relevance)」であり，それの解決が人類としての存亡にかかわるような諸課題に関わる悲痛な(grievous) 問題としての教育内容である。もうひとつは，「個人的適切性(personal relevance)」であり，真実なものとか，感動を呼び起こすものとか，意味のあるものとかの実存的（existential）な規準によって報いられる教育内容であり，両者は残念ながらいつも重なるとは限らないと述べている。とりわけブルーナーは，個人的適切性を強調することによって，社会的適切性を犠牲にすることに警告を発している。ニューマンの方法論にならえば，現実世界の複雑な「社会的適切性」に素手で立ち向かうのではなく，まさしく厳格な「鍛錬された探究」によって立ち向かうことによって，「学校を超える価値」を獲得すると考えられたのである。

　「厳格性（rigor）」を要求するニューマンの学力規定は，さらに次のような発言に象徴されている。すなわち，「知性に対して強力に焦点化していくこと(A strong intellectual focus)は，進学や就職に求められる複雑な認知機能にとって重要なだけでなく，個人の情緒面の発達（individual emotional development），身体的な健康，個人的関心事についての効果的なマネージメント，民主的な市民生活への有能な参加（competent participation in democratic civic life）に対しての社会の要求といったことを満たす上でもとくに重要である」(Newmann, 1996, 邦訳p.208) と。ただし，ニューマンの想定する知性とは，学業的知性のみならず，保育園児を持つシングルマザーが給料計算や勤務時間を計算するといった生活知性をも内包するものであり(King et al., 2009, p.43；藤本，2013，p.53)，それゆえに，「真正の学力」は，悪しき主知主義を排して，「学校を超える価値」を担保すると考えるのである。

(4) ウィギンズの「理解」の様相

　このニューマンの学力規定を，現実世界に転移(transferability)する「理解」概念として把捉し，発展させたウィギンズは，その「理解」概念を，次のように５つの様相 (Facet) として説明している（Wiggins, 1998, pp.84-85）。要約すると，

　①洗練された説明や解釈（sophisticated explanation and interpretation）。今

まで学習し，遭遇してきた正確かつ理路整然としてわかりやすい理論や物語を発展させ，提供し，実証する能力のこと。

②文脈上のパフォーマンスの秘訣や感受性（Contextual performance know-how and sensitivity）（機智savvy）。多様な，あるいは特別な状況において知識をどのように有効に利用し，応用するのかということ。

③見通し（Perspective）。批判的に思考（critical thinking）し，精査することを通して得られるものである。この意味において理解するということは，含蓄のあるものや仮定されているものの，眺望の利く観点から，複合的な展望から，物事を見ることである。

④共感（Empathy）。他人の感情や世界観の内情に通じ，他人が経験するようにその世界を経験する能力のことである。共感は同情ではない。

⑤自己認識（Self-knowledge）。これは私たちが持つ知的な先入観を知り，私たちがなにを，どのように理解したのか（または理解しなかったのか）という先入観がどのように影響し規定さえしているのかを確認する能力である。

後年になって，ウィギンズは，「理解」概念を次の6つの様相（facet）としてシンプルに説明している（Wiggins & McTighe, 2005, 邦訳pp.101-102）。

①説明する（explain）。②解釈する（interpret）。③応用する（apply）。④パースペクティブ（perspective）を持つ−批判的（critical）で洞察に富んだ見方（同書，邦訳p.114）。⑤共感する（empathize）。⑥自己認識（self-knowledge）を持つ。

ところで，ここで，ニューマンの初発の問題意識であった「批判的市民」の形成（藤本, 2013, p.55）と，同じくウィギンズも重視する「批判的思考」に関わる，「教育において『批判性』を育成するという課題」，それ自体が含意する課題を浮上させておきたい。この課題を顕在化させたのは，バッキンガム（Buckingham, 2003, 邦訳第7章）のマスターマン（Masterman, L.）批判である（石原, 2005参照）。まさしく教育実践において「批判性」を育成する課題が内包する「教育実践のイデオロギー的ジレンマ」をいかに課題化するかも，「真正の評価」論が引き受けなくてはならないものと考えたい。この課題は，「学校を超える価値」（Wiggins, 1998, p.25）のさらなる探究へと焦点化されていくことになるだろう。

2．もうひとつの「真正の評価」論の方法原理

ウィギンズが，以上の「理解」概念を基底において，「本質的な問い（Essential Question）」を基軸とするパフォーマンス評価によって，カリキュラムを編成する方法論（「逆向き設計（Backward Design）」論）を構築したことは，すでに優れた理論書と実践書（西岡，2008，2016）によって明確にされているので，その解説はそれらの書籍に譲りたい。ここでは，「真正の評価」論が想定するもうひとつの方法原理を考えてみたい。

一般に，学校教育において，学力しかも「知的厳格性」を求める学力を重視するというスタンスに対しては，エリート主義のレッテルを貼られることが多い。はたして，ニューマンとウィギンズの場合はどうか。この点を明確にするということは，「学習評価」と「カリキュラム」を教育的に媒介する，もうひとつの方法原理を浮上させることになるだろう。

(1) 公平性

ウィギンズが「真正の評価」を提起した最初の論文の副題（Wiggins, 1989）にも明らかなように，彼の関心は「真正性」とともに「公平性（equity）」にあったことは明らかである。ただし，この段階のウィギンズは，課題とする「公平性」は，もっぱら教育評価論上の「公平性」であった。しかし，「学校再建研究（SRS）に関する報告書の中で，ニューマンは，「公平さの基準（a standard for equity）とは子どもたちがその社会的学力的背景（social and academic background）とは関係なく平等に質の高い授業にアクセスすることである」（Newmann, 1996, 邦訳p.285）と明言し，「社会的公平性」を注視している。また，「異なった社会的背景にあるグループの間に等しく質の低いレベルの授業を提供することによっても，公平さを達することができることになってしまうのである。私たちのスタンダードは，公平さとは質の高い教授法に等しく接していくことを含んだ概念なのだと主張する。つまり，卓越性（excellence）抜きの公平さ（equity）などあり得ないのである」（同書，邦訳p.286）とも明言している。それでは，「質の高い授業」こそ「真正の教授法（authentic pedagogy）」であると考えるニューマンにとって，子どもたちの多様性にどう対応するのかが課題となる。

「不平等（inequality）ではないことは必ずしも公平さ(equity)を保証するものではない」（同書，邦訳p.286）とするニューマンにあっては，自らの学校調査研究において，子どもたちの多様性（人種，階級，性別，学力格差など）に対して，「差異化(differentiation)」と「共通化(commonality)」という二つの方略があることを明らかにして，トラッキング・イデオロギーを批判しつつ，真正性に成功している学校では，その両方の方略をバランスよく実施していると指摘している。

(2)「参加」概念

このニューマンの「公平性」原理を「参加(engagement)」概念として発展させたのは，「失敗（学業不振やドロップアウトなどを総称）は選択肢ではない──Failure Is Not an Option」というスローガンで著名な，ブランクシュタイン（Blankstein, A. M.）であろう。『すべての学習者を参加させる(Engaging Every Learner)』という著書（Blankstein, 2007）の中で，ニューマンの学校調査研究に肯定的に言及して，その含意を「１．教師たちは，すべての生徒の学習を保障するという明確な目的を持つこと。２．教師たちは，その目的達成のために協同的な活動に参加する。３．教師たちは生徒の学習に対して協同の責任を負う」（同書, p.4）とまとめ，そのような学校文化の構築を目指そうとしている。

カリキュラム研究の領域を超えるが，学校財政制度研究において，教育機会の相対的平等を支える「エクィティ」概念から，教育の質の平等を求める「アディクアシー」概念への転換が開始されようとしていると指摘されている（白石，2014参照）。アメリカの公立学校において，「学習評価」と「カリキュラム」を教育的に媒介する「真正の評価」論の可能性を拓く状況として，また日本の教育課程行政への示唆として受け止めておきたい。　　　　　　　　（田中耕治）

第14章　海外のカリキュラム実践からの示唆

第1節　韓　国

　現在（2017年）韓国では，スローガンとして「文・理系統合型」を掲げている新しい「2015改訂教育課程（2017年〜2020年）」（日本の学習指導要領に相当する）が，初等学校（以下，小学校）１・２年生を中心に段階的に実施されているところである。第二次世界大戦後から「第７次教育課程（1997年〜2007年）」までは，10年ごとに教育課程が改訂されている。以後，「2007改訂教育課程（2009年〜2013年）」，「2009改訂教育課程（2011年〜2016年）」を経て現在は，これまでに経験したことのない教育課程改革の「過度期」を迎えている。

１．現行「2015改訂教育課程」の展開

　「2015改訂教育課程」では，学校教育を通して，すべての子どもが人文，社会，科学技術に対する基礎リテラシーを高め，人文学的・科学技術的創造力を身に付け，創意・融合型人材を育成する教育を目指している。ここでの創意・融合型人材とは，６つのキーコンピテンシー（表Ⅱ-6）を基礎にし，情報社会の中で新しい知識や価値

表Ⅱ-6　韓国におけるキーコンピテンシーとその意味

キーコンピテンシー	意　味
自己管理コンピテンシー	アイデンティティや自信を持ち，自身の生き方や進路に必要な素質や能力を備え，自己主導的に生きる能力
知識情報処理コンピテンシー	問題を合理的に考え，解決するために多様な領域の知識や情報を活用する能力
創意的思考コンピテンシー	幅広い知識をもとに多様な専門分野の知識，技術，経験を融合的に活用し，新しいものを創出する能力
審美的感性コンピテンシー	人間に対する共感的理解と文化的感受性をもとに生きることの価値を発見し，交流する能力
コミュニケーションコンピテンシー	様々な状況の中で自身の考えや感情を効果的に表現しながら他者の意見を聞き，尊重する能力
共同体コンピテンシー	地域・国家・世界共同体の構成員として要求される価値観や態度を備え，共同体の発展に積極的に参加する能力

（教育部「2015改訂教育課程」の総論より一部抜粋）

を生み出す人材のことである。例えば，6つ目の「共同体コンピテンシー」（韓国では，キーコンピテンシーを「核心力量」と訳している）においては，従来の個人能力向上の強調から，共同体の中で他者とともに力を合わせ，一緒に目標を達成していくところに意義がもたらされている。

「2015改訂教育課程」の総論を確認すると，小・中・高等学校において教育が追究する人間像は，自主的な人，創意的な人，教養がある人，他者とともに生きる人であり，その下位のコンピテンシーとして，上記6つのキーコンピテンシーを教育目標としている。これは，OECDが設定する能力概念であり，各国の教育政策に影響を与えているDeSeCoのキーコンピテンシーをかなり意識して設定されていると考えられる。「2015改訂教育課程」の人間像とキーコンピテンシーは，子どもの未来を見据えた多様な能力を備えることの提案であり，学校教育を通して実現していくための教育改革を方向付けるものとして必要である。しかし，そうした能力を育成することで子ども一人ひとりの豊かな学びの実現ができるのか，また，子どもたちが将来にどのような社会を築き，どう関わっていくのかは，明らかに示されていないのが現状である。

2．「2015改訂教育課程」の特徴とその課題

「2015改訂教育課程」の小学校のカリキュラムを確認すると，図Ⅱ-6のように「教科」「創意的体験活動」で分けられており，その要になるところは，やはり「創意的体験活動」の中で新しく新設された「安全教育」である。「2015改訂教育課程」の内容の特徴としては，以下の三つにまとめることができる。

一つ目は，人文，社会，科学技術に関する基礎リテラシーとともに，人文学的想像力と科学技術の創意性の育成を目指していることである。特に，高等教育では，文系・理系の区分がなくなり，共通科目として「統合社会」と「統合科学」などが新設されている。これは，今まで

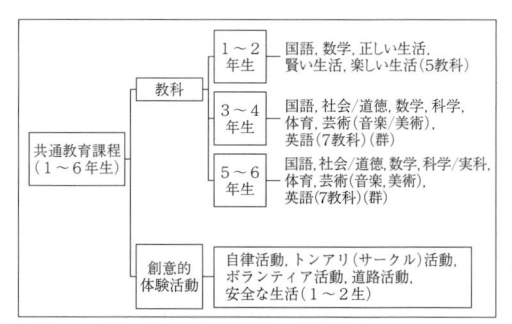

図Ⅱ-6 「2015改訂教育課程」の小学校のカリキュラム
（教育部「2015改訂教育課程」の総論より一部抜粋）

の教育改革の内容とは著しく異なるパラダイムの転換ではあるが，一方で，抜本的な見直しにはなっていないという否定的な声も上がっている。この改訂の背景には，TIMSSの結果で韓国は，数学では良好な成績を示していたが，科学においては，押し並べて学力(実験設計，科学的測定，資料の解釈など)の低下が見られ，社会的な問題になったことや，これまでの文系・理科系に両分化されたカリキュラム編成により，基礎・基本的な学力に関して知識の偏重が見られたことへの反省がある。

ところが，各教科の特質や異なる教科を融合する意味をどう捉え，どのように構想し実践するのかが明確にされていないため，これからの課題として問われているところである。

二つ目は，授業改革や評価方法に関するさらなる改善が促されている。それを端的に示すのが，パフォーマンス評価の推奨である。韓国において，パフォーマンス評価の概念が導入されたのは日本よりもかなり早く，1990年代初頭のことである。その後，具体化への様々な議論や取り組みを経て，1997年以降，教育政策として，パフォーマンス評価の実施・普及が推進されてきた。そのため，共同学習，討論，体験学習，プロジェクト授業など，子どもを中心とする参加型の授業がメインとなっている。ただし，教育現場レベルでの実践においては課題も残されている。今回の改訂によるパフォーマンス評価の比重の拡大に伴い，子どもの成長に合わせたフィードバックが実施される予定である。これは，子ども一人ひとりの学びにつながるプロセスや成長と発達過程そのものを記録し，個人内評価を中心とするもので，その手続き的知識（過程的，方法的）が重視されている。

しかしながら，パフォーマンス評価が，支援型・質的評価であるにもかかわらず，義務教育段階において高次の思考能力を要するパフォーマンス課題の遂行についていけない子どもも存在しており，そうした子どもたちに対する対応が十分に吟味されていない。パフォーマンス評価の実施は，いまだ利点と問題点が並存している状況である。

三つ目は，小学校において先にもふれた「安全教育」，そして「ソフトウェア教育」が新設されていることである。韓国では，修学旅行に行くフェリーの転覆事故(2014年4月)があり，この事故をきっかけに子どもの「安全教育」に対する関心が強まったことから，教育の最大の目標として認識されるようにな

った。そこで、小学校の1・2年生の早い段階から「安全な生活」（検定教科書）を「創意的体験活動」として週1〜2時間、災害や事故から自分の身を守ることに関して深く考え、疑似体験する時間が設けられている。

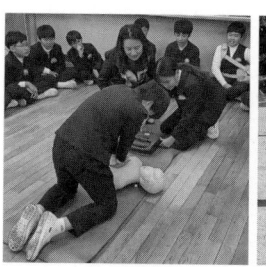

図Ⅱ-7　「安全教育」の実践
（小学校3年生「AEDの体験」と「消火器の体験」）

カリキュラムの編成においては、年間44時間以上とされているものの、学校教育においては全学年を対象にする授業もたびたび行われている。現在の実践を確認すると内容としては、学校内での生活での注意、交通やエレベータでの注意、子どもの虐待に対する対処方法等であり、担任の先生及びゲストティーチャー（消防士、交通安全管理員、社会福祉者等）を中心とする体験学習が行われている。しかし、2017年からスタートしたこともあり、「安全教育」を実践する上での体系的・継続的な実施方法や事例の分析・検討がいまだ不十分である。特に、教える側の専門性の不足が指摘されている状況である。

これからの課題としては、「安全教育」を通して何を教えたのか、その中で子どもたちは、何を学んだのかを具体的に問えるようにし、外からは見えにくい子どもの内的な変容・安全意識の変化を捉えていかなければならない。

次に「ソフトウェア教育」であるが、現行は中・高等学校で行われているICT教育の中に、小学校の5・6年生の段階からソフトウェア教育が追加され、21世紀型スキルである計算論的思考教育に以前より力を入れる意図がある。ソフトウェア教育は、子どもの創意・論理的な思考や問題解決能力と密接に関わっているため、認識形成の過程とその深化・発展の度合いをより促す工夫をしていく必要がある。

韓国は、政府主導によるたびたびの教育課程改訂により、評価すべき改革も成し遂げてきたが、その一方で今日的課題が多く残されている。何より、教育改革の一環として急激に推進されたことにより、学校教育においては、教える内容の多さ、時間の確保の難しさ、評価の一貫性や客観性の保持と困難さ（認知面・情意面の双方から）、教師の専門性の不足といった実践上の課題点があらためて浮かび上がっている。

（趙　卿我）

第2節　中国（上海）

1. 上海におけるカリキュラム改革

(1) はじめに──「素質教育」を目指したカリキュラム開発の試み

　1985年頃に中国共産党の実務を指導する鄧小平は「一部の地区，一部の人々が先に豊かになれば，その他の地区，その他の人々を援助して次第にともに豊かになっていけます」（鄧，1985，邦訳p.159）と述べ，社会主義の中国に市場経済を導入することを後押しした。その恩恵を受けて先に豊かになった上海は，1988年に「素質教育」（従来の選抜型教育への反省から，すべての子どもたちの様々な資質や人間性を育てようとする）カリキュラムを開発する特区となった。背景として，1978年から実施された全国統一試験により受験競争が過熱化し，子どもたちがハードな学習ノルマに追われ，実社会を生き抜く力が全く身に付いていないことが問題視された。その解決策の糸口を探すために，上海は約30年の歳月をかけて2回の大規模的なカリキュラム改革を行った。

　改革の成果として，15歳の生徒を対象に，これまで学んできたことを，実生活の様々な課題にどの程度活用できるかを調べるPISA（国際学習到達度調査）において，上海の生徒が2回連続して（2009・2012年），全分野を通して首位の成績を収めた。また，成績上位の生徒が多いだけでなく，下位の生徒が最も少ないこと，上位と下位の差が小さいことが特徴であった。上海教育の秘密を探るために，日本の新聞や雑誌では，上海のカリキュラム改革の政策や教員研修の現状，及びペア学校制度が取り上げられて検討された（山本，2012）。それにより，2200万人の人口を有する上海は，エリート教育ではなく，学力の底上げ教育によってPISA調査で測れる比較的に均衡化した学力を生徒たちに確保できたということがわかった。一方，上海という教育先進地域の経験はそう簡単に中国全土に広めることができないだろうという意見も散見された。

　上海のカリキュラム改革は，具体的には，どのような特徴と課題を有するのか。この問題を解き明かすことで，日本のカリキュラム改革への示唆を得るこ

ともできるだろう。ここでは，まず上海ではどのような資質・能力観を持ち，そのためにどのようなカリキュラムを編成したのかについて検討する。なお，上海のカリキュラム改革は，時系列で分けると，1988年〜1997年までの第一期と1998年〜現在までの第二期に大別することができる。

(2) 初期の改革——「三位一体」のカリキュラムの形成

第一期カリキュラム改革のテーマは，「素質教育をどのように実施するか」ということであった。主としてそれまでの受験教育のためのカリキュラムと教科書を素質教育のためのものにすること，単一化したカリキュラムモデルを多元化したものに改革することに重点が置かれていた。具体的には，基礎・基本的な知識とともに，個性的な思考，実践能力，及び学習態度を育む「基礎学力」観が打ち出された（鐘，1989）。

また，「基礎学力」を育成するために，上海では「三角形カリキュラムモデル」（別称：素質中心カリキュラム論）が提案された（王，1989）。素質中心カリキュラム論では，人間性を意味する「素質」を中心に据え，「社会の要求」をカリキュラム編成の出発点とし，「児童生徒の発達」を認識論の拠り所とし，「教科の体系」をカリキュラム編成の客観的な法則として捉えている。

実際のところ，上海では，9年小中一貫教育が採用され，学問的な「必修課程」，職業生活的な「選択課程」，児童中心的な「活動課程」からなる「三位一体」のカリキュラム編成となった。それらの授業時間数を，当時の全国共通カリキュラムのそれと比べると，「必修課程」は1割以上減少し，「選択課程」はすべて新設科目であり，「活動課程」は2倍の時間数に増えたこととなった。つまり，「三位一体」のカリキュラムを構築することによって，学校において通用する力だけではなく，社会的・実践的な力を伸ばしていくことがねらわれた。一方，生徒に多様な学習機会の選択肢を与えたものの，一元的なカリキュラムが限りなく細分化することで，教科知識の断片化と生徒の学業負担の過重化という課題をもたらしていることも指摘できる。

(3) 改革の深化——「総合的学力」を目指した小中高一貫教育

第二期カリキュラム改革では，第一期カリキュラム改革における問題点を克服しようと，「総合的学力」の概念が全面的に打ち出された（趙，2004）。「総合

的学力」は，基礎学力，発展性学力と創造性学力の３層からなる立体的な構造になっている（図Ⅱ-8）。基礎学力は，学ぶことを好む態度と基本的な学習能力，及び構造化した基礎知識のことを指しており，発展性学力は，生徒の学習に対する見通し

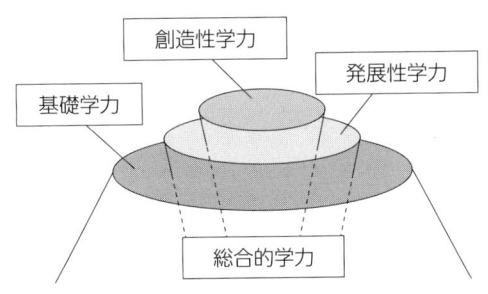

図Ⅱ-8 「総合的学力」モデル(趙, 2004)

と，独学力・生存力・情動制御力，及び発展的知識のことである。創造性学力とは，探究的な態度，批判的な思考と実践力，及び多元的な知識の集合のことである。また，基礎学力は，発展性学力と創造性学力を育む土壌であり，これらの学力の伸長と可視化を促進する。いずれの層も第一期の改革と同様に態度・知識・技能の３要素を備えるのが特徴として捉えられる。

　また，三角形カリキュラムの一元化・細分化を克服し，より多次元的で，統合したカリキュラムの構築を目指したのは，上海における12年小中高一貫教育カリキュラムである。そこで，「総合的学力」モデルに対応した３種類のカリキュラム（基礎課程，発展課程，探究・研究課程）が第１次元，学習領域が第２次元，科目の類型（学科，活動，特定のテーマ）が第３次元として捉えられている（上海教育委員会，2000）。とりわけ，生徒の自主的な参加と体験が重視され，①道徳形成と人格発達の経験，②潜在能力開発と認知発達の経験，③体育とフィットネスの経験，④芸術的修養を発達させる経験，⑤社会的実践に関する経験，というような多様なニーズや学習経験を保障するために８つの学習領域が再編された（表Ⅱ-7）。これらの改革を通して，教師側にはカリキュラム開発と授業研究に取り組む主体性が，生徒側には学習において自らの考えを持ち，それを主体的に表現し，探究し，伝える力が重要であると捉えるようになった(上海教育科学研究院，2005)。

表Ⅱ-7　上海12年小中高一貫教育カリキュラムの構造

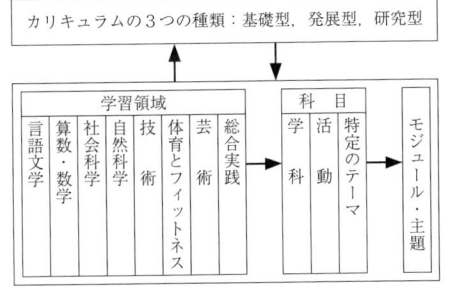

出典：上海教育委員会(2004)「上海普通小中(高)校課程方案」p.3.

2. 新たな資質・能力観——「核心能力」と教育評価システムの構築

　2007年，上海における教育の質を評価するためのシステム研究開発チームにより，①様々な教育サービスの普及度，②児童生徒の「素質」，③カリキュラムの実行率と教育リソースの利用度，④教員の質，及び⑤学校・政府・社会によるスーパバイザリーコントロールという5つの要件からなる評価システムが構築された。その中でも児童生徒の「素質」に注目すると，評価の指標として「人格素質」「学業成績」「核心能力」という3つの柱が示された。

　とりわけ，「核心能力」というのは，「総合的学力」を継承しつつ国際社会に通用する「素質」の概念として強調された。「コミュニケーション力」「情報技術力」「他者と協働する力」「問題解決力」「学ぶ力」から構成され，OECDにおける「キー・コンピテンシー（主要能力）」をはじめ，各国が重視している21世紀を生き抜くための汎用的スキルと共通しているといえる。

　また，質的教育評価システムの開発において，『上海児童生徒成長記録冊』や「総合素質評価表」など，ポートフォリオ評価法のような質的評価法を通して学校内外における児童生徒の生き生きとした学びの姿を記録し，「素質」の伸長を可視化することに成功した。その評価システムは，学校の中で閉じ込められたものとしてではなく，インターネットなどを通して，ユーザーとして登録されている保護者やコミュニティメンバーの参加のもとで絶えず改善されていく動的なシステムとして設計されている。

　つまり，上海は中国教育先進地域として，全国をリードする使命感に駆られて止まることなく教育のレベルアップを追い求めてきた。しかしながら，これからは上海のみならず，ほかの地域も，個々の児童生徒の個性豊かな人間形成に寄与していくような資質・能力の内実の究明が課題となる。そのための指導と評価システムの構築も一層求められるようになるだろう。　　　　（鄭　谷心）

第3節　シンガポール

　外務省ホームページによれば，シンガポールは面積約719平方キロメートル，2016年6月現在の人口は約561万人であり，民族構成は中華系74％，マレー系13％，インド系9％である。国語はマレー語だが，公用語は英語，中国語，マレー語，タミール語である。主な宗教は仏教，イスラム教，キリスト教，道教，ヒンズー教である。多民族・多言語・多文化の小さな都市国家である。

　シンガポールは1965年の独立以来，リ・クアンユー元首相の指導のもと，開発を推進し，国家の独立を維持してきた。水さえも隣国からの輸入に頼らざるえない少資源国家にとって，唯一の資源は人間である。それゆえ，シンガポール政府にとって人材開発は重要な政策的課題であり，絶えず改革が試みられている。

1．教育制度とカリキュラム政策

　はじめに，シンガポールにおける教育制度とカリキュラムの概要を確認しておこう。

　小学校は6年制であり，中等教育段階は本人の希望と小学校修了試験（PSLE）により，コースが振り分けられる。基本的にエクスプレス（4年課程），ノーマル・アカデミック（5年課程），ノーマル・テクニカル（4年課程）の3つのコースに分岐する。エクスプレスとノーマル・アカデミックはコース修了時にGCE-Oレベル試験があり，2年制のジュニア・カレッジ（大学に接続する後期中等教育）に接続する。一方，ノーマル・テクニカルは修了時にGCE-Nレベル試験があり，3年制のポリテクニック（専門高校）に接続する。なお，2004年から6年一貫中等教育が導入され，中等教育制度は一層複雑になっている。

　教育制度は多様であり，また中等教育段階で提供される教育内容もコースによって異なるが，カリキュラム政策の基本的コンセプトは一貫している。シンガポールは1997年頃からICTの導入，批判的思考，創造性，問題解決，生涯学習などのスローガンを掲げ，教育改革を進めてきた（「考える学校，学習する国

民」TSLN=Thinking School, Learning Nation）。これらの教育改革の延長線上に，カリキュラム政策としてのTLLM（「教えすぎずに，たくさんのことを学ぶ」Teach Less, Learn More）が登場する（Jason, 2013）。

　TLLMは，2004年のリ・シェンロン首相講演，2005年のターマン・シャンムガラトナム教育相講演に端を発し，今日に至るまでシンガポールのカリキュラム政策の根幹となっている。TLLMは教育内容を30％削減するが，生徒から能動的かつ主体的な学びを引き出すことにより，生徒がより多く，より深く学ぶことを促すための基本方針である。

　しかし，このカリキュラム政策は基本方針であって，必ずしも明確な輪郭と細部を備えた概念ではない。TSLNからTLLMに至る一連の教育改革及びカリキュラム政策は，急速に変化する時代のニーズに合わせて，知識中心の教育からコンピテンスを基盤とする教育（「21世紀的スキル」）への転換を促す基本方針を示しているにすぎない。その具体化は，教育省と国立教育研究院の支援を受けながら，最終的には各学校における教育実践に委ねられている。

2. カリキュラムの構造と教科・科目の配列

　シンガポール教育省の示す初等中等教育のカリキュラムの構造は，「ライフスキル」「知識スキル」「知識」の三重の同心円で示される。

　一番内側の「ライフスキル」は共通カリキュラムであり，クラブ活動，人格と市民性の教育，国民教育，体育などの諸活動が含まれる。二つ目の円「知識スキル」には，教科横断的・協働的なプロジェクトワークが含まれる。そして三つ目の，一番外側の円「知識」は，「言語」「人文・芸術」「数学・科学」の３領域から構成される。この３領域に各教科・科目が配列されており，各教科・科目のスコープとシーケンスは小学校修了時試験，前期中等学校修了時試験，後期中等学校修了時試験にしたがって決定される。

　ここでは前期中等教育段階（第７学年から第11学年）で提供される教科・科目を例示しておこう（表Ⅱ-8）。

　この表から，ICT関係の科目が多く見られることが確認できる。しかし，これらの教科・科目の構成からは，シンガポールのカリキュラム政策の特質を読み取ることはできない。TLLMの能動的・主体的な学びを実現し，また「21世

	言語		英語，母国語，第3外国語（フランス語，ドイツ語，日本語，マレー語，中国語）
エクスプレス（4年）ノーマル・アカデミック（5年）	人文・芸術	下級	地理，歴史，英文学，視覚芸術，音楽
		上級	総合人文
		上級選択科目	地理，歴史，英文学，中国文学，マレー文学，タミール文学，芸術とデザイン，音楽，上級芸術，上級音楽，演劇，経済，ビジネス研究，起業入門，メディア研究（英語），メディア研究（中国語）
	数学・科学	下級	数学，科学，デザインとテクノロジー，食品と消費者教育
		上級	数学，科学1科目
		上級選択科目	数学，生物，化学，物理，総合科学，デザインとテクノロジー，食品と栄養，音響原理，体育，コンピュータ研究，バイオテクノロジー，デザイン研究，電子工学基礎
ノーマル・テクニカル（4年）	言語		英語，母国語初級
	人文・芸術	下級	社会科，視覚芸術，音楽
		上級選択科目	芸術とデザイン，ビジネス・スキル入門，音楽，リテール入門
	数学・科学	下級	数学，科学，コンピュータ・アプリ，デザインとテクノロジー，食品と消費者教育
		上級	数学，コンピュータ・アプリ
		上級選択科目	科学，デザインとテクノロジー，食品研究，コンピュータとネットワーキング，電子テクノロジーとアプリ，モバイル・ロボティックス

※下級は第7学年から第9学年，上級は第10学年及び第11学年。シンガポール教育省HPより作成。

紀的スキル」を育成するため，どのような方策が取られているのであろうか。

3．PETALフレームワークと学校現場での模索

　シンガポールの各学校は，TLLMや「21世紀的スキル」などの基本方針を具体的なカリキュラム，教育実践に落とし込まなければならない。そのための一つの指針が，シンガポール教育省の示したPETALフレームワーク（PETALS™ Framework）である（MOE, 2007）。

　PETALの目的は，TLLMのもと，学習者中心の学び，主体的な学び，「真正の現実的な世界」の事例を活用した学びなどを教室レベルの実践において実現することにある。シンガポール教育省はPETALについて表Ⅱ-9のように説明する。

　この表から，生徒一人ひとりの状況に応じて授業が設計され，生徒にとって真正（オーセンティック）な教育内容・教材が選択され，形成的アセスメントが推奨されていることを読み取れるだろう（Deng, 2013）。

　さて，PETALは学校においてどのように実践されているのであろうか。ここでは一つのセカンダリー・スクール（前期中等教育）の事例を紹介しよう。

　ウエストウッド・セカンダリー校は，シンガポール西部に位置する前期中等学校である。1学年6クラスで，「近隣学校」である。同校においては，前任校長のイニシアティブのもと，PETALの導入に努めてきた。教案を作成する

表Ⅱ-9　PETALフレームワーク

P	教授法 (Pedagogy)	生徒の学習レディネスと学習スタイルを考慮した教授法を選択する。
E	学習の経験 (Experience of Learning)	思考を伸ばし，相互に関連付け，自立した学習を育てる学習経験を設計する。
T	学習環境 (Tone of Environment)	安全で，学習を励ます環境，そして信頼を生み出す学習環境を作る。
A	アセスメント (Assessment)	学生がどれほどうまく達成したかについて情報を提供し，学習を改善するためにタイムリーなフィードバックを提供するアセスメント実践を採用する。
L	学習内容 (Learning Content)	関連があり，意義のある学習内容を選択する。これは，学習を生徒にとって真正なものとする。

シンガポール教育省（2007）The PETALSTM Primer より作成

際には，必ずPETALの観点を記入するなど，PETALの実施と定着を図っている。学びのアセスメントは日々の授業の中で，教科の特性などを踏まえつつ，選択的・弾力的に実施されている。HAMALA（上位者・中位者・下位者から抽出し，学習状況をアセスメントする）など種々のアセスメント手法の活用により，個々の生徒の状況に応じて学習状況の確認とフィードバックが行われる。多様なアセスメント手法を活用しながら資質能力の育成が行われ，生涯にわたる学習者となるための基礎が培われている。

4．カリキュラム改革の鍵を握る教師教育

　PETALは生徒の学びに対する能動的・主体的な関わりを促し，自己決定的な学習者を育てることを目的とする。しかしそれは同時に，教師の教育観の変革を迫るツールでもある。カリキュラム政策に示された学びの真正性・連関性・共同性を確保するためには，教師自身が継続的に自己変革に取り組む必要がある。

　2017年5月，シンガポール教育省は教師教育のための新たな枠組みを提案した（STP=Singapore Teaching Practice）。このプログラムは新任教師が16か月の研修期間中に，教師としての必須スキル（4領域24スキル）を実際に活用できるようになることを目指す。新任教師であっても，熟達教師と同じレベルの授業を提供できるようになるためである。

　PETALが学校現場に定着しつつある今日，シンガポールはカリキュラム改革の鍵となる教師教育を，さらに次の段階に進めようとしている。　　　**（清水禎文）**

第4節　イギリス

1．イギリスのナショナル・カリキュラム

　イギリスでは，1988年に戦後二番目と呼ばれる大きな教育改革がサッチャー政権によって行われた。この改革の基本路線は，親の学校選択権を強め，競争原理の導入によって学校改善を試み，長年の懸案であった子どもたちの学力達成水準を引き上げようとするものであった。こうした改革の一案として導入されたのがナショナル・カリキュラムとナショナル・テストであった。

表II-10　2014年版ナショナル・カリキュラムの概要

		Key Stage1	Key Stage2	Key Stage3	Key Stage4
	学年（年齢）	1-2(5-7)	3-6(7-11)	7-9(11-14)	10-11(14-16)
Core subjects	English	○	○	○	○
	Mathematics	○	○	○	○
	Science	○	○	○	○
Foundation subjects	Art and design	○	○	○	
	Citizenship			○	○
	Computing	○	○	○	○
	Design and technology	○	○	○	
	Language		○	○	
	Geography	○	○	○	
	History	○	○	○	
	Music	○	○	○	
	Physical education	○	○	○	
	Religious education	○	○	○	○
	Sex and relationship education			○	○

(DfE (2014) *National curriculum in England: framework for key stages 1 to 4*を参考に，筆者が作成。)

イギリスでは，それまでカリキュラムの編成は各地方の教育委員会や学校に委託されていたため，日本の学習指導要領のようなカリキュラムに関する国の統一基準は存在しなかった。改革は，保障すべき学力をナショナル・カリキュラムによって明確にし，その達成を学校の責務，すなわち「アカウンタビリティ（説明責任）」として担わせ，それが果たされているかどうかをナショナル・テストの結果によって検証しようとしたのである。この教育システムは，現在も継承されている。

　最新のナショナル・カリキュラムは，2014年に公表されたものになる。イギリスのナショナル・カリキュラムは，学年ではなく，キーステージ(KS)を基本単位として作成されている。各KSの年齢構成と，設定されている教科や教科以外の教育活動は，表II-10のとおりである。表に示されているように，教科は「中核教科（core subjects）」と「基礎教科（foundation subjects）」に分かれており，両者の違いは，「中核教科」ではナショナル・テストが実施される点にある。

　学校でのカリキュラム開発が奨励されているイギリスでは，学校の裁量権が日本に比べると大幅に認められている。ナショナル・カリキュラムを踏まえなければならない割合は，50％程度と定められており，各学校では，教科を発展的に教えるコースや「思考スキル」の授業を設けるなど，独自の工夫がなされている。

2．汎用的スキルの重視から教科知識の重視へ

　イギリスでは，産業界からの要請に基づき，1980年代という早い時期から社会人あるいは職業人として必要な資質・能力を育成することに関心が向けられていた（松尾，2015）。資質・能力は「コア・スキル」と呼称され，当初は職業教育の中の課題として捉えられていた。1990年代に入ると，「コア・スキル」に関わる議論は，職業教育だけにとどまらず，普通教育の課題として取り上げられるようになる。労働党政権のもとで行われた1999年のナショナル・カリキュラムの改訂では，「コア・スキル」は「キー・スキル」（2007年以降は「機能的スキル」）と「思考スキル」と名称を変え，すべての子どもたちが獲得すべき資質・能力として導入された。前者のスキルとしてあげられたのは「コミュニケ

ーション」「数の応用」「他者との協力」「自分自身の学習と成績を改善する能力」「問題解決」であり，後者は「情報処理スキル」「推論スキル」「探究スキル」「創造的思考のスキル」「評価スキル」によって構成された。これらは，ナショナル・カリキュラムを通じて育成されるべき資質・能力として掲げられており，教科を含むすべての教育活動の目標とされた。

　しかしながら，そうした汎用的スキル育成の動きは，保守党政権のもとで行われた2014年の改訂において見直されることになった（藤井，2013）。ゴーブ教育大臣は，改訂の検討事項として「ナショナル・カリキュラムはすべての子どもが身に付けるべき本質的な知識（essential knowledge）」を定め，「主要教科における核となる知識(core of knowledge)を身に付ける機会」を保障することをあげた（DfE，2011a）。そして，諮問を受けていたカリキュラム専門委員会も，これに応えるかたちで，「私たちは，転移可能なスキルのみを教えることで十分だという見解には同意しない。すべての学習はスキルを含む内容を有しており，内容は，通常，具体的で固有のものである。汎用的スキルや能力は重要であるが，それらを単独で教えることはできない。それらは内容を伴った文脈において教えられなければならない」との方針を打ち出した（DfE，2011b，p.15）。こうした動きを受け，新しいナショナル・カリキュラムでは，従来の汎用的スキル育成の動きに歯止めがかけられ，教科の知識を重視するアプローチが採用されている。

3．2014年版ナショナル・カリキュラムをめぐる論点

　個々の教科の知識内容と離れて，汎用的スキルを育成することはできないこと，また教科内容としての知識が持つ「力(power)」の再認識を促す点において，2014年版ナショナル・カリキュラムは，世界的に進行しつつあるコンピテンシー・ベースのカリキュラムに新しい視座を投げかけていると考えられる。他方で，この新しいナショナル・カリキュラムに対しては，伝統的な教科をベースとする復古的なカリキュラムではないのかという批判も寄せられており，イギリスでは，その評価が大きな論点となっている。ここでは，新しいナショナル・カリキュラムが依拠しているマイケル・ヤング（Young, M. F. D）の「力あふれる知識(powerful knowledge)」をめぐる論争を紹介することで，イギリ

スにおいて展開されているカリキュラム論の論点の一つを示してみたい（Reiss, 2017）。

　ティム・オーツを議長とするカリキュラム専門委員会の報告書が示すように, 2014年版ナショナル・カリキュラムは, ヤングの「力あふれる知識」の考え方に依拠している。「力あふれる知識」とは, 日常の経験を通して獲得される「常識（common sense）」の知識とは区別されるものであり, 「諸概念が互いに体系的に関わり合い, かつ, 教科や学界などの専門家集団に共有されている」知識を指す。つまり, 「力あふれる知識」とは, 学問に基づく知識であり, 学校教育において「教科」として編成されてきたものと解釈できる（ヤング, 2017, p.97；柳田, 2015）。ヤングによれば, 学校の役割とは「経験に依存しない知識をすべての生徒に獲得させる」ことにあり, それゆえ, 学校のカリキュラムは教科の知識によって構成されなければならないと主張するのである（Young, Lambert, Roberts, C. & Roberts, D., 2014, p.10）。

　こうしたヤングの主張, そして, それを前提とする新しいナショナル・カリキュラムに対して, ジョン・ホワイト（White, J.）は批判的な見解を提起している（Brown & White, 2012；White, 2018）。ホワイトは,「力あふれる知識」が, かつてポール・ハーストが展開した「知識の形態（forms of knowledge）」論と似通っていることを指摘し, 日常的な経験に依存しない「知」の提供という認識論から伝統的教科を擁護するのではなく, 子どもたちが育っていく社会を見据え, 市民や職業人, 家庭人として必要な力を獲得させるという観点から教科を位置付け直す必要あると主張する。ホワイトは, それを「目的に基づく（aim-based）」アプローチと呼び, 「知識に基づく（knowledge-based）」あるいは「教科に基づく（subject-based）」アプローチをとるヤングのカリキュラム論を批判している。ヤングとホワイトの論争は, なぜ教科を学ぶことが子どもたちにとって必要なのか, すなわち教科学習のレリバンスを問うており, ナショナル・カリキュラムの構成要素としての教科の「知」の根拠が, 今, イギリスではあらためて問われている。

（二宮衆一）

第5節　イタリア

1．教育政策に起因するカリキュラム研究の課題

(1) 教育における国の権限
　イタリアでは，共和国憲法第34条によって，学校教育は万人のためのものであり，無償かつ義務であることが定められている。教育政策は中央集権的であり，学校教育の内容も公教育省が定める全国学習指導要綱(Indicazioni Nazionali, 以下要綱と略す）によって決定されている。

　カリキュラム研究の課題も国の教育政策における課題と関連して捉えられることが多い。政策に関しては，学校制度に関する課題がよく取り上げられる。現在のイタリアでは，下記に示すように，初等教育5年，前期中等教育3年，後期中等教育2年が義務教育期間とされている。高校から複線化していくこの学校教育制度は，たびたび議論の的になってきた。

　大学進学のためには，進学系高校に進学した上で高校卒業資格試験（成熟を意味するmaturità試験と呼ばれる）に合格する必要があるため，実質的には中学校卒業時に将来の進路が決定する。学校が子どもの発達を保障する場所ではなく，選抜のための場所になっているのではないかという批判は，学校のカリキュラムが選別的ではないかという批判とともに古くからなされてきた。

　複線型の学校教育制度は，国が定めるカリキュラムに別の影響も及ぼしている。学校教育の内容を規定する文書が学習プログラム（programmi）と呼ばれ

教育	就学前教育	初等教育		中等教育			高等教育	
学校	幼稚園	小学校		中学校	進学系高校（5年）		大学	
					各種専門系高校 （3〜5年）		高等職業教育専門学校	
年齢	2〜4　4〜5　5〜6	6〜7　7〜8　8〜9	9〜10　10〜11	11〜12　12〜13　13〜14	14〜15　15〜16	16〜17　17〜18　18〜19	19〜20　20〜21　21〜22	22〜23　23〜24
		義務教育期間						

図Ⅱ-9　イタリアの学校教育制度（2017年現在）

ていた1985年までは，各学校段階によって改訂の時期が異なっていた。結果として，カリキュラムの非連続性という課題が常に存在し続けたのである。文書の名前が全国学習指導要綱に改められた2004年から，初等教育と前期中等教育の要綱が同時に改訂されるようになり，国レベルのカリキュラムにおいては，非連続性という課題は一応解決された。2007年からは，幼稚園の要綱も同時に改訂されており，幼少の接続も意識されている。

(2) 学校の自律性

　共和国憲法は，第5条において，地方自治を促進することを求めている。1970年頃から，教育においても地方の権限が強まっていき，さらに各学校の自治も制度によって保障されるようになった。それに合わせて，カリキュラムも学校によって自主的に編成されるようになり，そのための法律も整えられた。まず，1974年に保護者や地域住民，学校関係者が学校の運営について話し合う学校評議会の設置が制度化され，高校では生徒の参加も認められた。1977年の第517号法では，「教育の計画化」(programmazione)という言葉で，カリキュラムの自主編成に法的な根拠が与えられた。さらに，1999年の第59号法によって，学校の自律性も法的根拠を持つようになった。同時に学校教育計画(POF: Piano dell'offerta formativa)を各学校が定めることが求められている。1999年の大統領令275号が規定するところによれば，学校教育計画は教員集団によって学校や地域の実情を踏まえて作成され，保護者の意見も加味される。高校の場合は，上述の学校評議会と同じく生徒の意見を聞くことが求められている。学校教育計画は生徒と保護者に手渡され，かつ公開することも求められている。これらの法律によって，学校におけるカリキュラム編成の主体が誰であるのかが明確になった。

　以上見てきたように，イタリアでは，国が法律や要綱などによって教育の大枠を定めつつも，各学校がカリキュラムを自主的に編成し，自律性を持って教育活動を行うことが求められている。カリキュラム研究においては，国レベルのカリキュラムと学校レベルのカリキュラムをどのように関連付けるのかという課題が意識されてきたのである。

2．イタリアにおけるカリキュラム研究の動向

(1) 教科教育におけるカリキュラム研究

次にカリキュラム研究の動向について見ていきたい。非連続性という問題を抱える国のカリキュラムに対案を示す研究が、主に教科教育の分野でなされてきた。特に歴史教育研究は、カリキュラムの非連続性という課題に加えて、通史が小学校、中学校、高校で一貫性もなく三度反復されることも課題として認識してきた。二つの課題を解決するべく、1990年ごろから民間教育研究団体によって小学校から高校までの一貫カリキュラムの作成が行われた。研究は、探究活動を中心に据えた高校の歴史教育をゴールとして設定し、その探究の前提となる中学校の学習、そして小学校の学習は何かという問いを立てて進められていった（徳永，2014）。

作成されたカリキュラム試案は、1999年に公表された。当時は、様々な教育改革が進められ、翌2000年には要綱の改訂と就学年数の変更を含んだ抜本的な制度変更が完了する予定であった。試案の作成に関わったメンバーの一部は、要綱の起草委員会に所属しており、新たな要綱案には試案の考え方が色濃く反映されていた。しかし、選挙による政権の交代によって一連の教育改革は凍結され、要綱の改訂も中止された。その後のイタリアでは、政権交代に呼応して2004年、2007年、2012年と改訂が行われ、カリキュラム研究は要綱の記述を前提としたものが多くなっている。

(2) コンピテンス・ベースのカリキュラムに関する研究

イタリアのカリキュラム研究において、2017年現在最も重要視されているのは、要綱の中ですべての子どもに保障されるものとして位置付けられているコンピテンス（イタリア語ではcompetenza）をどのように捉え、その解釈をもとにして、学校レベルのカリキュラムをどのように編成し、どのように評価を行うのかという課題である（例えばCastoldi, 2014）。

2012年の要綱では、欧州委員会が提示した「生涯学習のためのキー・コンピテンシー」に依拠し、様々な汎用的な能力として捉えられるコンピテンスの獲得を学校教育の目的としている。加えて、OECDによるPISA調査の影響を受

けて2007年から始まった全国学力テスト，通称INVALSIテスト（イタリア語と数学）で測定されるものもコンピテンスと定義されており，学校教育におけるコンピテンスという言葉は多義的になっている。一方で，イタリア語のもともとの意味に照らせば，コンピテンスは発達の結果として形成された個人の能力の総体として解釈され，それゆえに，コンピテンスの評価は子どもの個別的な育ちを捉えるものになる。しかし，2004年要綱に見られたこのような捉え方は，2012年要綱では弱くなっている（徳永・杉野，2016）。

　要綱におけるコンピテンスの導入に合わせて，国による評価改革も進んでいる。各学校には，INVALSIテストの結果に基づいて自己評価（autovalutazione）を行うことが求められており，テストは学校のカリキュラムに大きな影響を与えている。汎用的な能力として捉えられるコンピテンスにも，統一の評価様式が導入された。結果として，各学校の自律性はコンピテンスの獲得手段，もしくは学習過程において発揮されるような構造が生まれている。

(3) 学校外の教育活動がもたらす新たな可能性

　コンピテンスという新しい概念への対応が議論されるなか，要綱の枠組み自体を批判的に検討するような研究は管見の限りあまり見られない。しかし，イタリアは国や学校のカリキュラムを相対化する装置を古くから持っている。それは学校外で展開されてきた教育活動である。

　原級留置の制度があるイタリアでは，学校からドロップアウトしてしまう子どもが多く存在している。彼らに教育機会を保障し，また成人に新たな教育機会を提供するべく，学校とは異なった場所での教育活動が多数展開され，生涯学習社会を形成してきた（佐藤，2010）。生涯学習社会における教育活動は，これまでの学校の常識を問い直し，新たな教育の視点を提起してきた。2017年現在，イタリアでは，1960年代に学校から落第させられた子どもたちへの教育を通して学校批判を展開したミラーニ（Milani, Lorenzo）とバルビアナ学校の実践（Scuola di Barbiana, 1967）が再評価され，多くの関連書籍が発刊されている。今後，学校外の教育活動の知見にふれながら，コンピテンスの枠組み自体を問い直すようなカリキュラム研究が，イタリアでは注目されるであろう。**(徳永俊太)**

第6節　オランダ

1．カリキュラムの特徴

(1)「教育の自由」

　オランダの教育は，憲法第23条で「教育の自由」が定められていることに特徴がある。「教育の自由」とは，学校設立の自由，教育理念の自由，教育組織の自由のことである。一つ目の学校設立の自由とは，人口密度から算出された子どもの人数を最低限確保するなどの法的要件を満たせば，公立学校と同様に公費を得て私立学校を設立できることを意味する。二つ目の教育理念の自由とは，学校がカトリックやプロテスタント，イスラム教などの宗教的理念や，イエナプラン，ダルトンプランなどのオルタナティブ教育の理念等を学校教育の理念としうる自由を意味する。ただし，公立学校においては特定の宗教理念に基づいた教育は行わない。三つ目の教育組織の自由とは，法の範囲内で，学校が教育理念に基づいて，何をどのように教えるかを決めることができることを意味する。また，これらに加えて，学校選択の自由も認められている。

　「教育の自由」は，自由な宗教的な教育を求めて1848年に憲法に定められた。その後，上述の公立学校と私立学校との財政平等の原則が認められたのは1917年である。現在もオランダの初等学校の約7割は私立学校である。「教育の自由」をめぐっては，特にイスラム教徒やイスラム学校の増加による社会的な統合への不安などから，再考する議論も見られるものの，現在においてもオランダの教

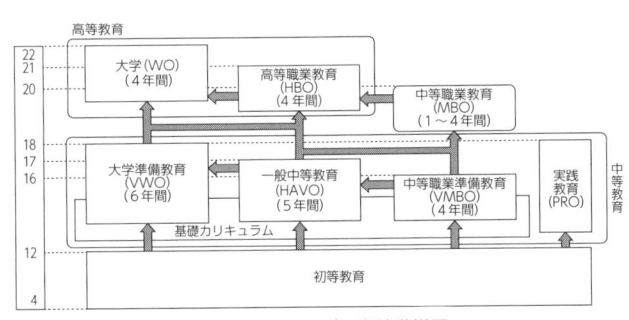

図Ⅱ-10　オランダの学校階梯図

育の重要な特徴となっている（太田, 2010；見原, 2009）。

(2) 学校教育の枠組み

　オランダの学校階梯は，図Ⅱ-10のようになっている。日本と大きく異なる点としては，次の2点がある。1点目は，初等教育が4歳から始まっている点である。義務教育は5歳から（基本的に）16歳までであるが，98％の子どもたちが4歳から学校へ通っている。2点目は，中等教育以降の教育が複線型になっている点である。図Ⅱ-10でいえば，将来大学（WO）へ進みたい生徒は大学準備教育（VWO），高等職業教育（HBO）を受けたい生徒は一般中等教育（HAVO）といったように，進路によって進む中等教育校が分かれている。ただし，それらの複数をコースとして併設している中等教育校は多く，そこではコースの選択を遅らせることができる。本章では，特に初等教育に焦点を当ててカリキュラムの特徴を示す。

　初等学校のカリキュラムは，基本的に中核目標と参照レベルによって構成される。中核目標には，教えられる教科やその目標が定められている。初等学校で教えられる教科としては，「オランダ語」「英語」「（一部地域のみ）フリジア語」「算数・数学」，総合学習である「人類と世界のオリエンテーション」，「芸術オリエンテーション」「体育」がある。加えて，オランダ語と算数・数学に関しては，初等教育から中・高等教育にわたり，子どもたちが身に付けるべき知識・技能をレベルごとに詳細に示した参照レベルが2010年より設定されている。これらは，初等学校最終学年で行われる全国学力テストである「中央最終試験」（国語と算数・数学が義務）や，各学年を通じて子どもたちがテストを受けることで成長を長期的にモニターしようとする「モニタリングシステム」に反映されている。

2．カリキュラム改革の動向

(1) 国レベルでのカリキュラム改革の動向

　オランダでは近年，諸外国と同様に，教育改革が進められている。今日，学校に入学する子どもたちが成長して就職するときに，必要な知識・技能を身に付けられるようにするためのカリキュラムの開発を目指し，2014年から「教育

2032」というプラットフォームを中心にカリキュラム開発が進められた。「教育2032」で示されたヴィジョンでは，人間形成の強調，通教科的なスキル，すなわち学習技能，創造性，批判的志向，問題解決能力，協働性等の育成が求められていることなどが特徴としてあげられた。

　特筆すべきは，そのカリキュラム改革の進め方である。長い時間をかけて，教師，子ども，学校理事会，保護者，企業や社会的文化的施設の代表者等，様々な人々との間で議論が交わされている。現在（2017年8月）は，「カリキュラム・今(Curriculum.nu)」と呼ばれるカリキュラム開発プロジェクトに携わる教員や学校長が募集されている。そこから，開発学校及び開発チームが選ばれる。開発チームは，オランダ語や算数・数学に加え，デジタルリテラシーや市民性，芸術等を含む9つの教科ごとに結成される。人間形成や通教科的な技能ではなく，教科ごとに開発が行われている。各チームは初等学校，中等学校の教員及び学校長で構成される。チームは，カリキュラムの専門家やサポート機関から支援を受けながら，開発学校と連携して開発を進める。この過程でも，開発の途中経過に対し，インターネットを用いて誰もが意見を述べられる機会が設けられる。それにより，「教育の自由」のもとで様々な立場の人々に議論を開きながら，改革が進められているといえる。

(2) ダルトンプランのカリキュラム改善

　カリキュラム開発が進められているのは国レベルだけではない。ここでは，オランダで有名なオルタナティブ教育の一つ，ダルトンプランを取り上げてみる。ダルトンプランは，もともと20世紀初頭に，アメリカでヘレン・パーカースト（Parkhurst, H.）によって創案された。オランダでは，「教育の自由」のもと，このダルトンプランに基づく学校が現在も数多く運営されている（オランダダルトン協会のウェブサイトによれば2015年11月22日の時点で初等学校368校）。

　しかしながら，現在オランダのダルトンプランは，当時パーカーストが提唱したプランとは異なる点も多い。例えば，原理として，パーカーストは，当時自由と共働をあげていた（Parkhurst, 1922, 邦訳p.28）。しかし，現在オランダのダルトンプランでは，原則としてパーカーストの理念に従いつつも，中核価値として共働，自由と責任，効果，自立，省察といった5つをあげている。ただし，これも2012年以降のことであり，それ以前の原理は自由，自立，共働の3

つとされていた。実践においても，パーカーストが創案したような教科の実験室や専科教員は，オランダのダルトンスクールでは見られない。クラスの担任が全教科を通じて子ども一人ひとりの学習状況を把握し，個に応じた指導を行っている。ただし，理念にもあげられているように，個別学習のみを推奨している訳ではなく，子ども同士の共働も重視されている。

　こうしたダルトンスクールのカリキュラム改善は，実践からのボトムアップで行われている。アムステルダムの東に位置するA小学校は，ダルトンスクールのモデル校である。2年間のカリキュラム改善プロジェクトに参加している。そこでは，年に6日研究日が設けられる。研究日には，ダルトンプランの専門家が来校し，教師たちが日常的に実験してきたことを発表していく。教師はそれぞれ，これまでの研究日や文献をもとに自分が選んだテーマ，行った教育活動，その評価，読んだ文献と自分が選んだ教育活動の関連等を発表する。

　例えば，（学校の中でも特にダルトンプランに詳しいスペシャリストである）A先生は，子ども同士のチューターをテーマとした。1，2年生の子どもと8年生の子どもとで4つのペアを作り，8年生の子どもが1，2年生の子どもの読みを導けるような取り組みを，同じ学年の先生と共働して行った。この活動の評価は教師が子どもたちの活動を観察した事実によって語られる。A先生の場合，チューターの活動で髪の毛の長さを測ったときに，例えば31を13と混同してしまうなど，1，2年生の子どもが数字をときどき間違って読んだり書いたりしている様子に8年生が気付き，今後1，2年生がそうした練習をする糸口となったというエピソードを紹介している。こうした活動により，1，2年生の読みだけでなく，子どもたちの社会的スキルや協働的スキルを育むことが目指されている。

　このようなA小学校のカリキュラム改善の背景にも，いわゆる新しい能力の育成が一層求められていることがあるという。日本でも，教科等横断的な視点に立った資質・能力の育成等への関心が高まっているが，オランダにおける議論を重ねながらのボトムアップでのカリキュラム改革や，ダルトンスクールのA小学校のように常に理念に戻りつつ，実践の事実を通じてカリキュラムを見直していく改善のあり方は大きな示唆となるといえよう。　　　　　（奥村好美）

第7節　ドイツ

　「PISAショック」という言葉の発信源ともなったドイツの公教育の特質は，教育政策の決定権が連邦レベルではなく州レベルにある点，さらに多様な背景の子どもたちを教育政策の対象に位置付けている点，そして分岐型の学校制度を維持してきた点にある（坂野，2017，pp.ⅱ-ⅲ）と見てよいだろう。ここでは「PISAショック」後に導入された「コンピテンシー」概念の導入とそれへの批判，さらにコンピテンシー志向のカリキュラム実践を取り上げ，ドイツを通して見るカリキュラム実践の課題に言及したい。

1．「PISA後」ドイツにおける「コンピテンシー」概念の導入とその批判

(1)「コンピテンシー」導入のカリキュラム改革
　各州の教育水準を調整する各州文部大臣会議（Ständige Konferenz der Kultusminister der Länder in der Bundesrepublik Deutschland: KMK）は，2003年以降に連邦レベルの「教育スタンダード（Bildungsstandards）」を策定し，「コンピテンシー（Kompetenz）」概念の導入を先導しながら，インプット（教育内容）志向からアウトプット（教育成果）志向のカリキュラム改革を進行してきている。フンボルト大学に2004年に設置された「教育の質開発研究所（Institut zur Qualitätsentwicklung im Bildungswesen: IQB）」は，この教育スタンダードの履行状況の調査とその質保障を検証する学習状況調査（Vergleichsarbeiten: VERA）の開発・運用，さらに教育スタンダードと対応した「コンピテンシー段階モデル（Kompetenzstufenmodelle）」の開発を行っている。

　各州の学習指導要領は「教育スタンダード」の策定を受けて「コンピテンシー」概念を中核概念として改訂されてきているが，それぞれの「コンピテンシー」の捉え方と取り入れ方には温度差がある（吉田，2016，pp.32-34参照）。例えば，ニーダーザクセン州の2015年の「コアカリキュラム・自然科学」（Niedersächsischen Kultusministerium 2015）では，「教育スタンダード」で設

定されたコンピテンシー領域に対応させて「認識獲得(Erkenntnisgewinnung)」「コミュニケーション(Kommunikation)」「評価(Bewertung)」の三つのコンピテンシー領域がまず設定され，「物理」「化学」「生物」の分野ごとに「内容関連的コンピテンシー(Inhaltsbezogene Kompetenz)」＝「教科知識(Fachwissen)」がテーマ・学年ごとに提示され，「認識獲得」「コミュニケーション」「評価」の三つが「過程関連的コンピテンシー(Prozessbezogene Kompetenz)」として提示されるという構成になっている。2016年に改訂されたバーデン＝ヴュルテンブルク州の学習指導要領(Ministerium für Kultus, Jugend und Sport Baden-Würtenburg 2016)では，2004年の学習指導要領が学校ごとに設定されていた構成を改め，「教科の意義(Bedeutung der Fachlichkeit)」と「教科におけるコンピテンシー(fachliche Kompetenz)」を強調する構成とし，さらに全教科・領域を横断して設定される6つの主導的観点（Leitperspektive）（持続可能な発展のための教育，多様性への寛容と受容のための教育，予防とヘルスプロモーション，職業志向，メディア教育，消費者教育）が設定されている。

(2) PISA後の教育政策・カリキュラム改革への批判

　PISA後の教育改革をPISA調査結果の漸次的「改善」という意味で肯定的に見る体制的見方もあれば，PISA調査とその結果から教育政策を導き出す動向に対する教育学研究から批判する立場も根強い（吉田，2018a, pp.118-119）。ここでは，PISA調査への反対声明にも名を連ね，ドイツ教育学界でもPISA後の教育政策に最も批判的な立場を表明する一人であるグルーシュカ(Gruschka, A.) の批判に着目したい。

　「コンピテンシー志向」に対するグルーシュカの立場は端的に，「ここでは(教育スタンダードにおいては―註：引用者)教科的なもの(das Fachliche)はきれいさっぱりと姿を消すことになり，教科的なものはただ単に，読むことや書くことといったユニヴァーサルなコンピテンシー(Universalkompetenz)を練習するための素材(Material)として供されるのみとなってしまう」(Gruschka, 2011, p.139)という指摘に集約されている。すなわち彼によっては，コンピテンシーは脱文脈的で脱教科的な普遍的な能力として捉えられ，「教科的なものへの哲学的ともいえる問い直し」(同書，p.149) の重要性からPISA後の教育政策と教育学研究動向が明確に批判されるのである。

2．学校のカリキュラム実践における 「コンピテンシー志向」の意義と課題

(1) 学校におけるコンピテンシー志向のカリキュラム実践

　ここでは，2016年3月8日(火)及び同年8月31日(水)に訪問したブレーメンの基礎学校(Grundschule an der Gete)の実践を取り上げたい。同校は，生徒数は約280名，学級数は12，教員数は約20名の中規模校である。教育意識の高い地域にある終日制学校であり，重度の障害のある子どもは通学していない。同校では数学教育に研究の重点が設定され，ブレーメン大学との協働のもとで，校内での授業研究なども行いながら，数学を中心とした学校カリキュラムの開発と授業づくりが行われている。同校で力を入れて開発されてきているのが，子どもたちがどのように学びを進めていくのかの「学びの地図(Lernlandkarte)」と「学びの場(Lernland)」である（図Ⅱ-11）。

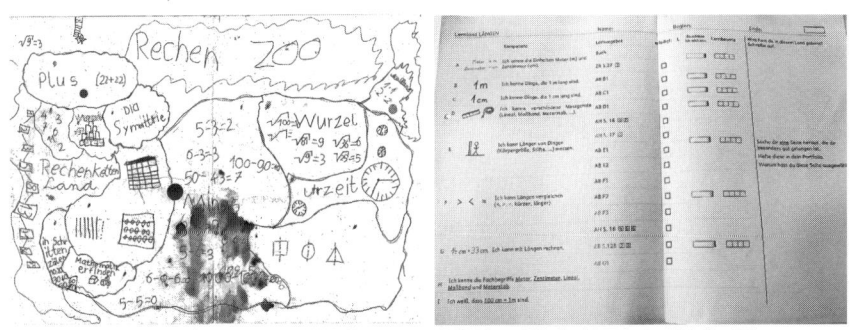

図Ⅱ-11　ブレーメンの基礎学校における数学科の「学びの地図」と「学びの場」

　「学びの地図」は，数学教育の縦の系統性と横の横断性の教材研究を踏まえた上で，あくまで子どもたちが自分自身で描いた地図である。この図に表現されている「学びの地図」の中では，計算や時間や図表の考え方が動物園のマップのようなかたちで表現されている。子どもたち自身が自らの「学習の現在地」を明確にし，数学の学習の領域における学習内容の相互関連性を自分自身で明確にすることで学んできたことの歴史を綴り，その後の学習の「見通し」を持つことができるようになっている。こうした実践からは，PISA調査の影響を受けながら改訂されてきているわが国の学習指導要領下でのカリキュラム

実践に対しても，子ども自身による「学びの地図」という具体的な示唆を得ることができるだろう（吉田，2018c，pp.157-161）。「学びの場」に示されているのは，コンピテンシー・リストとその評価表である。ここでは長さの単元において獲得されるべきコンピテンシーが教科内容とともにリスト化されている。注目すべきは，子どもたち自身がそのコンピテンシーの獲得状況をグラデーションで自己評価を行う項目である。これも「学びの地図」と同様に，「学習の現在地」を子ども自身が認識することで，これからどんな学びを求めていくのかを自分自身で捉えることへとつながり，また「コンピテンシー志向」を実践する際の重要な一つの示唆を与えてくれるものでもあるだろう。この意味で同校では，子どもたち自身が描く学びの地図や子ども自身の自己評価の意義を強調しながら，コンピテンシー志向のカリキュラム実践が展開されてきている。

(2) ポスト資質能力のカリキュラム実践の課題

現代ドイツにおいては，州の持つ「文化高権(Kulturhoheit)」のもとで「教育課程の基準」の作成と教育法の策定，さらに大学における教員養成や教員研修，学力調査などの各種調査の実施などは州ごとに異なっているものの，「教育スタンダード」や「教師教育スタンダード：教育諸科学(Standards für Lehrerbildung: Bildungswissenschaften)」(2004年策定，2014年改訂)，あるいは教育の質開発研究所による学力調査やコンピテンシー開発モデルの策定など，中央集権的な教育改革がPISA後に進行してきている。

各州の学習指導要領においては，「コンピテンシー」概念の導入が進んできており，それに対する批判的見解も根強く存在している。その中でも学校レベルにおいては，目の前の子どもたちへの要求や願いに根ざした子どもから見たコンピテンシーの育成や子ども自身が学問的な知識やその地図をどのように獲得しているのかに着目したカリキュラム実践も行われてきている。

こうしたドイツのカリキュラム実践からは，全体主義的な政策動向に抗して，コンピテンシー志向のカリキュラム実践を子どもの視点から捉え直すポスト資質能力の公教育の課題が示唆されているのではないだろうか。　　　　　　　(吉田成章)

第8節　フランス

1．教科の知識の伝達からコンピテンシー（共通基礎）の育成へ

①教養教育の伝統──教科の知識の体系を伝達

フランスの学校は，基本的に3年制（2歳就学の場合は4年制）の保育学校，5年制の小学校，4年制の中学校，3年制の高校からなる。

学校は，知識を教授する知育中心の場であり，徳育は家庭や地域で行うという伝統がある。特に中等教育では，教科の知識の体系を伝授する教養教育が行われてきた。生徒指導や保護者対応は，教員ではなく専門の職員が行う。

授業では知識の伝達を重視するが，評価では論述式が多く，知識を活用して表現することが求められる。この活用力の形成は家庭に任されてきたため，困難を抱える家庭の子どもや移民の子どもが学業に失敗することが問題視されてきた（細尾，2017a）。義務教育は6歳からの10年間であるが，小学校から落第がある課程主義のため，中学校で義務教育を終える人もいる。中学校終了までに一回以上落第した生徒は，1993年度で46％であった（Mattenet et Sorbe, 2014）。

②共通基礎の制定と改訂──すべての生徒にコンピテンシーを

この落第などの学業失敗をなくすため，基礎学力をすべての生徒に保障して学業で成功させることが，1980年代以降のカリキュラム改革の目標とされてきた。その方途として近年，コンピテンシー（compétence）に基づいた教育が，義務教育全体で推進されている。コンピテンシーとは，複数の教科の知識や技能，態度を総合して，具体的な状況の課題を解決する力である。2005年の教育基本法では，義務教育段階で生徒全員が獲得すべき基礎学力として，「知識とコンピテンシーの共通基礎」（以下，共通基礎）が制定された。

共通基礎に対しては，コンピテンシーの育成に向けて知識を活用する活動を重視するあまり，知識の習得が疎かになると批判された。それゆえ共通基礎は，2013年の教育基本法で，「知識・コンピテンシー・教養の共通基礎」に改められる（細尾，2017a）。改訂後の共通基礎は，「学ぶための方法とツール」や，「思

考し，コミュニケーションするための言語」など，教科横断的な力である。

2．共通基礎に基づいた学習指導要領

　2016年度から，小・中学校で，新学習指導要領が施行されている。その特徴は，次の3点である。

①コンピテンシー・ベース——共通基礎と各教科の内容とのつながりを明示

　今回の学習指導要領から，共通基礎のうち，どのコンピテンシーを各教科で育成するかが示されるようになった。その際，一つのコンピテンシーは複数の教科で形成しつつ，一つの教科では複数のコンピテンシーを向上させる方針が取られている。コンピテンシーを通教科的な視点で育むことが重視されている。

②教科横断的学習——「教科横断的演習（EPI）」

　中学校1〜4年生に，教科とは別に，「補助授業」の時間が設定された。1年生は週に3時間で，生徒のニーズに合わせた「個別支援」を行う。2〜4年生は週に4時間で，「個別支援」と「教科横断的演習」を行う。教科横断的演習では，全教科の教員が指導にあたり，個人かグループで作品を作るプロジェクト学習を行う（飯田，2016）。また，今回の学習指導要領で初めて，「他の教科との交わりの例」という項目が各教科で設けられるようになった。教科横断的演習で，当該教科を他の教科と関連させる視点が示されている。

③小中連携——初等・中等段階をまたがった区分け

　小中連携を促進すべく，基礎学習期（小1〜3），強化学習期（小4〜中1），深化学習期（中2〜4）という学習期ごとに，目標・内容が示されている。日本と異なり，小学校と中学校をまたがる区分けがなされている。

3．カリキュラム実践

①コンピテンシー・ベース

　小学校では1990年代からコンピテンシー・ベースの学習が広まった一方，中学校では教科による差が大きい。理系科目ではコンピテンシー教育政策が早くから浸透しつつあるが，文系科目では従来の教養教育が根強い（IGEN, 2007）。

　パリ南西部のヴィラジュ中学校の数学では，コンピテンシーを行使する複雑

な課題に4年間かけて取り組むカリキュラムを構成している（Martino et Sanchez, 2012）。複雑な課題とは，知識や能力，態度を動員して，現実の具体的な状況の課題を解決することを求める課題のことである。①数の問題解決，②図形の作図過程を文章で書く課題，③オープンエンドの問題解決，④数学的実験という4つの課題のそれぞれに，各学年の1週間（4時間分）を充てている。1時間目は，課題で求めている力を診断的評価で生徒に示す。2時間目はペアやグループで，3時間目は個人で，複雑な課題に取り組ませ，間違いをクラス全体で検討する。4時間目は，自力で課題に取り組めるかによって評価する。

評価課題と似た課題の練習の機会があり，間違いを小集団やクラス全体で修正でき，別の学年でも同種の課題に取り組む点が特徴的であるといえよう。落第に至る前に，生徒のつまずきを回復するチャンスが幾層にも組まれている。

②教科横断的学習

1975年の統一コレージュの誕生により，前期中等教育が単線化し，多様な学力の生徒が一緒に授業を受けるようになり，大量の落第が発生した。そこで1980年代からは，学習意欲を促進するために，教科横断的学習が導入されてきた（高橋, 2007）。だが，中学校では教科の壁が厚く，教員の協働が必要となる教科横断的学習は普及しなかった。とはいえ，「教科横断的演習」という必修の時間が設定されたことで，風景に合った住宅の建築許可申請を書く造形芸術・テクノロジー・生命地球科学を横断する学習など，実践が蓄積されつつある（Expérithèque）。2017年度からは，演習のテーマが学校の自由になる。

③小中連携

統一コレージュ創設以降，落第を減らすべく，小中の接続問題が長らく議論されてきた（IGEN, 2014）。教員同士の交流などが官報で促され，一部地域で様々な実践が展開された（MEN, 2003）。しかし，小中連携は全国的には進まなかったため，2013年の教育基本法で，「小中連携委員会」の設置が定められた。

委員会では，一つの中学校区内の小学校と中学校の教員が年に2回以上集い，小中連携の行動計画の立案と評価を行う。困難を抱える生徒も落第しないよう，生徒同士の単発的な交流にとどまらず，小中間の教育の一貫性を高めるカリキュラムの編成が推奨されている。教員が授業で使う語彙の統一や，共通基礎の習得が小学校で不十分な生徒に対する中学校での支援などが取り組まれている。

4．問題提起

①コンピテンシー──コンピテンシーの育成と知識の習得のバランス

　フランスのコンピテンシー・ベースは，知識は問題解決のために活用する資源であるという，道具的知識観によっている。認知心理学の観点から，この点への批判もなされている。概念的な知識は，世界を構造化して読み解く枠組みとなりうるものであるが，コンピテンシー・ベースは，知識の役割を，問題解決のための素材という二次的なものに引き下げているという（Crahay, 2006）。

　問題解決に必要な限りで知識を学ぶのでは，学問体系上重要な知識でも，問題解決に直接つながらないものは，学校で学ばないことになる。コンピテンシー・ベースは学業失敗をなくすために導入されたものであるが，それでは，家庭環境による学力格差につながりうる。どの子も学業で成功させるには，知識を活用してコンピテンシーを育成する学びとともに，各単元の核となる知識を習得する学びもカリキュラムにおいて保障することが求められる。

②小中連携──目的の明確化

　日本では，小中一貫カリキュラムの開発に取り組む自治体が少数であったものの，2015年に「義務教育学校」制度が創設された（細尾，2017b）。これを受けて，小中一貫カリキュラムの開発が進む可能性がある。その際，何のための一貫かを明確にすることが大切である。フランスでは落第の防止を連携の主目的としてきたため，学業失敗を招く断絶をなくすことが重視されてきた。ところが一般に，接続論には，学校段階間の段差を乗り越える過程で生徒は成長するという考えもある。連携の目的をはっきりさせれば，小中のカリキュラムについて，なめらかにすべき段差と，残すべき段差を整理することが容易になる。

③小中連携──学習指導要領の区分け

　日本では昨今，従来の6-3ではなく，4-3-2や4-4-4など，様々な学年区分が提唱されている。これらに従って，フランスのように，小中をまたがって学習指導要領を区分けすることの是非が今後問われるだろう。小中の連続性に対する教員の意識の向上といった利点がある一方，各学校段階で育む力がぼやける恐れもある。諸外国の例に学びながら，慎重に検討することが必要である。

（細尾萌子）

第9節　フィンランド

1．フィンランドのカリキュラムの特徴

　フィンランドは，2000年に開始されたOECDの学力調査PISAにおける成績の優秀さから，その教育が注目されている。

　フィンランドの学校制度は，9年間の基礎学校（義務教育：7〜16歳），3年間の高校教育，3年間の大学教育という構成である。中等教育以降は普通校と職業校の複線的な構造である。2001年に就学前教育（6歳）が義務化された。

　フィンランドのカリキュラムの第一の特徴として，学校及び教員に大きな裁量権が与えられていることがある。以前は中央集権的であったが，1992年に教科書検定が廃止され，1994年から国家カリキュラムが大綱化された。詳細な教育内容は自治体のカリキュラムが定め，教え方や教材の選択は教員に任せられている（パッカラ，2008）。

　第二の特徴は，子ども中心・個別的なアプローチが取られていることである。子ども自身が知識を形づくるという構成主義の学習観に基づく学習理念が浸透し，知識の伝達よりも，子どもに合ったサポートをすることに重点が置かれている。

　第三にコンピテンシーに重点が置かれ，知識を実際に使用すること，実生活・社会との接点が重視されている点である。ITを用いた教育が活発であり，高校，大学段階の職業教育においても，企業との連携のもと豊富な実習が行われている。近年は専門職大学（ポリテクニック）に進学する学生が増加している。

　他の特徴としては，①教育機会が均等であること，②性別・居住地・家庭の経済状況・母語などによる格差の少なさ，③教育の無償制，④教育行政が協力的かつ柔軟で，教育現場との間に良好な関係が築かれていること，⑤能力別学級編成やランク付けが行われていないこと，⑥協同的な学習活動の実施，⑦教員に修士号が必須であり教員の力量が高いこと，などがあげられる（渡邊，2005）。

2. 2014年の国家カリキュラムの改訂

(1) カリキュラム：教育省，国家教育委員会，自治体，学校の4層

　フィンランドのカリキュラムは，教育省が定める教科，時間数，一般的な教育目標，国家教育委員会が定める国家カリキュラム，自治体が定めるカリキュラム，各学校が定める授業計画の4層から成っている。大綱化されたとはいえ，国家カリキュラムは国の教育の方向性を決める重要な役割を担い，1985年，1994年，2004年，2014年とおよそ10年ごとに改訂されている。2014年は10年に一度の改訂が行われ，2016年秋から新カリキュラムでの教育が行われている。主に基礎学校に焦点を当て，カリキュラムの改訂のプロセス，内容を紹介する。

(2) 開かれた改訂プロセス

　2012年6月28日付政令により国家教育目標と基礎教育教科の授業時間配分が教育省によって定められた。その後，国家教育委員会，大学教授，校長，保護者会，移民コーディネーターなど多様な関係者から構成された作業部会が，国家カリキュラムの試案を作成した。試案作成後，学校関係者や教師から意見を求め，国家教育委員会ウェブサイトでも3回にわたり公開諮問が実施された。2012年11月に一般ガイドラインが示され，2014年4月に基礎教育に関するガイドラインが示された。そして2014年秋には，校長会，教員組合，自治体組織，出版社組合らの主要関係者が改正案に関する公式の見解を提示した。以上のように，多くの関係者の意見を反映した改訂プロセスが踏まれている。

(3) Pedagogical guidelines（教授・学習方法に関するガイドライン）

　今回の改訂においては学習概念の再検討が行われ，教授・学習方法に関するガイドラインが記された。学習への参加を促すこと，学習を意味あるものとし，すべての子どもが成功体験を持つことを目的として，子ども自身の経験や活動，感情，喜びの重要性，協同学習，他者との対話の重要性が示された。学習環境も再検討され，教室だけでなく学校外，ITなど多様な環境の中で学習することが奨励されている。教師は，学習を導き，学習環境を計画する，ファシリテーターのような役割を担う。また，学校を学習共同体として発展させ，協力的

な雰囲気を保ち，学習や学校生活における生徒の自律性を促進すること，学校とコミュニティの多様な連携も目標とされている。

(4) Transversal Competence（教科横断的能力・汎用的コンピテンス）

今回の改訂で新たに導入されたのが，Transversal Competence（教科横断的能力：以下TCと記す）という概念である。子どもたちを取り巻く環境の変化により，新たに必要とされた，人間として，市民としての成長に関わる能力とされる。その内容は，表Ⅱ-11の7つの力として定義されている。

表Ⅱ-11　Transversal Competences

T1	Thinking and learning to learn	思考力・「学ぶことを学ぶ」力
T2	Cultural competence, interaction and self-expression	文化的コンピテンス，相互作用，表現力
T3	Taking care of oneself and managing daily life	自立心，生きるための技能，自己管理，日常活動の管理，安全性
T4	Multiliteracy	多元的読解力
T5	ICT competence	ICTコンピテンス
T6	Working life competence and entrepreneurship	職業において求められるスキルと起業家精神
T7	Participation, involvement and building a sustainable future	持続・影響・持続可能な未来の構築

各教科においては目標と内容領域と関連する形でTCが示されている。算数科の例を表Ⅱ-12に示す。1-2年生の目標10項目のうちの4項目を示した。例えば目標1（O1）の「児童の数学に対する強い興味・関心と児童の肯定的な自己イメージと自信を持つように支えること」はT1（思考力），T2（文化的コンピテンス），T5（ICTコンピテンス）と関連付けられ，さらに目標と関連した内容領域が示されている。このように，教科学習の目標，内容とTCの関連が明記され，各教科がこれらのコンピテンスの成長に果たす役割が示されている。

表Ⅱ-12　1-2年生算数科における目標と内容，TCの関連（小野塚・辻，2015より抜粋引用）

	指導（教育）目標	目標と関連した内容領域	Transversal competence
	意義・価値・態度		
O1	児童の数学に対する強い興味・関心と児童の肯定的な自己イメージと自信を持つように支えること	C1（Thinking skills） C2（数と演算） C3（幾何と測定） C4（データ処理と統計）	T1, T2, T5
	Working skills		
O2	数学的観察をする能力と数学的な知見を得て，様々な状況でそれを解釈し，使用する能力が向上するように児童を導くこと	C1-C4	T4
O3	児童が具体的な道具，図示，スピーチ，筆記，ICTの利用を通して，解法や結論を表現することを促すこと	C1-C4	T2, T4, T5
O4	児童の推論スキルや問題解決能力が発達するように導くこと	C1-C4	T1, T4, T6

(5) 教科間教科横断的な学習・プログラミング教育

ほかに，基礎教育において，教科間教科横断的な学習を週に最低でも1時間行うことが義務付けられた。この時間では「地球温暖化」や「欧州連合」とい

ったテーマを，数週間にわたるひとつのプロジェクトとして学ぶ。1994年のカリキュラムから教科横断的な学習は実施されているが，週に1度1時間という規定が初めて置かれた。また，プログラミング教育も必修化された。独立した科目としてではなく，すべての科目に横断的に取り入れられる形で導入された。

3．フィンランドのカリキュラムからの問題提起

2014年のカリキュラム改訂は，①内発的学習動機を重視した学習の再定義，②未来に必要なコンピテンシーを定義し，その育成と教科学習を結び付けたこと，③教科横断的な学習の導入など，教室や教科という枠を柔軟にし，子どもの経験と学習への参加，他者との対話を重視したこと，に特徴がある。

日本の2018年度の学習指導要領の改訂においても，①資質能力の再定義，②対話的・主体的な学びなど学習方法の定義，③プログラミング教育の導入，という共通した方向性が示されている。しかし，日本が学力低下を恐れ内容・量を減らさない上での改訂であるのに対し，フィンランドは子どもの関心と経験的な学びを重視し，学習環境などの枠を柔軟にする方向での改訂となっている。本改訂の責任者である国家教育委員会イルメリ・ハリネンは，「学校生活への満足感が低く，国際学力調査での成績が徐々に低下していることへの対応として，学校生活の根本は学習と学習プロセスであることに立ち戻り，学習の原点である学習動機と学習の喜びを重視する方向を示した」と語っている。

フィンランドは改訂過程で学校関係者の意見を広く聞き，関係者との合意形成を重視したことも日本と異なっている。改訂作業中の2014年7月に来日したピリヨ・コイブラ（フィンランド国家教育委員会教育参事官）は，なぜここまで学校関係者の意見を聞くのかという日本の教員の質問に対して「学校関係者の意見を訊き，理解を得られないと，結局そのカリキュラムは学校で使われなくなり，無駄になるから」と返答した。教育の方針を全体で考えるというオープンなプロセスは，民主的でプラクティカルな思考により支えられている。

国のコントロールを強め，国際競争力の確保を目指す日本，未来志向であり，また学習動機や他者との関係性など，学習の原点に回帰するフィンランド，それぞれの国の選んだ方向性の結果は，近い将来に示されるであろう。

（髙橋亜希子）

第10節　アメリカ

1．Ed.D.（Education Doctorate Degree）検討の意義

　米国や英国の教員養成においては，研究的学位であるPh.D.に対して，実践性を重視した学位としてEd.D.が位置付けられている。しかし，文科省「国立教員養成大学・学部，大学院，附属学校の改革に関する有識者会議」(2017) は，「教職大学院制度の定着とさらなる充実が期待される中，教職大学院で得られる学位『教職修士（専門職)』の上に置く，実践性を重視した博士の専門学位が必要」と指摘している。

　さらに同会議は，わが国ではEd.D.についての統一的な定義や共通認識がなく，具体的に制度改正を検討できる段階には至っていないことから，海外事例も参考にしつつ，現在の「博士（教育学)」の学位との相違，実践を取り入れた指導法等の教員養成カリキュラムの内容等について精査を行い，その上で将来的な方向性について検討が必要であると論じている。

　この政策動向に鑑み，わが国の教職大学院等の論調にうかがわれる「理論と実践の融合・往還」を前提にした博士課程の制度設計の観点から，Ed.D.の先進国である米国のカリキュラムを検討することは，上述の問題意識に対して有効な示唆を得ることができるといえよう。そこで本稿では，後述するCPEDのEd.D.プロジェクト概要を説明し，加盟校であるハワイ州立大学 (University of Hawaii) のEd.D.カリキュラム・指導方法についての調査報告をする。

2．米国のEd.D.プロジェクト（The Carnegie Project on the Education Doctorate）

　1890年代後半，Ph.D.教育系の博士号がコロンビア大学で最初に授与されたとされるが，1921年，ハーバード大学が，正式に独立したEd.D.プログラムを最初に設立したものと，全米的に認知されている (Valerin, 2011)。しかし，米国においてでさえEd.D.とPh.D.との相違点について明確な合意には至ってお

らず，一般にEd.D.とは，実践性を重視しつつ，教員養成系大学教員，管理職等の学校リーダーの職業資質の向上を目的とする博士課程である。

　一方，Ph.D.は，博士課程での研究活動を通して研究者育成を目的とする事例が多いが，それに対してEd.D.では，勤務校/学校区等の実践的課題を対象として，その解決に向けて方策を練り，理論的・実践的に研究を深め，その結果を実証するスタイルが主流を占める（Zambo & Isai, 2013；Osterman, 2014）。

　そこで，転用的示唆を得る観点から参考になるのが，全米で中心的役割を果たしている「教育博士に関するカーネギープロジェクト」(The Carnegie Project on the Education Doctorate, CPED)である。CPEDについては，「全米教育学会」(American Educational Research Association)でも特別分科会が設定されたほどであり（AERA, 2017），全米のEd.D.カリキュラム指針に多大な影響を与えている。CPEDのEd.D.定義は「教育における職業的博士であり，固有の実践を対象にして新しい知識を創造し，教育実践者の職業性を発展させるもの」とする。さらに，Ed.D.カリキュラムを構成する概念を4点に整理している。

　① 「実践的探求」(Inquiry as Practice)

　実践的探求とは，重要な実践的課題を多様な研究方法（学術理論・実践的知見・実証方法等）を駆使して，その実践的課題の解決を図り，実践的行為/営みを発展させていくことである。特に，データ活用による状況分析を通して，教育現象を批判的に検討し，課題を解決する上で，それに対応する教育実践論の構築こそが重要である。これらを組織化・構造化する経験の蓄積を重視する。

　② 「実践的実験場」(Laboratories of Practice)

　実践的実験場とは，理論と実践を融合し，相互補完的に発展させていく状況設定のことである。理論を深化・探求しつつ，実践との融合を促進する文脈を明らかにし，その教育効果を検証する一連の状況設定と創造が必須となる。

　③ 「実践的研究論文」(Dissertation in Practice)

　実践的研究論文とは，複雑な実践的課題を解決することを目的化し，学術的知見を示すことにある。その到達目標は，教育事象の因果関係を把握する能力を身に付け，教育実践が抱える諸問題に対応した研究能力を習得することにある。

　④ 「実践的課題」(Problem of Practice)

　実践的課題とは，各々の教育実践自体が状況論的に固有の文脈を持っており，教育実践者が働きかける際，常に特殊で個別な事象と変容する。その潜在性を

踏まえることが，最終的な教育実践の理解，及び望ましい結果につながる。

3．Ed.D.カリキュラムの調査事例（ハワイ州立大学/University of Hawaii）

Ed.D.カリキュラム事例を検討する観点から，筆者はCPEDの加盟校であるハワイ州立大学（UH）を訪問調査した（2016年8月25日/約120分）。被インタビュー者はSarah Twomey（カリキュラム学・准教授/Director of Ed.D.）であった。

(1) Ed.D.カリキュラムの全体的特徴
Twomeyへの質疑応答から，まず「Ed.D.博士課程の入学要件は，修士学位を取得していること，学部GPAは3.0/4.0が目安で，実務経験は少なくとも3年以上が必修」と規定されている。

次に設置されたEd.D.コースは「①スクールリーダー（校長・教育長・カリキュラムスペシャリスト等），②教員リーダー（教育系の大学教員・学校主任教員・学校カウンセラー等），③教育関係機関のリーダー（企業・NPO・NGO等の専門家等）」があげられる。

各コースの特徴として「例えばリーダーシップコースでは，議論や実践に基づくロールプレイ，レポート作成等の実践的な力量形成に重きを置くので，一般にEd.D.はコースワークの単位数が増加する。しかし，Ed.D.研究論文を念頭に，アクションリサーチ(Action Research)，質的研究法(Qualitative Research Methods)，カリキュラム開発評価(Curriculum and Evaluation)，データを基にした意思決定(Data-Based Decision Making)等の共通科目群は必修」となる。

さらに，Ed.D.カリキュラム上の顕著な特徴は，「アクションリサーチ(AR)を基本的な研究スタイルとするフィールド・プロジェクト（Field-Based Projects）にあり，一つは協働プロジェクト(Group Consultancy Project)，2つめは実践研究/Ed.D.研究プロジェクト(Practioner Research Project)であり，必然的に先行研究の総括，リサーチデザインの構築，質量的な実証等」が求められる。

(2) フィールド・プロジェクト（Field-Based Projects）の特徴
Twomeyは，「ARとは，外部からの観察者である第三人称の研究とは異なり，自己実践を改善するための第一人称の研究であり，その実践対象者・第二人称

を変革する研究と定義する」との補足解説をした。これを受けてARの視点から，UHの2種類のフィールド・プロジェクトを解説する。

①協働アクション・リサーチ（Group Consultancy Project）

1) 自己実践・改善の協働AR
では，その対象事例は授業・学級経営・カウンセリング等の研究が該当し，比較的に，第一人称の実践行為の範疇で完結可能であり，すなわち協働性が薄くなる場合もあるが，それは了承の範囲内である。

2) 自己・他者との協働AR
とは，その事例は学校改善，及び教育委員会project等の研究が該当するため，第二人称の協働性が極めて重

図II-12　UHの2つのEd.D.プロジェクト

要となり，対生徒・教師・保護者・学校関係者等，その対象が拡大する。

3) 関与型（Consultation）とは，実践主体が他者であり，本人は外部の第三人称の専門家として関与（アドバイス）し，実践改善をするスタイルの協働研究であるが，厳密には，これをARと定義するには課題がある。

②実践研究/Ed.D.研究プロジェクト（Individual Practitioner Research Project）

協働ARに対応しつつ，実践を対象とするEd.D.論文を修了することが学位取得要件となる。Ph.D.論文と同様にEd.D.論文は，先行研究の総括（残余部分の発見），研究課題設定，実践の実施，実証等の研究スタイルをとるが，研究タイトルは，あくまでも実践改善を目的にした実務的な要素が求められる。

以上のようなUH事例に限らず，米国におけるEd.D.動向は，今後のわが国の教職大学院の発展，及び修士と博士課程との接続課題も踏まえ，教育系大学院教育における研究価値を持つがゆえに，ますます注目されるものと考察できよう。

（倉本哲男）

第11節　オーストラリア

1．オーストラリアにおけるカリキュラム改革の概要

(1) オーストラリアン・カリキュラムの開発までの経緯

オーストラリア連邦は，6州2直轄区（ニュー・サウス・ウェールズ州(NSW)，ビクトリア州(VIC)，クイーンズランド州(QLD)，南オーストラリア州(SA)，西オーストラリア州(WA)，タスマニア州(TAS)，首都直轄区(ACT)，北部準州(NT)）から成る国家である。1901年の建国以来，憲法(1901年制定)の規定によって，教育に関する事項については各州・直轄区(以下，各州)の政府が責任を有してきた。そのため，学校教育の教育課程や修業年数，学期の区分などは，州によって異なってきた。

しかし，国際的な競争力の向上の必要性や学校教育が果たす役割の重要性への認識の高まりを背景として，1989年に，

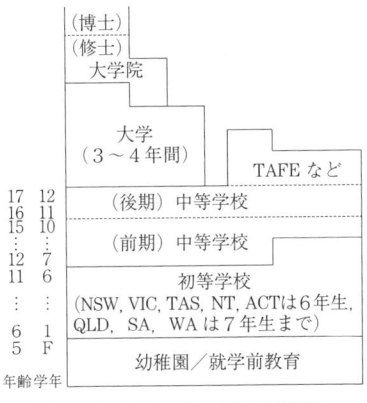

図Ⅱ-13　オーストラリアの学校階梯図
（出典：木村裕（2018）の図を一部改変して作成）
※TAFE : Technical and Further Education（技術継続教育機関）
※学年欄のF（Foundation）は，州によって，Kindergartenや Reception などともよばれる。
※後期中等学校卒業以降は大学等への入学時期や在学年数も様々であるため，学年と年齢欄は省略した。

オーストラリアで初めての国家教育指針である「ホバート宣言」が発表されるとともに，ナショナル・カリキュラム開発に関わる取り組みが進められるようになる。その後も国家教育指針として，1999年には「アデレード宣言」が，2008年には「メルボルン宣言」が発表された。

(2) メルボルン宣言とACARAの設立

メルボルン宣言では，「オーストラリアの学校教育が公正（equity）と卓越性（excellence）を促進する」ことと，「すべてのオーストラリアの若者が『成功

した学習者』『自信に満ちた創造的な個人』『活動的で知識ある市民』となる」ことが教育の主要な目標として示された（MCEETYA, 2008）。そして，これらの目標の達成を目指して開発されたのが，「オーストラリアン・カリキュラム（Australian Curriculum）」とよばれるナショナル・カリキュラムである。

　オーストラリアン・カリキュラムは，2008年から開発が進められ，2013年より順次，各州に本格的に導入されてきた。その際に中心的な役割を果たしたのが，「オーストラリア・カリキュラム評価報告機関（Australian Curriculum, Assessment and Reporting Authority：以下，ACARA）」（2008年設立）である。ACARAはオーストラリアン・カリキュラムの開発と実施に関して中心的な役割を担ったほか，全国学力調査の開発と実施，学校教育に関する全国的なデータの収集や分析，報告書（National Report on Schooling in Australia）や「私の学校（My School）」ウェブサイトなどを通した情報提供なども行っている。

2．オーストラリアン・カリキュラムの構成と運用の現状

(1) オーストラリアン・カリキュラムの構成

　オーストラリアン・カリキュラムは，「学習領域（learning areas）」「汎用的能力（general capabilities）」「学際的優先事項（cross-curriculum priorities）」の3つの次元で構成されている。

　学習領域として設定されたのは，「英語」「算数・数学」「科学」「人文・社会科学」「芸術」「技術（Technologies）」「保健体育」「言語」の8領域である。各州では，これらの学習領域に含まれる，より細かな科目を設定してカリキュラムの具体化を行っている。

　汎用的能力とは，知識，技能，態度(behaviours)，傾向性(dispositions)を網羅するものとされており，「リテラシー」「ニューメラシー」「ICT能力」「批判的・創造的思考」「個人的・社会的能力」「倫理的理解」「異文化理解」の7つがあげられている。これらは，可能な範囲であらゆる学習領域で扱うことが想定されている。

　学際的優先事項とは，児童生徒が現代社会を理解するとともに，直面する現代的な社会問題に取り組めるようになるために特に扱うべき事項のことである。具体的には，「アボリジナル及びトレス海峡島嶼民の歴史と文化」「アジア，及

びオーストラリアとアジアとの関わり」「持続可能性」の３つがあげられた。これらもまた，すべての学習領域で扱うものとされている。

(2) オーストラリアン・カリキュラムの運用の現状

　オーストラリアン・カリキュラムは全国的な指針として捉えられてはいるものの，その導入方法はすべての州で必ずしも統一されているわけではない。例えば，ビクトリア州や西オーストラリア州ではそれぞれ，「ビクトリアン・カリキュラム(Victorian Curriculum F-10)」「西オーストラリアン・カリキュラム(Western Australian Curriculum)」とよばれる州独自のカリキュラムを開発し，州内の各学校にはそれに沿った教育活動を行うことを求めている。一方，例えば南オーストラリア州では，レセプション（Reception）から第10学年までは，オーストラリアン・カリキュラムをそのまま用いることとしている。

　また，オーストラリアン・カリキュラムは各学習領域で扱うべき知識や技能，汎用的能力や学際的優先事項との関連付け方の例などを提示しているものの，学校で扱うべき教育内容や教育方法を強く規定するものではない。そのため，各学校では児童生徒や地域の実態なども踏まえながら，各学習内容に充てる時数なども調整しつつ，授業やカリキュラムを具体化している。

3. オーストラリアにおける取り組みから見えてくる検討課題

(1) 学校裁量を効果的に機能させる環境の整備

　上述のように，オーストラリアではオーストラリアン・カリキュラム導入後も，州や学校，教師の裁量で多様な教育活動を創造しやすい状況が維持されている。すなわち，国家レベルでの統一性の確保を図りつつも，学校や教師の考えや児童生徒の実態を踏まえた多様な教育活動を実践できるような制度設計がなされているのである。

　ここで重要になるのが，個々の教師の力量形成や各学校でのカリキュラム編成に対する支援である。この点に関しては，まず，「オーストラリア教職・リーダーシップ機関（Australian Institute for Teaching and School Leadership：AITSL）」（2010年設立）によってまとめられ，2011年に公表された「オーストラリア教員専門職スタンダード(Australian Professional Standards for Teachers)」

などを踏まえた教師の力量形成の取り組みがあげられる。また，オーストラリアでは多様な社会的・文化的背景を持つ移民や難民，先住民の存在，地理的な特徴などを背景として，多文化教育や先住民教育，グローバル教育，遠隔地教育などの教育活動も進められてきた。そのため，活用可能な教材の開発やNGOなどによる実践づくりのサポート等も行われてきた（木村，2014）。ここからは，政府を中心に進める国家レベルでの教師の力量形成と，多様な実践の創造を支える民間の取り組みも含めた諸条件の整備をどのように行い，学校裁量を効果的に機能させるのかを検討することの重要性を指摘できよう。

(2) 学力調査の役割と位置付けの検討

先述のように，ACARAでは，全国学力調査の開発と実施，学校教育に関する全国的なデータの収集や分析，報告なども行っている。これにより，教育課程の開発だけではなく，その結果を把握し，その後の改善に生かすことを念頭に置いた取り組みを展開しているのである（木村，2016）。

ACARAでは現在,「リテラシー」「ニューメラシー」「科学的リテラシー」「シティズンシップ」「ICTリテラシー」に関して全国学力調査を実施している。この中でも特に，NAPLAN (National Assessment Program - Literacy and Numeracy) とよばれるリテラシーとニューメラシーに関する学力調査は，毎年，第3・5・7・9学年の児童生徒を対象として悉皆調査のかたちで行われており，児童生徒や保護者，教師の関心も高い。また，NAPLANに関しては，その結果が児童生徒や保護者，教師に直接フィードバックされるのに加えて，学校ごとの結果が「私の学校」ウェブサイトを通じて公表される。そのため，学力調査で優れた結果を収めることを志向して，学校のカリキュラムの内容や授業づくりが学力調査から影響を受けている学校もあるという。一定の学力を保障することは重要な課題であるものの，学力調査にとらわれ過ぎるのではなく，それをカリキュラムや授業の改善に活かしたり，各学校の独自性を活かしたカリキュラム開発やその運用を実現したりするための学力調査の実施・活用方法を十分に検討することも求められるだろう。　　　　　　　　　　　　　　　（木村　裕）

第Ⅲ部

カリキュラム研究の方法

第1章　カリキュラムの哲学的研究

第1節　哲学的探究の可能性——哲学的分析と基本課題

　まず，哲学的分析の必要性についてである。「教育課程」や「カリキュラム」をはじめ多くの研究用語は翻訳語である。日本の翻訳文化において成立した新漢語の技法は，「置きかえ」「再生・転用」「変形」「借用」「仮借」「造語」が知られているが，教育は「借用」，課程は「造語」に相当する。カリキュラムのような片仮名による翻訳語は，文脈への省察を欠いた安易な仕方にみえるが，これを日本語の統語論からみると，膠着語の特徴（「詞」を「てにをは」の「辞」で包摂していく）に則っているといえる。問題は，翻訳作業が，他言語から自言語への変換作業にとどまらず，それが何を伝えようとしているか，いわば他者性の了解を伴うことである。この了解は，自らの認識的枠組みの省察を伴う。さらに，翻訳と移入後の諸概念の展開の考察には，それらに内在する歴史性と文化，イデオロギーについての分析が要請される。この意味で，カリキュラム研究を構成する諸概念の哲学的分析は，研究者にとって第一義的な課題となる。

　他方，カリキュラム研究の恣意性の問題がある。カリキュラム研究が経験諸科学の成果を踏まえながらも固有のリテラシーとテクノロジーを構築していくことで，人々にある精神の傾向^{マインドセット}を構成し強要していくという問題である。フーコー的にいえば，カリキュラム研究もまたひとつの知＝権力であり，カリキュラムを語る行為が，教育事象を明らかにするというよりひとつの対象をつくりだし，その過程で逆に，それが自ら創り出したものであることを隠蔽するような知＝権力の構成の問題である。ここでは，誰（何）のための研究なのか，教育内容の「コモンズ」は本来何であったのかを省察していく必要がある。

次に，カリキュラム研究の基本テーゼ「何をどの形で，どの順序で教えるのか」に関する課題である。この課題に対し，哲学的探究では，伝統的に次のような問いを立ててきた。第一に，教育内容はどのような意味で善いのか，学習者の将来と幸福にどのようにつながるのか，将来とか幸福を構成するものは何かといった倫理的道徳的価値の問題である。第二に，認識論的問題（知識の問題）である。教育内容がある知識と技法の体系（表象としての知）から編成されるべきだという場合は，その客観性，選択と配列の問題である。あるいは教育内容は知識や技法の生成（反表象としての知）であり，その有用性から構成されるべきだという場合は，構成的な知識概念の妥当性の問題である。第三に，第一と第二の問いの立て方を批判し，カリキュラムの歴史性や恣意性とポリティクスを顕現化させ，その公正さを問う批判理論や再概念化の運動からの問題提起である。例えば，なぜあらゆる可能性の中である知識形態が選択され，他が排除されるのか。知の選択と排除は他の可能性とのどのような対立の関係にあるのかなどの問いである。カリキュラム研究は，イデオロギーやヘゲモニー，研究・政策・実践のポリティクス，国家の問題などに不可避的に関わっている。

　そして，最後に，カリキュラムを可能にする認識的枠組みや精神的態度の問題である。この問いは，フーコー（Foucault, M.）やイリイチ（Illich, I.）によって予見されていた問いであり，現代の高度情報化の潮流の中で変換されつつある現代人の認識的枠組みや精神空間，精神的態度への省察を迫るような視座に基づいている。以下では，この精神史の起点となっているプラトン（Plato）の教育論を再考し，この視座によるカリキュラムの精神史の概観を試みる。

第2節　教育理念とカリキュラムの精神史

1．プラトンの倫理思想と教育論

　偉大な思想家は，人間にとっての教育の重要性をよく認識し，教育はどのような目的を持つべきか，どのように教育を体系化すべきかを議論してきた。その際の教育目的の考え方は，教育内容の編成の強調点—社会，個人，学問中心

など—を方向付けることになる。例えば，プラトンの教育は国家を，ルソー（Rousseau, J. J.）は人間性の中の自然を重視し，デューイ（Dewey, J.）であれば，社会の構築と個人の自由との対立の調停に焦点化するといった具合である。

　プラトンは，教育思想史において最も重要な思想家であるが，『国家』に『メノン』『法律』を加えると，西洋の教育思想の歴史はそれらの注釈の歴史といえなくもない。彼の夢は公正な国家を生み出すことであり，議論の中心は，国家の理想的な政治体制と人材育成のための教育であった。その倫理思想は三つの軸から成る。第一は徳としての正義であり，正しい人は幸福であり，不正の人は不幸であるという議論。第二は徳としての節度であり，節度のある人は幸福であり，放縦な人は不幸であるという議論。そして第三に，正義と節度を備えた人間を育成するための教育論であった（『国家』『法律』）。プラトンの教育観を概括すると，人間は魂の三つの部分（欲望，気概，理知）によって生命を吹き込まれている。人間の理想はこれらの均衡状態であり，公正な国家も市民がこれらの三つの機能をよく果たしている状態である。他方，個人は才能において平等に生まれついてはいない。そこで，教育は共通カリキュラムとして開始されるが，個人の生来の能力を超えて教えられることはない。人は教育の過程で発見される能力に従って訓練され，統治者，軍人，職人など国家が円滑に機能していくための役割を担っていく。具体的には，初等中等教育のムシケー（音楽・文芸）と体育からなる教育課程（『国家』374e〜417b）と高等教育の教育課程（『国家』第7巻）の二つの課程が提案されている。特に，後者は，哲人統治者の候補をその職務に向けて訓練するための厳しい課程であり，能力に欠けるものは脱落していくという競争原理に基づいている。最後は，公職経験を経て，善のイデア認識に至る（50歳）という人材育成プログラムである。

　プラトンの教育論は，生得的な素質に基づく人間の類型（ピュシス），教育資源や才能の分配，支配と被支配の関係，哲人による統治など，その理念においては，ある条件を除くとほぼ完璧な合理性を実現している。しかし，現実の世界ではその条件こそが課題となる。デューイは，プラトンの教育論について，固定した三つの階級（魂の欲望，気概，理知）のみが想定され，個人が無限の多様性を持ち，その多様性が変化や進歩，成長を生むという認識が欠けていることを批判している（Dewey, 1916, 邦訳pp.143-148）。

　デューイの批判はもっともである。他方，プラトンの国家は仮想現実の静的

な国家であり，その実現は意図していない。それは，思考実験における方法的な概念としてある。同じことはルソーの自然や自由の概念にも，デューイの民主主義についてもいえる。私たちがプラトンの教育論から得るのは，それが教育理論の原型であり，政治体制はその固有の教育システムを持ち，カリキュラムはその国家的プロジェクトであることの再認識である。デューイが共同体の創成のために，民主主義を生の様式として定義したとき，かれは，民主主義は人々の民主的な性格からしか生まれないことを理解していたが，これは，善き国政は善き性格からしか生まれないというプラトンのアイデアに基づいていた。

　他方，ここで問題としたいのは，プラトンの企画には，哲人統治のような実現不可能な理念と，『法律』で提案される徳育のような実現可能な理念とが奇妙に入り交じっているという点である。プラトンが対決していたものは何か，なぜイデア論が要請されたのか，彼の企画の背後にあるものを探ってみたい。

2. プラトンの闘争——声の文化と文字の文化の狭間で

　プラトンは，再三，詩と詩人の活動を「精神をダメにするもの」(505b5) であり，詩は解毒剤を必要とする一種の病であると攻撃する（『国家』第10巻）。プラトンの詩への糾弾は，その形態，技法，朗誦の音響効果にまで及び，彼の教育プログラムにおいても，詩はムシケー教育においてのみで，高等教育においては放棄される。このような詩への執拗な攻撃，理想国家からの詩人の追放というプラトンの主張をどのように理解したらよいのだろうか。

　まず，プラトンの時代では，詩人は芸術家（詩は芸術）であるという私たちの常識的な見解を放棄する必要がある。次に，当時の詩（ホメロスの叙事詩など）と詩人は，教育制度の中核にあったことを認識する必要がある。詩と詩人がそのような社会的な位置と教育的価値を保ちえたのは，それが，ギリシアの人々にとって壮大な知の宝庫であり，公法や私法の保存であり，有能な市民であれば学ぶべき倫理学や政治学などの有益な文化情報に関する韻文の百科全書を提供するという機能を果たしていたからであった(Havelock, 1963, 邦訳p.46)。

　こうして，プラトンが何と対決しようとしたのか，なぜイデア論という特異な理論が要請されたのかがみえてくる。彼は，文字を持たない口承文化（声の文化）から文字文化への移行期にあって，口承文化が持つ精神的態度に脅威を

感じていたのである。口承的な精神的態度とは，共同体の中の生きた集団記憶を連綿と継承させるための意識の様態である。それは，韻律形式を持った詩をひたすら傾聴し，復唱し続けることで，詩の内部に病的なまでに完全に熱中し，共感的に一体化するような精神のあり方である。プラトンは，そのような記憶の習慣に対抗し，経験を記憶する代わりにそれを検証し，経験と一体化するのではなく経験から自らを引き離し，客観を模倣する代わりにそれから離れて分析できるような主観と自律を求めたのである（Havelock, 1963，邦訳p.66）。

私たちのように文字によってものを考える精神にとって，声の文化の精神のあり方を追体験することは不可能に近い（イリイチ，1991，p.126）。声の文化には，文章を構成するアトムとしての単語の観念はない。沈黙によってある音節が区切られることがあっても，すべての発話はいわば翼を持ち，十分に発話されないうちに，永遠に飛び去ってしまう（イリイチ，1991，p.127）。これに対し，文字の文化では，書かれたものは保存され，いつでもそれに立ち戻って，意味を問い，分析することが可能である。声の文化では，口承の最中に「それはどういう意味か」と問えば，話の流れを中断し記憶による保存の機能を破壊しかねない。このメタ的思考，省察的な態度は，文字文化に特有のものである。

さらに，人はこの省察的な態度によって，概念とか観念を持つことができるようになる。声の文化において，例えば，人間が従うべき法を集団で記憶し継承しようという場合，法はそれが具体化されている事件や出来事として記憶され語り継がれる。しかし，文字の文化へ移行すると，そうした具体例は単に付随的なものとして捨象され，法そのものが取り出され，認識されるようになる。同様にして，正義，勇気，節度といった徳の概念の抽象も可能となる。ここから概念とか観念の世界まではあと一歩の跳躍である。こうして，プラトンが詩人を追放しようとした理由が理解できるし，かれが教育理念として措定したイデア世界は，文字の文化が要請した新たな認識論的枠組みだったことがわかる。

ハヴロック（Havelock, E. A.）によれば，プラトンの時代，魂という語の微妙な変化が起こりつつあった。伝統と記憶の魔力に身をゆだねている魂から，伝統から離れて立ち，伝統や自らの記憶を吟味できるような「私」「自我」「自己」としての魂への移行である。「私」としての自律的な魂は，行動の根拠を詩的経験の模倣にではなく自らの中に見出すような自制的な意識である（Havelock, 1963，邦訳pp.234-235）。この自己の発見により，思考する自己や反省

的で思慮深く批判的な自己，純粋な精神活動が認識されるようになっていく。「私」は「私」であり，個性をもった自律的な小宇宙であること，これは現代にまで継承されている教育思想の基盤となる人格形成とか陶冶などの概念化の淵源である。

3．現在起こりつつある認識論的断絶と次なるマインドセット

ところが，プラトン自身の精神的態度は両義的であった。仮想現実（『国家』）では，詩人を追放しながら，自分の弟子が文字に依存し始めるのを憂いていた。文字はあくまでも思い出すための技法であって，それ自体は記憶ではない。魂が文字に依存するようになると，人々は書かれた文字の中に真理を探すようになるが，しかし，元来，真理は瞑想によって魂の奥底において「想起」されるべきものである。プラトン自身は瞑想の過程においてのみ不滅の真理は姿を現すと考えていたし，ピタゴラス派やソクラテスの声を直接聞き，それを口述ではなく発話を模した対話編として書きとめた。しかるに，テクノロジーとしての文字は，発話の流れを記号の配列に置きかえ，保存し，次の思考を組み立てる道具となっていく。プラトン以後，魂はもはや瞑想することを学ばなくなり，人為的な記号の力に頼り，ものごとは，外部から思い起こされるものだということになる。こうして，瞑想や想起に代わって，文字の間に真理をなぞるだけの，記憶術，弁論術，修辞術といった新たなテクノロジーが，教育プログラムに編入される時代に移っていく（イリイチ，2008，pp.30-36）。

イリイチによると，次の大きな認識論的空間の転換は12世紀に起こった。読み書き能力はいまだ聖職者の間で特権的に占有されているものの，後の書物の形態（分かち書きや，段落，章立て，目次などの技法）が徐々に整えられ，さらに商業や法廷，役所などでは「文書」が公的なものとして急速に普及した。それまでの権力は外部からの力の行使であった。ところが，いまや権利や義務，土地の相続，税など，文字を知らない人々の意識をも巻き込んで，帳簿や権利書が力を行使するようになった。印刷技術の進展を挟んで，15世紀以降は，読み書き能力は人々の間に急速に広まり，地方言語への翻訳，信仰のための書物など文字文化は多様な発展を遂げる。17世紀には，レンズの急速な発達により，知識は眼に見えるものであり，獲得されるものとなり，世界は書物の隠喩で語

られるようになる。ここに至って，イリイチのいう「レイ・リテラシー」（lay literacy）の精神的空間が不可避的に人々を覆い尽くすこととなる。

イリイチは通常の読み書き能力を「書記のリテラシー」（clerical literacy）と呼び，これとは全く異なる概念として，「レイ・リテラシー」を析出し，問題化している。これは，文字の使用がもたらす「精神の枠組み」（a mind-frame）であり，「文字によって考える精神」（literate mind）である（イリイチ，2008，p.109）。記憶や記録のための記号でしかなかった言葉が，人々の精神生活や態度全般を支配する範型となって，文字文化の強大な精神空間を創り出しているという捉え方である。読み書き能力を獲得すると，人々はそれまでやっていたように具体的状況に即して認知することをやめ，推論を始める。しかも自らの経験に基づいた推論のみならず，言葉の上での推論（同様に，表象，推理，想像など）に終始するようになる。しかし，レイ・リテラシーが意味するのは，このような読み書き能力がもたらす認知的な帰結ではなく，識字を離れた後もなお私たちを拘束しているような形而上的なもの，精神空間である。

私たちは経験や知識の多くを，どこかに記録し保存しておくもの，必要があれば記憶の書物を検索し，そこから取り出すものといったイメージで捉えている。自然は久しく神々が住まう物語の舞台ではなくなり，人間が「神の視点」に立つことによって，解読し克服すべき偉大な書物に喩えられるようになった。私たち自身の内面の感情とか思考の流れであっても，その直接性と即興性は減じられ，シナリオとかあるべき役割を想定した記述可能な行為として表現されるようになった。想定される自分と記述される自分，それを読む自分の同一性において自己が生成される。そして私たちの生活は，特定の文脈に位置付けられるひとつのライフ・ヒストリー，テクスト，カリキュラムとして閉じられ，記録される。レイ・リテラシーとは，このように書かれた文字，書物の範型に従って，自明のものとなってしまった一定の思考と行動の様式であり，「文字に縛られた精神」（lettered mind）であり，精神空間である。

さて現在，この精神空間も終焉を迎え，サイバースペースに取って代わられる可能性が出てきた。晩年のイリイチが警告していたサイバネティックス的な精神（AI的な精神）である。この場合も，コンピューター（情報）リテラシーなどの技能やその習熟とは区別される。AI的な精神とは何か。イリイチの主張を敷衍すると，レイ・リテラシーが文字で記された書物を隠喩として自己や

世界の了解を枠付けていたように，AIのシステム動作や操作を主たる隠喩として，自己や世界を了解するようになる精神的態度である。イリイチの事例では，ある教師が，生徒たちに「南サハラの干ばつと飢饉」についてレポートを求めたところ，かれらはPCでキーワードを検索し結果をつなぎ合わせて提出した。教師は，生徒の一人に南サハラで起こっている問題についてどう感じているのかと尋ねた。しかし彼は「質問の意味がわからない」と答えたというのである。この教師と生徒は別の精神空間にいるかのようである。

　私たちにはすっかり馴染みの風景であるが，情報機器はさらに進化し，私たちの思考の一部となっていくだろう。教材や書物の体裁もサイバースペースに見合った形態へ変換されていく。しかし，問題は科学技術の次元ではなく，教師と生徒の間にある認識論的断絶である。生徒にとっての言葉の意味は，身体から切り離されシステム上の整合性の問題と化しているかのようである。

　文字文化の人間には，声の文化が見えない。同様に，AI的な精神からは，文字文化の精神空間は見えなくなっていく。プラトンが声の文化と文字文化の二つの精神世界の境界に立って苦闘したように，現代の教育者は，文字文化の終焉とその懐古的な修復の一方で，新たに出現し浸透しつつあるAI的な精神とどのように対峙していくことができるのか苦境に立たされている。他方，言葉が身体から切り離され，言葉がものとの対応関係を喪失するのは，20世紀に始まったことではなく，フーコーの古典主義，表象の時代以降には認められることである。そして学校が誕生し，カリキュラムが一つのスペースを要求し始めたのもその精神空間の出来事である。モダンとしての学校は，文字文化の精神空間とともに終焉を迎えるのか，近未来のサイバースペースはどのようなマインドセットをもたらそうとしているのか，省察を重ねていかなくてはならない。

（松下晴彦）

第2章　カリキュラムの歴史的研究

第1節　歴史的研究の目的と方法

　カリキュラムの歴史的研究とは史料を用いて過去のカリキュラムを実証的に解明する研究である。歴史的研究の対象となる時期について，カリキュラムを原語とする国を対象とする場合と，カリキュラムという言葉を明治期の学校制度の成立に関わって摂取した日本を対象とした場合では，当然始期が異なる。前者は原語の登場にまでこだわれば中世まで遡れるが，両者とも近代学校制度の成立と関わってカリキュラムという言葉が使用されている時期を研究対象とする場合が多いことから，始期は主として19世紀となる。終期の区切りを明確にするのは難しいが，重要なのは，分析者がカリキュラムを歴史社会的側面も含め，客観的，構造的に把握可能な時期までの時間を置くことである。というのも，史料の「解釈の観点は，調査者の先入観や価値観によって形作られる」ものであり「克服するのがとりわけ困難な，歴史家の一つの限界点は現在中心主義（present mindedness）である」といわれることによる（Merriam & Simpson, 2000，邦訳pp.94-109）。分析者が生きている時代の教育に関する価値観が歴史的史料を分析する際に先入観として作用し，史料に即して見るべきものが見えなくなる可能性がある。この点において，対象となる時期は分析者の生きている時点から一定の時間をおくことが必要となるだろう。

　しかし，当初は分析者の個人的な興味や関心に支えられてはいるものの，歴史的研究の主たる目的は「過去に何がおこり，そしてその過去が現在に対してどのような意味を持つのか」を解明することで「現在の実践を明確なものにしたり，未来の実践を形作ったりすること」につなげてゆくことにある（前掲

Merriamほか，邦訳p.106）。分析者の生きる同時代のカリキュラムに対する課題意識も重要であり，明確な課題意識がなければ，単に新たな歴史的事実を実証することや史料を歴史順に再構成する歴史研究に留まってしまう。史料はそこに存在するだけでは単なるデータの集積物にすぎず，「何らかの秩序のもとに整えられ，解釈」される必要がある。分析者の力量が問われるのはこの「データを解釈し，一連の事実に洞察と一貫性を提供」するプロセスである（前掲Merriamほか，邦訳p.93）。史料の解釈の方向性を決定付けるのは「リサーチ・クエスチョンの設定」であり，ここには研究者の現在のカリキュラムをめぐる課題意識が深く関わらざるを得ないだろう。すなわち，明確なリサーチ・クエスチョンに支えられ，「先行研究の検討と資料の解読によって導かれるオリジナリティの創出の道筋（概念装置の形成）」が歴史的研究の「方法（論）」であり「その研究の最大の成果」である（佐藤，2005）。同じ史料を扱っても，分析者のリサーチ・クエスチョンに応じて「概念装置の形成」のプロセスが異なるということでもあり，その結果，産み出される知見が大きく異なることもある。

　分析者も歴史的存在であり，分析者の有する価値観も社会的・歴史的に形成されてきたものである。史料を通して過去と向き合うことは現在の自分の教育の見方と向き合うことである。そこで自覚された視点は現在のカリキュラムの理解を深めてゆくことにつながる。まずは，分析者自身，自身が置かれている時代認識を深めつつ，そこから浮かび上がる各々の関心を先行研究との関連の中でリサーチ・クエスチョンとして定位すること，そして，自身の現在の価値観や先入観にとらわれることなく，解釈の上で価値を有し信憑性のある史料を用い，社会歴史的文脈を踏まえた実証的な水準の高い研究を行うことが求められる（冨士原，2014）。

第2節　歴史的研究対象として「カリキュラム」を据える困難さ

　歴史的な分析対象としてのカリキュラムが何を指すのかについて，とりわけ日本の研究者が研究を行う場合には，その内容や範囲を一つに定めるのは難しい。安彦は「『カリキュラム研究の歴史』と『カリキュラムの歴史』は決して同じではない」と指摘するが（安彦，1985），研究対象を日本に限定してみれば，

「日本のカリキュラムの歴史」が「カリキュラム研究の歴史」を規定せざるを得ないという複雑な事情が存在する。それはカリキュラムが日本に起源を持つ言葉ではないことに起因し，さらには時代の流れに応じてカリキュラムの概念自体が変化していることによる。

　この点について，1993年に出版された『日本の教師』シリーズ（全24巻）の第9巻，『カリキュラムをつくるⅡ　教室での試み』の佐藤による「総解説」が参考になる（佐藤, 1993）。彼は「教室を拠点としてカリキュラム改造に携わった教師たちの手記を歴史的に編集」することは「わが国の教育課程制度の歴史を知る人にとって，この試みは，絶望的な挑戦に思われるかも知れない」とする。その理由は日本の教師が「明治の初期と戦後初期のわずかな期間を除けば，カリキュラムを自由に創造する自律的な権限を奪われ，行政機関の定める枠組みに依存する教育しか経験してこなかった」ことに起因すると指摘する。そして，いまだに多くの教師にとって「『カリキュラム』とは，教室の外で授業に先立って定められた『公的枠組』として意識され（中略）教職の専門領域の中枢をなすはずの『カリキュラム領域』が，教師たちの実践領域から剥奪されてきただけでなく，教師たちが語る『カリキュラム』という言葉それ自体の意味も空洞化され，ゆがめられてきた」という。そして，この巻において掲載する実践を見出すに際し，「『カリキュラム領域』の『空白』を埋める努力と『カリキュラム』という概念の『ゆがみ』をただす努力」に取り組んだとしている。「空白を埋める」ことが意味するのは「カリキュラム」という用語は使用していないものの「本来的な意味におけるカリキュラム領域の貴重な実践」を見出すことである。「ゆがみ」が意味するのは，たとえ「カリキュラム」を明示化していたとしても，それらの実践で意識化されている「カリキュラム」という言葉それ自体が「本来的な意味」を有していない場合の修正である。ここで特に注意を促しているのは「単なる『教育計画』の作成に過ぎない場合」である。

　佐藤は「カリキュラム」の「本来的な意味」として操作的に「学校と教室において子どもと教師が生成する『学習経験の総体』」と定義している。1990年代以降，佐藤によって提起されたこの概念が広がるにつれ，逆に，従来の日本を対象とするカリキュラムの歴史的研究対象が「公的枠組」と「教育計画」が中心であった状況が浮かび上がる。このことは，仮に日本の研究者がカリキュラムを「公的枠組」と「教育計画」を意味するという日本の歴史的文脈におい

て理解していれば，海外のカリキュラム研究に臨んだ場合においても，その対象がやはり「公的枠組」と「教育計画」の史的研究に限定されかねないことを意味する。

　カリキュラムの定義が変化を遂げている現時点において，歴史的研究としてのカリキュラムの対象が「公的枠組」や「教育計画」のみに重点を置いてきた地点には，もはや戻れないだろう。むしろ，これまで歴史的研究対象として見逃されてきた史料を発見あるいは再解釈し，その射程を広げてゆく必要がある。

第3節　歴史的研究対象としての「カリキュラム」の成立

　佐藤が指摘するように，日本におけるカリキュラムの理解に「ゆがみ」があり，もしもいまだカリキュラムを「公的枠組」や「教育計画」と捉える節が根強いとするならば，一体それが何に由来するのか。日本のカリキュラムの歴史的研究はこの点を十分に解明してきたであろうか。ここでは日本における「教育用語としてのカリキュラム」の歴史的使用経緯の側面から，史的研究として，さらに追究されるべき問題を指摘しておきたい。

　1989年にハミルトン(Hamilton, D.)はヨーロッパの宗教文書と大学文書を緻密に検証する中で「教育用語カリキュラムの使用が，16世紀後半の組合協会派のラテン語文献に端を発するのではないか」とし「さまざまな社会的・イデオロギー的運動が合流した地点に出現した」ことを解明した(Hamilton, 1989, 邦訳pp.59-61。傍点は筆者による)。ここでハミルトンの研究を取り上げたのは，カリキュラムの原語を有するヨーロッパにおいてさえ，彼の1989年の研究に至るまで「教育用語としてのカリキュラム」の成立の研究が進行中であるという事実である。

　翻って日本では，ハミルトンの研究によれば16世紀後半からヨーロッパで使用されてきたであろう「教育用語としてのカリキュラム」の日本における使用実態に関して，いかなる研究がなされてきたのか。明治期以降の日本の近代化は，欧米の文献の原語をそのままにせず何らかの日本語に置換する翻訳文化が支えてきた。教育学領域で扱う文献もその例に漏れないことは既に多数の歴史研究により，周知の事実である。

　「カリキュラム」の日本語への翻訳の研究例として，1981年の遠藤芳信によ

る研究をあげてみたい。彼はスペンサー（Spencer, H.）による *Education : Intellectual, Moral, and Physical*（1860）を1880年に尺振八が翻訳した際，「curriculum」を「教育課程」と邦訳したことについて，「おそらく，『カリキュラム』の邦訳としては最初の試み」であったと分析している（遠藤，1981。傍点は筆者による）。なお，本書第Ⅰ部第２章において，遠藤の研究を遡ること32年前，梅根悟が尺によるスペンサーの「カリキュラム」の訳出に注目していたことが指摘されている。遠藤は，尺がカリキュラムという言葉を「教育活動の計画の段階の最上位的な位置にあるものとして把握」し「教育課程」の訳語を与えたと解釈している。しかし，「課程」「学科」「教育課目」の訳もあり尺の訳出は一貫しておらず，別の後継の訳出者も「次序」「課程」の訳語を与えているともいう。さらに時期を下ってみると，例えばデューイ（Dewey, J.）が *The School and Society*（1899）を本国で出版してから数年後の1901年と1905年という比較的早い時期にそれぞれ翻訳した上野陽一と馬場是一郎は，ともにカリキュラムに「科程」「学科」「学科の課程」の訳語を当てている。

　ここから見えてくるのは，尺の訳出した1880年代から1900年代にかけて，日本においてカリキュラムとは「学科課程」（初等教育においては「教科課程」）を意味する言葉として定着したであろうということである。第二次世界大戦前の日本において，学科・教科課程を計画する主体は文部省であることから，日本においてカリキュラムを研究するということは，すなわち公定の学科課程や教科課程を検討することを意味していた事情が浮かび上がる。佐藤のカリキュラムの概念の修正の提案が1990年代に精力的になされたことを鑑みれば，第二次世界大戦後も長らくカリキュラムの歴史的研究の対象は，大戦前については公定の学科課程や教科課程を，大戦後は学習指導要領を対象とした公定の教科内容や，それをもとに各学校で作成された教育計画としての教育課程を主な研究対象として据え，それが定着してきた経緯が見えてくる。

　すなわち，時期としてはカリキュラムが使用された文献が翻訳された明治期以降について，主に公的文書に基づき，公定の計画化された教科課程，学科課程や学習指導要領等を対象として，その成立の政策過程や作成に関わったテクノクラートたちの思想，学科・教科組織の制度，そして教科課程が具体化された教育内容や教科書の内容，戦後は学習指導要領（試案と告示の両時期）をもとにして学校ごとに作成された教育計画としての教育課程を分析対象とする研

究である。現在でも「公的枠組み」が存在し続け，それが現実に学校教育に機能する日本において，これらの対象を実証史的に扱う研究は確かに重要であるし，既に一定の蓄積を成している。

　しかし，新たに提起されたカリキュラム概念の視点に立てば，今後はただ単に公的な枠組みや教育計画の一次資料に即して史的事実を解明するに留まることもできない。例えば，教育社会学の方法論からカリキュラムにアプローチする田中は「イデオロギーの概念は，カリキュラムに埋め込まれた信念体系をその内側から批判的に摘出し，これを全体社会の支配関係に結びつけて説明するので，再生産論にとって主要な概念である」とし，「学校成員が複合的な社会的文脈の中で『使用中のカリキュラム』において多様な意味を産出する，その過程をリアルに記述し解釈するために有用である」とする（田中，1999）。彼は前掲のハミルトンの研究も引用しつつ，イデオロギーの視点に基づく研究は「今後，公正で優れた教育実践と教育政策の展開に必要な『通説の再概念化』を試みると同時に（中略）その通説の起源をあとづける『カリキュラムの歴史社会学』を構想するだろう」と指摘する。

　「公的枠組み」としてのカリキュラムの概念理解が強い日本においては「通説の起源をあとづける」歴史的研究が重要であるにもかかわらず，カリキュラムの最初の翻訳について，梅根は「私の知っている範囲では」（梅根，1949，p.12)，そして遠藤は「おそらく」尺であると留保しているように未だ十分ではない上，「公的枠組み」として理解され研究されてきたカリキュラムを具体的な学校や子どもの置かれた歴史社会的文脈あるいは実践に即して分析する余地がいまだ多く残されている。例えば田中の指摘するイデオロギーの視点に基づき，カリキュラムの「通説のゆがみ」を起源から見直し，その陥落を埋めるという研究，それを社会的存在である教師や子ども，そして学校や教室の置かれた社会的政治的文脈をも視野に入れて行う研究が一層進められる必要がある。このことは，日本の「通説」においてカリキュラムを把握し，海外の研究にそれを適用しようとしてきた研究に対しても自覚的であることが求められる。

　さらに，佐藤の指摘する「ゆがみ」に注目する研究対象として，日本のカリキュラムの用語使用をめぐる特殊な状況がある。とりわけ，1920年代から30年代にかけて展開した欧米のカリキュラム改造運動の影響が日本に及ぼされたことにより，「カリキュラム」を明示した理論や実践が登場した事実は見逃せない。

当時，すでにカリキュラムが日本で公定の学科・教科課程として翻訳され定着している状況に対し，例えば日本における新教育運動を代表する一人である及川平治はカリキュラムを日本語に翻訳すると真意がゆがめられるとし，「カリキュラム」という言葉を翻訳せず，あえて「カリキュラム」のままで使用することを主張した（冨士原,1998；橋本,2013）。このときの及川のカリキュラムの概念は「児童の生活経験の系列」などと表現されている。同時期の日本では私立小学校や師範学校附属小学校を中心に「カリキュラム」のあり方が盛んに議論されたが，いずれもが公定の教科課程に対し，なにがしかの観点を中心として教育内容や方法を創り出そうと試みるものであった。

　第二次世界大戦後の新教育における学校を基盤とするカリキュラム運動も，様々な現れをしたものの，子どもの実態や社会生活を中心としてカリキュラムを構成しようとするものであった。ただし，行政自体がカリキュラムの発想を受け入れた戦後新教育と違い，戦前の場合，行政当局から「カリキュラム」という言葉を使い実践を問い直そうとする者は反権力的な思想に基づくと理解され，戦時体制を迎える中で危険視されたという事実がある（冨士原，同上）。一時期ではあれ，日本では「カリキュラム」という言葉を使用した実践は「公的枠組み」を脅かす性格を有していたということである。イデオロギー的な視点からのカリキュラムの史的研究の対象としてみれば，「カリキュラム」の名のもとで明らかに公的枠組みそのものに対して抵抗あるいは改革を試みた理論や実践は，戦前の日本の歴史的文脈において貴重であるといえるだろう。教師や子どもが社会的政治的に規定された存在であり続ける限り，ここで培われた視点は現在のカリキュラムを批判的に研究する視点としても生かされる。

　しかし，戦前のみならず戦後においても，これらの「カリキュラム」を明示した実践の「カリキュラム」概念自体が多様で曖昧であり，佐藤が指摘するように必ずしも「本来的な意味」と重なるとはいえず，史的実践における「カリキュラム」の概念を再解釈し続ける必要はある。また，資料上の制約として，文書による一次史料の残存状況においては，主導した実践者や研究者の理論研究や，各学校で作成された「教育計画」の分析が中心となってきたことは否めない。そもそも「教育計画」を作ることが「カリキュラム」を作ることと同義であると見なしている実践もある。かといって，計画を作ることも「教師と子どもの学習経験の総体」の一部であるには違いない。ここで必要となるのは，

カリキュラムを「教育計画」時点のみならず，「実践された経験」そのものを掘り起こし，社会政治的背景とともに計画と照らし合わせた検討である。日本の歴史研究で重視される活字化された文書による一次史料のみならず，学校で子どもの産出したもの，あるいは戦後であればライフヒストリーといった研究手法を生かし，当事者の経験の聞き取り等社会史的アプローチも「教育計画」と対置する貴重な史料として積極的に位置付けられてよいだろう。

第4節　カリキュラムの歴史的研究の展望

　「カリキュラムの歴史」と「カリキュラム研究の歴史」が複雑に絡み合う日本において，カリキュラムの概念や思想を問い続ける哲学的研究の進展と表裏一体で歴史的研究の対象は変化してゆくだろう。歴史的研究以外のカリキュラム研究のアプローチに学べば分析対象がさらに広がる可能性もある。例えば，教育社会学領域で進められてきた「ヒドゥン・カリキュラム」の研究の視点を例にとれば，とりわけ子どもと教師の経験を直接扱う実践面において，これまでカリキュラムの史的研究対象と見なされなかった対象に光を当てる余地が多分に残されている。

　そして，いまだカリキュラムが「公的枠組み」や「教育計画」を強く意味する日本において，カリキュラムを原語とする国々でカリキュラムを作る（構成，開発）とはいかなる実践であり，そのため力量形成を教師教育の中でいかに行っていたのか。カリキュラムを改革・改造するという場合に何を変えることを意味し，またそれがいかなる社会的政治的文脈のもとに行われていたのか。改革・改造論者（研究者や実践者）の有していた信念は何であったのか。実践の渦中にある子どもや教師や保護者はそのカリキュラムをいかに経験していたのかを実証的に解明する歴史的研究から学ぶことは大きい。海外の歴史的研究の進展は日本を対象とする歴史的研究の「リサーチ・クエスチョン」を広げるとともに，「空白」を埋める実践を見出す際に示唆を与えることにつながるだろう。

（冨士原紀絵）

第3章　カリキュラムの教育方法学的研究

第1節　教育方法学の学問的性格

わが国において，教育方法学という概念は，明治時代にヘルバルト学派の Methodik という概念の訳として導入された。明治28年の能勢栄訳『ライン氏教育学』では，方法学は，教授の理論と教導の理論の両者を含むものとして紹介されている。明治36年には，佐々木吉三郎は，養育学，教授学，訓練学を包摂する学問として，教育方法学を構想している。昭和8年，佐々木秀一は，『教育方法学概論』において，教育方法学は，教授法，訓練法，養護法も含めるべきであると述べている。第二次世界大戦後，大学に「教育方法学」という講座が置かれ，教育方法学という概念が一般的に使われるようになった。細谷俊夫『教育方法』では，管理，教授，訓練，という各分野を包摂した概念として，教育方法という概念を使っている（中野，2005，2014）。

米国の「カリキュラム構成（curriculum development）」の考え方の影響を受けた第二次世界大戦後のカリキュラム研究は，教育方法学という学問分野の中で一般的には行われた。

今日，グローバル化の中で，大陸ヨーロッパの諸国でも，カリキュラムという概念が一般的に使われ始め，逆に，英米圏では，Bildung（自己形成）を志向するドイツ教授学のよさが認められ始めて，Didaktik という概念がそのまま英語で使われ始め，英米のカリキュラム研究とドイツの教授学研究の相互浸透が始まっている。日本の教育方法学は，歴史的経緯から，ドイツ教授学の Lehrplan 研究と英米のカリキュラム研究の両者を含んでいることに特徴がある。

1. 教育方法学という概念の歴史的起源

　方法（methodos）という概念も方法学（methodikos）という概念も，古代ギリシャにすでに存在した。今日の教育方法の意味における方法という概念は，17世紀にフランスのラムス（Ramus, P.）が教育的ディスコースの組織化という意味で使ったのが最初である。（教育の）方法学という概念は，1690年に，フランケ学院のカリキュラムを作り，教授方法について説明し，従うべき規則を作ったフランケ（Francke, A. H.）が，「方法学」という概念を使っている。1791年に，オーストリアのフィールタラー（Vielthaler, F. M.）が，『方法学と教育学の初歩』という書物を出版している。この書物は，学校教師養成所における教師養成のために，学校の教科と教授技術について説明している。1796年に，プロイセンのニーマイヤー（Niemeyer, A. H.）が『教育と教授の原理』の中で「方法学」という概念を使っている。ニーマイヤーにおいて，教育は，子どもの全人格を指して使われる概念であり，その本質，目的は，徳育である。教授は，一定の知識を意図的，計画的に伝達することで，教育の目的に到達する方法概念である。教育学は，目的の学と方法の学から成る（宮寺，1973）。1890年の『教育学綱要』における，理論的教育学は教育目的学と方法学から成り，方法学はさらに，教授学と教導学から成るというライン（Rein, W.）の方法学の概念は，ニーマイヤーのこの方法学の概念を継承したものである（以上，中野，1994，2004，2014）。

2. 教授学におけるLehrplan研究

　教授学という概念の起源を簡単に説明すると，ホプマン（Hopmann, S.）によれば，1120年ごろ，パリで，ドイツ人の僧侶フーゴー（Hugo of Saint Victor）が，*Didascalicon de Studia Legendi* という書物を著している。それによれば，3つのタイプのdisciplineがある。(a)知識の秩序，(b)秩序ある教授，(c)生徒の前提条件，学習への秩序あるアプローチ，である。日常生活における学習と教えられる学習は区別される。教授学（Didascalicon）は，生徒に，学問の概念と構造を紹介することによって，知識の秩序を教えることについての学問である

（Hopmann, 2007）。

　1613年，ギーセン大学のヘルヴィッヒ（Herwig, C.）とユング（Jung, J.）は，ラトケ（Ratke, W.）の考えについて，「ラトケの教授学（Didaktica）あるいは教授技術に関する短い報告書」を書いた。ラトケは，学問の内容とその内容の教授学を区別した。この報告書は，後に『大教授学』を著したコメニウス（Comenius, J. A.）もふれている（中野，2014）。

　ドイツ教授学におけるカリキュラム研究は，「教授計画（Lehrplan）」研究として行われた。ヘルバルト（Herbart, J. F.）の『一般教育学』(1806年) における生徒の自然や人間に対する多面的興味を学問の教授を通して思想圏の陶冶に発展させるという教育的教授論も，ある意味でカリキュラム理論であるが，1808年末，行政官庁再編の流れの中で，内務省の中に「文化と公的な教授のための部局」が設立され，その部局の中に学術代表団（wissenschaftliche Deputation）が設けられた。学術代表団の教授部門の長は，フンボルトであった。構成員の中にはシュライエルマッハーもいた。学術代表団は，1811年に「Lehrplan案の構造」を報告している。それによれば，学校（ギムナジウム）は，教授と規律とその結合のための教育学的施設であり，教授の対象は一般的に言語（ラテン語，ギリシャ語，ヘブライ語，フランス語，ドイツ語）と学問（数学，自然記述と自然学，土地記述と歴史，宗教）である。学年段階ごとの各教科の授業時間を記した図表が付されている（Lohman, 1984）。

　ヘルバルト学派のカリキュラム理論は，ツィラー（Ziller, T.）の開化史的段階説，中心統合法，単元論がよく知られている。ラインの『国民学校の理論と実際』全8巻 (1888年) の第1巻で，教育課程構成の理論として，開化史的段階説，中心統合法，単元，形式的段階説を説明し，各学年の教科に関する説明では，教材の選択，配列，分節化，教材の取扱い，教授方法，授業例などが詳細に記述されている。第1巻には，教育課程の基本線の表，教科目標，学年目標の表が掲載されている（中野，1993）。

　1950年代以降，陶冶理論的教授学，学習理論的教授学，情報理論的教授学，批判的コミュニカティブ教授学，経験科学的教授学，学習目標教授学，構成主義教授学，（東ドイツの）弁証法的教授学，行為志向授業，など様々な教授学モデルがあった。その中でカリキュラム研究上，最も中心的なのは，陶冶理論的教授学である。

ドイツでは，2000年代以降，PISAショックを受けて，2003年にコンピテンシーに基づいた全国教育スタンダードが設定された。外的な州の試験も行われるようになった。研究も実証主義的な研究が増えた（吉田，2017）。

3. 米国のカリキュラム研究

　近代的な意味におけるカリキュラムという概念を最初に使ったのもラムスである。ラムスは，教える内容の組織構造（論議の配列）をカリキュラムとして二分律の図を使って示している(1576年)。カリキュラムの概念は，プロテスタンティズムの拡大とともに英米圏を中心として拡がった。ドイツでも17世紀前半に使われているが，18世紀に，Lehrplanという言葉が一般的には使われるようになった（中野，2014）。

　米国のカリキュラム研究は，1918年のボビット（Bobbitt, J. F.）の『カリキュラム』の出版を契機として一つの研究領域として成立したといわれる。クリーバード（Kliebard, H. M.）によれば，20世紀の米国のカリキュラム研究領域は，4つの利害集団，①人文主義，②発達主義，③社会効率主義，④社会改良主義，の主導権争いの場であったが，これらのどの集団も単独で絶対的に優越する位置に立ったことはなかった。米国のカリキュラムは，これらの4つの集団の概ねはっきりしない妥協の結果であった（Kliebard, 1995）。

　カリキュラムの開発と実施を目的とするカリキュラム研究は，1930年代から，カリキュラム構成（curriculum development）と呼ばれるようになった。このカリキュラム構成の研究の中心的理論は，タイラー（Tyler, R. W.）の『カリキュラムと授業の基本的原理』（1950年)で提案されたタイラー原理であった。1970年代から，このタイラー原理は，パイナー（Pinar, W. F.）らのカリキュラムの再概念主義のグループからの批判を受けるようになった。カリキュラムの再概念主義はカリキュラムの構成ではなく，カリキュラムの理解を目指した。再概念主義は，現象学，解釈学，自伝，芸術に基礎を置いた教育，脱構築，批判理論，解釈学，フェミニズム，複雑理論等，多様な洗練された研究を展開したが，それらの研究は教室の中の教育実践との関係が希薄で，現実の学校カリキュラムへの影響力を失ったといわれている。

　現実の学校カリキュラムは，1983年の『危機に立つ国家』を転機に，スタン

ダードとアカウンタビリティの体制に向かった。2000年代以降は，NCLB法下，全国共通コアスタンダードが作成された。学習成果を志向し，研究の方法は実証主義的である。

第2節　教育方法学におけるカリキュラム研究の方法

　日本の教育方法学は，教授学とカリキュラム研究の両方を含んで多様な視点で行われている。本章では，教育方法学に最も固有な研究方法としてBildungを志向する陶冶理論的教授学の研究方法である解釈学について説明したい。

　ホプマンは，Bildungについて，次のように説明している。

　Bildungという概念は，「世界を可能な限りよく把握し，自分自身の独自な自己を形成して人類に貢献する」(Humboldt, 1792) ことである。それは，内容の習得，コンピテンシーや能力の形成，「何かを知っている」以上のものである。クラフキー (Klafki, W.) の範疇的陶冶 (categorial Bildung) の場合，範疇的概念 (言語，道具等) で世界に開かれ，自分に開かれる。Bildungでもう一つ大事なことは，matter (内容) とmeaning (意味) の区別である。一つの内容でも，個々の生徒にとっての意味は異なる。全国テストや国際的テストによって学校教育を向上させようとする現在のプログラムはそうではない。一つの内容の意味は固定している。テストは一つの解決しかない課題を提示する。成果は，ある形態の習熟に帰せられる。Bildungの立場からは，よい授業とは，カリキュラムに書かれた内容を習得した程度ではない。異なったレベルの習熟が，授業の異なった質を必ずしも権威づけない。これらのことは，教師と生徒の双方の自律を要求する。教授学は，Bildung，内容と意味の区別，自律の三つを要求する (Hopmann, 2007)。

　陶冶理論的教授学の研究方法は解釈学である。この解釈学という研究方法について，テイラー (Taylor, C.) は，次のように説明している。

　解釈とは，研究の対象を明らかにすること，意味を形成する試みである。対象はテキストあるいはテキスト類似のものである。対象は，混乱していたり，不完全だったり，見かけ上矛盾していたりする。解釈は，一貫性あるいは意味を見出そうとする。解釈は，次の三つの条件を必要とする。

①対象あるいは対象の領域

②意味とそれを具体化することの区別（意味と表現の区別）

③誰のためにこれらの意味はあるのかという主体（subject）

解釈学と対照的なのは，実証科学である。実証科学においては，知識のもとは，印象，感覚データという素データである。素データには，判断，読み，解釈は含まれていない。実証（verification）は，この素データの獲得に依存する。そのデータから他の解釈が可能なら，もとになったデータとそれらの議論を区別して，それらの議論が構造化されなければならない。

自然科学の進歩は，この認識論の信頼性を高めた。人間についての学問を同じモデルで改造しようという圧倒的な誘惑がある。しかし，人間の行動には，意味の概念が本質的な位置を占めている。意味は，①ある主体にとっての意味である，②意味は何かについての意味である，③物事は，他の分野との関係において，ある分野の意味を持っている。社会的現実に埋め込まれた間主観的な共通の意味の研究をする学問，それが解釈学に基づいた学問である。その最も基本的なデータは，意味を読むことである。意味は，部分的に「自己定義」に基づいている。我々は自己定義する存在である。我々が何であるかは，我々が受け入れた自己定義による。自己定義は人によって異なる。他の人が社会や制度について提案する自己定義をある人は理解できない。理解してもらえない場合，その人は自己の解釈を提示し続けるしかない。自己定義の違い，直観の差異は，理論的立場を分けるだけではない。生活における基本的な選択肢を分けるのである。実践的なものと理論的なものとは不可分離的に結合している（Taylor, 1979）。

では，教育方法学において意味を形成する主体は何であろうか。ブラス（Blass, J. L.）は，ヘルバルトの教育学理論形成の主体は自律的個人としての人間であると述べている（Blass, 1978）。この説明を敷衍すれば，教育方法学研究において理論形成の主体は，目の前の子どもや社会を前にして，その子どもや社会に対して，教育的責任を引き受けて，教育学的熟慮をする生身の人間である。時代的社会的「場所」にいる生身の人間である。正確にいうと，教育的責任を引き受けようとする人間が，その「場所」を確定するために，「時代」を構成し，「社会」を構成する。学校カリキュラムは，1808年のベルリンの学術代表団が気付いているように，学年制や学級制の問題とも関連している。ハー

バーマス（Habermas, J）のシステムとコミュニケーション的行為という概念を用いれば，教育実践は，学校制度，学校施設，学年制，学級制，教育行政といったシステムの中で，コミュニケーション的行為として行われる（Coulter, 2001）。カリキュラムは，教育実践を成り立たせるこのような諸条件とも関連している（熊井，2011）。どのようなカリキュラムが望ましいかを思量するためには，子どもの成長発達や教育の役割や機能，こうした諸条件に関わる諸学問の知見を必要とする。哲学的知見と実証科学の知見，歴史的知見と比較的知見を統合しながら，次の世代の教育方法としてのカリキュラムを考える。

第3節　新たな展望

　今日，人類は資源に関する問題，温暖化の問題，廃棄物による汚染の問題，災害，といった環境問題に直面している。この環境問題に関わって，自然科学も解釈学，歴史科学の性格を持っているのではないか，という考えが生まれている。

　地質学者のフローデマン（Frodeman, 1995）は，地質学は，解釈学，歴史科学であることを次のように説明している。

　解釈学は，19世紀の初めに，テキストを解釈する学問として生まれたが，20世紀に入って，認識の一般的説明のための精神科学の方法論となった。ハイデガー（Heidegger, M.）は，「すべての認識は（自然科学も含めて）解釈である。書物だけではなく，全体の世界がテキストである。いかなる分野においても完全に客観的なデータはない。我々が対象をどのように知覚するかは，常に，我々が，その対象を，道具，概念，期待，価値観のセットをもってどのようにとらえ（conceive），行為するかによって形成される」と述べている。このことを地質学に適用すると，地質学的理解は，解釈学的過程として最もよく理解される。

　物理学や化学における実験は本質的に非歴史的である。場所と時間の特定は，推理の過程において顕著な役割を果たさない。これに対して，地質学は，ある場所，ある地域，地球で起こる特定の事象の年代記的確認に主要な関心がある。すべて地質学的環境を経験できないこと，時間の範囲が広いこと，各事象の特異性，説明に類比やナラティヴを使うこと，などから考えて，地質学は深い意

味で歴史科学である。

メイヤーら（Mayer & Kumano, 2002）は，フローデマンのこの見解，ストラーラー（Strahler, 1992）の（要素）還元主義的に研究する物理科学と時間と結びついた特定の事象を研究する大宇宙的無機的科学の峻別，カプラ（Capra, 1991）の，部分の属性が全体の理解に貢献し，全体のダイナミックさの理解を通してのみ部分は十分に理解される，全体のシステムのあらゆる要素を研究することは不可能であるから，科学は，現実についての「真理」から，現実のおおよその記述に移行するという自然科学論に基づいて，「地球システム科学」を提唱している。

フローデマンの考えをメイヤーらが行ったように自然科学全体に拡張すれば，自然の探究は，宇宙，惑星，地球といったシステムの全体をテキストとして，部分を全体との関連において，全体は部分の理解に基づいて，先行する概念そして道具を持って，「読み」「記述」する解釈学的過程として捉えられることになる。自然科学は法則を探求し，法則によって現象を説明するが，精神科学は生をそれ自身から理解する（ディルタイ）という区別，自然科学は法則定立的科学，歴史科学は個性記述的科学（ヴィンデルバント）という区別はここでは消えている。

池内了（2014）は，これまでの科学は，現象を要素に分けて，法則や反応性を解明する要素還元主義という特徴を持っているが，要素還元主義は，すぐには答えが出ない温暖化，生態系の危機，地震予知，経済活動といった複雑系には通用しない，複雑系の問題，科学では答えが出せない問題（トランスサイエンス問題）については，未来への責任を負った通時性の思考，危険性に配慮して進む予防措置原則，効率性ではなく，個人が責任を持って決定し実践の主体となるといった視点や論理を導入することが必要である，と述べている。

このことは，世界（自然，社会，人間）の全体を可能な限り把握し，未来への責任を持ち，人類の存続共生にとって危険性のあることに予防措置を講じ，責任を持って決定し実践の主体となる個人を育成するカリキュラムが今日求められていることを示している。

（中野和光）

第4章　カリキュラムの社会学的研究

第1節　理論と方法

1．カリキュラムの社会学的概念と理論枠組み

　教育学において研究方法の捉え方は各専門分野によって異なる。「方法の学問」といわれる社会学の場合，その特徴は実証的な研究方法にある。一般に実証的な研究法といえば広く社会調査法が思い浮かぶ。カリキュラムの社会学的研究の場合も客観的な資料に基づく分析法が方法上の特徴である。近年インターネットの普及によってカリキュラムに関する資料が容易に収集できるようになったが，そのような第二次資料をもとに追跡調査を実施して第一次資料を得ることも社会学的研究の独創性につながる。この点でカリキュラムの調査法は守備範囲の幅が広がりかつ多様になってきた。

　しかし調査法による研究のすべてが社会学の立場を採っているわけではない。調査を行うにあたって社会学の概念を用いた理論枠組みを構築している点が社会学的研究の特徴である。すなわちカリキュラムの問題に関しても社会学による概念化が試みられる。社会学理論の立場が異なればカリキュラムの定義をめぐって論争が起こることもしばしばである。例えば，構造−機能主義はカリキュラムを社会化と人材配分を行うシステムと見なすのに対して，相互作用論は教育知識が社会的に構成される過程をカリキュラムの本質的作用と考える。カリキュラムの概念は社会学の系譜によって多様に定義されており，概念枠組みのこの相違が方法上の立場性を明確に示している。

社会学者にとってカリキュラムをどう定義するかという着想は「所与のもの」でなく，独自に問いを立てるための枠組みづくりである。枠組みはカリキュラムを観察するその位置取りによって大きく異なる。全体社会の巨視的な視点から見れば文化伝達システムの一つであるカリキュラムも，授業場面という微視的視点から見れば知識を統制するネットワークである。微視的視点を教師側に置くか学習者側に置くかによっても枠組みが変わる。社会学の場合，カリキュラムを調査する前に特定の理論枠組みを構築することが独創性の要である。

2. カリキュラムの実証的研究

　カリキュラムの社会学的概念は実体概念ではなく分析や説明のための概念である。例えば，ある社会で現実に編成されているカリキュラムが他の社会でも編成されているわけではない。なぜその社会において特定の型のカリキュラムが編成されている（いた）のか。この問いに対する答えを実証的に導き出すためには次の手順を踏む。すなわちまず当該カリキュラムの持つ特徴から理念型を導出し，次にそれを構成する要因関係について一定の仮説を設定し，そして調査研究によって仮説を確かめる。社会学的方法による調査研究とは，カリキュラムの実態調査というより，カリキュラムの社会調査を行うものである。

　このため特定のカリキュラムを実体化しこれを規範的モデルとして提案することには極めて慎重である。慎重というよりも社会科学の立場から禁欲的である。この点が教育学分野で見られる「調査」と異質なところである。社会学では，結論があらかじめ決まっているような調査や，特定のカリキュラムをモデル化するような類の「調査」はあまり行われない。あくまでも社会調査の一環としてカリキュラムを調査するからである。

　ところがカリキュラムを編成する現場では，そこでの教育実践の「成果」を調べることが調査の役割として求められる。ここにカリキュラムの「効果検証」のみがカリキュラムの実証的研究であるという誤解が生じる。特定のカリキュラムの「純粋な」効果を検証することは無理に近い。なぜならカリキュラムをめぐる多様で複雑な要因関係を解きほぐさなければ，その因果関係を証明することは困難だからである。したがって，カリキュラムの効果検証はいうほどには容易でなく，カリキュラム調査を充実させる上ではむしろそうした「神

話」から自由になる必要がある。

　ただしカリキュラムの調査はカリキュラム評価において必要不可欠である。カリキュラムの性能を精確に評価するためには多様で客観的な資料の収集が必要だからである。カリキュラム評価と「効果検証」とはその意義が異なる。カリキュラム評価は広く教育評価の中に位置付けられ，教育活動と学習活動の実際を点検し評価するものである。つまりカリキュラム評価を行うためには資料が必要であるから，カリキュラム調査によって資料を収集するわけである。

　だが教師たちの間では評価と評定の混同が起きやすい。それは児童生徒の学業到達度を評定することがカリキュラム評価であると見なす一面的理解である。カリキュラム評価の視点をとれば，人的・物的資源や行政支援の不足によるカリキュラム編成の「失敗」を解明する余地がある。だが児童生徒のテストの点数だけに注目する評定の視点では，カリキュラムではなく子どもたちの学びの「失敗」に原因が帰せられる場合がある。この傾向は学力向上の外圧からますます強まっているが，しかし児童生徒の学力水準の実態は家庭的背景を考慮に入れなければ説明できないことが多々あるわけで，「失敗」はそうした教育的ニーズとカリキュラムとのミスマッチに起因することが考えられる。カリキュラムの実証的分析はこのようなカリキュラム評価に対して貢献することができる。

3．教育社会学とカリキュラム研究のパラダイム転換

　教育学分野の中では教育社会学者がカリキュラムの社会学的研究に先鞭をつけた。1960年代後半から英国の「新しい」教育社会学派が伝統的なカリキュラムによる文化的支配と不平等の再生産の構造を鋭く告発した。当時それは総合制中等学校への統合問題を争点に，文化的急進主義の立場からオルタナティブ（代替カリキュラム）を提案する教育社会学の運動であったが，その過激さのゆえに70年代中盤には衰退する。しかしそのインパクトはカリキュラムの意味解釈，批判理論，及び再生産論等の新しいパラダイム（理論）を台頭させた。欧米においてカリキュラムの社会学的研究は教育社会学のこうしたパラダイム転換によって推進されてきた。

　しかしながら，日本の教育社会学の動向を見れば，カリキュラム研究が手薄であることは否めない。例えば，第100集を刊行した機関誌の『教育社会学研

究』の特集に1992年以降で「カリキュラム」が取り上げられたことはない（日本教育社会学会編，2017，pp.171-222）。その原因の一つには研究者の層が薄いことがあげられる。英国の「新しい」教育社会学に影響された70〜80年代には学会の分科会名に「カリキュラム」を冠した部会が見られた。90年代に入ると流行の衰退と発表者の減少も手伝って次第に教育内容・方法に関するトピックも扱われなくなった。90年代末に起こった「学力低下論争」では教育社会学者の実証的データによる問題提起がその後の教育課程改革の施策に一定の影響を及ぼした。その関心は学力格差をめぐる調査研究につながるが，しかしカリキュラム研究の推進には十分つながらなかった。

　なぜ日本の教育社会学界ではカリキュラムの研究者層が薄いのか。従来，日本の大学院教育でカリキュラムは教育方法学の対象領域に属してきた。このため教育社会学者の多くはカリキュラムを不問に付してきた。欧米でのパラダイム転換に刺激されてその動向紹介は行われるが，学校社会学や高等教育の領域を除いて研究の蓄積が少なかったので国産の理論構成まで行われなかった。70年代前半まで日本での「実証的」なカリキュラム研究は教育心理学者や比較教育学者の一部が担っていた面が見られた（文部省大臣官房調査統計課，1975）。

　この点で日本のカリキュラムの社会学的研究は未開拓の領域を残している。戦後，学習指導要領体制のもとで編成されてきた教育課程の持つ日本的問題に対して，自前の社会学的な理論枠組みによって独自にアプローチする研究が期待される。次節ではそうした問題領域を整理しながら具体的な調査研究の方法に関して考察することにする。

第2節　問題領域と研究方法

1．カリキュラムの問題領域

　カリキュラムの実像を捉える上では研究対象に据えるべき問題領域を明確にする必要がある。そこで筆者が以前から用いてきた次の図式によってこれを整理してみると，カリキュラムの社会学的研究の対象は巨視的（macro），中間

的（meso），並びに微視的（micro）の三つの問題領域からそれぞれ構成される（田中統治，1999，p.69）。

第一の政治過程はカリキュラムをめぐって利害集団が展開する巨視的な状況を指す。特定のカリキュラムはその教育的価値を正当化する信念体系によって支えられており，教育界のみならず広く教育業界の利害関係を生み出している。例えば，教科科目の統合と分化あるいは必修と選択という問題は，当該教科の持つ物的・人的資源や社会的威信等に影響を及ぼす。このため既得権を守ろう

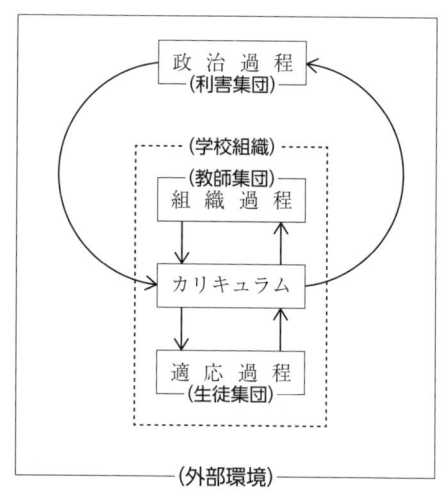

図Ⅲ-1 カリキュラムの社会学的研究の問題領域

とする教科団体と新しい団体との間で多様な形態の政治が行われる。政治過程研究の主な目的は，カリキュラムの改革や決定をめぐる社会的交渉が公正な手続きによって行われたかどうかを調べることである。社会変動とカリキュラムの関係も政治過程の視点から捉え直すことで，そこで使われる言説やレトリックの特徴がより明確にできる。学習指導要領の改訂はカリキュラムの政治として新たな視点から解明すべき問題領域となる。

第二の組織過程は教授者集団が教育知識を伝達するために行う意思決定過程である。特定の教育目標を達成するためにカリキュラムを編成する教育組織において教授者たちは同僚とともに教授組織に属し，カリキュラムを運用する上で必要な決定を下している。教科担任制のように教科別専門分化の度合いが強い場合，教授者が有する自由裁量の範囲が拡がるので，カリキュラムの組織過程は成員間での暗黙の了解のもと緩やかに展開する。これに対し学年別や校務分掌別による組織化が強く行われる場合，教授者は特定の方針のもとに意思決定を行うことになるので，カリキュラムの組織過程はタイトなものになる。教育組織を取り巻く外部環境との関係によって内部過程の様相は異なるが，そのダイナミックな相互作用によってカリキュラムの組織化が具体的に行われている。それは社会の巨視的な状況が微視的な文脈に変換されていくカリキュラム

の媒介過程の問題を示している。

　第三の適応過程は学習者の経験構造が規制される過程である。カリキュラムはそれが教え学ばれるところに立ち上がる。それは授業場面を中心に展開する「教育過程」である。教育過程は知識の伝達と受容が行われる場面であって，具体的には教授者と学習者が教育内容を介して行う相互作用の諸過程である。教育組織は学習者集団が特定のカリキュラムに適応することを前提に知識を編成しているが，しかし学習者の適応様式は同調から逸脱まで分化してくる。それでもドロップアウトしない限りあらかじめ定められたカリキュラムに何らかのかたちで適応するよう迫られる。その結果彼らが選択しうる適応行動の幅はかなり限られる。カリキュラムへの適応は「隠れたカリキュラム」(hidden curriculum)を通して行われるので学習者のアイデンティティに届くほど強力な影響を及ぼす。つまり「隠れたカリキュラム」の視点は微視的場面に注目しながら公式のカリキュラムとの相互関係を分析する際に活用することができる。

2．社会学的カリキュラム研究の方法

　これら三つの領域に接近する上で有用な研究方法は問題の性質に応じてそれぞれ磨かれる必要がある。社会学では一般に量的方法と質的方法が区別されているが，筆者はどちらか片方のみに依存するのでなく必要に応じて補完的に用いればよいと考える。特にカリキュラムは知識内容や文化的側面に関係するので，解釈的方法の利点をどう取り入れるかということが課題である。例えば質問紙調査の結果の解釈について，キーインフォーマント（鍵となる情報提供者）に対して面接（インタビュー）を試みることが考えられる。それが数値データの分析結果に対して当事者の視点から具体的文脈において解釈してみる機会を与える。社会学的カリキュラム研究者の立場は，文化伝達の場においてアウトサイダーでありながら，極力インサイダーの視点に近づけてそのリアリティに迫ることを使命とする。

　カリキュラムを研究するとき特定のカリキュラムを対象に事例研究（ケーススタディ）の方法をとることが多い。その際には客観的な事実に即しながら観察を進めることに徹しなければならない。筆者が行った事例研究では，教員の教科別組織化の度合に注目するときに，職員室での教員机の配置を類型化する

ことでカリキュラムの組織過程に関する例証としたことがあった（田中統治，1982，pp.129-138）。事例研究法によるカリキュラム研究ではフィールドワーク（現地調査）が基本となる。もし管理者と関係者から許可と協力が得られれば，会議や授業の場面に非参与観察を試みることができる。これは傍観者の立場である。さらに立ち入って，非常勤講師や共同研究者というインサイダーの立場から参与観察を行う場合もあって，そのときは当事者として状況・場面に直接参加し関与する。

　こうした質的研究法に対して量的研究法の多くは質問紙法によるものである。質問紙法は一般にアンケートと呼ばれるが，しかしアンケートとは自由記述式やごく簡単な選択式のことであるので，学術的な質問紙法ではアンケートとは呼ばない。社会学の理論枠組みに基づく仮説検証型の質問紙法の場合，カリキュラムの要因関係に関する特定のモデルを構成し，これを細分化して段階的に一つひとつの仮説を確認していく。したがって，対象者に聞きたいことをそのままのかたちで尋ねるような類の設問は行わない。項目間のクロス集計を重ねながら多変量解析法等でその相関関係と因果関係を確かめることが行われる。

　統計的分析では，特定のカリキュラムを独立変数に設定し，学力に関わる数値データを従属変数に置いて両者の関係を調べることが試みられる。これは医療分野における「薬効」分析とやや類似している。ただし薬とカリキュラムをメタファー（隠喩）として論じるためにはいくつかの条件設定が必要である。また教育機関で学習者をある特定のカリキュラムの履修群と非履修群に分けて実験を行うこと自体に問題がある。しかも統計的方法を駆使してもカリキュラムの「効果検証」は薬効分析のようなわけにはいかない。家庭環境を含む複合的な諸要因が学習者の学力形成に関係しているからである。

　ある研究指定校で開発されたカリキュラムの影響を分析するために学力テストを事前・事後で実施した結果，学力の飛躍的な向上が認められた。そこで詳細な調査を行ったところ，校区内に大型の学習塾が進出して，かなり多くの生徒たちがそこに通い始めたことが判明した。生徒の学力向上には，その学校が開発したカリキュラムよりも通塾による影響が表れたと見る方が妥当ではないかという。このようにカリキュラム開発において劇的なビフォア・アフターを期待してその「効果検証」のためだけに調査を行うことはリスクが大きいといわなければならない。

カリキュラム評価のみならず学校評価においても「証左に基づく」(evidence-based)教育実践が求められている今日，社会学的なカリキュラム研究者の役割は調査研究の専門的立場から実践家に対して助言と示唆を行うことにある。カリキュラムの調査研究に過剰な期待をかけることはとかく「素人」が持ちやすい誤解である。社会調査としてのカリキュラム研究では明快な答えを出すことは困難であって，第1次，第2次と何度か調査を重ねた結果から，ようやく「常識」ラインの傾向を指摘できる程度の場合が多い。むしろ「常識」から外れた調査結果が得られたときには注意する必要がある。調査結果を鵜呑みにすると，サンプリングや尺度の偏りを見逃すことになるからである。

　カリキュラムの社会学的研究の特色は，組織・集団・変化の視点からカリキュラムと人間との接点を探究するところにある。「生きた」カリキュラムは静態的ではなく動態的な社会状況の中で展開している。このためカリキュラム研究は社会学の視点を不断に必要としており，研究者はその必要に応じて理論的枠組みを鍛錬していかなければならない。社会学の諸概念はカリキュラム研究にとって「宝庫」であるといってよい。

　特に近年，注目されるカリキュラムと学力格差をめぐるテーマは，学力調査の結果についてカリキュラムの構造，その資源や環境等の要因から検討することが必要である。これまでの社会学的研究は家庭の所得，文化資本，及び社会関係資本の差異による深甚な影響を指摘してきた。学力格差の再生産には，学校カリキュラム単独というよりも，学校以外での学習経験も複雑に関係している。このため「カリキュラムによる不平等の文化的再生産」という単純な視点だけでは説明しがたい面がある。学習者のキャリア形成のメカニズムもこうした入り組んだカリキュラムの社会的諸要因から解明されることが期待されており，その関心は「履歴としてのカリキュラム」研究とも重なっている。

（田中統治）

第5章　カリキュラムの教育工学的研究

第1節　カリキュラム研究と教育工学的研究の接点

1．教育工学的研究の特徴

　カリキュラムの教育工学的研究を論ずるためには，教育工学とはどのような学問であるかを確認する必要があろう。教育工学研究が萌芽した1960年代に，坂元は，教育工学を次のように定義している（坂元，1968，p.48）。

　「教育工学は，教育に関係した操作可能なすべての諸要因，すなわち，教育目標，教育内容，教材・教具，教育方法，教育環境，児童・生徒の行動，教師の行動やそれらの相互関係を制御して，教育効果を最大ならしめることを実証的に研究する工学であり，教育行財政，学校学級管理経営や知育，訓育，カウンセリングなどの教授活動，および時間割り作成，出欠成績などの教務のような実践領域において工業技術，情報科学，理学，行動科学，人間科学の成果を縦横に利用して，教育の効率化を図る研究分野である」

　この定義に基づくと，教育工学が内容の複合性や方法の学際性を特徴とする，換言すれば，体系性や総合性を尊ぶ学問であることを確認できよう。しかし教育工学研究はその発展過程で，特徴を別のベクトルにも求めるようになった。2000年代，坂元は教育工学の定義を以下のように示している（坂元，2000，p.142）。

　「教育工学は，教育改善のための理論，方法，環境設定に関する研究開発を行い，実践に貢献する学際的な研究分野であり，教育の効果あるいは効率を高めるための様々な工夫を具体的に実現し，成果を上げる技術を開発し，体系化

する学である。すなわち，教育過程を，数多くの要素からなる複雑システムの統合体と捉え，教育や学習の目標を効果的に達成するために，1）構成要素の最適な組み合わせを追求し，2）それに役立つ各種技法，道具，仕組みを開発，活用し，3）開発した技法，道具，仕組みを体系化することを繰り返しながら，教育の改善をする」

　注目すべきは上記定義の冒頭の教育工学の意義に関する叙述である。上記の定義では，それが「教育改善」や「実践に貢献」であることが明示されている。このような特徴や意義は，坂元・永野による教育工学の定義における「あらゆる学術的基礎の知見や方法を利用して，問題を分析し統合化する工学的な方法を適用した『教育の問題解決』」という表現とも呼応している（坂元・永野，2012, p.9）。今日，教育工学研究は，教育学の諸研究の中でも，この「問題解決」志向が強いことを，その特色としているといえよう。

　ここで，そうした特色をカリキュラム研究に位置づく具体的な研究事例で確認しておこう。例えば，田口ほかは，高等教育のカリキュラム改善を目指したコースポートフォリオを作成し，複数の教員間で共有する試みを展開している（田口ほか，2013）。田口ほかは，コースポートフォリオが教育の改善や質的向上の有効なツールとして提案されていることを踏まえつつ，コースの集合体であるカリキュラム改善にそれが機能するためには，「複数の『コース』を俯瞰して可視化する方策を構築することが重要である」という，高等教育の実践的課題に応じている。そして，そのために，高等専門学校のある学科に属する４名の教員に，デジタル環境で授業に関するポートフォリオを作成してもらい，さらに，それに関するピアレビューをしてもらったり，カリキュラムの見直しのためのワークショップに従事してもらったりしている。

２．教育工学的アプローチと羅生門的アプローチ

　ところで，上記のような教育工学の学問的性格が明らかになる前に，カリキュラム研究と教育工学研究の接点は生まれていた。それは，1974年に，OECD-CERIと文部省（当時）が共催したカリキュラム開発セミナーにおける，アトキン（Atkin, J. M.）の分類である（今野，1981）。彼は，カリキュラム開発を「工学的アプローチ」と「羅生門的アプローチ」に大別した。そして，両者の違い

表Ⅲ-1　工学的アプローチと羅生門的アプローチの対比(今野，1981，p.126を筆者が一部改変)

	工学的アプローチ	羅生門的アプローチ
目標	・「行動的目標を」 ・「特殊的であれ」	・「非行動目標を」 ・「一般的であれ」
教材	・教材のプールからサンプルし，計画的に配置せよ。	・教授学習過程の中で教材の価値を発見せよ。
教授＝学習過程	・規定のコースをたどる。	・即興を重視する。
強調点	・教材の精選，配列	・教員養成

を「一般的手続き」「評価と研究」「目標，教材，教授＝学習過程」という視点で明らかにした。例えば，「目標，教材，教授＝学習過程」に関しては，両アプローチの違いは，表Ⅲ-1のように対比されている。

　この対比表の叙述に明らかであるが，ここでは，工学的アプローチは，目標の明確化に基づくシステマティックな教授＝学習過程の構成とそれに応じた評価からなるものとして特徴づけられている。それは，羅生門的アプローチにおいて尊重されている「創造的教授＝学習過程」や「即興」と縁遠く，教員の力量に依存しない営みとして性格づけられている。確かに，前述したように，当時の教育工学研究においては体系性や総合性が強調されていた（坂元，1968）。それゆえ，カリキュラム開発における工学的アプローチは，羅生門的アプローチと対照的な存在であるという理解は説得力を有していた。しかしながら，前項で確認したように，教育工学の最近の定義によれば，その研究は教育の問題解決を志向し，そのための「臨床性」を尊重している。さらに解釈を深めるならば，教育工学研究は，1970年代のカリキュラム開発セミナーで対比された2つのアプローチを統合的に扱おうとしているといってもよいだろう。

第2節　カリキュラム開発に資するアイディアやモデル，ツール等の提供

1．総合的な学習のカリキュラム開発の支援

　本節では，坂元（2000）の教育工学の定義に登場した，1）〜3）の営みがカリキュラム研究においてどのように展開されているかを確認したい。それは，

まず，総合的な学習のカリキュラム開発の支援に関するものに代表される。

　1998（平成10）年に告示された小中学校の学習指導要領及び1999（平成11）年に告示された高等学校学習指導要領によって，「総合的な学習の時間」が創設された。山極によれば，中央教育審議会の議論においては，「①各学校が創意工夫を生かせる時間枠，②「生きる力」を育てるための時間枠，③国際化，情報化など社会の変化に対応する資質や能力を育てるための時間枠などを目指して」，その設置が検討された（山極，1999，p.2）。①～③は，互いに関連するけれども，カリキュラム構成上の異なる要求である。教師たちは，こうしたカリキュラム構成の複雑な原理を受け止めて，地域や学校独自のカリキュラムを開発することとなった。

　それをサポートすべく，教育工学的な見地から，いくつかの理法や技法が呈されている。例えば，吉崎は，総合的な学習の時間が多様な意義に基づいて創設されたことを解説しつつ，そのカリキュラム開発や授業設計の手順を整理している（吉崎，1999）。また，高津・木原は，各学校が総合的な学習の時間の系統を確立するためにいかなる手続きを経るべきかについて，優れた事例を比較検討して，そのモデルを描いている（高津・木原，2002）。

　さらに，木原ほかは，反省的実践家としての教師像の今日的展開たる「学校を基盤とするカリキュラム開発」を推進するリーダー教師の育成に資する開発的研究を繰り広げている。それは，リーダー教師たちが「学校を基盤とするカリキュラム開発」について専門的な見地から多様な知識を獲得することができる自学自習教材の提供である（木原ほか，2013）。このハンドブックは，カリキュラム開発の理論とモデル，その実践動向，カリキュラム実践の創造に関する意思決定の演習，所属校のカリキュラム実践の省察等の内容からなる冊子である。木原ほかは，22名のリーダー教師等による評価を通じて，上記のハンドブックの内容・構成の妥当性や実践的有効性等を確認している。

2. 教員養成や現職教育のカリキュラムの計画・実施・評価

　今日，日本では高等教育のユニバーサル化が進展している。また，カリキュラム・ポリシーの明確化が施策として重視されている。それらを踏まえ，カリキュラムの教育工学的研究は，そのフィールドを高等教育に求めるケースが増

えている。それは，高等教育機関に属する研究者が自らの講義等を対象として，その改善を図るという，アクションリサーチとして計画され，実施され，そして評価されている。

　ところで，高等教育のカリキュラム開発の中でも，比較的早くから，教育工学研究で対象化されることが多かったのは，教員養成や現職教育のカリキュラムの計画・実施・評価である。前者に関しては，教育職員免許法の枠組みに従わざるをえないという制約を受けつつも，日本教育工学会の会員に教員養成にたずさわる者が少なくなかったため，教育実習の改善を中心に，そのカリキュラムの開発が盛んに行われてきた。

　例えば，深見は，ある大学の教育学部で 1 年次に実施されている教育実習の事前事後指導を事例として，教員志望学生の「授業観察力量」を向上させるためにはいかなるカリキュラムデザインが必要となるかを実証的に検討している（深見，2015）。同大学の 4 年間の教育実習の目的や活動の構造化を踏まえ，1年次の教育実習に関して，「授業観察・記録のスキル」「教師と児童・生徒との相互作用の意味づけ」を丁寧に学ぶデザインを当該科目のカリキュラムに導入し，それを継続的に改善した。そして，当該科目を履修した学生によるアンケートの回答結果を分析して，授業を 1 時間の流れ，次時とのつながりという一連の流れで捉える学生が増加したという，カリキュラムデザインの成果を確認している。同時に，授業観察において，授業や教師に視点を焦点化することで，児童・生徒に対する学生の意識が弱まるといったカリキュラムデザインの課題も明らかにしている。

　また，北澤・森本は，教職課程科目の「教職実践演習」のカリキュラムを，その目標の達成にいかなる ICT 活用が資するかを視点として，デザインし，実践し，評価している（北澤・森本，2015）。具体的には，同科目において，教職 eポートフォリオを導入して，教員志望学生が外部講師の講話の内容を振り返ったり，授業の一場面を動画に編集し，それを授業リフレクションシステムで相互評価したりするカリキュラムを開発している。そして，それを通じた教員志望学生の「教職観」「教科基礎力」「学習指導力」「子ども理解力」「生活指導力」の向上を確認している。

第3節　情報教育のカリキュラム開発

1. 情報教育のカリキュラム・デザイン

　前節で論じた，カリキュラム研究と教育工学研究の接点は，カリキュラム開発のプロセス，その手続きに工学的なアプローチで迫るものであった。それに加えて，日本教育工学会のメンバーは，ある領域のカリキュラムの「内容」とその実践化に関わる研究に着手してきた。それは，「情報教育」に関するものである。

　2000年6月に日本教育工学会が創立15周年を記念して刊行した『教育工学事典』には10の分野が設定されているが，情報教育は，その一つに位置づけられている。また，同学会は，毎年論文誌「特集号」を刊行しているが，情報教育は何度も特集テーマに設定されている。例えば，同学会の論文誌第40巻第3号の特集テーマは，「新時代の情報教育」である。そこでは，初等中等教育及び高等教育における，情報活用能力育成のための教育課程やプログラムの目標・内容・学習活動・評価等が論じられている（堀田，2016；岡部，2016）。

　さらに，日本教育工学会は，2012年からいくつかのテーマを定めて選書を刊行しているが，第Ⅱ期のものに「情報教育・情報モラル教育」というタイトルの書籍が含まれている。同書では，いくつかの情報教育のカリキュラムの目標等に関する提言が示されている。例えば，永野は，「情報教育モデルカリキュラム」や「情報教育の実践と評価のためのポータルサイト」に言及している（永野，2017）。前者は，「各学年で期待される学習活動とそのねらいを，（国が定めた）情報教育の目標の3つの柱をもとに3観点12要素約800項目で示し」（括弧内は筆者による）たものである。

　また，黒上は，マルザーノの教育目標の分類を参考にして，情報教育の内容を整理し，そして具体化している（黒上，2017）。それは，処理のレベルを6段階に定め，各レベルにおける3つの知識の領域（情報，心的手続き，精神運動手続き）のあり方を明らかにしようとするものである。黒上は，そうした枠組み

の具体例を示しつつ，①情報教育の内容が多岐にわたる，②中学校や高等学校の情報教育の内容は情報技術，情報社会，情報に関わる法律など，コンピュータやインターネットを核としたものになることが多い，③レベル3以降の内容には各教科の内容と関連し，学習時に情報手段を用いる中で情報の伝え方を洗練させたり，情報処理のプロセスを意識させたりすることが含まれてくる，といった情報教育カリキュラムの構成原理を呈している。

2．情報教育のカリキュラム・マネジメント

　前項で述べた研究に加えて，情報教育カリキュラムの計画・実施・評価の推進を企図した，つまりそのマネジメントを支え促すことを目的とする教育工学的研究も推進されている。例えば，火曜の会（2014）は，情報教育のカリキュラムの開発と実践，そして評価をサポートするために，オンライン上で，情報教育の目標リスト，その授業用の素材，指導プラン，活用事例等を教員向けに提供している。

　また，香山ほかは，LMS (Learning Management System) を用いて，高等学校普通教科「情報」に関する教職課程履修生のインターンシップにおける授業観察力の向上，この教科の指導を担当する高等学校教員の授業改善を促している（香山ほか，2006）。

　文部科学省が2013年度に実施した小・中学生を対象にコンピュータを用いた情報活用能力調査を通じて，情報教育の問題点が，「情報活用能力の育成を意識した授業の実践」「キーボードでの文字入力」「複数データからの情報収集」「情報の適切な分類」「表やグラフの比較による分析」「適切なグラフの作成」「受け手を意識した資料作成や発表」「情報に基づいた課題解決の提案」「インターネット上での情報発信の特性の理解」「インターネット上でのトラブル遭遇時の対応」という10点に整理されている（文部科学省，2015）。カリキュラムの教育工学的研究においては，こうした情報教育推進上の問題の解決に資する，教材や学習支援システム等が開発されている（香山，2017）。例えば，「キーボードでの文字入力」については，学校教育の特徴を踏まえた支援機能を有するオンライン教材が開発され，毎年20万人近くの児童・生徒が当該教材を利用するに至っている（堀田・高橋，2006）。

第4節 新たな展望

　カリキュラムの教育工学的研究は，学校現場を主たる舞台として，新しいカリキュラムの開発，その理念の具体化や実践化に寄与してきた。つまり，臨床的に展開されてきた。それは，「教育の問題解決」を標榜する教育工学研究のスタンスからしても，妥当なことではある。

　しかし，一方で，研究による知見が，事例研究にとどまりがちであることに留意すべきであろう。ある大学のスタッフが自身の講義等の改善を計画・実施・評価する営為を通じた知見は，固有の文脈や環境や条件を前提としたものである。そうした「事例」の集積が果たして学術的「理論」の構築に結実するか——換言すれば，それらによる知見がカリキュラム研究におけるパラダイムシフトを促すほどの影響力を持てるかについては，悲観的にならざるをえない。その普遍性を高めるために，カリキュラムの教育工学的研究は，カリキュラムに関する思弁的研究との接点を一層多くすべきだ。

　しかも，教育工学研究は，様々な事情から，その知見が施策の根拠となったり，またその対象が政治的に定められたり，その資源が経済界の意向と連動したりすることが少なくない。それは，カリキュラムに関する理念の具体化を支えるというポジティブな側面を有すると同時に，特定の価値に基づいたカリキュラムの開発等を安易に促すというネガティブな性格を帯びている。カリキュラムの教育工学的研究にたずさわる研究者は，オルタナティブなカリキュラムの可能性を視野に入れることを通じて，例えば自らが開発したカリキュラムを相対化し，そのさらなる発展を構想するというスタンスを堅持すべきであろう。

（木原俊行）

第6章　カリキュラムの心理学的研究

第1節　カリキュラム研究の中に見られる心理学的研究

　心理学は，科学的手法を用いて，「心」それ自体や心のはたらきの表れとしての「行動」，そして意識することができない心の側面である「無意識」もその対象としている。実験や統計を通じて個人の心理を分析する手法を用い，そのメカニズムの解明を目指している。事実の観察に基づいて，その法則を考え，事実の観察によって結果を認識し，正しい知識の体系を作ろうとしている。一方で，その知見を用いて学習や日常生活などに役立てていく知見や方法も明らかにしていこうとしている。そのためカバーする範囲は広い。したがって，カリキュラム研究への心理学的アプローチや心理学的な知見の活用は多様である。

　例えば，古くは，教育活動の効果測定に行動主義の心理学の手法を用いた（エドワード・ソーンダイクの影響を受けた）算数や読み書きなどのカリキュラム開発の研究が行われた。そこではカリキュラム開発における科学的手法の採用や合理性を求める考えが重視された。8年研究で著名なタイラー（Tyler, R. W.）のもとで学び，行動目標の記述を活かし，教育目標の分類学として体系化していったブルーム（Bloom, B. S.）もアメリカ心理学会の会員であった。ウッズホール会議の報告を「教育の過程」としてまとめ，科学の系統性，教育内容の現代化に影響を与えたブルーナー（Bruner, J. S.）も心理学者であった。そして知の個体発生としての認知発達と系統発生としての科学史を重ね合わせて考察する発生的認識論（genetic epistemology）を提唱したピアジェ（Piaget, J.）の研究成果は，認知発達を意識したカリキュラム開発研究に大きな影響を及ぼしたことは周知のとおりである。彼も生物学者であるとともに発達心理学者であった。

行動主義の心理学，認知主義の心理学，構成主義の心理学など，学習に対する考え方の違いを反映した心理学的アプローチを用いた学習理論の展開とともに，それらの研究知見は，カリキュラム研究における心理学的研究として貢献してきたと考えられる。このように効果測定や教育評価，教育内容の系統性や現代化への心理学的手法の応用，発達理論や学習理論と関わる心理学的な研究知見の活用は，カリキュラム開発や学習評価に大きな影響を与えてきた。

第2節　最近のカリキュラム研究の中に見られる心理学的研究の傾向

　では，実際，最近のカリキュラム研究における心理学的研究の関わりは，どのような傾向にあるのだろうか。

　2016年に出版された*The SAGE Handbook of Curriculum, Pedagogy and Assessment* (Wyse, Hayward & Pandya, 2016) は，6つのパートに分けられた62章の解説を含むカリキュラム研究と関わる最新のハンドブックである（総ページ1104, 2分冊）。カリキュラムという言葉の定義 (Curriculum, Pedagogy and Assessmentの関係記述)，関連研究の歩み，その対象や方法，考え方などが語られているイントロダクションの後，①カリキュラムの認識論と方法論，②カリキュラムと教育学（教育方法），③カリキュラムの内容（科目），④カリキュラム研究の様々な領域，⑤評価（アセスメント）とカリキュラム，⑥カリキュラムと教育政策が解説されている。その中で，心理学的研究はどのような位置を占めるのか。執筆者の専門や研究関心，書かれている論文内容と方法等を調べ，幅広く心理学的アプローチを用いている研究（教育評価や認知科学として位置付けられる内容も含めて）として判別できるのは，90人の執筆者のうち，およそ12名（全体の13%）であった。カリキュラムは社会文化的影響を受けるため，ある意味当然の帰結とも思われるが，カリキュラム研究の中に見られる最近の心理学的研究は，このハンドブックから推察すると1割ほどと考えられた。

　しかし2017年8月にコペンハーゲンで開催されたヨーロッパ教育学会 (European Educational Research Association) の年次大会の中では，上記の判断とは異なる視点を与えてくれる考え方が示されていた。

　Elde Mølstad, Pettersson and Forsberg (2017) は，"Scientific framing of curriculum research: Experts or algorithms?" という研究発表の中で次のように述べていた。その研究は，① Scott （ed.）（2003） *Curriculum Studies: Major Themes in Education*, Connelly et al.（eds.）（2008） *The SAGE Handbook of Curriculum and Instruction*, Pinar（ed.）（2003） *International Handbook of Curriculum Research*（Studies in Curriculum Theory Series） 1st editionと2nd edition（2013） をレビューして見えてくるカリキュラム研究の枠組み，② Web of Science, Scopusあるいは ERIC等のデータベースから見えてくるカリキュラム研究の枠組み，③ *Journal of Curriculum Studies*, *Curriculum Inquiry*, *Educational Reviewer* などの研究雑誌から見えてくるカリキュラム研究の枠組み，④カリキュラムセンターなど，ある機関が収集し調査している研究報告などから見えてくるカリキュラム研究の枠組み，を比較調査し，カリキュラム研究の知識はどのように構築されているか，どんな分野の研究が選ばれ特権化されているかを明らかにしようとしていた。そこでは，ハンドブックなどから見えてくることは，有意義ではあるが，ある種その研究コミュニティーメンバーの関心，国際的な知人関係などによって執筆者が選ばれていることも多く，そこから外されている内容や研究知見も多いことが，データベースを用いた研究や雑誌のレビューなどを根拠に指摘されていた。

そこで，2018年に50巻創刊のアニバーサリを迎えるカリキュラム研究の論文誌（*Journal of Curriculum Studies*, Online ISSN: 1366-5839） に見られる，心理学的研究を探してみた。1968年から2017年まで（2017年8月31日に確認）に発表された論文(1311件)は，雑誌の出版社のサイトからオープンアクセスで見ることができた。しかしあまりにも膨大であったため，心理学的研究との関連の見当をつけるため，EBSCO Discovery Service を用いて，関連度（何らかのかたちで，本文で心理学にふれている，参照している）の確認を，まず "psychology" をキーワードに行った。結果は1020件現れ，何らかのかたちで心理学にふれていることが見出された。次に psychological studies, psychological aspects, psychological patterns なども広く含み込めるように，"psychological" をキーワードに用いて検索を行うと，756件見出された。検出された論文のタイトルと概要の要点を確認すると，その内容は多様であり，カリキュラム研究の方法論，カリキュラムの見方考え方，国際比較を通じたカリキュラムの関心事を語る際に心理学的な点や関心事（例えば，認知発達や学習の姿）にふれる場合も

あれば，初等中等教育の教科から高等教育，教師教育と関わるカリキュラムの効果などを説明していく際に心理学的なアプローチが用いられる場合なども見られた。このようにカリキュラム研究において心理学的研究を参照する度合いは比較的高いが，カリキュラムの心理学的研究としては判断できないものもかなり多く含まれていた。そのため"cognitive psychology"などさらに絞ったキーワードを用いて検索を行うと，117件という結果であった。抽出された論文の概要を調べてみると，そこでもカリキュラムの心理学的研究としては言いきれないものもかなり含まれていた。最後に概要やキーワードに"psychology""psychological"を取り上げる研究を調べてみると，その数はかなり少ない傾向が見られた。

　この結果から，検索の仕方によっては，心理学関連の研究は，カリキュラム研究で何らかふれられている割合が高いが，より焦点化した心理学的関心事からカリキュラム研究を進めている研究や心理学的アプローチと銘打っている研究は，カリキュラム研究の論文誌の表にはあまり現れず，それほど多くは見られない傾向が見られた。

　同様に，日本カリキュラム学会の論文誌に掲載されている研究傾向を見てみても，心理学的アプローチと銘打っている研究は，論文誌の表にはあまり現れない。カリキュラムの評価と関わって，カリキュラムの効果を見る上で心理学的な手法が用いられていると考えられる論文も見られるが，やはり上記の国際的な動きと似た傾向が現在のカリキュラム研究には見られる。

第3節　心理学的研究の中に見られるカリキュラムに関する研究

　それでは，逆に心理学的研究の中で，カリキュラム研究はどのような関心が持たれているのだろうか？　国内の『教育心理学年報』『教育心理学研究』『日本教育心理学会総会発表論文集』を対象に調べてみた。"カリキュラム"を論題タイトルにしていたり，キーワードに入れているものを調べてみると，結果として，発表論文全体の中では，決して多いとはいえない結果であった。しかし，その研究内容の傾向としては，次のように時代に応じて興味深い傾向を示し，カリキュラム研究における心理的研究の関心も見て取れた。

1960年代は，「特殊学級教師の行動パターンの形成と変化に関する研究」「カリキュラムの知能に及ぼす均等効果について」「試験制度が中学生の学力に及ぼす影響に関する研究」「プログラム学習による算数カリキュラムの検討」など，教員の行動パターンの分析，知能テストによる結果分析や環境の心理的影響，学習プログラムの効果測定などから，カリキュラムに関わって何らか知見や示唆を出そうとすることに，その研究関心が向けられていた。

　1970年代は，「カリキュラム編成とコンピュータ導入」「指導観察的方法による学習指導の適正化の研究：指導観察的方法による算数科のカリキュラム開発研究」「マッカーシー認知能力診断検査による子どもの能力診断と能力強化カリキュラムの研究」など，コンピュータや調査の道具，測定の方法の開発などと関わって，カリキュラムに関わって何らか知見や示唆を出そうとすることに，その研究関心が向けられていた。

　1980年代は，「カリキュラムと評価をどうするか」「教育心理学と教員養成カリキュラム：教育心理学会調査結果の概要報告」「大学における授業研究：教職科目『道徳教育の研究』のカリキュラム開発」「教育学部のカリキュラムにおける感覚覚醒トレーニングの試み」など，カリキュラム評価や教員養成カリキュラムにおける心理学の貢献を考えようとする動きが見られた。

　1990年代は，「子どもの論理を基にしたカリキュラム構成」「21世紀の教科カリキュラムに教育心理学が果たす役割」「カリキュラム構成力の育成」「総合学習のカリキュラム開発における教師チームの発達的ワーク・リサーチ」「学校カリキュラムに導入したSST学習の効果と課題に関する研究」「日本におけるスクールカウンセリングの課題」「文化・歴史的活動理論と教育実践における拡張的学習の発達的ワーク・リサーチ」など，心理学の研究が今後のカリキュラム開発にどのように貢献できるか，総合的な学習の時間や教科横断的なカリキュラムの開発と教員チームの取り組みの関係の分析など，社会文化的な心理学的アプローチを用いながら，カリキュラム開発それ自体と教員集団に関心を向ける傾向が見られた。

　2000年代に入ると研究発表数はかなり増えてきた。①「文系学生に対する心理統計教育」「大学教育における教授・学習過程と学生の発達過程の関連：教育心理のカリキュラムに関する検討」「教員養成系学生における授業実習経験による『教材』メタファの変容」「教員養成系大学における人間関係能力と教

育力の育成：初年次実践カリキュラムの効果検証」「教員免許状更新講習のカリキュラム開発」「ノート共有吟味システムReCoNoteを利用した大学生のための知識構成型協調学習活動支援」，②「メディアリテラシー教育のカリキュラム」「『総合的な学習の時間』の成果は，実生活に転移するのか」，③「全国地方自治体による幼少接続期カリキュラム開発の検討」「新入学児童における潜在的カリキュラムの学習」「認定こども園の取り組みの現状とこれからの方向を探る」「知識構築型アーギュメントの獲得」「TIMSSデータにおける中学校第2学年理科物理領域の不均一DIF検出の一分析」「中学校理科のカリキュラムにおける言語活動」「中学生のアイデンティティ形成を援助・指導する教育カリキュラムの作成」「定時制高校生の数学自己効力感に対する通常カリキュラムの効果」などが見られた。①高等教育のカリキュラム，養成における心理学のカリキュラム，養成の取り組みに関わる心理学的な知見の活用，②複合的な教育内容等に関する研究への心理学的アプローチ，③就学前，初等中等教育のカリキュラムデザインなどに関心を向ける傾向が見られた。

　最後に最近の2010年代は，「大学の心理学教育におけるサービス・ラーニング」「教育心理学において「価値」と向き合うこと：カリキュラム開発を例に」「幼・小・中12か年にわたる一貫したキャリア発達支援教育カリキュラムの構造」「幼児教育から高等教育までの教育に連続性を持たせるために高等教育では何に配慮すべきか」「中学生のアイデンティティ形成を援助・指導する教育カリキュラムの作成」「日本の伝統・文化に関するカリキュラムの分析」「カリキュラムに基づいたテストの計量的分析の試み」「知識構築型アーギュメントの獲得を目指した科学教育カリキュラムの改善」など，教育心理学のカリキュラム研究だけでなく，どのように様々なカリキュラムに貢献できるか，その貢献と関わってどのような手法が有効となるのか，定量的な分析だけでなく定性的な分析を用いて，学習過程などに関心を向け，その結果に基づいてカリキュラムに知見や示唆を提供しようとする研究傾向が見られた。また個々人の学習過程だけではなく，集団の学習過程や集団認知などに関わる関心なども見られ，学習科学的な関心を持つ発表も見られるようになった。

　以上のように，教育心理学の研究から，カリキュラムの心理学的研究を眺めてみると，経験的な知見を，エビデンスを伴って，カリキュラム改善や評価を行う姿は一貫しているが，1990年代から実験室環境での研究手法（実験計画的

な手法）からフィールドでのアクションリサーチの研究へその傾向が変化し，2000年代頃から定量的なデータを扱うことから定性的なデータも含めた混合的な手法を用いる研究傾向へその変化が見られた。

第4節　学習科学の知見をカリキュラム研究へ応用する動き

　最後に，最近の心理学の研究発表の中にも垣間見られた学習科学とカリキュラム研究の関係に目を向けてみたい。その研究の歩みなどから心理学的研究とも関連性が深いと考えられる学習科学が，カリキュラム研究にどのように関心を向けているか，またどのような貢献をしようとしているかを考えることで，カリキュラムの心理学的研究の新たな姿も垣間見られると考えられるからである。

　学習科学は，人々はどのように学ぶのか，学習の支援の仕方を研究する分野のひとつである。言い換えると，教えることと学ぶことを研究する学際的な分野のひとつである。学校での教室という公的な学びの場だけでなく，家庭，職場，友人間で生じる学びといった様々な場を研究対象としている。学習科学の目的は，最も効果的な学習につながる認知的社会的過程をよりよく理解しようとすることである。そして，人々が，より深くより効果的に学ぶ教室や他の学習環境などを再設計するために，この知見を用いようとしている。学習科学は，様々な研究分野の人々が参加しており，認知科学，教育心理学，コンピュータ科学，人類学，社会学，情報科学，神経科学，教育学，デザイン研究，インストラクショナルデザインと関連している。1991年にその産声を上げ，2006年，2014年とその研究の知見を体系的に示すハンドブックを出している。学習科学は，上記のようにそれに参画している人々の関心が多様ではあるが，教授を重視する考え方（instructionism）への批判，深い学び（deep learning）を考えようとしている点は共通していると考えられる（Sawyer ed., 2014）。

　Hoadley（2018）は，実証（empirical），学際（interdisciplinary），文脈（contextualized），そして行為指向（action-oriented）の4つの点から，学習科学のこれまでの歩みを整理している。認知科学の教育研究が，行為指向や文脈重視に目を向ける中で，コンピュータ支援協同学習（CSCW）とともに1990年代後半から大きな発展

を遂げてきた。このように学習科学はある種，テクノロジーを用いて学習過程，思考過程を視覚化し，複雑な現象を認識しようと努め，絶えざる改善に向けて，設計や行為(designing with, acting with)を学際的に進めてきたとされている。

　そのため学習科学は，個人の認知過程だけでなく，集団的な認知過程に関心を向け，それを視覚化していくためにICTの活用，概念の深い学びを効果的に促すための学習環境の構成，実際の教室場面等でデザイン研究を用いて，アクションリサーチを進めていく手法をとる傾向が見られる。

　以上のように学習科学は，人はどのように学ぶか，それを効果的に支援する方法や環境デザインに関心を向け，テクノロジーを用いて新たな学びに寄与できる課題設定やプロセス支援，成果の共有の知見を明らかにしてきている。そのため，カリキュラム研究への関わりとしては，OECDのキーコンピテンシー，Education 2030の動きなどとも関わって，今後の世代に求められる資質・能力の考え方やその育成のために，どのような学習過程や学習環境が有効か，研究知見を提供しながら，学びの論議へさらにはカリキュラムを考える見方考え方に言及してきている（白水，2017）。

第5節　心理学的研究がカリキュラム研究に持ちうる可能性

　心理学的研究がカリキュラム研究に持ちうる可能性として，教育心理学以外にも，上記，学習科学が今後より影響を持ってくると思われる。しかしその際，OECDなどの国際的な動き，そこから築かれる価値などから影響されてくる学習の姿やカリキュラム開発・評価の動きに対して，推進役だけでなくむしろ門番のようにうまくいかない点などがあれば，その原因を社会文化的影響や教師の心理の影響など関連研究の知見も加味しながら，エビデンスを用いて丁寧に分析する研究姿勢が，カリキュラムの心理学的研究としては重要と考えられる。

（小柳和喜雄）

第7章　カリキュラムの経営学的研究

第1節　経営学的研究の推移

　カリキュラムの経営学的研究を捉えた場合，まず「経営学的研究」の概念を把握する必要がある。高野桂一の論考によれば（教育行政，学校経営）研究に初めて経営学的研究方法なるものがやや明確なかたちで導入されたが，特に学校経営の研究においてであった。しかも戦後この経営学的研究方法には二つの流れがあったとされる。一つは，"経営学"の一般理論から直接的に導入された方式，もう一つは，経営学の一般理論を何らかのかたちや程度において適用したとされるアメリカ教育経営学を通じて間接的に導入した方式である。

　戦前の学校経営研究においては，テーラー(Taylor, F. W.)の科学的管理法が影響を与えたが，翻訳的萌芽に終わり，経営学的研究方法の意識はなかった(高野，1980)。戦後における経営学的研究方法導入の契機は内発的転換への動き，すなわち戦前からの法権力に基づく学校経営管理的観念が十分払拭されない中で，アメリカの学校行政・経営 (school administration and management) 的思考(民主制・合理性)が導入されたことによる。つまり教育経営が関係法規の解釈と適用という消極的な役割から脱却して，地域や社会の変化をどのように受け止め計画化し，遂行していくかというポジティブな役割意識とともに，教育組織体内部の社会的構造，心理的構造の解明と実践的合理化追求意識の高揚が経営学的研究の方法導入の背景にある（日本学術会議教育学研究連絡会，1976）。

　その後，経営学的研究方法をめぐって議論があったのも事実である。一つは伊藤和衞の「学校経営近代化論」である（伊藤，1963）。学校経営の効率化，教育の効率化を図るため経営学的技術合理化論のもと，学校経営過程の標準化

（例えばタテ系列の内部報告制による検閲・監督）を試みようとした。ただし伊藤和衞による重層構造，宗像誠也による単層構造の論争を惹起している（宗像，1963）。

　もう一つは，高野による人間関係論を土台とする「学校経営現代化論」である。この立場は伊藤の経営合理化（標準化）的発想との相互浸透が課題とされた。ただし伊藤は，当時わが国の学校で何よりも重要なのはテーラー方式による経営合理化であると示唆していたが，昭和40年代に入りバーナード(Barnard, C. L.）やサイモン（Simon, H. A.）らの近代管理学派の組織論・意思決定論の援用のもと，経営民主化論に移行している（伊藤，1967）。高野は伊藤の経営合理化（標準化）論と経営民主化論（人間関係論・組織論）とは同時的に導入すべきであり，しかも構造的思惟としては，伊藤の経営の合理化を基底とした民主化論に対し，経営の民主化を基底とした合理化論的思考であった（高野，1980）。

　その後，経営学的研究方法の課題として，中留武昭（中留，1994，2010）の指摘する組織変数と組織効果の関係，あるいは組織化の過程に組織文化がどのように関わるかの仮説－検証型の実証研究，他の組織の経営体（企業，官庁，病院等）の組織相互間との共通性と学校組織の固有性との比較研究も求められてくる。ただし，1990年代以降の中留の見解によると，基本的に経営学的研究アプローチは目標達成のための条件整備活動としてのマネジメントであり，組織化（組織と運営）のための知的体系活動の探求なのである。

第2節　教育課程管理と教育課程経営

　上記の経営学的研究の視座のもと，カリキュラムにおける経営学的研究を考えた場合，注視すべきは，歴史的にみると，後述するカリキュラム・マネジメント研究の先行として教育課程管理と教育課程経営に関する研究がある。教育課程管理は，伊藤和衞の経営近代化＝合理論に立った教育課程の目標管理（management by objectives）が典型である（伊藤，1963）。伊藤の教育課程管理の研究は，目標管理構造（目標による計画管理，目標による評価管理）として，目標に向かって動態的に活動する，P(計画)–D(組織行動)–S(評価)のマネジメント・サイクルを重視したことである。

このマネジメント・サイクルはその後，教育課程経営論とカリキュラム・マネジメント論の研究にも継承されることになる。教育課程経営論に着目すると，「教育課程経営」なるタームは1977（昭和52）年に「ゆとりと充実」が学習指導要領に示されるのと前後して教育管理論に代わるものとして出現した。

　教育課程経営論の先駆的論者である髙野桂一の問題提起は次のごとくである。教育課程については，昭和20年代初期からおよそ10年ごとに教育課程審議会で教育課程改革提案がなされ実施に付されたものの，この提案は教育課程の内容それ自体の編成については集中的に吟味されてきた。しかし，それが生きた学校現場に実際に実現されるための条件づくり（条件整備），つまり教育課程経営の営みについての吟味と構想の提示については不十分であるとする。それゆえ教育内容・方法実現のための条件づくりの吟味を同時にワンセットとして，重みをもって含み込み，見通しを持つ教育課程経営改革論を提示した（髙野，1989）。その際，学校としては，教師側がこれまでの行政主導による単なる教育課程の実施者（カリキュラム・ユーザー）ではなく，教育課程の編成者（カリキュラム・メーカー）として力量を高めるためには，授業の計画・実施・評価と結果の条件づくりとの対応関係に基づく「授業経営者」としての教師でなければならないとした。

　その上で髙野は，教育課程経営を科学的に捉える「科学化」を志向する。「科学化」とは，教育課程内容（授業内容）それ自体と，その条件づくりとの識別の考えに立つこと，次にその考え方をシステム的考え方に立つことであり，学校経営をトータル・システムとして設定し，教育課程経営をサブ・システムとして設定する。さらに教育課程経営の一環としての実施経営段階による授業経営を一つのサブ・システムとして相対的自立性を持つP-D-Sシステムを構成することとした。このように髙野は教育課程の定義として，「教育課程内容の計画＝編成(P)→その実施＝展開(D)→評価(S)を進めていく過程でなされる，さまざまな組織・運営上の条件づくり（条件整備）を意味する」と捉える。

　髙野の論に端を発した教育課程経営論はその後，安彦忠彦や髙野の門下の小泉祥一による定義（安彦，1983b；小泉，2000）が見られるものの，次の中留武昭による教育課程経営として教育内容と条件づくりの対応に基づく定義が妥当である。「学校が教育目標達成のために，児童・生徒の発達に即した教育内容を諸条件との関わりにおいてとらえ直しこれらを組織化し，動態化することによっ

て目標に対応した一定の効果を生み出す体系的活動である」（中留，1984）。この点，高野によれば当時，新しい時代の教育課程における条件づくりとして「学校の組織・運営」「教授組織」「指導助言方式」「人間関係」「父母との連携」「地域社会との連動」「学校評価」「施設・設備」「教育財政」「教育法規」「運営指導」「校長」「教員」の視角から捉えていること（高野，1989）も，後述するカリキュラム・マネジメントの条件整備構造への示唆となる。

　このように，教育課程管理－教育課程経営の流れの視点は，P-D-Sマネジメントサイクル観であり，しかも特に教育課程経営研究においては単位学校の教育目標具現化としてカリキュラムの内容上（教育活動）と条件整備としてのマネジメント（経営活動）との対応関係である。

　その後，教育課程経営に代わりつつ，カリキュラム・マネジメントのタームを経営学的研究として初めて使用したのは中留である。中留はカリキュラム・マネジメント論への移行の契機として以下の点を考える（中留・曽我，2015）。一つは，1998年の学習指導要領改訂における総合的な学習の時間の創設に端を発し，教育課程基準の大綱化・弾力化がなされ，各学校のカリキュラム編成に裁量が加えられたこと，同様に1998年の中央教育審議会答申「今後の地方教育行政の在り方」が出され，それに続く地方教育行政法改正により学校の自主性・自律性の法的担保が可能になったことである。つまりこれらの改革がワンセットで行われたことにより，各学校は教育課程の基準を踏まえつつ，独自のカリキュラムを編成・展開することが可能となり，また求められることになった。

　このような変化を受けて教育行政においてもカリキュラム・マネジメントへの動きが見られた（中留，田村知子，曽我らの研究者は「カリキュラムマネジメント」として「・」を取っている）。2003年の中央教育審議会答申「初等中等教育における当面の教育課程及び指導の充実・改善方策について」では，「校長や教員等が学習指導要領や教育課程についての理解を深め，教育課程の開発や経営（カリキュラム・マネジメント）に関する能力を養うことが重要である」とした。カリキュラム・マネジメント（「・」はカリキュラムとマネジメントのつながり）の発想の必要性を記すとともに，2008年の学習指導要領（小・中学校）の総合的な学習の時間編において計画，実施，評価，改善というカリキュラム・マネジメントの考え方とその方法が一般化し，奨励されることになったのである。

　しかも2008年以降には自律的学校経営実現の動きの中で，教育経営学の研究

分野においても「マネジメント」のタームが使用された。企業経営におけるマネジメント研究の成果をも受容しつつ，カリキュラム・マネジメントのタームは適切性を担保されることになったのである（なお，アメリカではすでに1980年にイングリッシュ（English, 1980, 2006）がCurriculum Managementの題目の著書を刊行している）。

　中留は，実践レベルでは理論的カリキュラムマネジメント論は教育課程経営論を基盤とし，多くの観点を共有しているが，ややもすると教育課程経営について実践レベルでは理念的フレームに終わりP–D–Sサイクルのうち実施（授業経営）の段階がクローズアップされてきたと指摘し，以下の新たな経営学的視点をカリキュラム・マネジメント論の特徴として位置付けている。

　一つは，学校の裁量権担保の環境下で，学校の課題解決志向として実施される性格を有すること。しかもP–D–Sサイクルではなく，評価から始めるS–P–Dマネジメントサイクルでカリキュラムを動かすこと。その際，可視的な人・物・財・組織のみならず，目に見えない学校文化（組織文化）を重視している点である。もう一つは，組織文化と組織体制との合成を組織力（協働力）として捉え，カリキュラムリーダーとしての組織力が不可欠とする。しかも教育的エコロジー観（学校組織の内部・外部の相互作用を通して，よりよさを求めて自己改善していく成長・成熟の過程）の立場（中留, 1991）に立ち，学校外の要因を重視している。

　このような観点のもと，2002年当時の中留によるカリキュラム・マネジメント概念は「教育課程行政の裁量拡大を前提に，各学校が教育目標具現化のために，内容，方法とそれを支える条件整備との対応関係を確保しながら，ポジティブな学校文化を媒介として，カリキュラムを作り，動かし，これを変えていく動態的な営み」と位置付けられる。

第3節　カリキュラム・マネジメントに関する学術的研究成果

　カリキュラムに関する経営学的研究としてのカリキュラム・マネジメントにおける学術的研究としては，田村知子（2009）の九州大学学位請求論文「初等中等学校におけるカリキュラムマネジメントの規定要因の研究—カリキュラム

マネジメントモデルの特質と検討を通して」が代表的である。上記の中留の考えを踏まえつつも，独創性ある視角として以下の点を列挙できる。

　①教育課程経営論とカリキュラムマネジメント論の論点を整理して異同を明らかにしたこと，②カリキュラムマネジ

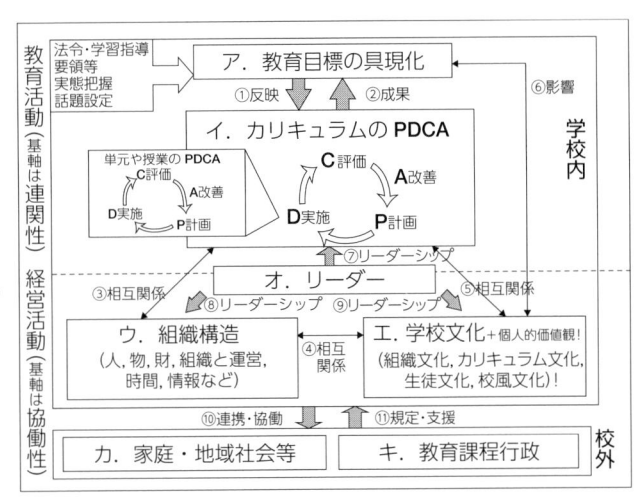

図Ⅲ-2　カリキュラムマネジメント・モデル（2017年現在，田村知子）

ントの規定要因を構造化したモデルを開発したこと（図Ⅲ-2），③特にカリキュラムマネジメントの規定要因として，組織文化を導入することの妥当性を実証したこと，④カリキュラムマネジメントの規定要因として，教師個人の価値観の内容と影響力を実証したこと，⑤カリキュラムマネジメントの力量の実体を，特にカリキュラム・リーダーに焦点を当て，明らかにしたことである。

　ただし，実証的研究を通して明白になった課題も顕出され，ことに構成要因である組織文化の多忙感が析出されている。この点，教職員の負担感や多忙感といった勤務条件との葛藤，教師の資質や力量への自信のなさに対する抑制要因として，ポジティブな組織文化，共通理解ある学校体制，計画的・組織的な運営，管理職やカリキュラムリーダーの指導性，提案の方法，コミュニケーションを明らかにしている。

　田村知子は研究課題として指摘しているが，学校現場においてカリキュラムマネジメントモデルがどの程度利用可能か，つまり汎用性の検証が求められてくる。例えば，理科教育，キャリア教育，道徳教育，学校安全といった特定の内容のカリキュラムについて，その内容に応じたカリキュラムマネジメントの特色が類型化されるのかの観点である。このことは高等教育のカリキュラムマネジメント（中留，2012）にもつながる。また，カリキュラムマネジメントを促進する方法，つまりワークショップ型の研修（村川，2016）をはじめ教職員の自

律的関与を促進する方法論の解明である。

　田村知子の研究成果と対照的に，倉本哲男（2006）の九州大学博士学位請求論文「アメリカにおけるカリキュラムマネジメントの研究—サービス・ラーニング（Service-Learning）の視点から」（2008）は，アメリカのカリキュラムマネジメント論を特に中等教育段階に焦点を当て，日本の総合的学習に類似するサービスラーニングカリキュラムを分析視点に据えている。SLに焦点を当て経営過程と学習過程との整合性を図りつつ，教育目標を達成するために生徒に即した内容を捉え，それを組織化して対応するカリキュラムマネジメント論である。内容方法の指導系列（統合性［Integration］の分析基準）と条件整備の経営活動（協同性［Collaboration］の分析基準）の2系列を対応させて教育経営学と教育方法学が相互補完的に重なる「融合性」に研究上の独創性が見られる。

　なお近年では，中留，田村知子のカリキュラムマネジメント研究の理論的枠組みを再吟味し，それを緻密な数量調査によって検証し，カリキュラム学と教育経営学との学際領域を対象にしている実証的研究もある（曽我，2016）。

第4節　カリキュラム・マネジメントの確立と新たな研究展望

　上記の学術研究の進展の中で今日，新学習指導要領（2017年3月告示）の総則に明記されているように，各学校には学習指導要領を受け止めつつ，子どもたちの姿や地域の実情等を踏まえて，各学校が設定する教育目標を実現するために，学習指導要領等に基づきどのような教育課程を編成し，どのようにそれを実施・評価し改善していくのかというカリキュラム・マネジメントの確立が求められている。このようなカリキュラム・マネジメントは次の三つの側面から捉えられる。

①各教科等の教育内容を相互の関係で捉え学校の教育目標を踏まえた教科横断的な視点で，その目標の達成に必要な教育の内容を組織的に配列していること。

②教育内容の質の向上に向けて，子どもたちの姿や地域の現状等に関する調査や各種データ等に基づき，教育課程を編成し，実施し，評価して改善を図る一連のP-D-C-Aサイクルを確立すること。

③教育内容と，教育活動に必要な人的・物的資源等を，地域等の外部の資源
も含めて活用しながら効果的に組み合わせること。

　例えば①の研究視点では，すなわち一教科に限定されない汎用的な資質・能
力（個別の知識・技能，思考力，判断力，表現力，学びに向かう力，人間力等）を
様々な教科・領域で総合的に育成する視点でカリキュラムを編成（デザイン）
する研究が求められてくる。田村学が提示するようにカリキュラム・デザイン
は三つの階層，すなわち全体計画の作成（教育目標を踏まえ，つなぐ，グランド
デザイン），単元配列表の作成（全単元が１年間でどのように実施されるのかを俯
瞰した関連付け），単元計画の作成（学びの文脈を大切にした単元計画）があり，
この階層を通して具体的な授業デザインが可能となる（田村学，2016）。ことに
三つの階層の中でも，視覚的に見える単元配列表の作成に基づく子どもの新た
な学びの実現に関する研究が重要となる。単元計画は成されていても単元配列
表の作成は，地域間や学校種間でかなりの差があるのが現状である。

　今後の新たな研究展望としては，先述の田村知子の研究成果からも析出され
たが，キーワードである教師の多忙化に応じた条件整備は学校のみならず教育
委員会マターとしての危急の課題といえる。国レベルでも2018年度現在，中央
教育審議会が教師の働き方改革を検討しているが，条件整備改善の経営学的研
究視点として筆者は，①学校組織運営の効率化，②校務の情報化，さらには③
部活動指導の負担軽減の三つの側面を捉える（八尾坂編著，2018）。

　①については「タイムマネジメント」の浸透，つまり管理職や教員自身によ
る勤務時間の適正管理，意識付け，会議や学校行事の見直し，校務分掌業務の
平準化などによる多忙化緩和の教育活動における質的・量的効果の研究である。
②については校務情報化支援システム(ア．児童生徒基本情報の管理，イ．学習成
績の管理，ウ．授業時数や授業計画の管理，エ．生活・指導記録の共有化，オ．校
内連絡事項の共有化，カ．健康関連情報の管理)による非効率な授業準備，業務遂
行の軽減効果の研究も求められる。③の部活動指導による負担軽減は喫緊の課
題である。教員の負担軽減のみならず，生徒の健全な成長を促す観点からも見
直しが求められ，部活動のP-D-C-Aマネジメントサイクルの意識化が不可欠
となる。このことからスポーツ医科学の視点を取り入れた生徒の発達段階や学
校生活を考慮した練習時間，休業日の規定に関する調査研究も必要となる。

（八尾坂　修）

第8章　カリキュラムの行政学的研究

第1節　教育行政の敗北

1．道徳の教科化

（1）教育再生会議

　安倍晋三首相（2006年9月～2007年9月）は，教育に強い関心を持ち，2006年10月，教育再生会議を設置し教育改革を進めようとしたが，短期政権で終わり，改革は道半ばとなった。教育再生会議は，2007年6月，道徳を「新たな枠組み」により，教科化し，多様な教科書・教材を作成することを提言。しかしながら，伊吹文明文部科学大臣は，「国がある価値観を持って決めるというような検定教科書的なものを作るということはやっぱり非常に難しいんじゃないか」と国会で答弁し，道徳の教科化に反対した。

　文部科学省は，大臣の力により，安倍首相が求めた道徳の教科化を阻止することができたのである。

（2）教育再生実行会議

　2012年12月，自民党が政権復帰，第2次安倍内閣が誕生する。翌年2013年1月には，教育再生実行会議が立ち上げられ，2月には，道徳の教科化が再び提言される。第2次安倍内閣では首相側近の下村博文が文部科学大臣に任命される。道徳教育の教科化について，2014年10月，中央教育審議会が道徳の時間を「特別の教科　道徳」とすること，検定教科書を導入すること等を答申。2015

年3月には，小・中学校学習指導要領が一部改正され，2018年4月から小学校で，2019年4月から中学校で道徳科が全面実施されることとなる。

(3) 官邸主導の教育行政体制の確立

道徳の教科化と同様，安倍総理が望む教育政策を教育再生実行会議が次々と提言，下村文部科学大臣がそれらの政策を着実に実施していく。首相官邸→教育再生実行会議→中央教育審議会→文部科学省→各教育委員会→各学校という流れで，教育政策が企画・実施されていく体制が確立するのである。2017年3月に改定された学習指導要領も，この安倍首相の官邸主導行政の体制のもとで編成されることになる。

2．2017年の学習指導要領の改訂

(1) 学習指導要領改訂の手順

学習指導要領の改訂は，これまでは文部科学省を中心に企画・実施されてきた。文部科学省は，研究開発学校や研究指定校で行われる様々な教育課程についての実践研究，各学校現場から寄せられる実践報告などを学習指導要領の改善に生かす。また，教育課程実施状況調査や全国学力・学習状況調査を行い，児童生徒の学力や学習状況を把握・分析，教育施策の成果と課題を検証し，その改善を図る。これらを受けて，中央教育審議会に学習指導要領改訂の検討が諮問される。同審議会の教育課程部会を中心に検討が進み，中央教育審議会の答申を待って，具体的な改定作業に入るという手続きが定着していた。

(2) 首相官邸の強い影響力

しかしながら，2017年3月の学習指導要領の改訂は，首相官邸や内閣の強い影響力のもとで策定されたと考えられている。

例えば，プログラミング教育については，2016年4月に文部科学省内にプログラミング教育に関する有識者会議が設置され，たった3回の議論を経て同年6月には，「議論の取りまとめ」が発表され，学習指導要領に記載されていくことになる。2014年11月の文部科学大臣から中央教育審議会に対する学習指導要領改訂に関する諮問においてもプログラミング教育は検討課題としてふれら

れていなかった。

　また，新学習指導要領の社会科では，竹島と尖閣諸島を「固有の領土」と初めて明記し，尖閣諸島については「解決すべき領有権の問題は存在していない」としている。マスメディアでは「政権の考え」を反映したものと論じ，文部科学省は「国の立場を言い切る指導」を求めている。

　中央教育審議会は文部科学大臣の諮問機関ではあるが，改革案は官邸において取りまとめられ，中央教育審議会は改革案を選択する裁量権を持ち合わせていない。教育政策の方針は内閣で，その具体化を中央教育審議会が行うこととなってしまっている。

3. 内閣の統轄下に置かれる教育行政

(1) 教育行政を担当する内閣府大臣の誕生

　2001年の中央省庁等改革で，行政主導から政治主導の行政へと改革が行われたが，その中央省庁等改革の一環として，2001年，内閣府に科学技術政策担当大臣が任命されることとなった。文部科学大臣と科学技術担当大臣との関係が問題になるが，文部科学省は内閣府の統轄のもとにある（国家行政組織法第2条）ことから，文部科学省は内閣府の所掌業務については，内閣府の科学技術担当大臣の指導下に置かれることとなった。それ以降，文部科学省と内閣府との間で科学技術政策をめぐる意見調整が難航する局面がしばしば生じている。

　2014年からは，文部科学大臣とは別に東京オリンピック・パラリンピック担当大臣が任命され，2017年8月に発足した安倍改造内閣では，人づくり革命担当大臣が新たに任命された。人づくり革命担当大臣と文部科学大臣との所掌の調整が大きな課題となりうる。さらには，2017年10月現在，文化庁内では経済産業省出身の内閣官房審議官が率いる文化経済戦略特別チームが活動している。文部科学省の主要な所掌である教育，科学技術，スポーツ，文化のそれぞれの分野について，文部科学省は内閣の統轄のもとに置かれているのである。

(2) 内閣人事局の誕生

　2014年，国家公務員の幹部人事を一元管理する組織として内閣官房に内閣人事局が設置された。各省の審議官級以上約600人を対象に，適格性を審査した

上で，幹部候補名簿を作成。閣僚は幹部の任免にあたって首相や官房長官と協議する。人事局の局長は官房副長官だが，実際の運用では官房長官が強い権限を持つ。

　これまで省庁別に行われてきた国家公務員人事を，内閣総理大臣を中心とする内閣が一元的に行うことにより，縦割り行政の弊害を是正し，政治主導の行政運営を実現しようとするものである。官邸が強い人事権を握ることにより政策や改革が進みやすくなったと評価する半面，官僚が過度に政権の意向を意識し，委縮したり，「忖度（そんたく）」したりする弊害があるとの批判がある。

(3) 経済界主導の教育行政

　これらの一連の改革に通底するものは，経済主導の教育行政である。経済における人財としての人，すなわち，経済の手段としての人が行政の対象である。教育行政は，教育基本法第1条にいう「人格の完成を目指す教育」を振興するためのものではなくなってしまっているのである。

　1963年，経済審議会の答申「経済発展における人的能力開発の課題と対策」が出されたとき，教育関係者は，一人ひとりの人間的成長の重視より，経済成長の効率を優先させる教育投資論が展開されたと批判した。今回の学習指導要領の改訂については，安彦忠彦（2014）が人格の完成の視点が欠落していることを，中野和光（2017）がグローバル経済競争という「総力戦」に必要な人的資源育成のためのものであることを批判しているが，1963年の経済審議会答申に対する教育関係者の批判と比較すると，その批判の質量ともにあまりにも少なすぎる。経済に従属する教育政策の現実をもっと直視すべきである。

第2節　学習指導要領の法的性格の変容

1．1958年改訂の考え方から

(1)「質」も「量」も
新学習指導要領について，2017年2月15日の朝日新聞の社説は，「『質』も

『量』も追求するという欲張りな方針のもと，あまりにも多くの事柄が盛りこまれてはいないか」と批判している。小学校3年から英語教育を導入するため小学校の総授業時数が5,645時間から5,785時間に増加する。1998年の小学校学習指導要領が5,367時間であったことと比較すると大幅な増である。また，現行の学習指導要領と比較すると，記述されている内容は現行の1.5倍になっている。新学習指導要領は，これまで現場に任せてきた指導過程・指導方法まで細かく記述し，評価についても具体的に踏み込んで規定している。学校の教員に求められることが質的にも高度化している。これはもはや1976年の永山中学校事件最高裁判決（以下「最高裁学テ判決」という。）が学習指導要領を大綱的基準として是認した状況とは大きく様相を異にしているといわざるをえない。

(2) 試案から基準へ

1947年の学習指導要領は，「試案」としての性格を有し，「試案」という意味は，「教育課程をどんなふうに生かしていくかを教師自身が自分で研究していく手引きとして書かれたものである」とされていた。長尾彰夫（1994）が論ずるように，「それは明らかに法的な拘束性を持った国家的な基準（criterion）とは異質のものとなっていたといえよう。」

しかしながら，1958年の学習指導要領の改訂により，学習指導要領は，文部大臣が公示する法的拘束力を持った教育課程の基準であるとされることとなった。1958年の改訂による法的性格の転換について，文部省は，次のように説明していた。

「今回わたくしどもが規定いたしましたものは，各教科の目標，内容，その取扱，あるいは指導計画についての基本的な事項だけにとどめまして，教師の指導手引きあるいは学習指導法につきましては，これを別の指導書にゆずりました，これ（筆者注：基本的な事項）を基準として告示で公布するつもりでおります。その面におきましては従来どおり法的拘束力を持ってくるわけであります。そうして別に教師の手引書あるいは指導書を教師の参考書として刊行するつもりでございます。この点は法的拘束力はございません。ですから従来の学習指導要領を法的拘束力をもつ部分と，しからざる部分とにいたしたのが，今回の改正の第一点でございます。」

(3) 法的拘束力をもつ部分としからざる部分へ

　この文部省の説明を踏まえると，今回の改訂により，「教師の指導手引きあるいは学習指導法」，1958年の改訂で指導書にゆずったもの，すなわち，法的拘束力を持たない部分が，再び，学習指導要領に記載されることになったのである。すなわち，今回の改訂により，学習指導要領は，これまでの法的拘束力を持った教育課程の基準から，法的拘束性を持った基準の部分と，教師の指導手引，参考書というべき部分とが併存するものに転換したのである。

2．最高裁学テ判決から

(1) 判決の考え方

　最高裁学テ判決は，1958年の学習指導要領について，「その中には，ある程度細目にわたり，かつ，詳細に過ぎ，また，必ずしも法的拘束力をもって地方公共団体を制約し，又は教師を強制するのに適切でなく，また，はたしてそのように制約し，ないしは強制する趣旨であるかどうか疑わしいものが幾分含まれているとしても，右指導要領の下における教師により創造的かつ弾力的な教育の余地や，地方ごとの特殊性を反映した個別化の余地が十分に残されており，全体としてはなお全国的な大綱的基準としての性格をもつものと認められるし，また，その内容においても，教師に対し一方的な一定の理論ないしは観念を生徒に教え込むことを強制するような点は全く含まれていないのである」と論じている。

(2) 大綱的基準とはいえない

　1．(1) で述べたとおり，今回の改訂は「質」も「量」も求めたことから，最高裁学テ判決が学習指導要領を大綱的基準として是認した状況とは大きく様相を異にしており，安彦忠彦 (2017) は，もはや「大綱的基準」とはいえないと批判している。

　最高裁学テ判決がいう「教員により創造的かつ弾力的な教育の余地が十分に残されて」いるか，「地方ごとの特殊性を反映した個別化の余地が十分に残されて」いるかということを考えると，もはや「全体としてはなお大綱的基準としての性格をもつもの」とは認められないといわざるをえない。

(3) 一方的な教え込み

第1節2.(2)で述べたとおり，新学習指導要領は，領土問題について「政府の見解を」教えることを求めている。文部科学省は，「国の立場を言い切る指導」を求め，「他国の主張がある，それに理があるというふうに思っていただくのは困る」としている。これこそまさに，最高裁学テ判決がいう「教師に対し一方的な一定の理論ないしは観念を生徒に教え込むことを強制する」ことではないだろうか。

文部科学省は，教育基本法第1条を引用し，教育は「国民の育成」を期して行わなければならないから，政府の見解を教えることを求めているのだという。しかしながら，教育基本法第1条は，「平和で民主的」な国家及び社会の形成者として必要な資質を備えた国民の育成を期して行わなければならないとしている。領土問題が極めて重要な問題であることを子どもたちに理解させることは必要であるが，わが国が「国の立場を言い切る指導」を行い，各国が「政府の見解」を教えるだけでは，平和的な領土問題の解決は遠くなる。平和で民主的な領土問題の解決に向けて必要な資質を育てることを考慮しなくてよいのか。「複眼的な思考こそ」大切なのではないか。

この意味からも，新学習指導要領は，最高裁学テ判決の法的拘束力を認める前提に反しているといえる。

第3節　政府・市場・社会の関係の再構築

現在，教育行政は，マーケットメカニズムを最大限活用し教育改革を進めようとする流れ，すなわち新自由主義の教育改革と，今回の学習指導要領の改訂に端的に表れているように，国家のカリキュラムに対する統制を強化しようとする流れが，並列的に進められている。

しかしながら，この構図には，社会全体が，社会システム，政治システム，経済システムの三つのサブシステムで構成されていることを理解していないという根本的な欠陥がある。この構図に欠けている社会システムとは何か。それは，教育であれば，教育の当事者である子どもたち，教員，保護者，地域住民，自律的な様々な集団（専門家集団のいかんを問わず。）などで構成されるもので

ある。これらの社会の人々の織り成す「社会システム」を，「経済システム」や「政治システム」と同等に重要視すべきである。「経済システム」や「政治システム」に多くを委ねることは，教育の危機の解決には至らないどころか，社会全体の危機を深刻化させるだけである。政府・市場・社会の関係の再構築が必要である。佐々木毅（2009）は，次のように述べている。

「市民社会論や公共哲学論など，政治理論は政府（権力）と市場という二つの大概念との対比による社会という概念の復活・活性化に向けて穏やかに動いている。この三つの間の緊張感のある，刺激的な関係を形成することが人間の今後の生き方の基本である。政府も市場も社会を無視しては生きていけない。それどころか，政治家も企業経営者も社会に対して感度を研ぎ澄ますことが求められる。」「21世紀がどのような三者のリバランスの類型を生み出すのか，これが目下の政策競争の課題である。それへの創造的な参画なしには（徒に，古き良き時代の再現を確固たる根拠なしに希求するのではなく），未来は展望できない。」

磯田文雄（2017）が，今回の学習指導要領の法的拘束力に関わり，関係者に「大人の対応」を求めているのも，当事者である教員，保護者，地域社会が，社会システムとして機能を強化することが必要であると考えるからである。政治権力と市場原理だけに教育をまかせてはいけない。社会を重視すべきであり，政府・市場・社会の関係の再構築が必要である。カリキュラム行政においていえば，学習指導要領の裁量権の下方委譲，学校の自由性・自律性を確立することが極めて重要である。鍵は，教育委員会及び校長にある。　　　　（磯田文雄）

第9章　カリキュラムの国際比較研究

第1節　マクロデータ経済指標とカリキュラムの国際比較

　カリキュラムの国際比較とは，何か。教育の制度的な比較研究は，圧倒的に多い。しかし，比較教育学自体は，単なる制度紹介にとどまらず，その文化と結び付いて議論されるようになった。カリキュラムというと圧倒的に言語，理科，社会，算数というように教科の学習としてのみ理解されることが多い。そして，それは不思議なほど国家間の違いを超えた普遍性を持つものとして捉えられる場合が多い。

　アメリカの教育史家タイアック（Tyack, D.）は，『ワン・ベスト・システム』の中で，それを一つの制度へと収斂して行く過程として描いた（Tyack, 1974）。また，エリザベス・バランス（Elizabeth Vallance）は，それをもとに，国の標準化過程が，潜在化して，誰にも意識されなくなる潜在的カリキュラム化の過程であると指摘した（1973-1974）。

　潜在化してしまった潜在的カリキュラムであるから，それを対象化して見えるようにするという試みは，国家という単位では，あまり論じられることはなく，むしろ，階級，ないし階層間の差を広げる変数としてのカリキュラムということが問題とされることの方が多い。階層間の格差を広げる要因は何か。それは，親の収入の違いに基づく経済的な格差よりも子どもの意識諸形態を規定する「文化資本」すなわち潜在的カリキュラムによるものが大きいということが，アップル（Apple, M.）らによる批判思想家らによって指摘されてきた（Apple, 1982）。格差を拡大するものが，経済要因よりも文化的な背景によるものが大きいという議論は，アメリカでは，1970年代以降のカリキュラム研究を主導して

きたところである。それは，2010年代においてはフランスの経済学などにおいて脚光を浴びることとなった。単純なかたちで数値化できるのは，親の学歴と子どもの学歴と経済的格差の関係である。

　これを国際比較すると何がわかるのだろうか。一つは，国ごとの階層移動率の違いがわかる。親の学歴と子どもの学歴の相関と経済的成功との相関を見ることによって，単に経済的な成功が学歴を左右するのではなく，学歴が社会的・経済的成功を左右するものとして仮定されることになる。学歴は，文化資本の一つの指標である。そして，階層移動率と国全体の経済成長との相関を見ることにより，教育と経済的発展の関係がわかるということになる。

　神門善久（2013）の研究は，マクロ分析の視点から，日本，韓国，米国の高等教育の発展の度合いと経済発展の度合いを相関分析したものであった。それは，教育制度と経済発展の度合いのマクロ分析ということになるが，単に制度比較ということではなく，高等教育の内容が経済の発展にどのように寄与するかという，高等教育自体を一つのカリキュラム指標として扱っているということになる。

第2節　社会階層化とカリキュラムの国際比較

　次に，学校制度や学歴の指標がかたちだけの経済的な結果への指標として使われるのに対して，カリキュラムの内容自体を問題として，国の開発指標として扱う場合がある。ドーア（Dore, R.）は，開発途上国と中開発国と先進国のそれぞれの学校カリキュラムの特徴を捉え，「学歴病」として分析している（Dore, 1976）。学歴病社会とは，西洋の学校制度を模倣し，選別のみの機能を学校の中心的機能と考え，暗記中心のカリキュラムだけで人材を育成するような教育となる結果，自国の現実を顧みることのない西洋的文化を表面的にのみ体現するようなエリートを輩出する多くの開発途上国のエリートの病態を指している。彼は，このような開発途上国のあり方を「後発効果」と名付けた。日本は，明治維新以降の近代化が急すぎたためにこのような学歴病をいまだにわずらっており，暗記中心の学力観からなるカリキュラムが主体であり，推論や論理的思考力やリーダーシップは，重視されない，中開発状態であると，評価している。

ドーアの比較研究は，現在多くの比較教育研究が，制度的な紹介のみにとどまっている現状に対して，カリキュラムの内容が国の文化的発展の状態に関わっていることをマクロ的視点から捉えた見事な研究であった。しかも，かつての中国やタンザニアの社会主義国が国のエリートを労働者階級の支持の上に支えられた選別機能を持つものとして賛美したイデオロギー的な示唆をも含んでいた。しかし，のちのペレストロイカや改革開放路線は，このような人民民主主義の路線の陥穽を埋めることはできなかった。

　ドーアの比較研究は，単なる比較教育学的な外国の制度の紹介にとどまらない，カリキュラムと民主主義的な社会関係の接点を追究した貴重で重要な成果であった。国の経済発展と国民の能力の内容に関わるカリキュラムが比較教育学的な観点から焦点を当てることができるということを示した金字塔でもあった。

　ドーアの『学歴病社会』が明らかにしたように，初等・中等教育の発展も高等教育の発展も経済発展のけん引力とはなりえず，むしろ社会階層化を増幅する指標として機能しているにすぎない。それは，伝統的な血統原理のカースト・システムに対して能力原理のメリトクラシー社会を実現するものと期待されたが，ヤング（Young, M.）が指摘したように，IQの遺伝説の優位性をより有力なものとして，やはり血統原理化から脱却しえないものとしている（Young, 1958）。また，ブルデュー（Bourdieu, P.）が明らかにしたように「文化資本」という概念は，教育によって階層移動を促進するのではなく，むしろ階層化を拡大再生産させる方向に作用していることを明らかにした（Bourdieu, 1984）。

　社会階層化という社会学的な概念は，教育開発と経済発展の関係に何ら因果的な図式をもたらすことはなかった。教育は，外部経済効果であるという，旧来の経済学的な枠組みは現在も生きている。その限界の中で，経済発展と階層移動の関係を示したのが，戦前の日本モデルの特異性を追究した安田三郎（1971）の『社会移動の研究』である。戦前の日本は，先進国の中で階層移動が最も進んだ国として，それが経済発展の原動力の一つとなったという仮説を実証的に示したものといえる。しかし，それはドーアがいうように急速に近代化を急いだ結果現れた，単なる「後発効果」にすぎないのか，大きく議論の分かれるところである。

　以上のようなマクロデータに対しては，カリキュラムは，どのように関わる

のであろうか。

　まず，階層や階級による格差という観点は，社会経済要因なのか，カリキュラムという教育内容に起因するものなのか不明である。それが，「氏より育ち」なのか，「育ちより氏」なのか，それとも両方の要因の相互作用なのか，この点については，議論の分かれるところである。しかし，階級が世代間によって受け継がれ，拡大再生産することは，社会的公正に反するという点については合意があるとみてよい。

第3節　学力の国際比較とカリキュラム

　さて，カリキュラムの国際比較の中で大きく話題となっているのは，PISAなどの学力比較である。学力の差異は当然，国のカリキュラムがどう関わるのかということが問われることになる。浅沼茂（2005）は，このような国際比較が，象徴交換とも呼ぶべきマスメディアによる大衆バーチャル・リアリティ現象を引き起こしていることを指摘してきた。正確な数量的データの吟味を欠落したままなぜこのような現象が起きるのか，世間一般とは別の原理的説明が必要である。

　例えば，1960〜70年代から，IEA（International Association for the Evaluation of Educational Achievement）と呼ばれる機関が，数学と理科の学力を中心に学力の国際比較を行ってきた。この機関は，現在，TIMMSを実施している。PISAと異なり，定量的に測定しやすい数学と理科を中心にしている。当時は，香港や台湾や韓国が，調査対象国に入っていなかった。19か国の中で日本は，数学も理科もダントツの一位であった。

　学力の国際比較は，学力のランキングを見るだけでは，なぜ，そうなのかの理由を示してはくれない。そこで，注目されたのが授業時間数との相関である。1970年代のIEAの調査は，授業時間数との相関をとっていて，驚くべき事実を報告していた。いわく，理科と数学の成績は，国際比較によれば，主要4教科（言語，社会，数学，理科）の総授業時間数と逆相関を示していたというのである（Passow et al., 1976）。これらの数字は，やはり，なぜなのかは教えてくれない。現在話題になっているPISAの学力調査もフィンランドや日本の子ども

たちの授業時間数の少なさとの相関の理由を教えてはくれない。

　このような学力調査の国際比較がどのような結果をもたらすかは，日本で起きたことを取り上げてみれば，むしろ別の歴史的現象が注目に値する。学力低下論者が活躍するのは，20世紀末の1990年代である。こんな漢字が読めない，鎌倉幕府の滅亡の年が言えない。分数のかけ算ができない式の個別事例をさも客観的な証拠のように言い立てる程度であった。さすが，客観的証拠の必要性に駆られたのか，2003年のPISAのテスト結果で，2000年には読解力が８位であった日本の高校１年生が，14位に落ちたというものであった。学力低下論者もマスメディアも，2002年に始まった「３割削減」の授業時間と薄くなった教科書のせいだとまことしやかに騒ぎ立てた。マスメディアは，「ゆとり教育」というレッテルを旗印に文科省を総攻撃にさらした。その頃以降，「僕はゆとり世代ですから」が自虐的用語として使われるようになった。

　事実は，どうなのだろうか。2003年７月の調査の高校１年生は，新学習指導要領が高校で実施されるようになって３か月後のことである。また，学力調査の担当者は，８位も14位も誤差の範囲と言っていた。また，授業時間の３割削減などありえず，土曜日完全休日となっても７％程度のものである。また教科書の３割削減などはありえず，単元に至っては，ほぼ変わらない。要するにゆとり教育のスローガンの事実はないし，読解力が８位から14位になったことには，何ら因果関係など認められないのである。

　このようなカリキュラム・ディスコースの現実は，どのように理解したらよいのであろうか。それには，象徴交換の概念が必要なのである。つまり，学力といわれるものの内容が，何かができるとか，何かの可能性を秘めているとかいうような力ではなく，人を選別するだけのラベル貼りマシンとして機能しているにすぎないのである。このような学力は，飾りとしての機能であるにすぎないにもかかわらず，何かカリスマ性を帯びて言い立てられ，人心を支配する。いわく，何々大学だからすごいとか，何々大学だからたいしたことないとか，というようなカリスマの生成である。マックス・ウェーバーは，中国の科挙のシステムにこのような機能が備わっていることを指摘していた。いわく，こんな難しい漢字を読めるなんてすごい，といった類のカリスマ性は，その暗記的能力が，それを使って何か実務をこなすというような実力につながっていなかったのである。ここに，学力と能力と社会的成功という３つの変数が，必ずし

もイコールではないということが示されたことになる。

　勉強ができるというような学業としての成功が，必ずしも個人の能力の高さを示すものではない，ということは，学力日本一という秋田県が必ずしも大学進学率においてそうなっていないということでも明らかである。ましてや，それは大学進学率が社会的成功の高さを示しているのかというと，そうはなっていないという現実を説明しない。

　資質・能力と社会的成功とは，もっと巨視的で精密な研究を必要としている。

第4節　PISAのテストとフィンランド

　では，カリキュラムと国家の関係においては，何が問題なのであろうか。学力の国家間の競争において順位が問題なのであろうか。順位の上下によって，学力が上がったとか下がったとかいう議論は，おろかなことである，なぜなら，それは，国力の指標でもなければましてや個々人の能力の指標でもないからである。むしろそれは，各国のカリキュラムと個々人の資質・能力発達の関係性を示すものとして意義あるということが，以下に紹介するフィンランドの場合でも十分わかるものと考える。

　フィンランドは，PISAのテストでヨーロッパの中ではトップであったことから，世界中の注目を集めることになった。特に読解力においてその好成績についてはいろいろと憶測が飛び交うことになった。

　一説によると学校では，よく宿題を出すという。しかし，筆者が観察したところによると特に宿題をたくさん出しているというのではなく，授業中に終わらない課題を無理に終わらせることなく，家に持って帰っていいよというような話で，特に無理して課題を出すというような日本の感覚とは全く違っていた。

　第二は，授業時間数であるが，授業時間数は，昔から国際的な比較からも少ないうちの何番目に入っていた。子どもは午後2時を過ぎると近くの森でカントリースキーなどを楽しんでいるのをよく見かける。むしろこのゆとりが学力高につながっているのではないかと思わせるものがあった。

　第三は，教師は大学院修士課程を卒業した者が多いという説である。確かに，タンペレ大学の大学院などの例を聞くと，80人の定員に，600人もの応募者が

あるという。教員は人気の職業で，優秀な人材が集まるという。しかし，その大学院卒業者とそうでない教師の授業を観察する機会があったが，特に大学院卒に授業の優秀さがあったかというとそうでもなかった。

　第四は，これだけは，学力の違いを生んでいると思わせる事実があった。それは，「スロイド」である。スロイドとは，手工と訳される場合があるが，日本の技術家庭科や図工に相当する。フィンランドの学校見学者が大勢訪れる中で，フィンランドのスロイドの特異性とその学力との関係性について論じたものは，少ない。学校スロイドの祖であるフィンランドのウノ・シグネウス (Uno Cygnaeus) は，当時，ロシアの支配下の中で，1809年から1870年代にかけ，初等教育の義務化と同時に学校スロイドの普及に大きな力を尽くした。教育的な視点から，スロイドを行うこと，単に技術家庭の教科として教えるのではなく，普通教育の中で行うこと，すべての教員がそれを教えることを原理として，推進された。この基本原理は，今も現実の小学校の中で生きている。タンペレの小学校では，1年生から週2時間，スロイドの時間が充てられ，さらに英語，ドイツ語のコースに加え，スロイドの3つのコースを選択するようになっていた。実際にその位置付けが学校の中で，どれだけ大きいかを示しているのは，それが体育館のように大きな建物の中で，木工の部屋，金工の部屋，塗料の部屋，大きなグラインドの部屋，ハンダごての部屋などに分かれ，カラフルな工具がきれいに整然と並べられているのを見るまでは信じられなかった。そして精神統一を図っているのか，シグネウスの肖像の紙が貼ってある下で黙想をしていた。生徒は，女の子の方が多かった。

　スロイドの普及については話では聞いていたが，それが現実にどのような違いを見せているのかは，実際の学校を見るまではわからなかった。そして，それが，同じように学校に取り入れられたスウェーデンの場合との違いを見るまではわからなかった。同じ北欧の国でも学力において差が見られるのはなぜか。それは，理念と歴史的背景の違いが大きく影響しているということを深く突き詰めなければわからないことでもあった。

　第一に手工は単なる技術訓練ではなく，精神と労働を統一する形式的陶冶の意味を持っていた。大工場の生産ラインのように大量生産方式の物作りを目的としたものではなく，工作の作業自体に，精神の発達と知能の発達を促すものがあると位置付けられていた。さらには，そこには形と美の芸術的な感性が養

われるという理念もあった。また，労働に関する道徳意識も養われるものと考えられていた。

　スロイドは，1877年オットー・ソロモンのスウェーデンでの技術学校が起源であると巷間考えられていた。しかし，スロイドは，実は，シグネウスのもとで学んだものをソロモンが他の国に広めたものであった。ソロモンは，よりシステム化したスロイドを世に広め，その名の普及は，後に元祖争いのもととなった。

　実は，以上のような話は，1970年代に学生であった筆者が，松崎巖先生から，毎週話を聞かされていた。しかし，このような情報に対して筆者は，シグネウスという教育者が，北欧では偉大であるという知識を得る以外にその価値を心底理解していなかった。がぜん，シグネウスの名前に灯がともったのは，2000年以後のPISAの国際学力比較以降のことであった。私を含め，にわかフィンランド学者は，同じ北欧圏でフィンランドとスウェーデンでは，なぜ学力がこれほど違うのか答を見出せないでいた。しかも，両国のスロイドは同じものと，多くの者が考えていた。しかし，両者の学校のスロイドの違いは，歴然としていた。それは，実際の現場を見てみれば明らかであった。フィンランドのスロイドには，明らかにシグネウスの理想とする教育理念が生きていた。

　手作業と脳の発達の関係については，多くの心理学者がものを言っていた時代がある。しかし，現在，その課題についてはあまり，取り上げる者もいない。しかし，手工に魂が宿ることを説いたシグネウスの理想は，PISAの国際比較の結果をもって花開こうとしていることは確かである。　　　　　　（浅沼　茂）

第10章　カリキュラムの批判的研究

　教育学には，批判的教育学(critical education/critical educational studies/critical pedagogy)と呼ばれる一定の自律的な下位分野が存在する。ここでいう批判的教育学とは，1970年代後半以降，主に北米で展開されてきた一連の教育研究を指す。この分野の研究は，今やグローバルな展開も目立ち，実際，2009年には，イギリスの人文・社会科学系大手学術出版社ラウトリッジから，浩瀚な便覧 *The Routledge International Handbook of Critical Education* が上梓され，この分野の多角的かつ国際的な研究動向が紹介された。批判的教育学の特徴は，教育をめぐる様々な権力関係・不平等問題に焦点化する点にあり，そうした特徴を持つ理論的・経験的研究，社会的に不公正な教育状況への異議申し立てやその是正・変革に向けた提言，あるいは，これらに通底する問題意識に根ざした教育実践論が蓄積されてきた。カリキュラムの批判的研究は，名辞的には，この批判的教育学のさらに下位分野であるということになる。

　では，批判的教育学やカリキュラムの批判的研究における批判的とは，端的に何を意味するものなのか。本章では，まず，この点を確認しよう。

　ところで，批判的教育学の沿革を振り返ると，それはカリキュラムの批判的研究から始まったと見なすことができる。とすれば，批判的教育学とカリキュラムの批判的研究との間にはどのような関係があるのか，それらはどのように生成し，自律的な研究分野として成立するに至ったのか。その黎明期と沿革を振り返っておこう。

　さて，いうまでもなく，どのような学問もそれ自体として一枚岩ではなく，その内部で様々な論争や対立が生じるものであり，また歴史的に一定の変化を遂げるものである。では，批判的教育学，あるいはカリキュラムの批判的研究には，どのような葛藤が存在してきたのだろうか，また，どのような変遷をたどることになったのだろうか。これら諸点に関しても概観しよう。

以上に鑑みて，最後に，批判的教育学あるいはカリキュラムの批判的研究の意義及び課題を整理し，この分野における今後の展望を描くことにしよう。

第1節　批判的教育学における批判性とネオ・マルクス主義

批判的教育学の思想的淵源は，マルクス主義にある。その意味で，批判的教育学の批判的とは，端的にはマルクス主義的であることを意味する。マルクス主義とは，何よりもまず資本主義社会批判であり，そこで生み出される不当な権力関係や不平等を批判し，その是正を志向する立場であると概括できるとすれば，こうした意味での思潮は，現在の批判的教育学にも脈々と受け継がれている。今となっては，こうしたマルクス主義が持っていた影響力の大きさは図り難いかもしれないが，少なくとも冷戦終焉までは，教育の領域だけでなく様々な社会思想に多大な訴求力を持っていたのである。

ただし，批判的教育学の基盤としてのマルクス主義は，伝統的なマルクス主義ではなく，ネオ・マルクス主義を指す。ネオ・マルクス主義とは，第二次大戦後の西欧諸国で台頭し，正統派マルクス主義，あるいはロシア・マルクス主義に対抗する立場として登場した批判的代替理論・思想の総称である。正統派マルクス主義の特質は，物質的生産関係の総体としての経済的下部構造が，政治や法，イデオロギーや文化などの上部構造を決定すると見なした上で，この生産関係が，生産力の発展との間に生じる矛盾により変革を余儀なくされ，階級構造の転換＝社会革命が引き起こされるという唯物史観にある。この考え方によると，資本主義体制下の国家は，専ら資本家階級の労働者階級に対する抑圧的権力機構であり，革命によりプロレタリアート独裁という過渡的段階を経て無階級社会に至ると死滅するものとされる。これに対しネオ・マルクス主義は，こうした還元主義的経済決定論を払拭，上部構造の相対的自律性に着目し，文化やイデオロギーの機能に比重をかけるとともに，国家観についてもより複合的な諸要因を視野に収める。この系譜の理論家として，ドイツではフランクフルト学派のホルクハイマー (Horkheimer, M.)，アドルノ (Adorno, T.) やハーバーマス (Habermas, J) ら，イタリアではグラムシ (Gramsci, A.)，フランスではアルチュセール (Althusser, L.) やプーランツァス (Poulantzas, N.) ら，イギリスで

はカルチュラル・スタディーと呼ばれる分野を切り開いたウィリアムズ（Williams, R.）やホール（Hall, S.）らを掲げることができよう。

批判的教育学は，こうした理論家に依拠し，学校教育が資本主義社会における権力関係や不平等問題にいかに寄与しているかを分析していくことになる。よって，批判的教育学における批判性は，教育をめぐる権力関係や不平等問題を主題化して学術的に吟味・評価し，その不当性を分析・告発するところにある。その際，階級・階層問題にとどまらず，人種やジェンダーなどの諸要因にも着目しつつ，「学校教育＝善」というリベラルなイデオロギーの奥に隠れた不公正性を指摘していくことになったのである。

ここで注記すべきは，批判的教育学黎明期の特徴の一つに，従来の教育学では参照されてこなかったような種類の，非常に先鋭的で抽象度の高い，上記論客たちによるような理論が積極的に参照されたという点である。批判的教育学は，マルクス主義のみならず，哲学・政治学・社会学等における先端的な業績を援用するような理論的営為として出発した研究分野でもある。が，米国の教育研究における高度に理論的な研究を志向する風潮は，批判的教育学誕生に先立って生じていた。その主舞台となったのがカリキュラム研究であった。

第2節　批判的カリキュラム研究の誕生と批判的教育学の自律化

北米では1960年代後半〜70年代にカリキュラム研究を中心に，従来の教育論に再考を迫る高度に理論的な研究が一定の地盤を形成しつつあった。その背景には，50年代前後から60年代前半にかけて，タイラー（Tyler, R.）が主導した理論化傾向と，いわゆるタイラー原理が占めることになった支配的地位，さらに，この支配的モデルとしてのタイラー原理に対抗する理論的業績群の出現という状況があった。

「カリキュラム理論」を明示的主題とする初の学会は1947年にシカゴで開催されている。そこでの議論は，ヘリック（Herrick, V.）とタイラーの編著により『カリキュラム理論の改良に向けて』と題して1950年に出版された（Herrick & Tyler, 1950）。タイラーは，カリキュラム研究における理論構築に，その頃最も自覚的かつ熱心に取り組んだ研究者であると同時に，米国カリキュラム史研究

の大家クリーバード (Kliebard, H. M.) が，当時の「カリキュラム学という分野における半ば公式的な学説」と評したカリキュラム開発理論を打ち立てた人物でもあった (Kliebard, 1968)。

　こうしてタイラーは，カリキュラム研究に次の二つの文脈を与えることになる。すなわち，一つには，カリキュラム研究の理論化傾向に先鞭をつけたことであり，もう一つには，その後のカリキュラム研究において乗り越えるべき対象としての主要な批判の的を提供することになったということである。これらの事態が顕著に現れるのは60年代後半から70年代にかけてのことであった。前者についていえば，カリキュラム研究の専門学術雑誌が68年に『カリキュラム理論ネットワーク (Curriculum Theory Network)』というタイトルで創刊され，その後タイトルを『カリキュラム探究 (Curriculum Inquiry)』に変えて存続し現在に至る。後者に関していえば，タイラー原理と呼ばれるカリキュラム開発理論はカリキュラム研究に非常に大きな影響を及ぼしたものの，60年代後半頃には，マクドナルド (Macdonald, J.) やヒューブナー (Huebner, M.) ら数々のカリキュラム理論家から批判を浴びることになったのである。

　これら諸文脈の象徴的な結節点としてカリキュラム研究史における一つの画期をなしたのが，1976年10月にニューヨーク州ジェネセオで開催されたカリキュラム研究の学会である。これは，カリキュラム理論が上述の47年シカゴでの大会から進歩したのかを問う大会で，タイラーによる冒頭趣旨説明の後，4本の報告と各報告別の指定討論者を中心とする全体討論が行われ，その全体が『カリキュラム探究』第6巻第4号 (1977) に収録された。そこにはタイラーが期待したカリキュラムに関する総合的な理論は現れなかったが，タイラー原理とは異なる方向で洗練された理論的考察が多様に展開され，カリキュラム研究全体の布置にある種の転換が生じたといってよい。特に注目すべきは，クリーバード，グリーン (Greene, M.)，ジャクソン (Jackson, P.) とともに，報告者の一人として当時新進気鋭のカリキュラム学者であったアップル (Apple, M.) が登壇し，この学会で非常に目立った活躍を見せたことである。アップルは，そこで，批判的教育学の萌芽と見なすべき論考を発表し，それは後に彼の初の単著として出版される『イデオロギーとカリキュラム』の章の一つを構成することになったのである (Apple, 1977, 1979)。

　こうした出来事に象徴される動向に関してあらためて確認すべきこととして

次の諸点がある。研究の理論化傾向という点では，タイラー原理を含む従来の
カリキュラム理論がその開発・編成という実践的側面を確実に有していたのに
対し，1960〜70年代以降はカリキュラムの原理的考察やカリキュラム批評とも
呼ぶべき抽象度が高く，実践的側面から遊離した（ように見える）研究が一定
の地位を占めるようになったという事態が掲げられる。これと連動して，カリ
キュラム概念の拡大が進行し，それは学校における子どもの経験総体を意味す
るまでに広がり，隠れたカリキュラムという用語も人口に膾炙するようになる。
こうした状況の中で，シュワブ（Schwab, J.）は「カリキュラム学は死んだ」と
述べるほど，その理論化傾向に拍車がかかったのである（Schwab, 1969）。

　他方，先行研究の超克や新たな研究の創造を目的とするのが学問という場で
ある以上当然のことながら，上記のような理論化傾向が強まるカリキュラム研
究において最も支配的なモデルとなっていたタイラー原理は，翻って理論的乗
り越えの対象となった。むろんそれはタイラー原理それ自体に対してというだ
けでなく，クリーバードが「同類」と評した社会効率主義的カリキュラムをも
含めた批判という形式をとることもあったが，それを批判する理論的研究の可
能性が新たに開かれることになったのである。そうした研究の一領域として頭
角を現したのが，後に批判的教育学と呼ばれる研究であった。

　ここから批判的教育学が，北米の教育研究で固有の領域として自律化するの
は1970年代末〜80年代前半である。そこで重大な契機となったのが，70年代後
半英米の社会的・文化的再生産論であった。中でも，経済学者ボウルズ
（Bowles, S.）とギンタス（Gintis, H.）による共著『アメリカ資本主義と学校教育』
（1976），及びイギリスの社会学者ウィリス（Willis, P.）によるモノグラフ『ハマ
ータウンの野郎ども』（1977）が特に大きなインパクトを与えた。

　ボウルズ，ギンタスの研究は，資本主義的生産様式が要請する階層的分業体
制・職業的ヒエラルキーと，学校教育を介して作り出される経済的階級格差と
の間にマクロレベルの対応原理が働いていると主張した。この分析により，学
校教育は，平等推進に寄与するというリベラルな教育観と裏腹に不平等の再生
産に加担しており，しかも，それがメリトクラシーというイデオロギーによっ
て隠蔽＝正当化されていることが明らかになり，この視角が批判的教育学の原
点を構成する中心要素の一つになった。他方，この指摘の重要性は認められつ
つも，そこでは人種・ジェンダーなど階級以外の諸要因や出身階級と到達階級

との間にあるスループットとしての学校教育内部の諸要因の分析が不十分で，ここにこそ批判的教育学が傾注すべき研究課題があるとの認識が共有された。

　ウィリスの研究は，このスループットに関する研究の方向性に関して，批判的教育学が自律化する途上で重要な示唆を与えた。労働者階級出身の若者が，中産階級文化に抵抗し，出身階級と同じ下位集団及び職業を主体的に選択するあり様を高密度のフィールドワークと記述によって描出したこの研究は，黎明期の批判的教育学に，学校教育内部の諸要因の解明におけるエスノグラフィーという質的研究法の実証的有効性とともに，階級的再生産過程での被支配的社会集団による「抵抗」という要因を銘記させることになった。

　こうして批判的教育学は，階級・人種・ジェンダー等をめぐる権力関係や不平等問題に焦点を合わせ，学校教育をより大きな政治的・経済的・社会的文脈から切り離すことなく理論的・実証的分析を展開した。この種の研究を当初から第一人者として嚮導したのがアップルであった。90年代後半頃までのアップルの研究は，ネオ・マルクス主義的観点やイギリスの新しい教育社会学などの成果を駆使しながら，学校知や教育政策と社会的不公正・不平等との関係を分析するものだったのである（Apple, 1979, 1982, 1986）。

　他方で，著作の被引用数という客観的指標から見てもアップルとこの分野の双璧をなすといえるのがジルー（Giroux, H.）である。彼には，アップルと異なる研究上の特徴があった。アップルが現状の分析・記述的な研究を主としたのに対し，ジルーはフレイレ（Freire, P.）にも依拠しつつ，未来志向的・提言論的考察を「抵抗の文化政治学」として展開し，ポスト構造主義・ポストモダニズム理論などをも援用することで，批判的教育学の規範論的転回とその理論的基盤の拡充に寄与したのである（Giroux, 1983, 1984, 1988, 1991）。

第3節　批判的カリキュラム研究の近況と今後の展望

　アップルとジルー以降の他の研究者による近年の研究動向に目を向けると，階級問題に関しては，その批判的分析にとどまらず，いわゆる「新たな社会運動」によりその打開の道を明らかにしようとする研究（Anyon, 2005），人種やジェンダーに関しては，人種間格差の是正という論点にとどまらない批判的人種

理論を重視する「文化的に妥当な教育」の研究 (Ladson-Billing, 2014)，ポスト構造主義系を含むフェミニズム理論を本格的に導入した研究 (Luke & Gore, 1992；Lather, 1991)，このほかの理論的基盤の拡充については，ポストコロニアリズム理論の敷衍により従来の教育論の再編を試みる議論 (Dimitriadis & McCarthy, 2001)，フーコー (Foucault, M.) の規律訓練型権力論や司牧権力論・統治性論を教育の批判的分析に積極的に適用した研究 (Ball, 1990/2013; Popkewitz & Brenann, 1998) 等が目を引く。エスノグラフィーという方法論の意義や批判的教育学への応用に関する研究も多く蓄積されてきている (McLaren, 1998；Kincheloe, McLaren & Steinberg, 2011など)。

　こうした方向の研究の意義を認めた上で，批判的教育学に関する今後の展望を議論する上で最も重要な論点を掲げるとすれば，新自由主義政策がもたらした諸問題にあろう。従来，この研究分野ではリベラリズムの平等主義的外見の奥に隠された不公正・不平等の剔抉に主眼が置かれていたが，1990年代以降社会主義圏の瓦解を背景として新自由主義が猖獗を極めていく状況下で，批判的分析の対象が新自由主義及びこれと連動する新保守主義の諸政策に移り，リベラルな福祉国家による平等主義的成果を掘り崩して跋扈する新右派勢力に対し，リベラリズムを擁護する姿勢も見られるようになる。具体的には，教育バウチャー，チャータースクール，ホームスクーリング，ハイ・ステイクス・テスト，政策立案・説明責任におけるエビデンス・ベース等々に関する批判的分析が進められてきているが，これらは公教育の再編問題と不可分なだけに引き続き重要課題となろう。

　この点で，ここでもアップルの近年の業績は，そうした研究の基盤として無視できないであろう。特に90年代後半以降，公教育政策や学校教育カリキュラムに多大な影響を及ぼしている政治的右傾化状況の担い手として新自由主義，新保守主義，権威主義的ポピュリズム（キリスト教原理主義），新中間層という4つの理念型的社会集団を剔出し，その関係を分析した議論は日本における近年の教育状況の理解にも極めて示唆的である (Apple, 2002)。

　しかしながら，カリキュラムの批判的研究にとって，こうしたマクロ状況の分析や現状の批判的記述と同等に注力を傾けるべきは，具体的なカリキュラムの作成・編成のための理論的・実践的取り組みであろう。その点で，アップルの分析・記述にとどまる議論を超えて，ジルーが試みた批判的教育学の規範論

的転換は意義深い仕事だったといえる。が，ジルーはその後，実践的カリキュラム論の再構築には向かわず，学校教育論からも遠ざかることになった。反対に，アップル自身は具体的なカリキュラム作成・編成論を分厚く論じることはなかったものの，90年代後半以降，そうした取り組みを実践論文集やシリーズ本の編者として，あるいは指導学生が執筆する博士論文の指導というかたちでプロデュースする作業にも従事してきている（Apple & Beane, 2007；Gutstain, 2006；Hess, 2009；Knoester, 2012）。これらの具体的なカリキュラム作成・編成論に関して興味深いのは，それらが，従来の批判的教育学では批判の対象であった進歩主義的な教育実践との接合を図る試みとして蓄積されてきているという点である。同様のことは，進歩主義的でかつ，社会的公正という平等主義的な理念を掲げて教育季刊誌や関連図書を出版する非営利団体「学校再考（Rethinking Schools）」の仕事にも当てはまる。

　このような近年の研究動向から，批判的カリキュラム研究の今後の展望や取り組むべき課題を，フレイザー（Frazer, N.）による正義論の骨格を成す「再配分の政治」と「承認の政治」という概念を援用して次のように描くことができよう（2014）。進歩主義的教育が常に目指してきた現実的な生活場面での問題解決能力が，21世紀社会においては万人に要請される重要な位置付けを与えられる状況下で，より平等で公正な社会の構築と連動する教育を目指す批判的カリキュラム研究にとって，文化資本としてのそうした汎用的スキルの再配分（不平等な配分の是正）に寄与するカリキュラム編成・実践論の構築が焦眉の課題となろう。同時に，軽視できない様々な不平等が残る中で，そうしたスキルの習得以前に，一人ひとりの子どもの存在が肯定的に承認される空間として学びの場が成立するようなカリキュラム編成・実践のあり方を明らかにしていく必要があろう。さらに，これらにより，一人ひとりの子どもに，民主主義社会への参加に必要な諸条件の保障を目指すだけでなく，より公正な民主主義社会の実現に向けて現にある社会を批判的に捉え，その課題の克服を目指す主体の涵養に向けた学校教育カリキュラムのあり方を明確化する作業が求められよう（澤田，2016）。

（澤田　稔）

第11章

カリキュラム研究の新しい動向
―カリキュラム・ポリティクスの概念と可能性―

第1節　政治的権力関係としてのポリティクス

　カリキュラム研究における最大の課題は，カリキュラムといわれる対象をいかに捉え，その内容をどのようにして創り出し，構成していくのかにある。その場合，さらに問われるべきは，カリキュラムをその研究対象として捉え，設定していくにあたっての視点であり，その方法論が何かという点である。本稿では，それについては「カリキュラム・ポリティクス」という概念を取り上げ，それに注目しながら，カリキュラム研究の新しい動向について検討していくこととしたい。

　さて，ポリティクス（politics）とは，一般的には政治，政治学，政治問題といったものとされているが，本稿でのカリキュラム・ポリティクスとは，カリキュラムをめぐって織りなされる権力的な諸関係ということであり，ここで取り上げようとするのは，そうした権力的な諸関係の検討，分析，批判のあり方についての考察なのである。

　ところで，カリキュラムに対し政治的権力がいかに作用し，働きかけ，ある意味では支配し統制しようとしてきたかは，これまでのカリキュラム研究の大きな柱の一つ，中心テーマの一つとなってきた。そこでは国家的な視野と利害に関わっての，政治的権力としての教育政策や教育行政がいかにカリキュラムを歪め，支配しようとしてきたか，それが本来的にあるべき，理念的に想定されるロジックからすれば，いかにかけ離れ，問題とされるべきものとなっているかを批判的に示し，解き明かそうとするものとなっていた。

　カリキュラムに対するこうした政治的権力の働きかけ，作用のあり方への批

判，分析はもちろん間違いでもなく，意味のないものでもない。しかし，こうしたところからの政治的権力の分析と批判は，一方において，あるべき理念的なカリキュラムを想定しつつ，そこからカリキュラムを歪め，支配しようとする政治的権力を，その外側から分析，批判するという方法論的立場に大きく依存するものとなっていた。カリキュラム・ポリティクスとは，こうした従来型のカリキュラムと政治的権力の関係のあり方を，ある意味で克服し，乗り越えようとするものとなっている。

　最近，ポリティクスという概念を，教育と政治的権力の新たな関係を捉えようとする問題意識を持って用いようとすることがある。例えば小玉重夫は，それが「新しい時代の学校のポリティクス（政治）のイメージをつかむことをめざす」として，教育と政治との関係を次の3段階において整理しようとしている（小玉，2016，pp.1-2）。

　第一段階は戦後改革から1960年代の高度成長期までの時代であり，そこでは「教育と政治は相対的に分離され，政治からの自律性を確保することが教育の課題であるという論調が教育研究においては支配的であった」とする。第二段階は1970年代から1990年代までの時代であり，その時期では「教育学においても，教育神話の虚構性を暴き，学校の支配や抑圧性を問う，あるいは，不平等の再生産装置としての学校を批判的にとらえる，という形で，教育や学校に対する批判が強く提起された」とする。

　それに対し，ポスト産業社会，ポスト近代ともいうべき現在では，教育のあり方を「再構築」「再定義」する時代を迎えており，そこでは「教育と政治の相互浸透がより加速し，教育に内在する政治性への着眼は学校や教育の単なる否定，批判ではなく（中略），教育の組み換えと再定義を志向するものとして，教育研究の中心課題に位置づけられつつある」として，そうした課題に迫るものとして「学校のポリティクスの諸相」を取り上げようとしている。

　こうした小玉の指摘の意図するところは，教育と政治との関係において，その政治といわれるものを，ポリティクスとして表現し，際立たせることの中で，教育と政治との新たな関係，そして教育そのものの再定義，再構築をも目指そうとするところにあるとみることができよう。だとすれば，カリキュラム・ポリティクスという概念を提起することの中で，従来のカリキュラムと政治との関係を問い直し，カリキュラムと政治との関係そのものの再定義，再構築をも

目指そうとするものとなっているのである。

第2節　カリキュラム・ポリティクス概念とその背景

　カリキュラム・ポリティクスという概念は，カリキュラムと政治的権力の関係を究明しようとするところに成立するものであるが，そこにはいくつかの背景，あるいは前提とすべきものが置かれている。その一つは，カリキュラム・ポリティクスという場合のカリキュラムとは，極めて歴史的，現実的な背景の中にあるもの，端的にいえば現代の高度に発展してきている先進的な資本主義国，例えばアメリカ，イギリス，そして日本といった諸国において組織され，整備された公教育体制におけるカリキュラムなのである。それは，まさに現代の国家的な経済的，政治的，文化的な支配とコントロールのもとに形づくられているカリキュラム，つまりはナショナル・カリキュラムを念頭に置いているのである。

　アップル (Apple, M. W.) はナショナル・カリキュラムを，「ナショナル・スタンダード（内容に対する要綱と達成度を測定するための目標項目の両者）及び成績至上主義のテスト制度と組になっている」としつつ，「ナショナル・カリキュラム及びナショナル・テストが，教育の私営化 (privatization) 及び『学校選択』プラン (choice plan) という，ますます論議の焦点となってきている問題と関連する」としている（アップル，1994，pp.26-27）。では，ナショナル・カリキュラムが何ゆえに教育の私営化や学校選択に結び付くのか。その点につき，アップルは次のようにいう。

　「ナショナル・カリキュラムの大きな役割はナショナル・テストが実施され機能できるような枠組みを用意することにある。ナショナル・カリキュラムは，消費者に学校の『品質表示』を与えるはずで，それによって『自由市場の諸力』が最大限可能なところまで機能できるのである。もし，私たち消費者が，教育において，魅力的な『選択』の幅を与えられるという自由市場を手に入れるならば，ナショナル・カリキュラムとナショナル・テストの両者，特にナショナル・テストは，本質的に市場の『最低のはみ出し』を統制するための『政府のお目付け委員会』として働くだろう」（アップル，1994，p.28）。

ナショナル・カリキュラムとナショナル・テストの一体化，そしてそのもとでの学力獲得の自由市場化と学校選択の拡大といった事態は，アメリカ，イギリスにおいても当然見られることではあるが，日本の場合，それはよりプリミティブで直線的構造となっているといえよう。学習指導要領と学力獲得競争及び学力テストがセットにされる中で，どういった事態が生み出されてきているか。それについては，他拙稿に譲ることとしたいが（長尾，1994），要するに，カリキュラム・ポリティクスは，こうしたナショナル・カリキュラムの成立を一つの前提的背景としているのである。

　カリキュラム・ポリティクスという場合，もう一つの前提的背景としているのは，いわゆる「隠れたカリキュラム」（hidden curriculum）への注目である。隠れたカリキュラムとは「生徒たちがただ学校において毎日毎日何年もの間，制度的要求や日課にあわせて過ごしていくだけで受けている，一定の規範・価値・性向（ディスポジション）のひそかな教え込み」（Apple, 1979，邦訳pp.27-28）ということになるが，こうしたことへの注目は，カリキュラムという概念そのもの，あるいはカリキュラム研究への新たな課題の提起となっている。その点についての考察は本書の他論稿においてもなされているところではあるが，それは，カリキュラムを単に明示的に示された教育の計画としてのみ捉えるのではなく，学校において子どもたちの経験していることの総体としてカリキュラムを捉え，研究の対象としていくというカリキュラム研究の新しい課題と結び付いてのこととなっているのである。いずれにせよ，カリキュラム・ポリティクスの概念は，上記してきたようなことをその成立の背景としているのである。

第3節　そのカリキュラムは誰の利益と被害に結び付いているのか

　ところで，カリキュラム・ポリティクスという概念に焦点を合わせた研究の場合，その方法論において一つの大きな特徴を見ることができる。それはそのカリキュラムにおいて，意図されているもの，あるいはその結果としてもたらされるものが，はたして誰の利益，あるいは誰の被害と結び付いているのかを，絶えず問いかけようとすることである。

　カリキュラム・ポリティクスにおいては「学校のような文化的制度のうちで

教えられている特定の知識（事実・技能・性向・態度）は誰の利害に立っているか」との問いかけはその研究の心臓部に当たるものとなっている。この問いかけは，学校で分配している文化を中立的で非政治化して捉えるのではなく，「知識と権力との関係」，つまり「文化の分配が社会集団における権力の有無といかに関係しているか」を問いかけるための方法論的視点となっているのである。そしてそれは，カリキュラムでの知識が「誰の知識なのか，誰が選別したのか，どのようにして組織され，教えられているのか，それはこの特定の集団だけに教えられているのか」を問いかけようとするものともなっている（Apple, 1979，邦訳p.31，p.12）。

では，なぜ，このような問いかけが重要となるのか。いま少しアップルの主張に沿いながらそれを見ておくことにしよう。一定のカリキュラムが誰の利益や被害と結び付いているのかを問わなければならないのは，カリキュラムはその時代，その社会の中から選別され，組織された知識なのであり，そこでは当然，「それは誰の知識なのか，誰が選別したのか，どうしてそのように組織され，教えられているのか，それはこの特定の集団だけに教えられているのか」が問われるべきものとなっている。そしてさらに「制度としての学校は諸制度の中でも実効的，支配的文化を広める代理人の一人」となっており，「学校は，人々に適当な意味や価値を植え付けることによって，現在の経済や文化の総体に対して，重要な点では現状とは別の可能性を見出せないようにしてしまっている」のである（Apple, 1979，邦訳p.11-12）。

こうした事態，つまり「現状とは別の可能性」を見出すことが困難な事態が引き起こされるということについては，カリキュラム・ポリティクスの前提が再度重要となってくる。カリキュラム・ポリティクスでは，ナショナル・カリキュラムの成立を前提としていたのだが，ナショナル・カリキュラムではそこにおいて示されるのは，まさしく正統化され，公的に認証された「オフィシャル・ノレッジ」(official knowledge) として示され，その知識は「品質保証」されているのである。

加えて，ナショナル・カリキュラムは公的知識として日々の教育実践の中で繰り返されていく諸活動の中心となることによって，子どもたちはそこでの一定の性格，習慣，性向をまさしく隠れたカリキュラムの中で身に付けていくのである。こうしたことの中で子どもたちは「現状とは別の可能性」を見出すこ

とが困難となっていくのである。こうしたことがカリキュラムの中で生み出さ
れている，利益と被害の一つの本質となっているのである。

　ただし，カリキュラムの中で，誰にとってのどのような利益と被害が生み出
されているかの検討では，社会的不平等と文化のあり方とその配分という問題
がある。ごく概括的にいえば，アップルは，文化は「二重の形」をとるとみて
いる。一つは具体的な現実場面での日常生活から発展する「生きられた経
験」(lived experience)に基づく「生きられた文化」(lived culture) であり，も
う一つは現実の経済的で政治的な形態（権力）と結び付き，「選別の伝統」
(selective tradition) の中にある「商品化された文化」(commodified culture)
である (Apple, 1982, 邦訳pp.48-49)。「商品化された文化」が支配的な学校やカ
リキュラムの中では，「生きられた文化」の中にある子どもたちは制度的な選
別はもちろんのこと自己選別の過程においても不利益を受けることになる。そ
れについてアップルは興味深く，次のように述べている。

　「大抵の学校の日常性―すなわち，多様化したカリキュラム，グループ別授
業，潜在的カリキュラム―を編成するために用いられるカリキュラムや教授は，
このような振り分けの過程から生ずる落ちこぼれを，生徒自身が個人的な問題
として内面化してしまうことが出来るようにするという点で大きな役割を果た
している（「自分が悪かった。もっとまじめにやればよかったのだけれど。」）。ほと
んどのグループの生徒にとって，彼らが自己の生きられた文化に従ってふるま
った時に，学校が貼り付けた逸脱 (deviant) というラベルが，結局のところ
彼ら自身のものになってしまうのである」(Apple, 1982, 邦訳p.92)。

　このようにして，学校において子どもたちがその「生きられた文化」に従っ
て行動しようとすることが，彼らにとっての不利益につながり，しかもその不
利益があたかも彼ら自身のせいであるかのように引き受けていくのである。そ
こではまさしく「学校は現存する社会秩序の重要な正統化推進機関として機能
する」ことになっているのだが，こうしたことの中で子どもたちが受ける深刻
な被害を見落すべきではないのである (Apple, 1982, 邦訳p.92)。

　とはいっても，「生きられた文化」の中にいる生徒たちが，社会秩序の正統
化推進機関としての学校を支配している文化（それは「商品化された文化」に支
配されている学校文化ともいうべきものだが）に唯々諾々と従っていくというわ
けではない。そこでは「微妙で意味あるやり方」での反抗とレジスタンスがあ

り，「彼ら自身のインフォーマルな規範を維持するように部分的に変形させる」ということも行われていくのである（Apple, 1982, 邦訳p.39）。

　カリキュラム・ポリティクスの場合，一方では「商品化された文化」によって学校が社会秩序の正当化推進機関としてありつつも，同時に他方ではその学校において生徒たちの「生きられた文化」からによる，反抗，レジスタンス，そして，「生きられた文化」からの「商品化された文化」としての学校文化の造り替え（transform）や媒介・仲介（mediation）が試みられていくことになる（Apple, 1982, 邦訳p.268）。カリキュラムはそうした文化間のぶつかり合いの場，抗争（struggle）の場となっていくのである。それゆえ，そこにおいてはそのカリキュラムが，誰のいかなる利益と被害に結び付いたものなのかが，絶えず問われ続けることになっていくのである。

第4節　展望と課題

　カリキュラム・ポリティクスの概念とその背景，さらにはカリキュラム・ポリティクスの基本的問題意識とそれに基づくカリキュラム研究の方法論的視点について，きわめて概括的で，いささかの強引さをも承知の上での特徴整理を試みてきた。しかし，そうした不十分さを含んでの整理を，あえて行おうとしてきたその本意は，次のようなところにある。

　これまでの日本のカリキュラム研究において，カリキュラムと政治的権力の関係については，しばしば，そして多くの考察がなされてきている。とりわけ日本のナショナル・カリキュラムを形づくることになってきた学習指導要領に関する政治的権力の関係分析（教育政策的意図や行政的機能の批判的分析）には，多くの蓄積がなされてきたのである。しかし，こうした研究においての大きな弱点を見つけるとすれば，それはカリキュラムを研究していくその方法論に対する自覚とその精緻化への不十分さにあったのではないだろうか。もし，こうした弱点を日本のカリキュラム研究が内包しているとすれば，現在，教育に関する多くの面で見られている，強力な政治主導のもとでなされつつある諸改革に対して，カリキュラム研究は有効な批判と分析を行い得ないものとなってしまいかねないのである。

周知のように，2017年３月に学習指導要領の改訂がなされ，それに基づく新しいカリキュラムが2020年の小学校から順次始まることになっている。この改訂においてとりわけ注目すべきことは，学習指導要領での総則部分が，ある意味での整備がなされ，教育課程（カリキュラム）とは何か，それを編成するとはどういうことかについての解説がなされ，これからの時代においては「社会との連携及び協働」により「社会に開かれた教育課程の実現」が重要としているところにあろう。

　そしてこうした「社会に開かれた教育課程」を具体化していくものの一つとして目指されているのが「コミュニティ・スクール」の構想である。これは保護者，地域住民，学校（校長），教育委員等からなる「学校運営協議会」によって，「地域とともにある学校づくり」を目指そうとするものであり，社会に開かれた教育課程の実現を図ろうとするものとなっている。

　カリキュラムの編成や課題の設定において，保護者や地域住民との連携，協力はもちろん重要な要因であり，それ自体は大きな意義，役割を持っている。しかし，保護者や地域住民がすべて同じような価値，文化，行動様式や利害関係を持っているわけでもなかろう。そこには様々の対立や矛盾すらもが実際的，現実的には見られるはずである。

　「社会に開かれた教育課程」の追求の重要性はいうまでもないところだとしても，しかしその追求において，常に問われるべきは，カリキュラム・ポリティクスの中核的問いかけである。はたしてそのカリキュラムは誰のいかなる利益や被害と結び付いているのかという問いかけなのであろう。

　学習指導要領の改訂の中で，今後いかなるカリキュラムが求められ，創り出されていくのか，そうしたカリキュラム研究の中で，カリキュラム・ポリティクスの概念は再度，あらためての重要な研究方法論の提起となっているのである。

（長尾彰夫）

══ 引用・参考文献一覧 ══

日本語文献 (五十音順)

秋田喜代美（2006）「授業研究の展開」秋田喜代美編『授業研究と談話分析』22-36，放送大学教育振興会．

秋田喜代美（2011）「保育者の『遊びの見通し』が『学びの芽生え』に結びつく」『これからの幼児教育』2011年度春号，5-7，ベネッセコーポレーション．

秋葉英則（1986）「"接続"問題の所在―保育所・幼稚園と小学校をつなぐ」大阪保育研究所編『幼児期から学童期へ―"接続"の問題を考える』14-15，あゆみ出版．

浅沼茂（2005）「象徴交換としてのカリキュラム・ディスコース」日本カリキュラム学会『カリキュラム研究』14，1-13．

東洋・奥田真丈・河野重男編（1988）『学校教育事典』教育出版．

アップル，M.W.（1994）「公的知識をめぐるポリティクス」アップルほか著『カリキュラム・ポリティクス』東信堂．

安彦忠彦（1979a）『学校の教育課程編成と評価』明治図書．

安彦忠彦（1979b）「教育課程の経営と評価」今野喜清・柴田義松編著『教育課程の理論と構造』〈教育学講座第7巻〉学習研究社．

安彦忠彦（1983a）『現代授業研究の批判と展望』（現代授業論双書41），明治図書．

安彦忠彦（1983b）「教育課程の経営」岡津守彦監修『教育課程事典　総論編』小学館，368-375．

安彦忠彦（1985）「第1章　カリキュラム研究の史的概観」安彦忠彦編『カリキュラム研究入門』1-22，勁草書房．

安彦忠彦（1996）『新学力観と基礎学力』明治図書．

安彦忠彦（1997）『中学校カリキュラムの独自性と構成原理―前期中等教育課程の比較研究』340-364，明治図書．

安彦忠彦（1999）『新版カリキュラム研究入門』勁草書房．

安彦忠彦（2003）『カリキュラム開発で進める学校改革』明治図書．

安彦忠彦（2006a）「提言・戦後教育六〇年『学習指導要領』の功罪を問う」『現代教育科学』49(1)，11-13，明治図書．

安彦忠彦（2006b）『改訂版 教育課程編成論』放送大学教育振興会．

安彦忠彦（2009）「カリキュラム研究と授業研究」日本教育方法学会編『日本の授業研究』（下巻），11-20，学文社．

安彦忠彦（2011）「学校改革をめざすカリキュラム・マネジメント」『教育展望』57(1)，4-11，教育調査研究所．

安彦忠彦（2014）『「コンピテンシー・ベース」を超える授業づくり―人格形成を見据えた能力育成を目指して』6-7，図書文化．

安彦忠彦（2017）「細かい記述，大綱といえず―次期指導要領：私の見方」日本経済新聞（2月27日，朝刊18面）．

阿部彩（2008）『子どもの貧困』岩波新書．

阿部和子・前原寛（2009）『保育課程の研究―子ども主体の保育の実践を求めて』萌文書林.

天笠茂（1999）「教育課程基準の大綱化・弾力化の歴史的意味」『日本教育経営学会紀要』41，2-11.

天笠茂（2001）「カリキュラム改革の動向と学校組織の開発」児島邦宏・天笠茂編『柔軟なカリキュラムの経営　学校の創意工夫』ぎょうせい.

天笠茂（2004）『特色ある学校づくりのための新しいカリキュラム開発④　学校間・学校内外の連携を進める』ぎょうせい.

天笠茂（2006）『学校経営の戦略と手法』ぎょうせい.

天笠茂（2011）『学力を創るカリキュラム経営』ぎょうせい.

天笠茂（2013）『カリキュラムを基盤とした学校経営』ぎょうせい.

天笠茂（2016）『学校と専門家が協働する―カリキュラム開発への臨床的アプローチ』第一法規.

天笠茂（2017）「小中一貫教育と義務教育学校の成立」日本義務教育学会編『日本義務教育学会紀要』創刊号，15-24.

天野貞祐（1949）「教育刷新の問題」『教育試論』岩波書店.

天野正輝（2006）『評価を生かしたカリキュラム開発と授業改善』晃洋書房.

新井英靖（2014）「英国インクルーシブ教育におけるカリキュラム開発の方法―2000年代のインクルーシブ学校の実践から」『茨城大学教育学部紀要（教育総合）』増刊号，293-306.

アラニ，レザ（2014）「授業研究のグローバル化とローカル化」日本教育方法学会編『授業研究と校内研修』（教育方法43），106-119，図書文化.

有本昌弘（2007）『スクール・ベースト・アプローチによるカリキュラム評価の研究』学文社.

安藤福光（2005）「中高一貫校のカリキュラム開発とその教員組織に関する調査研究―カリキュラム・アーティキュレーション論の視点から」日本カリキュラム学会『カリキュラム研究』15，75-88.

飯田伸二（2016）「2016年のコレージュ改革―学級と科目の脱構築に向けて」『鹿児島国際大学国際文化学部論集』17(3)，147-150.

飯田浩之（1996）「高校教育における『選択の理念』―科目選択制の歴史的展開と今日の高校教育改革」『筑波大学教育学系論集』20(2)，43-57.

池内了（2014）『科学のこれまで，科学のこれから』岩波書店.

石井英真（2010）「学力論議の現在―ポスト近代社会における学力の論じ方」松下佳代編『〈新しい能力〉は教育を変えるか―学力・リテラシー・コンピテンシー』ミネルヴァ書房.

石井英真（2014）「教員養成の高度化と教師の専門職像の再検討」『日本教師教育学会年報』23，20-29.

石井英真（2015a）『今求められる学力と学びとは―コンピテンシー・ベースのカリキュラムの光と影』日本標準.

石井英真（2015b）『現代アメリカにおける学力形成論の展開―スタンダードに基づくカリキュラムの設計（増補版）』東信堂.

石井英真（2017a）「『科学と教育の結合』論と系統学習論―反知性主義への挑戦と真の知育の追求」田中耕治編『戦後日本教育方法論史（上）』ミネルヴァ書房.

石井英真（2017b）「学校改革とカリキュラム変革の系譜」佐藤学・秋田喜代美ほか編『岩

　　波講座　教育　第五巻　学びとカリキュラム』岩波書店.

石井英真（2017c）『中教審「答申」を読み解く』日本標準.

石橋勝治（1984a）『石橋勝治著作集第4巻』あゆみ出版.

石橋勝治（1984b）『石橋勝治著作集第7巻』あゆみ出版.

石原香織（2005）「ディヴィッド・バッキンガムのメディア教育論―自己評価と制作活動を実践の中心に」京都大学大学院教育学研究科教育方法学講座編『教育方法の探究』8, 47-56.

磯田文雄（2017）「学習指導要領の法的性格の変容―大綱的基準のゆらぎ」（日本カリキュラム学会第28回大会（岡山大会）自由研究発表）, 10-11.

磯田文雄（2018）「学習指導要領の法的性格の変容―大綱的基準・イデオロギー・行政手続法」『中部教育学会紀要』18, 30-44.

板倉聖宣（1966）『未来の科学教育』国土社, 187.

伊藤和衛（1963）『学校経営の近代化入門』明治図書.

伊藤和衛（1965）『教育課程の近代管理』明治図書.

伊藤和衛（1967）『続学校経営の近代化入門』明治図書.

伊藤和衛（1978）『教育課程の目標管理』127-157, 明治図書.

糸賀暢子・元田貴子・西岡加名恵（2017）『看護教育のためのパフォーマンス評価―ルーブリック作成からカリキュラム設計へ』医学書院.

稲田忠彦（1966）『明治期教授理論史研究』評論社.

稲田忠彦（1990）「授業研究」細谷俊夫・奥田真丈・河野重男・今野喜清編『新教育学大事典』第一法規.

稲葉宏雄（1984）『学力問題と到達度評価（下）』あゆみ出版.

伊深祥子・増茂智子・河村美穂・布施谷節子（2013）「日本家庭科教育学会誌における授業研究の動向」日本家庭科教育学会編『日本家庭科教育学会誌』56(2), 69-77.

イリイチ, I.／桜井直文監訳（1991）『生きる思想』藤原書店.

岩重佳治（2017）『「奨学金」地獄』小学館新書.

岩村拓哉訳（2012）「ESDのコンピテンシー領域―正当性・能力基準・学習の提案」トランスファー21編／由井義通・卜部匡司監訳『ESDコンピテンシー―学校の質的向上と形成能力の育成のための指導指針』73-79, 明石書店.

植田健男（2009）「教育課程経営論の到達点と教育経営学の研究課題」日本教育経営学会編『日本教育経営学会紀要』51, 34-44.

牛渡淳（2010）「教員養成『高度化』の意義と課題」三石初雄・川手圭一編『高度実践型の教員養成へ』東京学芸大学出版会.

宇都宮明子（2013）「コンピテンス志向の歴史学習の実現に向けた考察―ドイツ・ザクセン・アンハルト州の場合」日本カリキュラム学会『カリキュラム研究』22, 43-55.

梅根悟（1949）『コア・カリキュラム―生活学校の教育設計』光文社.

梅根悟（1974）『日本の教育改革を求めて』勁草書房.

遠藤孝夫・福島裕敏編（2007）『教員養成学の誕生―弘前大学教育学部の挑戦』東信堂.

遠藤貴広（2003）「G.ウィギンズの教育評価論における『真正性』概念―『真正の評価』論に対する批判を踏まえて」教育目標・評価学会編『教育目標・評価学会紀要』13, 34-43.

遠藤貴広（2014）「教員養成カリキュラム改革実践の批判的省察」福井大学大学院教育学研究科教職開発専攻（教職大学院）「教師教育研究」編集委員会編『教師教育研究』7，163-183.

遠藤芳信（1981）「教育課程の研究と社会科学(1)─戦前における「教育課程」用語の成立と教育活動の領域観」『北海道教育大学紀要　第一部C　教育科学編』31(2)，27-41.

及川平治（1972）『分団式動的教育法』明治図書.（及川（1912）『分団式動的教育法』弘学館.）

OECD／星三和子・首藤美香子・大和洋子・一見真理子訳（2011）『OECD保育白書─人生の始まりこそ力強く：乳幼児期の教育とケアの国際比較』明石書店.

大河内信夫（2000）「高等学校総合学科の科目選択の実態と進路との関係─複数の職業学科をもつ専門高等学校から改編した事例」日本産業教育学会編『産業教育研究』30(2)，43-50.

大阪府立西成高等学校（2009）『反貧困学習』解放出版社.

大嶋三男（1966）「カリキュラム」平塚益徳・沢田慶輔・吉田昇編『教育事典』小学館，62.

太田和敬（2010）「オランダの教育の自由の構造─国民の教育権論の再検討のために」早稲田大学大学院人間科学研究科編『人間科学研究』31，5-31.

大田堯（1949）『地域教育計画─広島県本郷町を中心とする実験的研究』福村書店.

大谷直紀（2013）「重度重複学級の自立活動の構築と改善」渡邉健治監修・障害児教育実践研究会編『「考える力」を育てる教育実践の探究』ジアース教育新社.

大戸由紀子・藤井浩樹（2012）「ESDを始める」　広島県福山市立駅家西小学校編『未来をひらくESDの授業づくり』ミネルヴァ書房，1-10.

大西忠治（1963）『核のいる学級』明治図書.

大貫守（2016）「ラーニング・プログレッションズを踏まえた科学教育の検討─IQWSTのカリキュラムに着目して」日本カリキュラム学会『カリキュラム研究』25，41-54.

大野栄三（2014）「教授学の科学化と教科専門」北海道大学大学院教育学研究院編『北海道大学教職課程年報』4，29-34.

大野栄三（2016）「教科指導と教師」姉崎洋一・大野栄三・近藤健一郎編『教職への道しるべ（第3版）』八千代出版.

大原由美子編（2007）『日本語ディスコースへの多様なアプローチ』凡人社.

大宮勇（2006）『保育の質を高める─21世紀の保育観・保育条件・専門性』ひとなる書房.

大桃敏行・押田貴久編（2014）『教育現場に革新をもたらす自治体発カリキュラム改革』学事出版.

緒方真奈美（2010）「カリキュラムデザインにおける教師の実践的知識に関する事例研究─善元幸夫氏による単元デザインの場合」日本カリキュラム学会『カリキュラム研究』19，43-57.

岡野八代（2009）『シティズンシップの政治学　増補版─国民・国家主義批判』（フェミニズム的転回叢書），白澤社.

岡部成玄（2016）「高等教育における情報教育」日本教育工学会編『日本教育工学会論文誌』40(3)，143-152.

岡部善平（1997）「『総合学科』高校生の科目選択に関する実証的研究─生徒の「時間的展望」の視点から」日本カリキュラム学会『カリキュラム研究』6，79-89.

岡部善平（2004）「単位制高校における生徒のカリキュラムへの意味付与に関する事例研究」『小樽商科大学人文研究』107，1-20．

岡部善平（2005）『高校生の選択制カリキュラムへの適応過程』風間書房．

岡部善平（2011）「高等学校「総合学科」における普通科目と専門科目の有意性の認識―卒業生調査に基づく実証的研究」日本カリキュラム学会『カリキュラム研究』21，1-14．

岡部善平（2017）「職業学科から高等教育への移行における『カリキュラムの有意性』の認識：商業高校での縦断的調査に基づく検討」日本カリキュラム学会『カリキュラム研究』28，15-28．

岡本智周（2001）『国民史の変貌―日米歴史教科書とグローバル時代のナショナリズム』日本評論社．

岡本智周（2008）『歴史教科書にみるアメリカ―共生社会への道程』学文社．

小川崇（2012）「世界の動き ペア学校制度による格差解消：学力トップ上海教育の秘密を探る（下）」『内外教育』（3月30日）時事通信社．

奥井智久編著（1996）『生活科の研究　授業研究の視点と方法』東京書籍．

奥田真丈ほか（1976）『現代学校経営講座　第3巻　教育課程の経営』第一法規．

奥田真丈（1982）『教育課程の経営』（教育学大全集27）第一法規．

奥田真丈（1988）「教育課程」　東洋・奥田真丈・河野重男編（1988）『学校教育事典』教育出版．

奥田真丈（1992）「行政サイドから見た初等中等教育の教育課程の研究について」『カリキュラム研究』創刊号，13-24．

押谷由夫（1995）『総合単元的道徳学習論の提唱―構想と展開』文溪堂．

オーストラリア・カリキュラム評価報告機関（Australian Curriculum, Assessment and Reporting Authority：ACARA）のホームページ：http://www.acara.edu.au/（2018年12月28日閲覧）

小野塚葵・辻宏子（2016）「フィンランドの算数科教育に関する一考察―Transversal Competenceに注目して」日本科学教育学会編『日本科学教育学会研究報告』31（4），9-14．

小野英喜（1997）「高等学校の評価問題と学力をつける取り組み」日本カリキュラム学会『カリキュラム研究』6，91-100．

カー，M.／大宮勇雄・鈴木佐喜子訳（2013）『保育の場で子どもの学びをアセスメントする―「学びの物語」アプローチの理論と実践』ひとなる書房．

海後宗臣編（1971）『教員養成』東京大学出版会．

勝田守一（1962）「学力とは何か」月刊誌『教育』12（7），24-47．

勝田守一（1970）『教育と教育学』岩波書店．

勝部真長（1958）『「特設」道徳の考え方』大阪教育図書．

加藤彰彦（2016）『貧困児童』三省堂書店．

加藤幸次（2016）『カリキュラム・マネジメントの考え方・進め方』黎明書房．

加藤末吉（1908）『教室内の児童』良明堂書店．

金成隆一（2013）『ルポ MOOC革命：無料オンライン授業の衝撃』岩波書店．

兼子仁（1963）『教育法』有斐閣．

兼子仁（1976）『教育権の理論』勁草書房．

兼松儀郎（1992）「高等学校カリキュラムの検討—個性の尊重と教育の多様化の問題を中心に」日本カリキュラム学会『カリキュラム研究』創刊号，109-119.

亀井浩明編（1999）『「生きる力」をはぐくむカリキュラム経営—社会の変化に応じる「学校知」をどう創造するか』東洋館出版社.

香山瑞恵・富永淳・田中一晴（2006）「LMSを用いた情報科科目運営への外部知力活用の効果」日本教育工学会編『日本教育工学会論文誌』30(3)，163-170.

香山瑞恵（2017）「情報教育を支援する教材・システムの開発」稲垣忠・中橋雄編『情報教育・情報モラル教育』ミネルヴァ書房.

火曜の会（2014）「火曜の会Homepage　情報教育カリキュラム」(http://kayoo.org/)（2018年12月28日閲覧）

苅谷剛彦（2001）『階層化日本と教育危機—不平等再生産から意欲格差社会へ』有信堂高文社.

川村光（2011）「「総合的な学習の時間」の10年間—2004年学校調査・2005年教員調査と2009年学校・教員調査の比較分析結果報告」『関西国際大学研究紀要』12，1-12.

川村光・紅林伸幸・越智康詞（2013）「小・中学校における『総合的な学習の時間』の実践の変容」『関西国際大学研究紀要』13，1-14.

河村美穂・武藤八重子・川嶋かおる・石井克枝・武田紀久子・小西史子（2003）「調理実習における問題解決的な取り組みに関する実証的研究」日本家庭科教育学会編『家庭科教育学会誌』46(3)，245-254.

木岡一明（2001）「序章　戦後『教育学部』史研究の課題」TEES研究会編『『大学における教員養成』の歴史的研究』学文社.

木岡一明（2003）『新しい学校評価と組織マネジメント』第一法規.

北澤武・森本康彦（2015）「教職実践演習の到達目標の達成を目指したICT 活用によるカリキュラムデザインと評価」日本教育工学会編『日本教育工学会論文誌』39(3)，209-220.

北野秋男・吉良直・大桃敏行編（2012）『アメリカ教育改革の最前線—頂点への競争』学術出版会.

北原琢也編（2006）『『特色ある学校づくり』とカリキュラム・マネジメント—京都市立衣笠中学校の教育改革』三学出版.

キテイ，E. F.／岡野八代，牟田和恵訳（2011）『ケアの倫理からはじめる正義論』白澤社.

木下竹次（1924）「我が学習法から観たドルトン案」奈良女高師附属小学校学習研究会編『学習研究』3(6)，52-60.

木下竹次（1972）『学習原論』明治図書.（木下（1923）『学習原論』目黒書店.）

木下龍太郎（2000）「世界の子育てと保育所　イタリア　レッジョ・エミリア　その1　子どもの声と権利に根ざす保育実践—レッジョ・エミリア・アプローチの意義と特徴」『現代と保育』50，167-194，ひとなる書房.

木原成一郎，川端宣彦（2004）「体育における『真正の評価』の展開」教育目標・評価学会編『教育目標・評価学会紀要』14，53-62.

木原俊行（2004）『授業研究と教師の成長』日本文教出版.

木原俊行（2009）「授業研究を基礎とした学校づくり」日本教育方法学会編『日本の授業研究』（下巻）学文社.

木原俊行（2012）「授業研究と教師の成長」水越敏行・吉崎静夫・木原俊行・田口真奈『授

業研究と教育工学』ミネルヴァ書房.

木原俊行・矢野裕俊・森久佳・廣瀬真琴（2013）「『学校を基盤とするカリキュラム開発』を推進するリーダー教師のためのハンドブックの開発―カリキュラム・リーダーシップの概念を基盤として」日本カリキュラム学会『カリキュラム研究』22, 1-14.

木村裕（2014）『オーストラリアのグローバル教育の理論と実践―開発教育研究の継承と新たな展開』東信堂.

木村裕（2016）「オーストラリアの教育改革における教育評価の取り組み」田中耕治編『グローバル化時代の教育評価改革―日本・アジア・欧米を結ぶ』日本標準.

木村裕（2018）「オーストラリアのカリキュラム」田中耕治編『よくわかる教育課程　第2版』ミネルヴァ書房.

教師養成研究会（1950）『指導―新しい教師のための指導課程』学芸図書.

葛上秀文（1999）「アメリカにおける学校効果研究の展開」『鳴門教育大学研究紀要（教育科学編）』14, 17-27.

久冨善之・田中孝彦編著（2005）『未来への学力と日本の教育①　希望をつむぐ学力』明石書店.

國原吉之助（2016）『古典ラテン語辞典』改訂増補版, 大学書林.

久野弘幸（2009）「研究開発学校と授業研究」日本教育方法学会編『日本の授業研究』（下巻）学文社.

久野弘幸（2013）「授業研究による学校カリキュラムの編成と改訂」的場正美・柴田好章編『授業研究と授業の創造』渓水社.

久野弘幸・村川雅弘・鎌田明美・眺野大輔・三島晃陽・松田淑子・山内貴弘・田村学（2015）「総合的な学習で育まれる学力とカリキュラム(2)　中学校・高校編」日本生活科・総合的学習教育学会編『せいかつか&そうごう』22, 22-31.

窪田知子（2017）「障害児教育の変遷―『自立』の意味を問い直す」田中耕治編『戦後日本教育方法論史（下）―各教科・領域等における理論と実践』ミネルヴァ書房.

熊井将太（2011）「ヘルバルト派の教授理論における教育課程編成と学級編成との関連」『広島大学大学院教育学研究科紀要第3部』60, 63-72.

玖村敏雄（1949）『教育職員免許法同法施行法解説　法律篇』学芸図書.

雲尾周（2012）「世界の動き　教員の指導力向上による学力の底上げ：学力トップ上海教育の秘密を探る(中)」『内外教育』（3月27日）時事通信社.

倉澤剛（1948）『近代カリキュラム』誠文堂新光社.

倉澤剛（1949）『カリキュラム構成』誠文堂新光社.

倉橋惣三（2008）「幼稚園保育法真諦」『倉橋惣三文庫1　幼稚園真諦』フレーベル館.（倉橋（1934）『幼稚園保育法真諦』東洋図書).

倉本哲男（2006）「アメリカにおけるカリキュラムマネジメントの研究―サービス・ラーニング（Service Learning）の視点から」博士学位論文（九州大学）.

倉本哲男（2008）『アメリカにおけるカリキュラムマネジメントの研究』ふくろう出版.

倉本哲男（2016）基盤研究C「アクションリサーチからの博士課程Ed.D.カリキュラム・指導方法の開発的研究（2016-2019）」

紅林伸幸（2014）「高度専門職化と〈考える教師〉」日本教師教育学会編『日本教師教育学会

年報』23，30-37，学事出版.

黒上晴夫（2017）「情報教育のカリキュラム」稲垣忠・中橋雄編『情報教育・情報モラル教育』ミネルヴァ書房.

黒羽正見（1999）「教師の授業実践観に関する事例研究」日本カリキュラム学会『カリキュラム研究』8，73-86.

経済協力開発機構（OECD）／渡辺良監訳（2012）『PISAから見る，できる国・頑張る国2』明石書店.

小泉祥一（1986）「教育課程の編成主体論争」「教育課程経営論」日本教育経営学会編『教育経営研究の軌跡と展望』ぎょうせい.

小泉祥一（2000）「教育課程経営論」日本教育経営学会編『教育経営の研究の理論と軌跡』玉川大学出版部.

小泉祥一（2004）「教育課程経営」日本教育方法学会編『現代教育方法事典』図書文化.

小泉祥一（2009）「新教育課程に対応した教育課程経営」『教育展望』55(3)，12-17，教育調査研究所.

小泉祥一（2011）「教育課程編成の新しい取り組み—経営的発想に立つ教育課程編成（〈特集〉新しい視点に立つ教育課程経営）」『教育展望』57(1)，18-23，教育調査研究所.

神門善久（2013）「教育と経済的キャッチアップ—日韓米に長期比較」大塚啓二郎，黒崎卓編『教育と経済発展』東洋経済新報社.

河野和清（2011）「高等学校の教育課程に関する一考察」『広島大学大学院教育学研究科紀要（第三部）』60，9-16.

国立教育研究所（1996）『小・中学生の算数・数学，理科の成績：第3回国際数学・理科教育調査国内中間報告書』東洋館出版社.

国立教育研究所（1997）『中学校の数学教育・理科教育の国際比較—第3回国際数学・理科教育調査報告書』東洋館出版社.

国立教育政策研究所（2002）「道徳・特別活動カリキュラムの改善に関する研究—歴史的変遷」.

国立教育政策研究所（2012）『教育研究とエビデンス—国際的動向と日本の現状と課題』明石書店.

国立教育政策研究所（2014）『教員環境の国際比較—OECD国際教員指導環境調査（TALIS）2013年調査結果報告書』明石書店.

国立教育政策研究所（2016）『資質・能力（理論篇）』東洋館出版社.

国立教育政策研究所（2016）『小中一貫（事例編）』東洋館出版社.

小玉重夫（2016）「教育に内在する政治性の諸相」佐藤学・秋田喜代美・志水宏吉・小玉重夫・北村友人編『岩波講座 教育 教育変革への展望6　学校ポリティクス』岩波書店.

小玉敏也（2010）「教材の探求から始まるESDカリキュラムの編成」開発教育協会内ESD開発教育カリキュラム研究会編『開発教育で実践するESDカリキュラム—地域を掘り下げ，世界とつながる学びのデザイン』学分社.

児玉康弘（1999）「中等歴史教育における解釈批判学習—『イギリス近現代史』を事例として」日本カリキュラム学会『カリキュラム研究』8，131-144.

子どもの貧困白書編集委員会（2009）『子どもの貧困白書』明石書店.

小西尚之（2012）「総合学科高校におけるカリキュラム・トラッキング─3年間のパネル調査から」日本カリキュラム学会『カリキュラム研究』22, 29-41.

小西尚之（2014）「高校生はいつ，どのように進路を決めるのか─継続的調査における進路未定者の特性と動向」『北陸大学紀要』38, 99-112.

小松弘幸（2002）「ドイツ中等教育における『総合学習』のカリキュラム原理─マックス・ブラウアー校にみる『プロフィール開発型』カリキュラムを中心に」日本カリキュラム学会『カリキュラム研究』11, 15-27.

児美川孝一郎（2013）『キャリア教育のウソ』ちくまプリマー新書.

小柳和喜雄（2017）「Lesson Study の系譜とその動向」小柳和喜雄・柴田好章編『Lesson Study』ミネルヴァ書房.

小山静子（2016）「戦後教育における学校-家族関係─ジェンダーとセクシュアリティの視点から考える」佐藤学・秋田喜代美・志水宏吉・小玉重夫・北村友人編『学校のポリティクス』（岩波講座　教育　教育変革への展望6），岩波書店.

小山英恵（2013）「音楽科におけるパフォーマンス評価に関する一考察─『真正の評価』論に焦点をあてて」『学校音楽教育実践学会紀要』17, 3-14.

近藤孝弘（2018）「ドイツにおける対外文化政策としての歴史対話─1970年代の国際教科書研究所をめぐって」剣持久木編著『越境する歴史認識─ヨーロッパにおける「公共史」の試み』岩波書店.

今野喜清（1981）『教育課程論』（教育学大全集26），第一法規.

今野喜清（2002）「教育課程」安彦忠彦・新井郁男ほか編『新版現代学校教育大事典』ぎょうせい.

齋藤嘉則（2013）「英語教育におけるカリキュラム改善の実践的考察─「授業研究」から「カリキュラム改善」へ」東北英語教育学会編『東北英語教育学会研究紀要』33, 31-38.

佐伯正一（1975）「授業研究」広岡亮蔵編『授業研究大辞典』明治図書.

佐伯胖（1982）『学力と思考』第一法規.

坂井俊樹（2011）「教科教育と教員養成」岩田康之・三石初雄編『現代の教育改革と教師』東京学芸大学出版会.

坂野慎二（2017）『統一ドイツ教育の多様性と質保証─日本への示唆』東信堂.

坂本昇一（1990）『生徒指導の機能と方法』文教書院.

坂元昂（1968）「教育工学の現状と今後の方向」日本教育学会編『教育学研究』35(1), 47-60.

坂元昂（2000）「教育工学」日本教育工学会編『教育工学事典』実教出版.

坂元昂・永野和男（2012）「教育工学の歴史と研究対象」坂元昂・岡本敏雄・永野和男編『教育工学とはどんな学問か』ミネルヴァ書房.

佐久間亜紀（2010）「1990年代以降の教員養成カリキュラムの変容」日本教育社会学会編『教育社会学研究』86, 97-112, 金子書房.

佐々木元禧編（1979）『到達度評価─その考え方と進め方』明治図書.

佐々木毅（2009）『政治の精神』岩波書店.

佐藤一子（2010）『イタリア学習社会の歴史像─社会連帯にねざす生涯学習の協働』東京大学出版会.

佐藤史人・太田政男・原健司・林萬太郎・阿部英之助（2017）「高等学校総合学科のカリキ

ュラムに関する事例研究」『和歌山大学教育学部紀要（教育科学）』67，247-256.

佐藤学（1992）「『パンドラの箱』を開く＝『授業研究』批判」森田尚人・藤田英典・黒崎勲・片桐芳雄・佐藤学『教育学年報1　教育研究の現在』世織書房.

佐藤学（1993）「総解説　教室に生まれたカリキュラム―その問題の歴史」佐藤学・小熊伸一編『日本の教師9　カリキュラムをつくるⅡ　教室での試み』ぎょうせい.

佐藤学（1996）『カリキュラムの批評―公共性の再構築へ』世織書房.

佐藤学（1996）『教育方法学』岩波書店.

佐藤学（1997）「学力幻想を斬る＝学力は貨幣である」『ひと』25(2)，1-8，太郎次郎社.

佐藤学（1999）「カリキュラム研究と教師研究」安彦忠彦編『新版 カリキュラム研究入門』勁草書房.

佐藤学（2000）「カリキュラム開発」日本教育工学会編『教育工学事典』実教出版.

佐藤学（2001）『学力を問い直す』岩波書店.

佐藤学（2005）「教育実践の歴史的研究」秋田喜代美，恒吉遼子，佐藤学編『教育研究のメソドロジー』東京大学出版会.

佐藤学（2006）『学校の挑戦―学びの共同体を創る』小学館.

佐藤学（2015）『専門家としての教師を育てる』岩波書店.

佐藤学・秋田喜代美・志水宏吉・小玉重夫・北村友人編（2017）『学びとカリキュラム』（岩波講座　教育　変革への展望5），岩波書店.

佐貫浩（2009）『学力と新自由主義―「自己責任」から「共に生きる」学力へ』大月書店.

佐野享子（1996）「教育課程経営におけるマーケティング適用に関する実証的研究―高等学校におけるコース編成を事例として」日本カリキュラム学会『カリキュラム研究』5，65-75.

澤本和子・授業リフレクション研究会編（2016）『国語科授業研究の展開―教師と子どもの協同的授業リフレクション研究』東洋館出版社.

重松鷹泰（1993）「授業分析」奥田真丈・河野重男監修／安彦忠彦ほか編『現代学校教育大事典』ぎょうせい.

宍戸健夫（2017）『日本における保育カリキュラム―歴史と課題』新読書社

静岡大学大学院教育学研究科附属教科学研究開発センター（2017）『中東教育における教科指導に必要な知識・技能等～静大SPeCについて～』

篠原清昭・平澤紀子・田村知子・棚野勝文（2017）「教職大学院と教育委員会の協働による学校管理職養成のシステムとコンテンツの開発」『岐阜大学教育学部研究報告』1，45-53.

柴田好章（2002）『授業分析における量的手法と質的手法の統合に関する研究』風間書房.

柴田義松（1967）『現代の教授学』明治図書.

柴田義松（1988）「授業研究」東洋ほか編『学校教育辞典』教育出版.

柴田義松（1992）「教育課程研究の回顧と展望：私のカリキュラム研究」日本カリキュラム学会『カリキュラム研究』創刊号，1-12.

柴田義松（2001）「カリキュラムの概念」日本カリキュラム学会編『現代カリキュラム事典』ぎょうせい.

柴田義松（2010）『柴田義松教育著作集3』学文社.

志水宏吉（2011）『格差をこえる学校づくり』大阪大学出版会.

社会教育主事の養成等の在り方に関する調査研究委員会（2016）『平成26・27・28年度 社会

教育活動の実態に関する基本調査事業　社会教育主事の養成等の在り方に関する調査研究報告書：社会教育主事講習の見直し（案）について』国立教育政策研究所社会教育実践研究センター.

白石裕（2014）『教育の質の平等を求めて─アメリカ・アディクアシー学校財政制度訴訟の動向と法理』協同出版.

白水始（2012）「認知科学と学習科学における知識の転移」人工知能学会編『人工知能学会誌』27(4)，347-358.

白水始（2017）「学びをめぐる理論的視座の転換」佐藤学・秋田喜代美ほか編『学びとカリキュラム』（岩波講座　教育　変革への展望5），岩波書店.

杉田洋（2018）「エジプトでのTOKKATSUの現状と可能性」日本特別活動学会紀要編集委員会『日本特別活動学会紀要』26，1-7，日本特別活動学会.

鈴木佐喜子（2010）『乳幼児の「かしこさ」とは何か─豊かな学びを育む保育・子育て』大月書店.

鈴木大裕（2016）『崩壊するアメリカの公教育─日本への警告』岩波書店.

砂沢喜代次（1966）「授業研究」平塚益徳・沢田慶輔・吉田昇編『教育事典』小学館.

角尾和子編著（2008）『プロジェクト型保育の実践研究─協同的学びを実現するために』北大路書房.

制度研（2011）『お金の心配をさせない学校づくり』大月書店.

關浩和（2017）「社会科の本質に迫るカリキュラム・マネジメント」原田智仁・關浩和・二井正浩編『教科教育学研究の可能性を求めて』風間書房.

全国社会科教育学会編（2001）『社会科教育学研究ハンドブック』明治図書.

全生研常任委員会編（1971）『学級集団づくり入門　第二版』明治図書.

全生研常任委員会編（1990）『新版学級集団づくり入門　小学校編』明治図書.

曽我悦子（2016）「高等学校における総合的な学習のカリキュラムマネジメントの組織力を規定する条件の研究」『飛梅論集』（九州大学大学院教育学コース院生論文集）16，81-96.

高階玲治（1996）「学校5日制と豊かな学力の形成」高階玲治編『実践　クロスカリキュラム』図書文化.

高野桂一（1970）『学校経営現代化の方法』明治図書.

高野桂一（1979）「教育課程経営方式の研究方法と課題」『月刊高校教育』12(5)，65-72，学事出版.

高野桂一ほか（1979.4～80.3）「高校教育課程経営の総合的研究」(1)～(12)，『月刊高校教育』12(5)～13(4)，学事出版.

高野桂一（1980）『学校経営の科学』明治図書.

高野桂一編（1981）『新学校経営基本用語辞典』明治図書.

高野桂一・九州教育経営学会編（1983）『地域に根ざす授業の条件づくり』明治図書.

高野桂一（1986）「経営学的研究方法」日本教育経営学会編『講座日本の教育経営9　教育経営研究の軌跡と展望』ぎょうせい.

高野桂一編（1989）『教育課程経営の理論と実際』教育開発研究所.

高橋亜希子（2007）「卒業研究過程における高校生の継続的な変化─生徒から見た高校総合学習の意義と課題」日本カリキュラム学会『カリキュラム研究』16，43-56.

高橋洋行（2007）「フランスの市民性育成に見る教科横断型学習の学際的変遷―コレージュでの市民性教育に関する諸改革の検討を通して」日仏教育学会編『日仏教育学会年報』13, 58-67.

高津智子・木原俊行（2002）「『総合的な学習の時間』のカリキュラム開発に関する手続きモデル」日本教育工学会編『日本教育工学会誌』26(Suppl.), 107-112.

田口真奈・酒井博之・大山牧子・藪厚生・金田忠裕・土井智晴（2013）「カリキュラム改善を目指したコースポートフォリオの作成・共有の試み―大阪府立大学高専メカトロニクスコースを事例として」日本教育工学会編『日本教育工学会誌』37(Suppl.), 149-152.

竹内常一（2000）『教育を変える』桜井書店.

田中萬年（1986）『わが国の職業訓練カリキュラム―課題と方法』燭台舎.

田中萬年（1993）『わが国の職業訓練カリキュラムの歴史的研究（補正板）』職業能力開発大学校指導学科.

田中耕治（1999）「今，なぜ総合学習なのか」田中耕治・西岡加名恵『総合学習とポートフォリオ評価法　入門編』日本標準.

田中耕治（2003）「『学力』という問い―学力と評価の戦後史からの応答」『教育学研究』70(4), 473-483.

田中耕治（2008）『教育評価』岩波書店.

田中耕治（2013）『教育評価と教育実践の課題　「評価の時代」を拓く』三学出版.

田中耕治（2017）『教育評価研究の回顧と展望』日本標準.

田中耕治・水原克敏・三石初雄・西岡加名恵編（2011）『新しい時代の教育課程』第3版, ミネルヴァ書房.

田中統治（1982）「教員の教科別下位文化に関する事例研究―学校カリキュラムへの社会学的アプローチ」日本教育社会学会編『教育社会学研究』37, 129-138.

田中統治（1999）「第3章　カリキュラムの社会学的研究」安彦忠彦編『新版　カリキュラム研究入門』勁草書房.

田中統治（2009）「カリキュラム評価の必要性と意義」田中統治・根津朋実編『カリキュラム評価入門』勁草書房.

田中統治・根津朋実編（2009）『カリキュラム評価入門』勁草書房.

田中博之（1986）「合科・総合学習の動向と課題」水越敏行編『学校を基盤としたカリキュラム開発と評価に関する実証研究』（科学研究費補助金研究成果報告書）.

田中実（1978）『科学教育の原理と法則―ある史的展開』新生出版.

田中実・真船和夫編（1958）『理科の指導計画』国土社.

田中容子（2016）「高等学校におけるパフォーマンス評価の実践」日本カリキュラム学会『カリキュラム研究』25, 91-98.

田原恭蔵・矢野裕俊（1995）「高校教育課程の変革に関する研究―単位制高校の調査研究に見る」日本カリキュラム学会『カリキュラム研究』4, 95-108.

玉田泰太郎（1966）『物質概念をどう教えるか』明治図書.

田村知子（2009）「初等中等学校におけるカリキュラムマネジメントの規定要因の研究―カリキュラムマネジメントの開発と検証を通して」博士学位論文（九州大学）.

田村知子編（2011）『実践・カリキュラムマネジメント』ぎょうせい.

田村知子（2016a）「カリキュラムマネジメントの全体構造を利用した実態分析―システム思考で良さ，課題，レバレッジ・ポイントを探ろう」田村知子・村川雅弘・吉冨芳正・西岡加名恵編『カリキュラムマネジメント・ハンドブック』ぎょうせい．

田村知子（2016b）「マネジメントサイクルによるスパイラルアップ」田村知子・村川雅弘・吉冨芳正・西岡加名恵編『カリキュラムマネジメント・ハンドブック』ぎょうせい．

田村知子（2016c）「『チーム学校』が支えるカリキュラムマネジメント」田村知子・村川雅弘・吉冨芳正・西岡加名恵編（2016）『カリキュラムマネジメント・ハンドブック』ぎょうせい．

田村知子・村川雅弘・吉冨芳正・西岡加名恵編（2016）『カリキュラムマネジメント・ハンドブック』ぎょうせい．

田村知子・本間学・根津朋実・村川雅弘（2017）「カリキュラムマネジメントの評価手法の比較検討―評価システムの構築に向けて」日本カリキュラム学会『カリキュラム研究』26，29-42．

田村学編著（2017）『カリキュラム・マネジメント入門』東洋館出版社．

中央教育審議会（2016）「幼稚園，小学校，中学校，高等学校及び特別支援学校の学習指導要領等の改善及び必要な方策等について（答申）」．

趙卿我（2012）「韓国のパフォーマンス評価に関する政策の展開」日本カリキュラム学会『カリキュラム研究』21，71-84．

土屋俊（2013）「デジタル・メディアによる大学の変容または死滅」広田照幸ほか編『グローバリゼーション，社会変動と大学（シリーズ大学1）』岩波書店．

土屋基規（2002）「大学における教員養成」日本教師教育学会編『講座教師教育学Ⅱ　教師をめざす』学文社．

土屋基規（2014）「子どもの権利保障の課題の観点からの教師教育の『高度化』」日本教師教育学会編『日本教師教育学会年報』23，38-44，学事出版．

恒吉僚子（2017）「Tokkatsuの国際化」日本特別活動学会紀要編集委員会『日本特別活動学会紀要』25，19-21，日本特別活動学会．

露口健司（2005）「行政施策が特色あるカリキュラム開発に及ぼす影響プロセス―総合的な学習の時間の定着化過程」中留武昭編『カリキュラムマネジメントの定着過程』教育開発研究所．

露口健司編（2016）『「つながり」を深め子どもの成長を促す教育学』ミネルヴァ書房．

鄭谷心（2016）「上海におけるカリキュラムと評価改革の展開」田中耕治編著『グローバル化時代の教育評価改革―日本・アジア・欧米を結ぶ』日本標準．

TEES研究会（2001）『「大学における教員養成」の歴史的研究』学文社．

寺﨑昌男（2001）「高等教育カリキュラムの改革動向」日本カリキュラム学会『現代カリキュラム事典』ぎょうせい．

土井妙子（2002）「高等学校における環境教育の構築過程に関する研究―授業の参与観察と実践者へのインタビューをとおして」日本カリキュラム学会『カリキュラム研究』11，85-101．

徳永俊太（2014）『イタリアの歴史教育理論―歴史教育と歴史学を結ぶ「探究」』法律文化社．

徳永俊太・杉野竜美（2016）「イタリアの全国学習指導要綱における教育目標と評価の関係―

コンピテンスを視座として」教育目標・評価学会編『教育目標・評価学会紀要』26，31-40.

戸田雅美（2004）『保育をデザインする―保育における「計画」を考える』フレーベル館.

豊田ひさき（2005）「「子どもから」のカリキュラム編成に関する歴史的考察―三國小学校における三好得恵の実践を手がかりに」日本教育学会『教育学研究』72(4)，492-504.

トランスファー21編／由井義通・卜部匡司監訳（2012）『ESDコンピテンシー―学校の質的向上と形成能力の育成のための指導指針』明石書店.

中内敏夫（1976）『増補・学力と評価の理論』国土社.

長尾彰夫（1982）「アメリカのカリキュラム理論に関する基礎的研究・第2報―カリキュラム理論の一般的・歴史的特徴」『大阪教育大学紀要，Ⅳ，教育科学』31(1)，19-29.

長尾彰夫（1994）「日本型ナショナルカリキュラムの批判と分析」アップル，M.W.・長尾彰夫・ウィッティ，J.『カリキュラム・ポリティックス』東信堂.

中沢忠太郎（1907）『教授法の批評に関する研究』開発社.

中留武昭（1984）『戦後学校経営の軌跡と課題』教育開発研究所.

中留武昭（1991）『スクールリーダーのための学校改善ストラテジー―新教育課程経営に向けての発想の転換』東洋館出版社.

中留武昭（1994）「教育経営研究の方法」金子照基・中留武昭編著『教育経営の改善研究事典』学校運営研究会.

中留武昭（1998）『学校文化を創るリーダーシップ』エイデル研究所.

中留武昭編著（2001）『総合的な学習の時間―カリキュラムマネジメントの創造』日本教育綜合研究所.

中留武昭（2005a）「カリキュラム・マネジメントによる学校改善」田中統治編『確かな学力を育てるカリキュラム・マネジメント』教育開発研究所.

中留武昭編（2005b）『カリキュラムマネジメントの定着過程』教育開発研究所.

中留武昭（2010）『自律的な学校経営の形成と展開―臨教審以降の学校経営の軌跡と課題第2巻　自律的経営への離陸と展開』教育開発研究所.

中留武昭（2012）『大学のカリキュラムマネジメント―理論と実際』東信堂.

中留武昭・曽我悦子（2015）『カリキュラムマネジメントの新たな挑戦―総合的な学習における連関性と協働性に焦点をあてて』教育開発研究所.

永野和男（2017）「情報教育研究のこれから」稲垣忠・中橋雄編『情報教育・情報モラル教育』ミネルヴァ書房.

中野和光（1980）「教育制度・教育経営過程と教授学習過程とを統合的に把握するための一つの試み」『福岡教育大学紀要 第4分冊 教職科編』30，53-61.

中野和光（1993）「W.ラインの八学年のカリキュラム案に関する一考察―米国コース・オブ・スタディの一起源として」『福岡教育大学紀要 第4分冊 教職科編』42，113-124.

中野和光（1994）「ラムス Ramus, Petrusの『方法』概念に関する一考察」『福岡教育大学紀要第43巻　第4分冊』43，115-127.

中野和光（2002）「ドイツ教授学と米国のカリキュラム研究，授業研究の出会いと交流」福岡教育大学教育工学センター編『教育実践研究』10，93-97.

中野和光（2004）「18世紀末から19世紀初めにかけてのドイツの教育方法学の構想に関する一考察」中国四国教育学会編『教育学研究紀要』50(1)，24-29.

中野和光（2005）「教育方法学の学問的性格」広島大学大学院教育学研究科教育学教室『教育科学』26，75-206.

中野和光（2014）「教育方法学への誘い」日本教育方法学会編『教育方法学研究ハンドブック』学文社.

中野和光（2017）「グローバル化の中の次期学習指導要領の特質」日本教育方法学会編『学習指導要領の改訂に関する教育方法学的検討』図書文化.

長野ひろ子・姫岡とし子編著（2011）『歴史教育とジェンダー――教科書からサブカルチャーまで』青弓社.

名古屋恒彦（2015）「『障害者の権利に関する条約』の下での知的障害教育教科」日本発達障害学会編『発達障害研究』37(3)，201-208.

鳴門教育大学コア・カリキュラム開発研究会編（2006）『教育実践学を中核とする教員養成コア・カリキュラム』暁教育図書.

西岡加名恵（2005）「教育評価の方法原理」田中耕治編著『よくわかる教育評価』ミネルヴァ書房.

西岡加名恵（2008）『「逆向き設計」で確かな学力を保障する』明治図書.

西岡加名恵（2016）『教科と総合学習のカリキュラム設計―パフォーマンス評価をどう活かすか』図書文化.

西岡加名恵・永井正人・前野正博・田中容子・京都府立園部高等学校附属中学校編（2017）『パフォーマンス評価で生徒の「資質・能力」を育てる』学事出版.

西園芳信・増井三夫編著（2009）『教育実践から捉える教員養成のための教科内容学研究』風間書房.

西美江（1999）「米国ハイスクールにおける職業教育とアカデミックな教育との統合―W. N. グラッブの統合概念の分析を中心に」日本カリキュラム学会『カリキュラム研究』8，87-100.

日本学術会議教育学研究連絡会（1976）『教育学関係各学会の研究動向』第1集.

日本教育学会大学制度研究委員会教員養成制度小委員会（1964）『教員養成の諸問題』（その後も「教員養成に関する資料」を1970年，1971年，1980年，1981年に作成）.

日本教育経営学会（2009）『校長の専門職基準（2009年版）』（同修正版）.

日本教育社会学会編（2017）『教育社会学研究』100.

日本教育大学協会50年史編集委員会（2002）『日本教育大学協会50年のあゆみ―活動の記録』日本教育大学協会.

日本教育方法学会編（1995）『教育方法24　戦後教育方法研究を問い直す』明治図書.

日本教育方法学会編（1998）『教育方法27　新しい学校・学校づくりと授業改革』明治図書.

日本教育方法学会編（2002）『教育方法31　子ども参加の学校と授業改革』図書文化.

日本教育方法学会編（2009）『日本の授業研究』（上下巻），学文社.

日本教育方法学会編（2014a）『教育方法学研究ハンドブック』学文社.

日本教育方法学会編（2014b）『教育方法43　授業研究と校内研修　教師の成長と学校作りのために』図書文化.

日本数学教育学会編（2010）『数学教育学研究ハンドブック』東洋館出版社.

日本生活教育連盟編（1988）『子どもの生活をひらく教育―戦後生活教育運動の40年』学文

社.

日本生活指導学会（2010）『生活指導事典』エイデル研究所.

日本理科教育学会（2002）『これからの理科授業実践への提案』東洋館出版社.

日本理科教育学会（2012）『今こそ理科の学力を問う―新しい理科の学力を問う』東洋館出版社.

根津朋実・井上正允・田中統治（2004）「中高一貫校の異年齢構成による学校行事が果すリーダー形成機能―筑波大学附属駒場中・高等学校「音楽祭」を事例として」日本カリキュラム学会『カリキュラム研究』13, 107-120.

根津朋実（2006）『カリキュラム評価の方法―ゴール・フリー評価論の応用』多賀出版.

根津朋実（2012）「カリキュラム開発」篠原清昭編『学校改善マネジメント』ミネルヴァ書房.

野口晃菜・米田宏樹（2012）「米国における障害のある児童生徒への通常教育カリキュラムの修正範囲―用語の整理と分類から」障害科学学会編『障害科学研究』36, 95-105.

野口晃菜・米田宏樹（2014）「特別学級・代替学校における障害のある児童生徒の通常教育カリキュラムへのアクセスの現状と課題―米国イリノイ州第15学区を中心に」障害科学学会編『障害科学研究』38, 117-130.

橋本美保（2013）「第10章　カリキュラム―及川平治教育思想の生命概念」森田尚人，森田伸子編『教育思想で読む現代教育』勁草書房.

パッカラ, R.（2008）『フィンランドの教育力―なぜ，PISAで学力世界一になったのか』学研.

八田幸恵（2010）「リー・ショーマンにおける教師の知識と学習過程に関する理論の展開」日本カリキュラム学会『カリキュラム研究』35, 71-81.

八田昭平（1990）「授業分析」細谷俊夫・奥田真丈・河野重男・今野喜清編（1990）『新教育学大事典』第一法規.

濱谷佳奈（2008）「ギムナジウムの宗教科と実践哲学科のカリキュラムにみる今日的特徴と課題―ノルトライン・ヴェストファーレン州の事例研究と質問紙調査にもとづいて」日本カリキュラム学会『カリキュラム研究』17, 59-71.

濱谷佳奈（2016）「ドイツにおける倫理・哲学科による道徳教育カリキュラム改革」日本カリキュラム学会『カリキュラム研究』25, 15-26.

羽山好作（1905）「教授の実績を挙ぐる法」帝国教育会『日本之小学校教師』7（通巻80），23-25.

羽山裕子（2014）「現代米国における特別支援教育対象児の学力評価に関する検討―州テストにおける代替的な評価に着目して」『京都大学大学院教育学研究科紀要』60, 397-409.

原田智仁（1997）「高校歴史単元開発の方法―理論の選択と組織を中心に」日本カリキュラム学会『カリキュラム研究』6, 53-64.

菱村幸彦（1976）『教育課程の法律常識』第一法規.

平澤紀子・三尾寛次・田村知子（2017）「自治体と大学の学校管理職養成（岐阜県）」篠原清昭編『世界の学校管理職養成―校長を養成する方法』ジダイ社.

広岡亮蔵（1964）「学力，基礎学力とはなにか―高い学力，生きた学力」『別冊現代教育科学』1, 5-32, 明治図書.

広島大学（2018）『（文部科学省委託）広島大学作成　教科教育モデルコアカリキュラム

（案）』

廣瀬真琴・矢野裕俊・梶川裕司（2010）「自主的な学校行事を通した生徒の成長に関する事例研究」日本カリキュラム学会『カリキュラム研究』19，71-83.

フェイ，ライチュナン（2006）「中国における普通高級中学カリキュラムの画一化と分化—1990年代以降の遼寧省瀋陽市を事例として」日本カリキュラム学会『カリキュラム研究』15，43-55.

深見俊崇（2015）「1年次における教員志望学生の授業観察力量を向上させるためのカリキュラムデザイン」日本教育工学会編『日本教育工学会論文誌』39(3)，201-208.

藤井浩樹・川田力監修／広島県福山市立駅家西小学校編（2012）『未来をひらくESDの授業づくり』ミネルヴァ書房.

藤岡完治（2001）「授業研究」日本カリキュラム学会編（2001）『現代カリキュラム事典』ぎょうせい.

藤本奈美（2013）「フレッド・ニューマンの『真正の学力』概念に関する一考察」教育目標・評価学会編『教育目標・評価学会紀要』23，50-59.

冨士原紀絵（1998）「1930年代における及川平治のカリキュラム改造論の研究」日本教育史研究会編『日本教育史研究』17，1-25.

冨士原紀絵（2014）「第4章　質的研究方法　第1節　歴史的アプローチ」日本教育方法学会編『教育方法学ハンドブック』学文社.

フックス，E.（2013）「ドイツにおける教科書研究」日本カリキュラム学会『カリキュラム研究』22，63-70.

プラトン／藤沢令夫訳（1979）『国家』（上・下）．岩波文庫.

プラトン／森進一ほか訳（1993）『法律』（上・下）．岩波文庫.

米国学術研究推進会議／森敏昭・秋田喜代美監訳（2002）『授業を変える』北大路書房.

別惣淳二・渡邊隆信編（2012）『教員養成スタンダードに基づく教員の質保障』ジアーズ教育新社.

ベネッセ教育総合研究所（2001）「21世紀型学力を育む総合的な学習を創る—新しい学力を育む教育調査[2001年]」．http://berd.benesse.jp/shotouchutou/research/detail1.php?id=3234（2018年12月28日閲覧）

ベネッセ教育総合研究所（2017a）「第6回学習指導基本調査 DATA BOOK（小学校・中学校版）[2016年]」．http://berd.benesse.jp/shotouchutou/research/detail1.php?id=5080（2018年12月28日閲覧）

ベネッセ教育総合研究所（2017b）「第6回学習指導基本調査 DATA BOOK（高校版）[2016年]」http://berd.benesse.jp/shotouchutou/research/detail1.php?id=5081（2018年12月28日閲覧）

細尾萌子（2017a）『フランスでは学力をどう評価してきたか—教養とコンピテンシーのあいだ』ミネルヴァ書房.

細尾萌子（2017b）「学校種間の教育接続と入試」西岡加名恵編『教職教養講座第4巻　教育課程』協同出版.

堀田龍也・高橋純（2006）「キーボード島アドベンチャー—検定機能を実装した小学生向け日本語キーボード入力学習システムの開発と評価」日本教育工学会編『日本教育工学会論

　　文誌』29(3)，329-338.

堀田龍也（2016）「初等中等教育における情報教育」日本教育工学会編『日本教育工学会論
　　文誌』40(3)，131-142.

本所恵（2008）「スウェーデンの総合制高等学校における教育課程改革―履修方式の転換に
　　焦点をあてて」日本カリキュラム学会『カリキュラム研究』17，1-14.

松尾知明（2005）「『ホワイトネス研究』と『日本人性』―異文化間教育研究への新しい視
　　座」異文化間教育学会編『異文化間教育』22，15-26，アカデミア出版会.

松尾知明（2007）『アメリカ多文化教育の再構築―文化多元主義から多文化主義へ』明石書
　　店.

松尾知明（2010）『アメリカの現代教育改革―スタンダードとアカウンタビリティの光と影』
　　東信堂.

松尾知明（2013）『多文化教育がわかる事典―ありのままに生きられる社会をめざして』明
　　石書店.

松尾知明（2015）『21世紀型スキルとは何か』明石書店.

松下佳代編（2010）『〈新しい能力〉は教育を変えるか―学力・リテラシー・コンピテンシー』
　　ミネルヴァ書房.

松下佳代（2012a）「大学カリキュラム」京都大学高等教育研究開発推進センター編『生成
　　する大学教育学』ナカニシヤ出版.

松下佳代（2012b）「パフォーマンス評価による学習の質の評価―学習評価の構図の分析に
　　もとづいて」『京都大学高等教育研究』18，75-114.

松下佳代（2017）「学習成果とその可視化」日本高等教育学会編『高等教育研究のニューフ
　　ロンティア』（高等教育研究20集），玉川大学出版部.

松本伊智朗ほか（2016）『子どもの貧困ハンドブック』かもがわ出版.

的場正美（2002）「授業分析」安彦忠彦・新井郁男・飯長喜一郎・井口磯夫・木原孝博・児
　　島邦宏・堀口秀嗣編『新版　現代学校教育大事典』ぎょうせい.

的場正美（2005）「世界における授業研究の動向」日本教育方法学会編『教育方法34　現代
　　の教育課程改革と授業論の探求』図書文化.

的場正美（2010）「日本における授業研究の成立と展開」加藤詔士・吉川卓治編『西洋世界
　　と日本の近代化』大学教育出版.

的場正美（2013）「授業研究の起源と歴史」的場正美・柴田好章編『授業研究と授業の創造』
　　溪水社.

的場正美（2015）「授業研究（1990年代以降）」日本教育方法学会編『教育方法学研究ハンド
　　ブック』学文社.

三木裕和・原田文孝（2009）『重症児の授業づくり』クリエイツかもがわ.

水越敏行（1996）「カリキュラム編成の基本理念」日本学術協力財団編『21世紀を展望する
　　新教育課程編成の提案』.

水原克敏（1990）『近代日本教員養成史研究』風間書房.

水原克敏（1992）『現代日本の教育課程改革―学習指導要領と国民の資質形成』風間書房.

水原克敏（2017a）「高校教育課程における共通性と多様性―1955年改訂の審議経過と実験
　　学校の研究開発を中心に」『早稲田大学大学院教育学研究科紀要』27，67-85.

水原克敏（2017b）『増補改訂版　学習指導要領は国民形成の設計書—その能力観と人間像の歴史的変遷』東北大学出版会.

溝上慎一（2014）『アクティブラーニングと教授学習パラダイムの転換』東信堂.

三石初雄（2009）「授業研究と教師教育」日本教育方法学会編『日本の授業研究　上』学文社.

三石初雄（2010）「学校と地域の変貌と教師の仕事」高野和子・岩田康之編『教育実習』学文社.

峰地光重（1922）『文化中心綴方新教授法』教育研究会.

見原礼子（2009）『オランダとベルギーのイスラーム教育—公教育における宗教の多元性と対話』明石書店.

三宅なほみ（2014）「教師の熟達化過程と教師教育の"高度化"」日本教師教育学会編『日本教師教育学会年報』23，46-53.

宮坂哲文（1962）『生活指導の基礎理論』誠信書房.

宮坂哲文（1968）『宮坂哲文著作集 I』明治図書.

宮寺晃夫（1973）「A. H. ニーマイヤーの『教育学』体系における『教授』の意味—特に『教育』との関係を中心に」教育哲学会編『教育哲学研究』28，14-25.

宮原誠一（1966）『青年期の教育』岩波書店.

宮原誠一（1990）『社会教育論』国土社.

宗像誠也（1969）『教育行政学序説（増刷版）』有斐閣.

村川雅弘（2000）「総合的な学習のカリキュラム開発の類型化——「現代的諸課題への対応」と「子どもの主体性育成」に焦点を当てて」日本教育実践学会編『教育実践学研究』2(1)，49-57.

村川雅弘（2001）「学校に基礎を置くカリキュラム開発」日本カリキュラム学会編『現代カリキュラム事典』ぎょうせい.

村川雅弘（2016）『ワークショップ型教員研修—はじめの一歩—わかる！　使える！　理論・技法・課題・子ども・ツール・プラン77』教育開発研究所.

村川雅弘・久野弘幸・野口徹・三島晃陽・四ヶ所清隆・加藤智・田村学（2015）「総合的な学習で育まれる学力とカリキュラム(1)　小学校編」日本生活科・総合的学習教育学会編『せいかつか＆そうごう』22，12-21.

村山俊太郎（1936）「北方の国語教育運動」日本国語教育学会編『国語教育研究』5(1)，4-7.

森朋子・溝上慎一編（2017）『アクティブラーニング型授業としての反転授業［理論編］』ナカニシヤ出版.

盛永俊弘（2017）『子どもたちを"座標軸"にした学校づくり—授業を変えるカリキュラム・マネジメント』日本標準.

文部科学省（2004）「OECD生徒の学習到達度調査（PISA）2003年調査の結果の概要」http://www.mext.go.jp/b_menu/toukei/001/04120101.htm（2018年12月28日閲覧）

文部科学省（2005）「義務教育に関する意識調査」.

文部科学省（2008）『学習指導要領解説　総合的な学習の時間編』.

文部科学省（2010）『生徒指導提要』教育出版.

文部科学省（2011a）『今，求められている力を高める総合的な学習の時間の展開　総合的な学習の時間を核とした課題発見・解決能力，論理的思考力，コミュニケーション能力等向上に関する指導資料（小学校編）』.

文部科学省（2011b）『今，求められている力を高める総合的な学習の時間の展開　総合的な学習の時間を核とした課題発見・解決能力，論理的思考力，コミュニケーション能力等向上に関する指導資料（中学校編）』.

文部科学省（2013a）「道徳教育実施状況調査」『道徳と特別活動』30(1)，58-60，文溪堂.

文部科学省（2013b）『今，求められている力を高める総合的な学習の時間の展開　総合的な学習の時間を核とした課題発見・解決能力，論理的思考力，コミュニケーション能力等向上に関する指導資料（高等学校編）』.

文部科学省（2015）「21世紀を生き抜く児童生徒の情報活用能力育成のために」（http://jouhouka.mext.go.jp/school/pdf/shidoujirei.pdf）（2018年12月28日閲覧）

文部科学省（2016）『小中一貫した教育課程の編成・実施に関する手引き』.

文部科学省（2017）『平成28年度 文部科学白書』.

文部科学省「国立教員養成大学・学部，大学院，附属学校の改革に関する有識者会議」（2017年8月1日）

文部科学省（2017）『小学校学習指導要領』.

文部科学省（2018）『小学校学習指導要領（平成29年告示）解説　特別活動編』，東洋館出版社.

文部科学省（2017）『中学校学習指導要領』.

文部科学省（2017）「パブリックコメントに対する文部科学省の回答」.

文部科学省（2018）『高等学校学習指導要領』.

文部省大臣官房調査統計課（1975）『カリキュラム開発の課題—カリキュラム開発に関する国際セミナー報告書』大蔵省印刷局.

文部省編（1975）『カリキュラム開発の課題』大蔵省印刷局.

文部省（1981）『生徒指導の手引き』（1965年版の改訂版）.

文部省初等中等教育局（1994）『道徳教育推進状況調査報告書』.

八尾坂修編（2017）『学校にゆとりを生み出す副校長・教頭の多忙にならない仕事術』教育開発研究所.

安田三郎（1971）『社会移動の研究』東大出版会.

柳田雅明（1994）「イギリスにおける一般全国職業資格（GNVQ）導入に関する一考察—生涯にわたる学習活動における職業教育と普通（一般）教育の統合に向けて」日本カリキュラム学会『カリキュラム研究』3，13-26.

柳田雅明（1997）「大学院ドクターコース社会人在学者へのカリキュラム対応」日本カリキュラム学会『カリキュラム研究』6，113-124.

柳田雅明（2005）「ポートフォリオ利用によるキャリア設計学習の検討—イギリスにおけるプログレス・ファイルへの移行を手がかりに」日本カリキュラム学会『カリキュラム研究』15，45-58.

柳田雅明（2009）「生涯教育から生涯学習へ：ヨーロッパにおける政策用語としての検討」日本生涯教育学会編『日本生涯教育学会年報』30，175-188.

矢野裕俊，松本英太郎，吹田弘（1992）「『学校裁量の時間』とその教育活動―高等学校全日制普通科の場合」日本カリキュラム学会『カリキュラム研究』創刊号，97-107.

矢野裕俊（2000）『自律的学習の探求―高等学校教育の出発と回帰』晃洋書房.

山極隆（1999）「『総合的な学習の時間』を通して基礎的な素養をはぐくむ」日本教育工学会編『日本教育工学会誌』23(Suppl.)，1-6.

山口満（2002）「特別活動」安彦忠彦ほか編『新版　現代学校教育大事典　5』ぎょうせい.

山口満（2010）「特別活動の歴史的変遷」山口満・安井一郎編『改訂新版　特別活動と人間形成』学文社.

山口満（2012）「カリキュラム研究としての特別活動研究」日本特別活動学会紀要編集委員会『日本特別活動学会紀要』20，25-27，日本特別活動学会.

山﨑準二（2001）「教師としての発達と専門的力量」日本教師教育学会編『日本教師教育学会年報』10，6-12.

山﨑準二（2002）『教師のライフコースの研究』創風社.

山﨑準二（2012）『教師の発達と力量形成』創風社.

山﨑直也（2010）「台湾におけるキャリア教育：『生涯規画（Career Planning）』教科書を中心に」国立教育政策研究所編『諸外国におけるキャリア教育』（改訂版）.

山﨑保寿（2003）「総合的な学習の時間のカリキュラム効果に関する実証的研究―高等学校における総合的な学習の時間の先進校に関する調査研究に基づいて」日本カリキュラム学会『カリキュラム研究』12，15-28.

山﨑保寿（2005）『機能的感性に関する教育課程経営研究』風間書房.

山田昇（1993）『戦後日本教員養成史研究』風間書房.

山田礼子（2012）『学士課程教育の質保証へむけて：学生調査と初年次教育からみえてきたもの』東信堂.

山中冴子（2015）「オーストラリアにおけるインクルーシブ・カリキュラムに関する動向―ニューサウスウェールズ州を中心に」『埼玉大学紀要 教育学部』64(1)，47-56.

山村滋・荒牧草平（2003）「大学入学者の高校での科目履修と受験行動―普通科に関する実証的研究」日本カリキュラム学会『カリキュラム研究』13，1-14.

山本馨（2012）「世界の動き 30年前から始まったカリキュラム改革―学力トップ上海教育の秘密を探る（上）」『内外教育』（3月23日）時事通信社.

山本由美・藤本文朗・佐貫浩（2016）『「小中一貫」で学校が消える』新日本出版社.

ヤング，M.／菅尾英代訳（2017）「『力あふれる知識』はすべての児童・生徒にとっての学校カリキュラムの基礎となりうるか」日本カリキュラム学会『カリキュラム研究』26，91-100.

横須賀薫（1973）「教師養成教育の教育課程について―『提言』を斬る」日本教育学会編『教育学研究』40(2)，11-17.

横須賀薫（1976）『教師養成教育の探究』評論社（新版は2010年に春風社から出版）.

由井義通訳（2012）「持続可能な開発のための教育―背景・正統性・（新たな）コンピテンシー」トランスファー21編著／由井義通監訳『ESDコンピテンシー―学校の質的向上と形成能力の育成のための指導指針』明石書店.

吉崎静夫（1999）「総合的学習のカリキュラム開発と授業設計」日本教育工学会編『日本教

育工学会誌』23(Suppl.)，17-22.

吉崎静夫（2012）「世界における授業研究の普及と展望」水越敏行・吉崎静夫・木原俊行・田口真奈『授業研究と教育工学』ミネルヴァ書房.

吉田文（2013）『大学と教養教育―戦後日本における模索』岩波書店.

吉田成章（2008）「現代ドイツのカリキュラム改革―教育の自由はどのように守られているか」日本カリキュラム学会第28回大会課題研究Ⅱ提案資料（2008年6月25日）

吉田成章（2010）「現代ドイツのカリキュラム論に関する研究―コアカリキュラム（Kerncurriculum）論を中心に」日本カリキュラム学会『カリキュラム研究』19，19-28.

吉田成章（2015）「教科書における『学習課題』の教授学的機能に関する研究―日本とドイツの教科書を比較して」日本カリキュラム学会『カリキュラム研究』24，27-40.

吉田成章（2016）「PISA後ドイツのカリキュラム改革におけるコンピテンシー（Kompetenz）の位置」『広島大学大学院教育学研究科紀要　第三部(教育人間科学関連領域)』65，29-38.

吉田成章（2018a）「現代ドイツにおけるカリキュラム改革―教育の自由はどのように守られているか」広島大学大学院教育学研究科附属教育実践総合センター編『学校教育実践学研究』24.

吉田成章（2018b）「現代ドイツのカリキュラム改革―教育の自由はどのように守られているか」日本カリキュラム学会第28回大会課題研究Ⅱ提案資料（2018年6月25日）.

吉田成章（2018c）「『学習集団づくり』が描く「学びの地図」―結びにかえて」深澤広明・吉田成章編『学習集団研究の現在Vol.2 学習集団づくりが描く「学びの地図」』溪水社.

吉冨芳正（2017）「教育課程と特別活動の全体計画との関連性に関する事例研究」『明星大学大学院教育学研究科年報』2，57-66.

米田宏樹・宮内久絵（2015）「英国の知的障害児教育におけるカリキュラムの現状と課題―1994年から2014年の文献レビューを中心に」障害科学学会編『障害科学研究』39，75-89.

渡邊あや（2005）「PISA好成績を支えるシステムと進む教育改革―現場裁量と"希望"のゆくえ」庄井良信・中嶋博『フィンランドに学ぶ教育と学力』明石書店.

渡部昭男編（2012）『日本型インクルーシブ教育システムへの道―中教審報告のインパクト』三学出版.

欧文文献（アルファベット順）

Achiam, M.（2014）. *Didactic transposition: From theoretical notion to research programme*. In the biannual ESERA *(European Science Education Research Association)* doctoral summer school, August 25-29 in Kappadokya, Turkey.

American Educational Research Association, http://www.aera.net/（2018年12月28日閲覧）

Anyon, J.（2005）. *Radical possibilities*. Routledge.

Apple, M. W., & King, N. R.（1977）. What do schools teach? *Curriculum Inquiry, 6(4)*, 341-358.

Apple, M. W.（1979）. *Ideology and curriculum*. Routledge.　アップル，M. W.／門倉正美ほか訳（1986）『学校幻想とカリキュラム』日本エディタースクール出版部.

Apple, M. W.（1982）. *Education and power*. Routledge.　アップル，M. W.／浅沼茂ほか訳（1992）『教育と権力』日本エディタースクール出版部.

Apple, M. W. (1986). *Teachers and texts: A political economy of class and gender relations in education*. Routledge.

Apple, M. W. (2006). *Educating the "right" way: Markets, standards, God, and inequality.* Taylor & Francis.

Apple, M. W., & Beane, J. A. (Eds.). (2007). *Democratic schools: Lessons in powerful education* (2nd ed.). Heinemann.

Apple, M. W., Au, W., & Gandin, L. A.(Eds.). (2011). *The routledge international handbook of critical education*. Routledge. アップル, M. W.・アウ, W.・ガンディン L. A.編／長尾彰夫・澤田稔明監訳（2017）『批判的教育学事典』明石書店.

Archbald, D., & Newmann, F. M. (1988). *Beyond standardized testing assessing authentic academic achievement in the secondary school*. National Association of Secondary School Principals.

Association of American Colleges & Universities. (2007). *College learning for the new global century: A report from the National Leadership Council for Liberal Education & America's Promise*. AAC&U.

Ball, S. J. (Ed.), (1990/2013). *Foucault and education: Disciplines and knowledge*. Routledge.

Barr, R. B., & Tagg, J. (1995). From teaching to learning: A new paradigm for undergraduate education. *Change, 27(6)*, 12-15.

Bernstein, B.B. (1971). *Class, codes and control, Vol.1: Theoretical studies towards a sociology of language.* バーンステイン, B.／萩原元昭編訳（1981）『言語社会化論』明治図書.

Bienefeld, S., Harris, N., Helle, E., et al. (2008). *Quality assurance and qualifications frameworks*. European Association for Quality Assurance in Higher Education (ENQA).

Blankstein, A. M. (2007). Terms of engagement: Where failure is not an option. In Blankstein, A. M., et al., *Engaging EVERY learner*. SAGE.

Blaß, J. L. (1978), *Modelle pädagogische Theoriebildung, von Kant bis Marx*, Verlag W. Kohlhammer.

Bloom, B. S. (Ed.), (1956). *Taxonomy of educational objectives. Handbook I: Cognitive domain*. David Mckay.

Bloom, B. S. (1981). *All our children learning*, New York: London : McGraw-Hill. ブルーム, B. S.／稲葉宏雄, 大西匡哉監訳 (1986)『すべての子どもにたしかな学力を』明治図書.

Bosch, M., & Gascón, J. (2006). Twenty-Five Years of the Didactic Transposition. *ICMI Bulletin*. 58, 51-65.

Bourdieu, P., & Passeron, J. (1970). *La reproduction: éléments pour une théorie du système d'enseignement*. Paris: Éditions de Minuit. ブルデュー, P.・パスロン, J. C.／宮島喬訳 (1991)『再生産——教育・社会・文化』藤原書店.

Bourdieu, P. (1984). *Distinction*. Harvard University Press.

Bowles, S., & Gintis, H. (1976). *Schooling in capitalist America: Educational reform and the contradictions of economic life*. Basic Books. ボウルズ, S.・ギンタス, H.／宇沢弘

文訳（1986・1987）『アメリカ資本主義と学校—教育改革と経済制度の矛盾』（第1巻・第2巻）岩波書店.

Bransford, J. et al.（2000）. *How people learn*. National Academies Press. ブランスフォード, J.・ブラウン, A. & クッキング, R. ／森俊昭・秋田喜代美監訳（2002）『授業を変える—認知心理学のさらなる挑戦』北大路書房.

Brousseau, G.（1997）. *Theory of didactical situations in mathematics*.（Cooper, M., Warfield, V., Sutherland, R., Balacheff, N. trans.）. Springer.

Brown, M., & White, J.（2012）. *An unstable framework – Critical perspectives on the Framework for the National Curriculum*, the New Visions for Education Group at its meeting on 28 March 2012.

Bruner, J. S.（1960）. *The process of education*, Cambridge: Harvard University Press. ブルーナー, J. S. ／鈴木祥蔵・佐藤三郎訳（1963）『教育の過程』岩波書店.

Bruner, J. S.（1971）. *The relevance of education*. Norton. ブルーナー／平沼昭久訳（1972）『教育の適切性』明治図書.

Buckingham, D.（2003）. *Media education: Literacy, learning and contemporary culture*. Blackwell. バッキンガム, D. ／鈴木みどり監訳（2006）『メディア・リテラシー教育 学びと現代文化』世界思想社.

Butler, J.（1990）. *Gender trouble*. Routledge. バトラー, J. ／竹村和子訳（1999）『ジェンダー・トラブル』青土社.

The Carnegie Project on the Education Doctorate. *CPED Website*. https://www.cpedinitiative.org/（2018年12月28日閲覧）

Capra, F.（1975）. *The Tao of physics*. Shambooks.

Castoldi, M.（2014）. *Valutare le competenze: Percorsi e strumenti*. Carocci editore.

Chevallard, Y.（1989）. *On didactic transposition theory: some introductory notes*. International Symposium on Selected Domains of Research and Development in Mathematics Education. Bratislava.

Clements, D. H., & Sarama, J.（2014）. Learning trajectories; Foundations for effective, research-based education. In A. P. Maloney, J. Confrey, & K. H. Nguyen（Eds.）, *Learning over time: Learning trajectories in mathematics education*. Information Age Publishing.

Corcoran, T., Mosher, F., & Rogat, A.（2009）. Learning progressions in science: An evidence based approach to reform. *CPRE Research Report #RR-63*. Philadelphia: Consortium for Policy Research in Education.

Coulter, D.（2001）. Teaching as communicative action: Habermas and education. In Richardson, V.（Ed.）, *Handbook of research on teaching*, 4th edition, American Educational Research Association.

Crahay, M.（2006）. Dangers, incertitudes et incomplétude de la logique de la compétence en éducation, *Revue Française de Pédagogie*, 154, 97-110.

Daro, P., Mosher, F. A., & Corcoran, T.（2011）. Learning trajectories in Mathematics: A foundation of standards, curriculum, assessment, and instruction. *CPRE Research*

Report #RR-68. Teacher College, Columbia University.

Deng, Zongyi et al. (2013). *Globalization and the Singapore curriculum: from policy to classroom*. Springer Singapore.

Dewey, J. (1899). *The school and society*. Chicago : The University of Chicago Press. デューイ，J.／宮原誠一訳（1957）『学校と社会』岩波書店.

Dewey, J. (1916). *Democracy and education*. Macmillan. デューイ，J.／松野安男訳（1975）『民主主義と教育』岩波書店.

DfE (2011a). *Press release, National curriculum review launched*, 20 January 2011.

DfE (2011b). *The framework for the national curriculum. A report by the expert panel for the national curriculum review*.

Dimitriadis, G., & McCarthy, C. (2001). *Reading and teaching the postcolonial: From Baldwin to Basquiat and beyond*. Teachers College Press.

Dore, R. P. (1976). *The Diploma Disease*. Allen and Unwin. ドーア，R. P.／松居弘道訳（1978）『学歴社会 新しい文明病』岩波書店.

Edwards, C. P., Gandini, L., & Forman, G. E. (1998). *The hundred languages of children*. Greenwood Publishing Group. エドワーズ，C.・ガンディーニ，L. & フォアマン，G.編／佐藤学，森真理，塚田美紀訳（2001）『子どもたちの100の言葉—レッジョ・エミリアの幼児教育』世織書房.

Elde Mølstad, C., Pettersson, D., & Forsberg, E. (2017) *Scientific Framing of Curriculum Research: Experts or Algorithms?* (http://www.eera-ecer.de/ecer-rogrammes/conference/22/contribution/40386/) （2017年12月15日閲覧）

Elizabeth Vallance (1973-1974). Hiding the Hidden Curriculum : An Interpretation of the Language of Justification in Nineteenth-Century Educational Reform. *Curriculum Theory Network, Vol. 4, No.1*.

English, F. W. (1980). *Improving curriculum management in the schools*. Council for Basic Education.

English, F. W. (2000). *The curriculum management audit: Improving school quality*. The Scarecrow Press.

European Commission (2008). *The European Qualifications Framework for Lifelong Learning (EQF)*. Office for Official Publications of the European Communities.

Expérithèque: Bibliothèque des expérimentations pédagogiques de l'Eduscol, Réforme collège - AP 6ème - 3ème et EPI 5ème - 4ème - Collège Jean Monnet 46 LACAPELLE – MARIVAL 2016 A, http://eduscol.education.fr/experitheque/consultFicheIndex. php?idFiche=12125 （2018年12月28日閲覧）

Finnish National Board of Education (2016). *National core curriculum for basic education 2014*.

Frankenberg, R. (1993). *White women, race matters: The social construction of whiteness*. University of Minnesota Press.

Fraser, N. (2014). *Justice interruptus: Critical reflections on the "postsocialist" condition*.

Routledge.

Foshay, A.W. (Ed.), National Educational Association (1970). *Curriculum for seventies*. Washington, DC: National Education Association. 全米教育協会／伊東博訳 (1976)『人間中心の教育課程』明治図書出版.

Frodeman, R. (1995). Geological reasoning: geology as an interpretive and historical science, *Geological Society of America Bulletin*, August 1995, *107(8)*, 960–968.

Giroux, H. A. (1983/2001). *Theory and resistance in education: A pedagogy for the opposition*. Greenwood Publishing Group.

Giroux, H. A. (1984). *Ideology, culture, and the process of schooling*. Temple University Press.

Giroux, H. A. (1988). *Teachers as intellectuals: Toward a critical pedagogy of learning*. Greenwood Publishing Group.

Giroux, H. A. (1991). *Postmodernism, feminism, and cultural politics: Redrawing educational boundaries*. Suny Press.

Glatthorn, A. A. (1994). *Developing a quality curriculum*. Association for Supervision and Curriculum Development (ASCD).

González, J., & Wagenaar, R. (Eds.), (2008). *Universities' contribution to Bologna Process: An introduction* (2nd ed.). Publicaciones de la Universidad de Deusto. ゴンサレス, J.・ワーヘナール, R. ／深堀聰子, 竹中亨訳 (2012)『欧州教育制度のチューニング：ボローニャ・プロセスへの大学の貢献』明石書店.

Gruschka, A. (2011). *Verstehen lehren. Ein Plädoyer für guten Unterricht*. Reclam.

Gutstein, E. (2006). *Reading and writing the world with mathematics: Toward a pedagogy for social justice*. Routledge.

Halinen, I. *General Aspects of Basic Education Curriculum Reform 2016 Finland*. https://www.youtube.com/watch?time_continue=541&v=KY_LZJkEo28 (2018年12月28日閲覧)

Hamilton, D. (1989). *Towards a theory of schooling*. Falmer Press. ハミルトン, D／安川哲夫訳 (1998)『学校教育の理論に向けて―クラス・カリキュラム・一斉教授の思想と歴史』世織書房.

Hargreaves, A. (2003). *Teaching in the knowledge society: Education in the age of insecurity*. Teachers College Press ハーグリーブス, A. ／木村優・篠原岳司・秋田喜代美監訳 (2015)『知識社会の学校と教師―不安定な時代における教育』金子書房.

Hart, D. (1994). *Authentic assessment: A handbook for educators*. Addison-Wesley. ハート, D. ／田中耕治監訳 (2012)『パフォーマンス評価入門―「真正の評価」論からの提案』ミネルヴァ書房.

Havelock, Eric A. (1963). *Preface to Plato*. Harvard University Press. ハヴロック, E. A.／村岡晋一訳 (1997)『プラトン序説』新書館.

Held, D. (Ed.), (2000). *A globalizing world?: Culture, economics, politics*. Routledge. ヘルド, D.編／中谷義和監訳 (2002)『グローバル化とは何か：文化・経済・政治』法律文化社.

Herrick, V. E., & Tyler, R. W. (Eds.), (1950). *Toward improved curriculum theory: Papers presented at the conference.* University of Chicago Press.

Hess, D. E. (2009). *Controversy in the classroom: The democratic power of discussion.* Routledge.

Hoadley, C. (2018) A Short History of the Learning Sciences. In F. Fischer, C.E.Hmelo-Silver, S.R. Goldman, and P.Reimann (Ed.), *International Handbook of the Learning Sciences.* Routledge.

Hopkins, T. L. (1937). *Integration, its meaning and applications.* Appleton-Century. ホプキンズ，T. L. ／勝田守一・白根孝之訳（1950）『インテグレーション―カリキュラムの原理と実際』桜井書店.

Hopmann, S. (2007). Restrained teaching: the common core of Didaktik. *European Educational Research Journal, 6(2)*, 109-124.

Humboldt, W. v. (1792). Theory of Bildung, in I . Westbury, S. Hopmann & K. Riquarts (Eds), Teaching as Reflective Practice : the German Didaktik tradition, *Lawrence Erlbaum Associates, 2000.*

IGEN: Inspection Générale de l'Éducation Nationale (2007). *Les livrets de compétences. Nouveaux outils pour l'évaluation des acquis,* Rapport no. 2007-048.

IGEN: Inspection Générale de l'Éducation Nationale (2014). *La mise en place des conseils école-collège,* Rapport no. 2017-026.

Illich, Ivan D., Sanders, Barry (1988). *ABC: Alphabetization of the Popular Mind.* North Point Press. イリイチ，I.・サンダース，B. ／丸山真人訳（2008）『ABC』岩波書店.

Jackson, P. W. (1968a). *Life in classrooms.* Holt, Rinehart and Winston.

Jackson, P. W. (1968b). *The practice of teaching.* Teachers College Press.

Jonassen, D. H., Tessmer, M., & Hannum, W. H. (1999). *Task analysis methods for instructional design.* L. Erlbaum Associates.

Kincheloe, J. L., McLaren, P., & Steinberg, S. R. (2011). Critical pedagogy and qualitative research. In N. K. Denzin, & Y. S. Lincoln(Eds.). *The SAGE handbook of qualitative research.* SAGE

King, B. M., Newmann, F. M., & Carmichael, D. L. (2009). Authentic intellectual work : Common standards for teaching social studies, *Social Education, 73(1)*, 43-49.

Kliebard, H. M. (1968). Curricular objectives and evaluation: a reassessment. *The High School Journal, 51(6)*, 241-247.

Kliebard, H. M. (1995). *The struggle for American curriculum.* Routledge.

Knoester, M. (2012). *Democratic education in practice: Inside the Mission Hill School.* Teachers College Press.

Korthagen, F. A. et al. (2001). *Linking practice and theory: The pedagogy of realistic teacher education.* Lawrence Erlbaum Associates. コルトハーヘン，F. A.ほか／武田信子監訳（2010）『教師教育学　理論と実践をつなぐリアリスティック・アプローチ』学文社.

Kosslyn, S. M., & Nelson, B. (Eds.), (2017). *Building the international university: Minerva and the future of higher education.* MIT Press.

Ladson-Billings, G., & Tate, W. F. (1995). Toward a critical race theory of education. *Teachers College Record, 97(1)*, 47-68.

Ladson-Billings, G. (2014). Culturally relevant pedagogy 2.0: aka the remix. *Harvard Educational Review, 84(1)*, 74-84.

Laska, J. A. (1998). A new paradigm for teaching and curriculum. (in) *New Education, 10*, 76-80.

Lather, P. (1991). *Getting smart: Feminist research and pedagogy with/in the postmodern.* Psychology Press.

Lewis, C., Perry, R., & Hurd, J. (2004). A deeper look at lesson study. *Journal of Educational Leadership, 61(5)*, 18-22.

Lohman, I. (1984), *Lehrplan und allgemeinbildung in Preussen: Fallstudie zur Lehrplantheorie Friedrich Schleiermacher.* Peter Lang.

Luke, C., & Gore, J. (1992/2013). *Feminisms and critical pedagogy.* Routledge.

Martin, L., & Schwartz, D. L. (2013). Conceptual innovation and transfer. In Vosniadou, S. (Ed.), *International handbook of research on conceptual change.* Routledge.

Martino, A. D., & Sanchez A.-M. (2012). *Socle commun et compétences. Pratiques pour le collège.* ESF.

Mattenet J.-P., & Sorbe X. (2014). Forte baisse du redoublement : un impact positif sur la réussite des élèves, *Note d'information, 36*.

Mayer, V. J., & Yoshisuke Kumano (2002). The philosophy of science and global science. In Mayer, V. J.(Ed.), *Global science literacy*, Kluwer Academic.

MCEETYA (Ministerial Council on Education, Employment, Training and Youth Affairs) (2008). *Melbourne declaration on educational goals for young Australians*, 7. (http://www.curriculum.edu.au/verve/_resources/National_Declaration_on_the_Educational_Goals_for_Young_Australians.pdf) (2018年12月28日閲覧)

McLaren, P. (1998). Revolutionary pedagogy in post-revolutionary times: Rethinking the political economy of critical education. *Educational theory, 48(4)*, 431-462.

MEN: Ministère de la jeunesse, de l'éducation nationale et de la recherche(MEN)(2003). *Parcours scolaires: comment faciliter les transitions?*, CNDP.

Merriam, S. B., & Simpson, E. L. (2000). *A guide to research for educators and trainers of adults.* (2nd Ed.). Krieger Publishing. メリアム, S.B.・シンプソン, E.L. ／堀薫夫監訳 (2010)「第5章　歴史的探求と哲学的探求」『調査研究法ガイドブック』ミネルヴァ書房.

Mestre, J. P. (Ed.), (2005). *Transfer of learning from a modern multidisciplinary perspective.* Information Age Publishing.

Ministerium für Kultus, Jugend und Sport Baden-Würtenburg (Hrsg.)(2016): *Bildungsplan 2016. Allgemein bildende Schulen. Gymnasium. Mathematik.* (http://www.bildungsplaene-bw.de/,Lde/Startseite) (2018年12月28日閲覧).

Ministry of Education, Culture and Science. (2016). *Key Figures Education.*

MOE (2007). *The PETALSTM Primer.* Singapore: Curriculum Planning and Development Division, The Ministry of Education.

My School（https://www.myschool.edu.au/）（2018年12月28日閲覧）.

National Association for the Study of Educational Methods（2011）. *Lesson study in Japan.* Keishusha.

Newmann, F. M., & Associates,（1996）. *Authentic achievement: Restructuring schools for intellectual quality.* The Jossey-Bass.　ニューマン，F. M.／渡部竜也・堀田諭訳（2017）『真正の学び／学力　質の高い知をめぐる学校再建』春風社.

Newmann, F. M., King, M. B., & Carmichael, D. L.（2007）. *Authentic instruction and assessment common standards for rigor and relevance in teaching academic subjects.* Iowa Department of Education.

Niedersächsischen Kultusministerium（Hrsg.）（2015）. *Kerncurriculum für die Realschule Schuljahrgänge 5–10.* Naturwissenschaften. Hannover: Unidruck.

Osterman, K., & Furman, G.（2014）. Action research in Ed.D. programs in educational leadership. *Journal of Research on Leadership Education, 9(1),* 95-105.

Oxford University Press（2017）. *Oxford English Dictionary[online]*（2017年8月31日閲覧）.

Parkhurst, H.（1922）. *Education on the Dalton plan.* London: G. Bell.　パーカースト，H.／梅根悟・勝田守一監修，中野光編／赤井米吉訳，（1974）『世界教育学選集　ドルトン・プランの教育』明治図書.

Passow, H., and others,（1976）. *The national case study: An empirical comprehensive study of twenty one educational systems.* Halsted Press.

Pestalozzi, J. H.（1826）. *Schwanengesang.* Stuttgart u. Tübingen, Cotta.　ペスタロッチー，J. H.／佐藤正夫訳（1959）「白鳥の歌」『ペスタロッチー全集12』平凡社.

Platform Onderwijs 2032（2016）. *Ons onderwijs 2032 Eindadvies.*

Popkewitz, T. S., & Brennan, M.（Eds.）.（1998）. *Foucault's challenge: Discourse, knowledge, and power in education.* Teachers College Press.

Rhodes, T.（Ed.）.（2010）. *Assessing outcomes and improving achievement: Tips and tools for using rubrics.* AAC&U.

Salih, S.（2003）. *Judith Butler.* Routledge.　サリー，S.／竹村和子訳（2005）『ジュディス・バトラー』青土社.

Sawyer, K.（Ed.）.（2014）. *The Cambridge handbook of the learning sciences.* Cambridge University Press.

Schaefer, M. B. et.al.（2016）. An Historical overview of the middle school movement 1963-2015. *Research in Middle Level Education, 39(5),* 1-27.

Schön, D. A.（1983）. *The reflective practitioner: How professionals think in action.* Basic Books.　ショーン，D.／柳沢昌一ほか訳（2007）『省察的実践とは何か──プロフェッショナルの行為と思考』鳳書房.

Schwab, J. J.（1969）. The practical: A language for curriculum. *The School Review, 78(1),* 1-23.

Schwab, J. J.（1978）. *Science, liberal education, and curriculum: Selected essays [includes "Practicals 1–3"].* University of Chicago Press.

Schwartz, D. L., Bransford, J. D., & Sears, D.（2005）. Efficiency and innovation in transfer. In J. P. Mestre（Ed.）, *Transfer of learning from a modern multidisciplinary perspective.* Information Age Publishing.

Scriven, M.（1967）. The methodology of evaluation. In Tyler, R., Gagne, R. & Scriven, M.（Ed.）, *Perspectives of curriculum evaluation.* Rand McNally.

Scriven, M.（1983）. Evaluation ideologies. In Madaus, G. F., Scriven, M. & Stufflebeam, D. L.（Eds.）, *Evaluation models: Viewpoints on educational and human services evaluation.* Kluwer-Nijhoff.

Scuola di Barbiana（1967）. *Lettera a una professoressa.* Libreria Editrice Fiorentina. バルビアナ学校／田辺敬子訳（1979）『イタリアの学校変革論：落第生から女教師への手紙』明治図書.

Singer S. R., Nielsen N. R., & Schweingruber, H. A.（Eds.）,（2012）. *Discipline-based education research: understanding and improving learning in undergraduate science and engineering.* National Academies Press.

Skilbeck, M.（1984）. *School-based curriculum development.* Harper and Row.

Slee, R.（2011）. The inclusion Paradox :the cultural politics of difference. In Apple, M. W., Au, W., Gandin, L. A.（Eds.）, *The Routledge international handbook of critical education.* Routledge. スリー, R.／虎岩朋加訳（2017）「インクルーシブ教育という逆説―差異の文化的政治学」アップル, M. W.・アウ, W.・ガンディン, L. A. 編『批判的教育学事典』明石書店.

Smith, C. L., & Wiser, M.（2013）. Learning and teaching about matter in the elementary grades. In S. Vosniadou（Ed.）, *International handbook of research on conceptual change.* Routledge.

Stigler, J.W., & Hiebert, J.（1999）. *The teaching gap: Best ideas from the world's teachers for improving education in the classroom.* Free Press.

Strahler, A. N.（1992）. *Understanding science.* Prometheus Books.

Tan, J.（2012）. *Education in Singapore. Taking stock, looking forward.* Pearson.

Tanner, D., & Tanner, L.（2007）. *Curriculum development: Theory into practice.*（4th ed.）. Pearson/Merrill Prentice Hall.

Taylor, C.（1979）. Interpretation and the science of man. In Rabinow, P.（Ed.）, *Interpretive social science: A reader*, University of California Press.

Taylor, C.（1992）. *The Ethics of authenticity.* Harvard University Press. テイラー, C.／田中智彦訳（2004）『〈ほんもの〉という倫理　近代とその不安』産業図書.

Tsuneyoshi, R.（2012）. *The world of TOKKATSU: The Japanese approach to whole child education (A guidebook for teachers).*

Tyack, D.（1974）. *The one best system.* Harvard University Press.

Tyler, R. W.（1949）. *Basic principles of curriculum and instruction.* Chicago: University of Chicago Press. タイラー, R. W.／金子孫市監訳（1978）『現代カリキュラム研究の基礎―教育課程編成のための』日本教育経営協会.

UNESCO（2005）. *United Nations decade of education for sustainable development (2005-2014), International implementation scheme.*（https://unesdoc.unesco.org/ark:/48223/

pf0000148654）（2018年12月28日閲覧）

Valerin, M. P.（2011）. *Comparative analysis of 105 higher education doctoral programs in the United States*. Ph.D. Dissertation, University of North Texas.

Weaver-Hightower, M.（2011）. Masculinity and education. Apple, M. W., Au, W., Gandin, L. A.,（Eds.）*The Routledge international handbook of critical education*. Routledge. ウィーバー－ハイタワー, M.（2017）「男らしさと教育」アップル, M. W.・アウ, W.・ガンディン, L. A.編／米村まろか訳『批判的教育学事典』明石書店，217-234.

White, J.（2018）. The weakness of 'powerful knowledge'. *London Review of Education, 16(2)*, 325-335.

Wiggins, G., & McTighe, J.（1998）. *Understanding by design*. Association for Supervision and Curriculum Development（ASCD）.

Wiggins, G.（1989）. "A true test: Toward more authentic and equitable assessment" *Phi Delta Kappan, 70(9)*, 703-713.

Wiggins, G.（1998）. *Educative assessment: Designing assessments to inform and improve student performance*. Jossey-Bass.

Wiggins, G., & McTighe, J.（2005）. *Understanding by Design*（Expanded 2nd ed.）. Association for Supervision and Curriculum Development（ASCD） ウィギンズ, G.・マクタイ, J.／西岡加名恵訳（2012）『理解をもたらすカリキュラム設計―「逆向き設計」の理論と方法』日本標準.

Willis, P.（1977）. *Learning to Labour*. Saxon House.

Wyse, D., Hayward, L., & Pandya, J.（Eds.）,（2016）. *The SAGE handbook of curriculum, pedagogy and assessment*. SAGE.

Young, M.（1958）. *The rise of the meritocracy 1870-2033*. Thames and Hudson.

Young, M., Lambert, D., Roberts, C., & Roberts, D.（2014）. *Knowledge and the future school: Curriculum and social justice*. Bloomsbury.

Zambo, D., & Isai, S.（2013）. Action research and the educational doctorate: New promises and visions. *Journal of Research on Leadership Education, 8(1)*, 97-112.

中国語文献（日本語読みで五十音順）

上海教育委員会（2000）「上海小中高校におけるカリキュラム・教材改革第二期プロジェクト：新しい課程方案の修正意見に関する報告」.

上海教育質量評価体系研究課題組（2007）「上海教育質的評価体系研究」『教育発展研究』上海市教育科学研究院.

上海中小学課程教材改革委員会（1992）「九年制義務教育全日制小学・初級中学校課程方案」.

趙才欣（2004）「現代課程と教学」上海教育委員会教育科学研究室.

鄧小平（1985）「社会主義と市場経済は根本的に矛盾しない」 鄧小平／中共中央文献編集委員会編纂，中共中央編訳局・外文出版社訳（1995）『鄧小平文選：1982-1992』テン・ブックス.

湯林春ほか編（2013）『上海教育科学研究院普通教育研究所30周年学術叢書系列：上海普通教育科学研究30年』華東師範大学出版社.

索 引

現代カリキュラム研究の動向と展望

2019年5月30日　第1刷発行

編　者　　日本カリキュラム学会
発行者　　伊　東　千　尋
発行所　　教 育 出 版 株 式 会 社

〒101-0051　東京都千代田区神田神保町2-10
電　話　03-3238-6965　振　替　00190-1-107340

組版　ピーアンドエー
印刷　藤原印刷
製本　上島製本

ISBN978-4-316-80451-4　C3037